中国军事专家文库

抗日年代

刘庭华　著

北京出版集团
北京人民出版社

图书在版编目（CIP）数据

抗日年代 / 刘庭华著. — 北京：北京人民出版社，
2025.4. —（中国军事专家文库）. — ISBN 978 - 7
- 5300 - 0633 - 7

Ⅰ. K265.07

中国国家版本馆 CIP 数据核字第 2024UN8720 号

中国军事专家文库

抗日年代

KANG RI NIANDAI

刘庭华　著

*

北 京 出 版 集 团 出版
北 京 人 民 出 版 社
（北京北三环中路 6 号）
邮政编码：100120

网　　　址：www.bph.com.cn
北 京 出 版 集 团 总 发 行
新 华 书 店 经 销
北京华联印刷有限公司印刷

*

787 毫米 ×1092 毫米　16 开本　32.25 印张　455 千字
2025 年 4 月第 1 版　　2025 年 4 月第 1 次印刷
ISBN 978 - 7 - 5300 - 0633 - 7
定价：148.00 元
如有印装质量问题，由本社负责调换
质量监督电话：010 - 58572393
编辑部电话：010 - 58572414；发行部电话：010 - 58572371

刘庭华

江西南康人，军事科学院军事历史研究部原研究室主任、研究员，博士生导师，大校军衔，技术四级。现为解放军首席军史专家和中宣部"马克思主义理论研究和建设工程"课题组主要专家。长期从事中国人民解放军战史、抗日战争与第二次世界大战史，以及毛泽东军事思想、中国哲学文化史研究，已出版《九一八事变研究》《中国抗日战争论纲》《中国抗日战争热点难点透视》《中国抗日战争与第二次世界大战统计》《毛泽东军事思想史纵论》《弱者之道——老子思想纵横谈》《老子与孔子》等专著，合作出版《中国人民解放军战史·军史》、《中国抗日战争史》（3卷本）、《第二次世界大战史》（5卷本）、《中国抗日战争史简明读本》等著作。曾获第5届全国精神文明建设"五个一工程"论文一等奖、军队优秀专业技术人才岗位津贴奖。

内容简介

  本书重点研究国民政府十四年抗战问题，按年经事纬分为12个专题，体现了抗战史研究的广度和深度。作者在前言、绪论中指出，九一八是中国抗日战争的起点，中国人民的局部抗战揭开了世界反法西斯战争的序幕，中国的全国性抗战开辟了世界反法西斯战争的东方主战场，成为改变中华民族历史命运的一场伟大民族解放战争。作者站在民族国家利益的高度，遵循以史料为基础、史论结合、论从史出的治学品格，汲取了抗战胜利70多年来海峡两岸学者研究的最新成果，客观反映了当时处于执政地位的国民政府及其领导人蒋介石坚持持久抗战、争取抗战胜利的历史作用，特别是对其坚定维护中国的国家主权和领土完整等作为给予了充分肯定。

"中国军事专家文库"编委会

主　　任：彭光谦

副 主 任：黄迎旭　樊高月　包国俊

委　　员：（按姓氏笔画排序）

刘庭华　李炳彦　袁德金

黄朴民　樊希安

总　序

在2021年举国隆重庆祝中国共产党百年华诞后，2027年将迎来中国人民解放军建军的百年华诞。百年征程，华章异彩。以毛泽东同志为代表的中国共产党人坚持把马克思主义的普遍真理与中国革命战争的具体实践相结合，创立了毛泽东军事思想的科学理论体系，指导我军从无到有，从小到大，从弱到强，从胜利走向胜利。我军也由此具备了高度的理论自觉，形成了重视总结经验、重视理论创造的优良传统，军事理论建设取得了极其丰硕的成果。习近平主席强调指出，科学的军事理论就是战斗力，一支强大的军队必须有科学理论作指导，要紧紧扭住战争和作战问题推进军事理论创新，构建具有我军特色、符合现代战争规律的先进作战理论体系，不断开辟当代中国马克思主义军事理论发展的新境界，从而为推进军事理论创新指明了方向。

值此建军百年之际，我们在北京出版集团北京人民出版社支持下，策划出版"中国军事专家文库"（简称"文库"），旨在总结和展现新中国成立特别是改革开放以来我国军事科学研究取得的丰硕成果，为新时代国防和军队建设尽一份绵薄之力。我们相信，"文库"的出版发行，不仅可以为我军官兵加强理论学习、提高理论素养和开发思维能力发挥积极作用，而且可以为关心中国国防和军队建设的人们提供一个了解中国军事理论建设发展的重要窗口。

为了确保"文库"发挥应有的价值和效益，我们在编辑过程中主要遵循以下几条原则。

第一，突出完整性，尽可能覆盖中国军事科学的各个学科方向，包括军事思想、军事战略、战役战术、作战指挥、军事制度、军队建设、军队政治工作、军事历史、军事经济、外国军事等，其中有专著也有论文集，能比较系统地反映中国军事科学发展的情况。

第二，突出学术性，重点关注基础理论研究，着重反映中国军事科学基础理论建设的情况，同时保持对现实的观照，体现军事理论对军事实践的先导作用。

第三，突出权威性，所收著作的作者均为中国军事科研领域中有深厚学术造诣的专家，是各学科方向的领军人物，在军内外享有盛誉，他们的科研成果为推进中国军事科学发展发挥了积极作用。

第四，突出全面性，力求反映中国军事科学发展全貌，所收入著作创作的年代跨度要尽可能大，能够反映中国军事科学发展的大体脉络。

第五，突出实用性，面对的读者群主要是党、政、军高层领导和机关人员，军事科研机构人员和军事院校研究生及地方高校的国防教育人员，以及众多的军事爱好者等。

"文库"是一个长线产品，前期规划出版40本，约1200万字。其中，第一批出版12本，作者主要是曾在中国人民解放军军事科学院从事过军事理论研究工作的专家。军事科学院是叶剑英元帅建议创办的我国专门从事军事科学研究的机构，是军事科研信息的"集散地"。军事科学院各个时期专家的科研成果反映了那个时期的军队作战和建设理论需求的前沿性问题，对军事理论研究发挥了引领作用。我军的各级院校、科研机构和领导机关也活跃着一批军事专家，他们是我军军事理论研究队伍的重要力量，其在各个时期的研究和创作丰富了我军军事理论的内涵，推动了我军军事理论的发展。在"文库"后续推出的著作中，我们将扩大作者范围，收纳军队各级院校、科研机构和领导机关的军事专家在各个时期的优秀理论成果。

"兵者，国之大事，死生之地，存亡之道，不可不察也。"军事理论研究探寻的是国家安危之道，关乎江山社稷，是世界范围内军事竞争的重要领域。唯有军事理论先进、军事理论素养高的军队，方能在残酷的军事竞争中占据主动，这已经被世界战争史，包括我军历史所充分证明。新时代，我军正在习近平强军思想的指引下开启新征程，为迎接世界新军事革命加速发展的挑战，向着全面建设世界一流军队的方向迈出坚定步伐。"实践发展永无止境，认识真理永无止境，理论创新永无止境。强军是具有很强开创性的事业，我们要不断适应新形势、应对新挑战、解决新问题，在实践上大胆探索，在理论上勇于突破，不断丰富和发展党在新时期的强军思想，让马克思主义军事理论在强军伟大实践中放射出更加灿烂的真理光芒。"

在此，我们特别要向中国人民解放军军事科学院原副院长任海泉中将表示由衷的感谢。他给予"文库"以极大支持和热情鼓励，不仅对"文库"编辑提出了很重要的指导性意见，而且亲自审阅了一部分书稿，非常负责任地撰写了修改意见，展现了军事科研战线领导干部的使命感和高尚情怀。

由于时间仓促，"文库"难免有挂一漏万之处，敬请各位读者批评指正。

"中国军事专家文库"编委会

2024年7月

前言 十四年抗战与中国抗日战争的起点

2017年1月3日，由教育部基础教育二司下发的《关于在中小学地方课程教材中全面落实"十四年抗战"概念的函》引发了广泛讨论。其实，十四年抗战的观点在学术界已经流行30多年了。早在1985年，我就曾撰文《关于中国抗日战争的历史分期和阶段划分》一文，明确提出中国抗日战争起始时间应从1931年的九一八事变算起，至1945年9月2日日本签字投降止，历时整整14年。而苏联、日本的学者早在第二次世界大战结束不久就曾提出第二次世界大战起始于九一八和"十五年抗战"的观点。中国的抗日战争经历了一个由局部抗战发展到全国性抗战的曲折复杂过程。八年抗战是指从1937年7月7日至1945年9月全国性抗战这一历史阶段而言，局部抗战是指从1931年的九一八事变至1937年7月7日的七七事变前这一历史阶段来说。局部抗战时期，作为执政党的国民党顽固执行"攘外必先安内"的内战政策，对日本的进攻一味妥协退让，顽固坚持"剿共"内战，直到1937年的七七事变后才开始真正的对日作战。正因为国民党政府在1931—1937年七七事变前的6年时间里没有实行对日全面抗战，所以叫作局部抗战，此后才叫作全国性抗战。

研究中国抗日战争史和研究国共两党的抗战历史，不管你同意还是不同意，有意还是无意，确实涉及站在什么立场、用什么标准来界定中国抗日战争起点的问题。20世纪90年代以来，台湾和大陆某些学者提出要用"一个不党不私、客观公正的抗战史研究，跳出自己国家与意识形态的框框，直面当年这场战争"①来研究中国抗战史。他们完全否定阶级分析法，随意用打折扣的"民族立场"分析法，以所谓公允而纯粹的"社会史和心态史"的"学术问题"为借口，标榜自己所谓"不党不私"的中庸立场。其实他们编写的抗战史书籍，恰恰是用"己党己私"来否定中国共产党在抗日战争中的中流砥柱的历史作用，否定中国抗日战场是东方主战场的历史地位。

九一八事变，是中国近代史上一个带转折点性质的重要历史事件。毛泽东同志曾经指出："一九三一年九月十八日的事变，开始了变中国为日本殖民地的阶段。"②中国人民蒙受了一场空前的全民族的灾难和浩劫，从此亦揭开了中国人民反对日本侵略的英勇斗争的序幕。伟大的中国人民在国际反法西斯力量的支持下，经过14年之久的艰苦奋战，终于战胜了日本侵略者，第一次取得了百余年来中国人民反抗外国侵略的民族解放战争的完全胜利。日本发动九一八事变，公开侵略我国东北，是它推行"大陆政策"，意图独占中国，争夺亚洲，称霸世界的一个严重步骤。九一八事变是第二次世界大战中远东战争策源地形成过程中的重大事件，它打乱了列强主宰亚洲太平洋地区的格局，加剧了日本同英、美等国家的矛盾。中国人民打响了世界反法西斯战争前哨战的第一枪！从这个意义上可以说，第二次世界大战的前奏序曲是从九一八事变开始的。因此，深入研究九一八事变这段历史，不仅对中国近代史，而且对世界近代史，都有重要意义。

第一，从世界反法西斯战争的全局看，九一八事变是日本帝国主义对中国武装侵略的开始，是它争夺亚洲霸权和走向发动世界战争的起点，标志着第二次世界大战两个策源地之一的远东战争策源地的最早形成。因此，我们不把九一八事变看作只有局部意义的中日两国的地区性的一般军事冲

---

① 郭岱君主编：《重探抗战史》（一），台北联经出版社2015年版，第12—13页。
②《毛泽东选集》第1卷，人民出版社1991年版，第143页。

突，而是把它看作日本企图建立军事独裁法西斯专政，实现其独占中国的"大陆政策"的第一步。从1931年的九一八事变起，中国人民首先以武装斗争反对日本法西斯的武装侵略，从而打响了世界反法西斯战争的第一枪。对此，日本一些历史学家也认为，第二次世界大战的硝烟是"1931年9月18日日本侵占'满洲'（九一八事变）为导火线而开始升起的"。苏联检察官克伦斯基在远东军事法庭曾说："如果我们可以指出一定的日期作为第二次世界大战的这段血腥时期的开端的话，1931年9月18日恐怕是最有根据的。"[①]可以说，九一八事变后，中国人民的局部抗战揭开了世界反法西斯战争的序幕。虽然中国抗日战争的第一个时期，即从1931年9月至1937年7月的6年间，还主要是在黑龙江、吉林、辽宁、热河4省地区进行，但却从未停止过，这不仅为动员全国人民参加抗日救亡斗争起了重要的准备作用，而且给日本侵略军以严重打击。仅就日本官方大为缩水的统计数字，14年里，日本关东军被东北抗日联军等部毙、伤、俘者近18万人。毫无疑问，九一八事变后东北人民及广大爱国官兵反对日本侵略军的各种形式的武装斗争，是中国人民反抗日本帝国主义侵略、争取民族解放事业的一个重要的有机组成部分。

所以，毛泽东于1945年4月24日在中国共产党第七次全国代表大会上的政治报告中明确指出："中国人民的抗日战争，是在曲折的道路上发展起来的。这个战争，还是在一九三一年就开始了。"[②]日本历史学家藤原彰在其编著的《日本近代史》第3卷"序章"中也公允地指出："本书是以日本开始发动了历时15年侵略战争的昭和六年（1931）为起点，概括地叙述从那以后的日本近代史。"[③]可见，日本历史学家不仅把1931年作为日本发动侵

① 日本历史学研究会编：《太平洋战争史》第4卷，商务印书馆1962年版，第150页。
② 《毛泽东选集》第3卷，人民出版社1991年版，第1035页。
③ 藤原彰：《日本近代史》第3卷，商务印书馆1992年版，第2页。

略战争的开始，同时还把这一年划作日本近代史现代部分的一个"起点"。日本对中国的武装侵略从1931年的九一八事变开始，这在世界上都是公认的。那么，我们自己为什么硬要把中国武装抗日斗争的开始时间从1931年推后到1937年7月呢？割断历史的做法是不足取的。中国抗日战争一开始就具有反对军国主义侵略、争取民族独立解放的性质。以中国人民武装反抗日本帝国主义侵略的开始作为中国抗日战争史的起点，这是对历史的尊重。

第二，以社会性质和社会主要矛盾为依据，以"那些特别突出的、引人注目的历史事件作为大的历史运动的路标"①，来划分历史时期或阶段，这是列宁划分世界近代史时期的重要方法，是以辩证唯物主义和历史唯物主义研究历史的一条重要原理。我们从考察中国近代史的实际出发，可以十分清楚地看到，从1840年的鸦片战争到1931年的九一八事变前的中国社会，是一个半殖民地半封建性质的社会，处于"几个帝国主义国家共同支配的局面"②，其主要矛盾是中国人民与帝国主义、封建主义、官僚资本主义的矛盾，革命的对象是帝国主义、封建主义和官僚资本主义，而"一九三一年九月十八日的事变，开始了变中国为日本殖民地的阶段"③。九一八事变特别是1935年的华北事变后，中国社会的基本矛盾（即帝国主义和中国之间的矛盾，封建主义和人民大众之间的矛盾）发生了显著变化：

（1）由几个帝国主义国家和中国的矛盾，变为特别突出、特别尖锐的日本帝国主义和中国的矛盾。日本帝国主义实行完全征服中国的政策，企图把整个中国从几个帝国主义国家都有份的半殖民地状态改变为日本独占的殖民地状态，从而加深了日本帝国主义与其他帝国主义的矛盾。由此而

---

① 《列宁全集》第21卷，人民出版社1963年版，第124页。
② 《毛泽东选集》第1卷，人民出版社1991年版，第143页。
③ 《毛泽东选集》第1卷，人民出版社1991年版，第143页。

来的中国军阀割据和军阀内战的潜在矛盾，在中日矛盾面前也起了变化：日本帝国主义赞助中国的割据和内战，以便利其独占中国；其他帝国主义国家为了维护其在华的权益，则暂时地赞助中国的统一与和平。

（2）中日民族矛盾成为主要矛盾，国内阶级矛盾和政治集团之间的矛盾降到次要和服从的地位，由此变动了中国国内的阶级关系。地主阶级、资产阶级甚至军阀都遇到了存亡的问题，在他们的代表人物及其政党内部，逐渐发生了改变政治态度的过程。九一八事变后，不但中国共产党和广大工人、农民、知识分子及小资产阶级、爱国民主党派、民主人士和海外华侨积极投入了抗日救亡运动，而且民族资产阶级、地主阶级，甚至大资产阶级都发生了变化，在国民党的营垒中也发生了破裂，其中一部分爱国志士即投入了抗日斗争，如马占山、蔡廷锴、冯玉祥、张自忠、张学良、杨虎城等名噪一时的抗日风云人物。

总之，"自从一九三一年九一八事变日本帝国主义武装侵略中国以后，中国又变成了一个殖民地、半殖民地和半封建的社会"①。九一八事变后中国社会性质和主要矛盾不断发生变化，一直持续到1945年9月2日本战败投降，中日民族这个主要矛盾才得以解决。此后，中国社会又恢复到九一八事变前半殖民地半封建性质的社会形态，其主要矛盾又变成了一般帝国主义和中华民族的矛盾，封建主义和人民大众的矛盾。由此看来，九一八事变后与七七事变后的中国社会的性质和主要矛盾是一样的，七七事变的爆发，是对中日民族这个主要矛盾的加深与扩大，而没有使中国社会的殖民地、半殖民地和半封建的性质有所变化。因此，把1931年的九一八事变作为中国抗日战争的起点，既符合中国抗日战争史的客观实际，又符合马克思主义关于划分历史时期标准的科学理论。

---

① 《毛泽东选集》第2卷，人民出版社1991年版，第626页。

第三，很久以来，大陆有些学者都以国民党政府在九一八事变以后没有实行抗日为由，把抗日战争的起点定为七七事变，这是值得商榷的。就抗日战争的性质而言，它是中国在20世纪三四十年代进行的由不同阶级、阶层和社会集团等参加的反抗日本帝国主义侵略的民族解放战争。因此，我们在界定抗日战争的起点问题时，就不能以国民党政府是否主张参加抗战作为标准来评判。历史的事实是，日本帝国主义的侵华战争是一个不断扩大，不断升级，由局部侵华演变成全面侵华的过程。日本帝国主义开始发动九一八事变，侵占东北三省。1932年，制造一·二八事变进犯上海。1933年1月，进攻热河。1934—1935年，制造张北、察东和河北事件，进而蚕食华北、分离内蒙古，成立"冀东防共自治政府"和伪蒙古军政府等。最后制定了1937年侵华作战计划，扩大增设在平津地区的驻屯军，准备随时发动全面侵华战争。

同时，中国人民的抗日战争也是一个从小到大、由局部地区抗战逐渐发展到全国性抗战的历史过程。九一八事变后，东北军部分爱国官兵违反蒋介石国民党政府的"不抵抗"政策，奋起抗日，如马占山部在黑龙江的江桥抗战；黄显声等指挥军警阻击日军侵略锦州；李杜、丁超等部在哈尔滨外围地区袭击日军。他们的抗日行动促进了东北义勇军的兴起及抗日斗争，也为中国共产党组建抗日武装创造了有利的群众基础。到1936年，中国共产党领导的正规抗日武装，由原来的8个小游击队发展到11个抗日联军，共4.5万余人，从而成为东北抗日游击战争的主体骨干力量。1932年1月28日，日军进犯上海，蒋光鼐、蔡廷锴和张治中等率第19路军和第5军奋起抵抗。1933年，日军进攻热河、察哈尔，冯玉祥、方振武、吉鸿昌、佟麟阁等率部组成抗日同盟军，给日军以沉重打击。这几次违反蒋介石国民党政府的"不抵抗"政策的抗战行动，都被蒋介石国民党政府一手破坏扼杀了，而《上海停战协定》《塘沽协定》《秦土协定》《何梅协定》等出卖国家主权的妥协投降条约，则是在蒋介石国民党政府的支持下一手签订的。而台湾有的学者则认为，蒋介石国民党政府在1931年的九一八事变至1937年的七七事变爆发的6年间丢失的东北三省，是"隐忍备战"①的需要，把蒋介石国民党政府的妥协投降行为辩解为"隐忍备战"，这难道是"不党不私"吗？

上述分析比较泾渭分明，完全是站在中华民族的立场上的。中国抗日战争史是中国人民反抗日本军国主义侵略的斗争史。但有人偏偏提出，因为当时的国民党政府没有参加抗战，所以不能把九一八事变作为抗战的起点，进而认为"怎么可以把屈辱的'九一八'当作神圣的中华民族抗战的开端"？要说屈辱，真正屈辱的是蒋介石国民党政府及执行蒋介石"不抵抗"政策的溃逃官兵（从九一八事变前到西安事变，蒋介石国民党政府一直顽固坚持"攘外必先安内"的内战国策），而不是部分爱国官兵、广大人民群众，更不是九一八事变后立即组织东北游击战争，直接给日本侵略者以沉重打击的中国共产党及其领导下的抗日武装。1933年1月17日，中国共产党向一切进攻革命根据地和红军的国民党军队提议，在停止进攻、保证民主权利和武装民众创立义勇军三个条件下，停战议和，一致抗日，但遭到国民党政府的拒绝。1935年8月1日，中共中央发表《为抗日救国告全体同胞书》（即《八一宣言》），郑重要求国民党当局停止内战，集中一切国力抗日救国。同年12月25日，党中央在瓦窑堡会议上通过《关于目前形势与党的任务的决议》，确定了建立抗日民族统一战线的策略总方针，提出"党的任务就是把红军的活动和全国的工人、农民、学生、小资产阶级、民族资产阶级的一切活动汇合起来，成为一个统一的民族革命战线"。1936年9月，中共调整自己的政策，改变过去"抗日反蒋"的口号，确定"逼

① 郭岱君主编：《重探抗战史》（一），台北联经出版社2015年版，第73页。

蒋抗日"的政策。西安事变后,我党又确定"联蒋抗日"的方针。总之,九一八事变后,中国共产党因时而变,逐渐适应新的形势要求,决定并执行抗日民族统一战线的新的政治路线,以团结抗日和建立新民主主义共和国为奋斗目标。如果不以九一八事变作为中国抗日战争的起点,那么就等于自己抹杀6年来东北民众、部分爱国官兵、察哈尔抗日同盟军、第19路军和中国共产党领导的东北抗日武装所从事的抵抗日军侵略的英勇斗争。我们应该站在中华民族的高度来看待抗日战争的起点问题。

由此可见,如果以所谓"中国政府"(即国民党政府)是否参加抗战为标准来界定抗日战争的起点,九一八事变确实屈辱,但如果以东北三省的广大民众、爱国官兵和共产党领导的抗日武装为标准来界定抗日战争的起点,九一八事变无疑是界定抗日战争的起点的"路标"。

假如按照某些人的观点和逻辑,以国民党政府是否参加抗战为标准来界定起点问题,那么,七七事变也不能作为中国抗战的起点。因为,蒋介石在1937年7月17日的谈话中虽表示"准备应战",但又坚持说:"在和平根本绝望之前一秒钟,我们还是希望和平的,希望由和平的外交方法,求得卢(沟桥)事(变)的解决。"此时的蒋介石国民党政府仍处于游移、动摇、妥协、退让的徘徊之中。直到八一三上海抗战爆发,8月14日,国民政府才发表《自卫抗战声明书》,真正公开转向抗日。照此推理,岂不是把八一三或八一四作为抗战的起点更好吗?可以说,蒋介石国民党政府的抗日,是被中国共产党和中国人民,包括国民党内的爱国人士逼出来的。以不愿意抗日、被动抗日和消极抗日的一方作为标准的界定起点,势必使人产生疑虑:其立场、公允、客观到哪里去了?这就是某些学者的所谓"不党不私"。

所谓抗日战争的起点,简言之,就是抗日战争的重大事件的开始时间问题。可是,有的人却把抗战的规模、范围甚至性质等混为一谈或完全重合了，说什么九一八事变后，虽有抗日战争，"但多半是局部的、自发的、不连续的"。甚至有的专家学者说："九一八至七七事变的6年间，没有战争，只有战事。"可是，江桥抗战、一·二八抗战、长城抗战等，难道不是抗战？这种人应该先去扫一下军事常识的盲，再来讨论抗战问题。任何事情的起点总是由小到大产生和发展的，这是事物运动的辩证规律。区别抗日战争的起点与规模这两个不同的概念，有着历史唯物主义认识论的重要意义。无论从逻辑还是从历史来看，九一八事变是中国抗日战争的起点，七七事变则是中国抗日战争由局部抗战发展扩大为全国性抗战的转折点。换句话说，七七事变是全国性抗战的起点，这是用实事求是史学观研究中国抗日战争史得出的科学结论。

目　录

绪　论

一、中国抗日战争史的阶段划分

中国抗日战争从 1931 年的九一八事变开始到 1945 年 9 月 2 日日本投降，经历了整整 14 年的艰难曲折历程。

十四年抗战作为一个整体，包括六年局部抗战和八年全国性抗战两个时期。1931 年九一八事变爆发至 1937 年 7 月是局部抗战时期。六年局部抗战是整个抗日战争的重要组成部分，虽然其军事行动发生在东北、华北及上海等局部地区，但它与全国的抗日救亡运动相互推动、相互促进而演进，对全国性全民族抗战的爆发起到了十分重要的推动作用。

1937 年七七事变至 1945 年 9 月 2 日日本投降，是全国性全民族抗战时期。八年全国性抗战是中华民族同日本军国主义进行的一次生死大搏斗，是局部抗战的继续和发展。

局部抗战时期分为两个阶段。第一个阶段是局部抗战兴起阶段（1931 年 9 月—1932 年 12 月）。九一八事变是中国抗日战争的起点。由于国民党当局采取"攘外必先安内"的方针及"不抵抗"政策，侵华日军得以迅速占领中国东北，炮制伪满洲国，并侵犯上海。中日民族矛盾迅速上升，抗日救亡逐步成为中国人民的政治主题。中国共产党率先号召全国人民武装抗日，推动并直接领导了东北抗日斗争。东北和上海军民的奋勇抗战，推动了全国人民的抗日救亡运动。

第二个阶段是局部抗战发展阶段（1933 年 1 月—1937 年 7 月）。按照既定步骤，从1933年初开始，侵华日军向华北进犯。中国军队英勇抗击，进行了长城抗战、察哈尔和绥远抗战。1935年，日本制造华北事变，企图炮制第二个伪满洲国。为挽救民族危亡，促成全国抗战，中国共产党正式确定了抗日民族统一战线的基本政策。西安事变的和平解决，成为时局转换的枢纽。国共合作，共同抗日基本成为定局。全国抗战时期分为以下三个阶段：

第一个阶段是战略防御阶段（1937年7月—1938年10月）。1937年7月7日以卢沟桥事变为标志，日本发动全面侵华战争，中国全国抗战由此爆发。以国共合作为基础的抗日民族统一战线正式形成，全民族抗战掀起高潮。全国抗战初期，国民党政府抗战比较积极，其领导的正面战场是抗击日军战略进攻的主战场，先后进行了淞沪、太原、徐州和武汉4次会战，共毙、伤、俘日军25万余人，同时也付出了伤亡104.4万余人的重大牺牲。正面战场作战的广大爱国官兵英勇奋战，不怕牺牲，涌现出了许多可歌可泣的爱国主义事迹，为粉碎日本军国主义3个月灭亡中国的侵略图谋起了决定性作用，从而迫使日军被迫由战略进攻转为战略防御。

共产党领导的抗日武装，大胆深入敌后，开展游击战争，起了战略支队的作用，开辟了独当一面的敌后战场。敌后战场的开辟，使中国抗战形成了正面和敌后两个战场相互配合、夹击敌人的战略格局，它对于抗日战争的进程和结局产生了重大影响。

第二个阶段是战略相持阶段（1938年10月—1943年7月）。1938年10月武汉失守以后，战争进入战略相持阶段。这一漫长艰苦的阶段，是转变敌强我弱态势的枢纽。日本鉴于战线过长、兵力不足，被迫实行以保守占领区为主的"长期战"的战略方针，敌后战场承担着主战场责任的艰难重担。国民政府坚持继续抗战的方针，其军队进行了几次较大规模的战役，抗击了日军的局部攻势。但随着日本对国民党政治诱降为主、军事打击为辅方针的实施，国民党政府则逐渐实行消极抗日、积极反共的政策，其在抗日主战场的地位逐渐下降。中国共产党继续高举抗日民族统一战线旗帜，坚持抗战、团结、进步的方针，领导敌后战场军民深入开展群众性的游击战争，壮大抗日武装，逐渐挑起全国抗战主战场的重担，并在战胜严重困难中巩固了抗日民主根据地。1941年12月8日太平洋战争爆发后，长期坚持独立抗战的中国军民迎来战略转机，从此中国战场与世界反法西斯战争完全融为一体，成为同盟国的世界东方主战场。

第三个阶段是战略反攻阶段（1943年7月—1945年9月）。中国抗日战争的战略反攻，是在世界反法西斯战争发生根本转折和日军逐渐失去战略主动权的形势下进行的。从1943年秋开始，八路军首先揭开了局部反攻的序幕。中国驻印军和中国远征军在缅北、滇西也开始了直接配合盟军的反攻作战。1944年春，日军为挽救在太平洋战场的颓势，发动了打通大陆交通线的"一号作战"。正面战场有些部队进行了顽强抗击，但由于国民党政府长期奉行消极避战的方针，造成了豫湘桂作战大溃败的局面。与此同时，敌后战场（其后称解放区战场）则连续发起局部反攻作战。在美国向日本投掷原子弹、苏联出兵中国东北的有利形势下，中国解放区战场展开大规模全面反攻，获得了重要战果。

1945年8月15日，日本接受《波茨坦公告》，宣布无条件投降。9月2日，同盟国举行日本投降签字仪式，标志着中国抗日战争暨世界反法西斯战争的最后胜利。9月3日，被定为中国人民抗日战争胜利纪念日。10月25日，中国正式收复被日本殖民统治达50年之久的宝岛台湾，连同收复东北、南海诸岛等中国领土，一举扭转了近代以来中华民族反抗外敌入侵屡战屡败的屈辱历史。

二、抗日战争的伟大意义

中国抗日战争在世界东方历史上是空前的，在人类战争史上也是伟大的。抗日战争是中华民族与日本法西斯进行的一场正义与邪恶、光明与黑暗、进步与反动的大搏斗。面对日本法西斯的侵略，中国的工农商学兵、各界各族人民、各民主党派、抗日团体、社会各阶层爱国人士和海外侨胞，在中国共产党倡导的、以国共合作为基础的抗日民族统一战线旗帜下，万众一心，同仇敌忾，英勇奋战，终于打败了日本法西斯，谱写了世界民族解放史上的光辉篇章。

抗日战争的胜利，彻底改变了中国近代以来因外敌入侵而割地赔款和出让国家主权的屈辱历史，使中华民族空前觉醒，爱国主义得到极大弘扬，光复了自甲午战争以来的失土，废除了帝国主义列强强加在中国人民头上长达百年之久的一系列不平等条约，是近代以来中国人民反对外敌入侵第一次取得完全胜利的民族解放战争。抗日战争胜利的历史说明，中国人民能够在灭种亡国的危境中开辟民族的新出路，中华民族的生命力是无限的。

（一）抗日战争是近代中国反抗帝国主义侵略斗争历史第一次取得完全胜利的民族解放战争，是中华民族由衰败走向复兴的转折枢纽

毛泽东曾经指出："我国从19世纪40年代起，到20世纪中期共计105年时间，全世界几乎一切大中小帝国主义国家都侵略过我国，都打过我们，除了最后一次，即抗日战争，由于国内外原因以日本帝国主义投降告终外，没有一次战争不是以我国失败，签订丧权辱国条约而告终。"从百年的历史看，抗日战争是近代中国反抗外来侵略第一次取得完全胜利的战争，是中华民族由衰弱走向强盛的转折点。一句话，抗日战争是改变中华民族历史命运的战争。

中国是一个有着悠久历史的东方大国，曾创造出灿烂的人类文明，长期走在世界的前列，只是到了近代逐渐落伍了。从1840年起，英、法、美、俄、德、意、日、奥、荷等西方列强接连不断地侵略中国，并逼迫中国签订一个又一个不平等条约，明火执仗地割占中国的领土，侵犯中国的主权，掠夺中国的财富，屠杀中国的民众，从而把中国一步步推向半殖民地半封建的深渊。为了争取民族解放和国家独立，中国人民对帝国主义列强的侵略进行了一次又一次的顽强抵抗。由于清政府的腐败、软弱和无能，由于还没有形成全民族的觉醒和团结，由于中国无产阶级及其先锋队——共产党还没有登上中国的政治舞台，以及生产力和科学技术的低下，中国人民的这些抵抗斗争最后都失败了，而每一次失败都会被迫签订丧权辱国的不平等条约。从1842年8月29日签订的中国近代史上第一份丧权辱国的《中英南京条约》到1901年9月7日签订的《辛丑条约》，标志着中国逐步跌到了半殖民地半封建社会的最低谷。因而，要使中华民族从衰败走向复兴，首先必须推翻帝国主义在中国的统治，实现国家的独立和民族的解放。

在世界近代史上，日本是对中国发动侵略战争次数最多、屠杀中国人民最多的国家。日本帝国主义发动的每一次侵华战争都给中华民族造成新的危机，同时也促进了中华民族的新的觉醒。以九一八事变为起点的中国抗日战争，是近代以来中华民族反抗帝国主义列强侵略斗争的继续。1937年日本全面侵华，把中华民族逼到"亡国灭种"的边缘，但却迅速促进了波澜壮阔的抗日救亡运动和全国人民的觉醒，由于有中国共产党支撑起全民族救亡图存的希望，并成为全民族抗战胜利的民族先锋，从而导致全国规模的全面抗战。由于抗日战争是在中国共产党倡导的、以国民党和共产党合作为基础的包括各民主党派、人民团体、一切爱国的阶级、阶层及海外爱国侨胞的抗日民族统一战线旗帜下进行的，因而能取得中国近代以来反侵略战争的彻底胜利，并扭转了中国面对帝国主义列强侵略屡战屡败的耻辱历史。

毛泽东1945年4月24日在中国共产党第七次全国代表大会所作的《论联合政府》的报告中指出："中国是全世界参加反法西斯战争的五个最大的国家之一，是在亚洲大陆上反对日本侵略者的主要国家。中国人民不但在抗日战争中起了极大的作用，而且在保障战后世界和平上将起极大的作用，在保障东方和平上则将起决定的作用。中国在八年抗日战争中，为了自己的解放，为了帮助各同盟国，曾经作了伟大的努力。这种努力，主要地是属于中国人民方面的。"①这是对中华民族八年全面抗战历史地位和作用的客观科学概括。

　　正是由于中国人民的英勇抗战，以九一八事变为起点，中国人民的局部抗战首先揭开了世界反法西斯战争的序幕；七七事变后，又在世界东方开辟了第一个大规模反法西斯战场，并始终抗击和牵制了日本陆军主力，从而打破了日本"北进""南进"的侵略计划，使德日勾结，东西夹击苏联，德日两军会师中东的图谋未能达成，中国战场成为世界东方抗击日本法西斯的主战场。中国战略地位的重要性终于为美、英、苏等国所承认。为了使中国继续坚持对日本的有效作战，最终实现"先欧后亚"的战略目标，美英两国特别是美国在废除对华不平等条约问题上的态度比较积极。从1942年春起，中国社会掀起了要求立即废除对华不平等条约的热潮。经过中国方面的努力，1943年1月11日，中美、中英分别在华盛顿和重庆签订《中美关于取消美国在华治外法权及处理有关问题之条约与换文》（简称《中美新约》）和《中英关于取消英国在华治外法权及处理有关特权条约与换文》（简称《中英新约》），宣布取消美英两国在中国的治外法权及有关特权；取消1901年签订的《辛丑条约》，终止该条约及其附件给予两国的一切权利；等等。在美英的影响下，比利时、挪威、荷兰、法国、葡萄牙

---

①《毛泽东选集》第3卷，人民出版社1991年版，第1033页。

等国也陆续同中国签订有关条约，宣布废止它们的在华特权，从而解除了西方帝国主义列强强加在中国人民身上的枷锁。虽然《中英新约》留有后遗症（英国拒绝交还香港），但上述新约的签订，标志着在法理上结束了西方列强在中国享有的特权，洗雪了中华民族的百年耻辱，使中国成为国际社会的平等一员。

与中国废除不平等条约相伴的，是中国在国际上获得政治大国的重要地位。太平洋战争爆发后，26个抗击法西斯的国家于1942年1月1—2日在华盛顿签署《联合国家宣言》，宣布各国为了将反法西斯战争进行到底而协同作战。在《联合国家宣言》的签字方式上，由于美国的支持，美国、英国、苏联和中国排在26个国家之首，并比其他国家提前一天签字，其他国家则按英文字母顺序排列于第二天签字，这就使中国开始以四大国之一的身份出现在国际文件中和国际舞台上。

中国抗日战争的战略地位使中国成为保障战后世界和平的重要力量。第二次世界大战中后期，以美国、英国和苏联为主的反法西斯同盟国，召开了一系列重要国际会议，商讨共同打败德意日法西斯和建立战后国际新秩序的世界和平蓝图，中国作为四大国之一在其中发挥了重要作用。1943年10月，中国作为四大国之一签署了《四国关于普遍安全的宣言》（亦称《莫斯科宣言》）。11月，中、美、英三国首脑在埃及首都开罗举行会议。美、英支持中国提出的将日本侵占的中国领土，如东北四省、台湾、澎湖列岛等归还中国的要求，并将其写进了《开罗宣言》。1945年7月发表的《波茨坦公告》再次宣布："开罗宣言之条件必将实施。"之后，中国参加了联合国组织机构的设置与建立以及旧金山制宪会议。中国共产党派出自己的代表董必武与国民政府的代表共同组成中国代表团出席会议，特别体现了全中国人民的意愿。1945年4月25日，中国又作为四大国之一发起旧金山会议，共商建立"联合国家国际组织会议"，即创建联合国。在四大国首席代表轮值下制定的《联合国宪章》，明确中国为联合国安理会常任理事国，汉语也成为联合国的官方语言之一，中国的大国地位逐步确立。从此，中国以世界五强之一的姿态走上了民族复兴之路。

（二）抗日战争是中国民主革命的转换枢纽，为中国共产党带领全国人民实现彻底的民族独立和人民解放奠定了重要基础，为新中国的诞生准备了充分条件

中华民族在近代的衰败，除了帝国主义的侵略外，还有一个重要原因，就是封建地主阶级和官僚资产阶级的残酷统治。因此，中华民族要复兴，一是要驱逐帝国主义的侵略势力，二是要推翻封建主义和官僚资本主义的统治。从19世纪末起，孙中山领导中国人民进行民主革命。1911年的辛亥革命，推翻了腐朽的清王朝，结束了中国两千多年的封建统治，但革命的成果很快被北洋军阀篡夺，封建地主阶级的统治依然如故，半殖民地半封建社会的性质完全没有改变。五四运动后，由于马克思主义传播到中国，中国共产党登上历史舞台，民主革命进入了一个新阶段。然而，由于敌我力量的过于悬殊，以及党在幼年所犯错误，革命受到两次严重的挫折，从20世纪30年代中期起陷入低潮。

全国性抗战的爆发，给中国新民主主义革命带来了新的生机，为中国共产党及其领导的武装力量的发展提供了历史的大好机遇。毛泽东指出："现在的抗日战争，是中国革命的一个新阶段，而且是最伟大、最活跃、最生动的一个新阶段。……中国今天的民族革命任务，主要地是反对侵入国土的日本帝国主义，而民主革命任务，又是为了争取战争胜利所必须完成的，两个革命任务已经联系在一起了。"[1]美国国际关系史专家拉铁摩尔在1941年皖南事变后说："对中国人民来说，这四年的历史既是争取民

---

[1]《毛泽东选集》第2卷，人民出版1991年版，第567、637页。

族解放的历史，又是国内革命的历史。……抗日战争是争取民族独立和国内民主革命相结合的战争。"①的确，如毛泽东所言，对中国共产党来说，"抗日与革命是一个东西"。因而，中国共产党把反帝反封建的双重任务巧妙地结合了起来。

面对亡国灭种的民族危机，中国共产党首先提出了武装抗日的主张，倡导和推动了抗日民族统一战线的建立，促成了全面抗战，并时时处处以民族利益大局为重，努力维护和巩固抗日民族统一战线，从而得到全国人民的衷心拥护。抗战之初，国民党正面战场抵抗的接连失利，导致大片国土沦陷。由于在抗日战争中实行了正确的路线、方针和政策，中共领导下的八路军、新四军和华南抗日游击队等抗日武装迅速挺进敌后，发动群众，广泛开展游击战争，开辟了一个广阔的敌后解放区战场，并逐渐发展成为中国抗战的主战场。敌后战场的开辟，一方面为中国坚持持久抗战找到了一条新的途径，另一方面也打破了国民党的种种限制，为中共革命力量的发展找到了广阔的天地。经过八年抗战，中共力量得到迅速发展，军队从抗战初期的4万余人发展到抗战胜利时的127万余人、民兵286万余人，并先后在华北、华中及华南建立了19块抗日根据地，面积达100余万平方公里，人口约1.2亿，成为中国政治生活中举足轻重的力量和全国人民的希望。敌后解放区的民主革命政权，事实上已成为新中国的雏形。

抗日战争是试金石，一切阶级、一切政党、一切派别和团体都要在这场波澜壮阔的民族解放战争中经受洗礼，顺之者昌，逆之者亡。与共产党相反，国民党蒋介石在九一八事变后仍顽固坚持"攘外必先安内"的内战政策。在全国性抗战爆发后，国民党蒋介石虽然参加了抗战，初期还比较

①《刘大年集》，中国社会科学出版社2000年版，第155页。

积极，但在抗战中却始终坚持一党专政和独裁统治，压制民主运动，打击和限制共产党，消极抗日。蒋介石制造的皖南事变使国民党大失人心，大后方的民主势力高涨，民主政团同盟的成立是一个标志。1944年日军发动"一号作战"后，国民党在正面战场豫湘桂战役的大溃败，导致日军进入贵州，威胁西南大后方，给中国战场造成新的危机，引起整个大后方民心的极大震荡。此时，欧洲反法西斯战争已取得决定性胜利，第二战场已经开辟，中国敌后解放区战场日益壮大，不断发起对敌局部反攻，而正面战场则频频败退，接连失陷河南、湖南、广西三省。此时的国民政府，政治黑暗、经济恶化、军心涣散，人民群众怨声载道，其威望急剧下降，这充分暴露了执政的国民党的专制独裁和腐败无能。谢伟思在向美国政府的报告中写道："随着国民党失败越来越明显地暴露，中国国内的不满在迅速发展。党的威信空前低落，蒋越来越失去作为领袖曾享的尊敬。"[①]1944年9月，国民参政会参政员林伯渠代表中共在国民参政会上，提出废除一党专政、建立联合政府的主张，并迅速得到了中间势力的广泛支持和社会舆论的强烈反应。成立联合政府，一时成为国内政治舆论的最强音。可以说，国共两党力量在中国政治上的此消彼长，成为抗战后期扭转中国历史命运的关键。

在抗战后期，国民党政府与汪伪政权中的汉奸分子勾结，将伪军收编为国民党军队，成为反共的一支重要力量。不仅如此，国民党政府甚至与侵华日军勾结，利用日军以"维持治安"为名，对抗中共武装收复失地，进而以日本战犯为顾问，发动反共反人民的内战。国民党及其政府的种种倒行逆施，使它在全国人民中人心丧尽，从而决定了它在抗战后的失败命运。正如费正清主编的《剑桥中华民国史》所说，抗战结束后"国民党政

---

① 埃谢里克:《在中国失掉的机会》，中央文献出版社1995年版，第101页。

府和军队精神疲惫，风纪败坏，直接有助于1949年共产党的胜利"①。中国共产党在抗日战争中经受了血与火的考验，在对敌作战中迅速发展壮大，由小到大，由弱变强，在全国人民中威望大增，深得人心。由此可以说，抗日战争为新民主主义革命的彻底胜利和新中国的诞生奠定了基础。没有抗日战争时期中共革命力量的大发展，就不可能有解放战争这一新旧中国命运大决战的胜利。

（三）抗日战争是中华民族觉醒的里程碑，是弘扬以爱国主义精神为核心的伟大民族精神最辉煌的历史时期之一

中华民族在近代衰败的一个重要原因，就是帝国主义列强侵略而造成的国家的分裂和民族的涣散。民族的团结统一，是民族复兴的前提。近代以来，中国人民每一次反抗帝国主义列强侵略和封建主义压迫的斗争，都铺筑了中华民族觉醒的一道道阶梯。毛泽东指出，抗日战争"锻炼了中国人民。这个战争促进中国人民的觉悟和团结的程度，是近百年来中国人民的一切伟大的斗争没有一次比得上的。……中国人民不但已经有了比过去任何时候都高的觉悟程度，而且有了强大的中国解放区和日益高涨着的全国性的民主运动"②。如果说，近代百年以来中国人民反帝反封建的每一次政治、军事、经济、文化思想的斗争都为中华民族的觉醒准备了量的积累，而抗日战争则使中华民族的觉醒产生了质的飞跃。可以说，抗日战争的胜利，也是中华民族觉醒、以爱国主义为核心的伟大民族精神的胜利。

抗日战争时期，中华民族觉醒的突出表现是：民族利益、国家利益高于阶级利益、党派利益和团体利益，成为一切爱国者的共识，并在此基础上形成了前所未有的民族凝聚力。而中国共产党倡导的以国共合作为主的抗日民族统一战线的建立、巩固和发展，则对团结全国人民坚持持久抗战、

---

① 费正清等：《剑桥中华民国史（1912—1949年）》下卷，中国社会科学出版社1994年版，第623页。
②《毛泽东选集》第2卷，人民出版社1991版，第1032页。

争取抗战的最后胜利起了核心主导作用。在日本军国主义要灭亡中国的紧要关头，中国各阶级、各政党、各派别、各军事集团均以民族利益、国家利益为重，自觉地使自己的利益服从反对日本法西斯侵略这个最高的民族利益和国家利益，发扬"兄弟阋于墙，外御其侮"的爱国主义传统，捐弃前嫌，团结一致，共赴国难。

抗日战争使中国人民空前团结起来，使中华民族焕发出巨大凝聚力和旺盛生命力。在这场关乎中华民族生死存亡的决战中，全国各族人民万众一心，同仇敌忾，不畏强暴，敢于同敌人血战到底。前线官兵浴血奋战，英勇杀敌，"所有前线的军队，不论陆军、空军和地方部队，都进行了英勇的抗战，表示了中华民族的英雄气概"①。全国工、农、商、学、兵，各少数民族和海外华侨，有钱出钱，有力出力，全民抗战，表现出"天下兴亡，匹夫有责"的高度爱国主义精神。中华民族的空前觉醒和团结，以爱国主义精神为核心的伟大民族精神的空前弘扬，是取得抗日战争胜利的坚实思想基础和强大精神支柱。

三、中国抗日战争对世界反法西斯战争的不可磨灭的历史贡献

中国抗日战争是世界反法西斯战争不可分割的重要有机组成部分，中国战场既是亚洲—太平洋地区的主战场，也是整个第二次世界大战中的一个重要战场。中国抗日战争由独力抗击日本侵略开始发展到与第二次世界大战结合融为一体，联合同盟国继续坚持持久抗战，始终把日军的陆军主力牢牢地牵制在中国辽阔的战场上，并予日军以重大伤亡。中国人民为战胜日本法西斯，夺取世界反法西斯战争的胜利作出了不可磨灭的重大历史贡献，在世界的东方演出了一幕幕威武雄壮的活剧，创造了人类战争史上

---

① 《毛泽东选集》第2卷，人民出版社1991年版，第352页。

的奇观。

（一）中国人民揭开了世界反法西斯战争的序幕，在世界东方开辟了第一个大规模反法西斯战场

反法西斯的第二次世界大战与第一次世界大战具有不同的特点：在战争性质上，它一开始就具有反法西斯侵略、民族解放战争的性质；在战争形态上，则表现为一系列弱小国家反对德意日法西斯国家侵略的接连不断的局部战争，逐渐演变成全面战争，经历了一个较长的发展过程。

日本是世界上第一个形成法西斯侵略战争策源地的国家。早在19世纪末日本由资本主义发展成为帝国主义国家时，即走上了对外侵略扩张的道路，并把"大陆政策"定为它的基本国策。日本通过发动甲午战争，参加八国联军入侵北京，发动以争夺我国东北为目标的日俄战争，先后从中国攫取了台湾、澎湖和旅顺、大连等，勒索了巨额战争赔款，从而增强了其经济和军事实力，成为世界列强中新崛起的富于侵略性的帝国主义国家。1927年7月，日本内阁政府提出所谓解决"满蒙政策"的《田中奏折》，宣称"如欲征服支那，必先征服满蒙；如欲征服世界，必先征服支那。……可以用满蒙做基地，假借贸易来征服支那四百余州，就可以利用满蒙的权利作为司令塔来攫取整个支那富源，再利用支那的富源，征服印度及南洋群岛，并进而征服中小亚细亚以及欧洲"①。它露骨地表明了日本先夺"满蒙"，后取整个中国，进而吞并亚洲、称霸世界的狂妄野心和侵略步骤。同时，它也表明日本已由一般帝国主义国家向法西斯帝国主义国家转变。

世界法西斯侵略的第一把战火是由日本点燃的。1931年9月18日，日本悍然发动侵略我国东北的战争，打响了打破凡尔赛—华盛顿体系的第一炮，从而在远东形成了第一个战争策源地。它比欧洲战争策源地早了两年

---

① 《时事月报》（南京版）第1卷第2期，1929年12月。

多。九一八事变后，日本侵华局部战争不断扩大。从七七事变全面侵华到太平洋战争爆发，日本完全按照《田中奏折》所确定的侵略计划实施之。它不仅给中国人民带来了深重的灾难，而且对世界和平构成了严重威胁。日本军国主义者不仅是中国人民的敌人，而且是亚太地区和世界各国人民的共同敌人。因此，我们不能把九一八事变看作只有局部性的中日两国的地区性的一般军事冲突，而应把它看作日本帝国主义企图建立军事独裁法西斯专政，实现其独占中国，建立大东亚帝国的"大陆政策"的第一步。

所以，以九一八事变为起点，在东北兴起的中国人民的局部抗战，无疑是揭开了世界反法西斯战争的序幕。九一八事变后，东北人民和东北部分爱国官兵在中国共产党的领导、支持和影响下，激于民族义愤，冲破蒋介石的"不抵抗"政策，奋起抵抗，组成抗日义勇军和抗日联军，从事抗日游击战争，其活动范围遍布辽宁、吉林、黑龙江省的70多个县。到1933年抗日武装发展到30多万人。我党领导的抗日武装到全国抗战爆发前发展到11支联军共4.5万余人，成为东北抗日游击战争的主体骨干力量。东北三省的抗日游击战争沉重打击了日本法西斯的殖民统治。14年间，东北抗日联军等部共歼灭日军25万余人。毫无疑问，九一八事变后兴起的东北人民抵抗日本侵略军的斗争，是中国人民反抗日本法西斯侵略、争取民族解放事业的一个重要组成部分。苏联检察官克伦斯基1948年在远东军事法庭曾说："如果我们可以指出一定的日期作为第二次世界大战的这段血腥时期的开端的话，1931年9月18日恐怕是最有根据的。"战后，日本许多历史学家也认为，第二次世界大战的硝烟是"1931年9月18日日本侵占'满洲'（九一八事变）为导火线而开始升起的"[①]。

日本侵占中国东北，并不是以东北作为其侵略的最终目标，而是以它

---

① 日本历史学研究会编：《太平洋战争史》第4卷，商务印书馆1962年版，第150页。

— 14 —

作为基地和跳板，进而侵占整个中国，再扩大到远东和太平洋地区，实现称霸世界的野心。1936年8月7日，日本广田弘毅内阁召开五相会议，确定了"一方面确保帝国在东亚大陆的地位，另一方面向南方海洋发展"的基本国策，并据此确定了陆军"北进"、海军"南进"和全面侵华的方针，企图侵占中国，并将中国作为其征服世界的战略出发点和发动"大东亚战争的兵站基地"。为了寻求国际力量的支持，日本于1936年11月25日与德国在柏林签订了《反共产国际协定》，一年后意大利也加入了这个协定。柏林—罗马—东京，一个世界范围的法西斯国家的侵略同盟正式组成。德、意、日三个法西斯国家在法西斯化、侵略扩张的道路上，从逐渐接近到互相支持、合作，终于在重新瓜分世界、反共反苏的共同目的下紧密勾结在了一起。德意日三国同盟的成立，表明这是三个法西斯国家在分头发动世界性侵略战争中互相支持和配合的思想政治契约和基础，也是第二次世界大战即将爆发的一个重要标志。

1937年七七事变爆发后，日本由局部侵华战争发展为全面侵华战争。它表明日本法西斯首先将局部战争推向世界性规模，因为征服中国是日本实行"北进"或"南进"，称霸亚太地区的世界战略的先决条件。因此，在德意日结成法西斯侵略同盟之后，日本以七七事变为契机挑起的全面侵华战争，既是日本对外侵略扩张政策长期发展的必然结果，也是德意日法西斯轴心国全球侵略计划的重要部分。所以，中日战争的全面爆发，无疑是第二次世界大战的开端。

以七七事变为第二次世界大战的起点，中国开始全国性抗战，首先在世界东方开辟了第一个反法西斯战场。中国人民在中国共产党倡导的、以国共合作作为基础的抗日民族统一战线的旗帜下，举国一致，奋起抗击，实行全民族全面抗战路线和持久抗战方针，特别是八路军、新四军开辟的广阔的敌后战场和游击战争的迅猛发展，与正面战场的正规战，在战略上对日军构成夹击态势，陷敌于两面作战的不利境地。中国军队先后进行了淞沪、太原、徐州、武汉等战役，歼灭日军44万余人，开创了人类战争史上以弱克强的有效作战方式，粉碎了日本法西斯三个月内灭亡中国的企图。到1938年10月，日本的速战速决战略破产，被迫停止战略进攻。此时，日本侵华兵力已达32个师团、海军2个舰队和28个航空中队，分别占其陆军总数的94％、海军的2/3和航空兵力量的60％。

中日战争全面爆发后，双方投入兵力400余万人，战火遍及中国的10多个省区，面积达60余万平方公里。中日战争成了当时世界基本矛盾在亚洲全面激化的最高形态，这标志着日、苏、美、英等国为争夺亚洲大陆控制权和反控制权的斗争进入了一个你死我活的阶段，苏、美、英等国均以不同的方式加入中日战争中来。首先强烈谴责日本法西斯侵华行径，同情和支援中国抗战的是苏联等各国共产党、共产国际、各阶层进步人士和劳动人民。爱因斯坦、罗素和罗曼·罗兰等国际知名人士联名发表宣言，谴责日本的侵华政策。苏联政府与中国政府于1937年8月21日签订互不侵犯条约，这无疑是对中国抗战的有力支持。随后苏联又向中国政府提供了4笔贷款，并直接派遣空军志愿队与中国空军并肩对日作战。朝鲜、苏联、印度、加拿大、美国等10余个国家的志愿援华友人陆续来到中国战场，投入到抗日斗争的洪流中。缅甸、马来亚、印度尼西亚、菲律宾、泰国等东南亚各国人民通过捐款、捐物和拒购、拒运日货等手段，支援中国抗战。美英法三国在1938年后为防日本"南进"，逐渐改变了中日战争之初的两面政策，也以贷款形式给中国抗战以一定的援助。总之，随着七七事变成为第二次世界大战由局部战争向全面战争的转折点，世界政治的焦点也随之由欧洲转向亚洲、远东。中国抗日战争的胜败，直接影响着世界反法西斯战争的历史进程。因此美国第二次世界大战史委员会主席、国际第二次世界大战史委员会副主席戴德华教授和以色列教授夏阿龙等人撰文明确提出："1937年7月7日的卢沟桥事变是第二次世界大战的开始。"

（二）中国人民的持久抗战打破了德意日法西斯瓜分全球、称霸世界的侵略图谋，中国战场成为世界东方抗击日本法西斯的主战场

德意日三个轴心国为实现瓜分全球、称霸世界的图谋，从签订《反共产国际协定》起，就一心追求在政治、军事和技术情报方面进行"广泛的紧密合作"。日本全面侵华后，它们进一步勾结，急切谋求战略上的协同配合，加紧筹建军事同盟。1939年9月第二次世界大战由亚洲蔓延到欧洲后，德意日先后于1940年9月、1941年12月和1942年1月签订了"同盟条约"、"联合作战协定"和在全球划分作战范围和任务的"军事协定"。据此，德意与日本彼此承认在欧洲和亚太地区"建立新秩序的领导权"，并保证"互相援助和合作"，而在一方受到他国攻击时，"三国保证以政治、经济和军事之一切手段互相支援"。然而，整个"二战"历史表明，轴心国的政治军事同盟是极其脆弱的，特别是一度雄踞欧洲和东方的德日两国，未能实现其预定的战略协同计划。其原因主要有二。一是各怀鬼胎，互蓄异志。签订条约和协定，只是要求对方支援，却不肯为对方着想，有时则是只顾己方的需要，不承担履约的责任。二是中国战场坚持持久抗战，始终抗击和牵制日本陆军主力，不仅打破了日本的"北进"计划，而且遏制和迟滞了日本"南进"的侵略步伐，使日军不能在德军需要战略配合之时采取必要的军事行动，从而使德国企图勾结日本东西夹击苏联和德日两军会师中东的计划无法达成。如前所述，"北进"和"南进"是日本法西斯的既定世界战略，也是轴心国德日双方制订的在东方的战略协同计划。日本发动全面侵华战争，其狂妄企图不仅是要灭亡中国，而且还要以整个中国为后方基地，北攻苏联远东地区，南攻南洋群岛，同美英两国争夺亚太地区的霸权，进而与德意法西斯瓜分全球、称霸世界。

对此，毛泽东早在1936年7月同美国记者谈话时，就揭露过日本法西斯妄图称霸世界的大陆政策和海洋政策。1938年5月，毛泽东又进一步指出："日本地主资产阶级的野心是很大的，为了南攻南洋群岛，北攻西伯利亚起见，采取中间突破的方针，先打中国。"①这表明不管日本法西斯是"北进"还是"南进"，都以侵占中国为前提。因而，中国抗日战场处于极其重要的战略枢纽点。如果德意日法西斯的军事行动能在东西两大战场（欧、亚两个战场，包括太平洋、印度洋、中东在内）连成一体，那么反法西斯战争的历史进程将难以预料。所以，中国抗日战争的发展如何，对于苏联对德作战，以及美英等国在太平洋和东南亚地区的对日作战都将产生直接的影响，对世界反法西斯战争局势的变化起着举足轻重的作用。

中国的持久抗战打破了日本的"北进"计划，保障了苏联远东地区的安全，使德国勾结日本夹击苏联的阴谋破产。1938年7月和1939年5—8月，日本关东军先后在中国境内挑起张鼓峰和诺门坎事件，与苏军发生武装冲突，企图以此推动德意日三国军事同盟，并以武力试探苏联的虚实，结果由于中国抗战对日军主力的牵制，使日军在兵力悬殊之下均遭失败。日本为什么甘心吃哑巴亏而不扩大武装冲突，最后采取外交谈判加以解决？当时任关东军副参谋长的石原莞尔说了实话："此次张鼓峰事件，苏联之所以威胁日本者，则以日本对华用兵故……设日本一旦与中国议和，则日本即可威胁苏联，领导远东。"可见，使1938—1939年深感"无论西线还是东线，战争都有一触即发之势"之"现实威胁"②的苏联能够摆脱东线威胁的重要因素，便是中国抗战对日本陆军主力的打击和牵制。

德国入侵苏联前夕，希特勒亲自接见日本访德考察团团长山下奉文，告诉他："希望尽早返回日本，请日本从满洲打进西伯利亚。"苏德战争爆发后，德国外长里宾特洛甫电示驻日大使奥托"使用您所能运用的一切办

---

①《毛泽东选集》（袖珍合订本），人民出版社1969年版，第476页。

② 华西列夫斯基：《毕生的事业》，生活·读书·新知三联书店1977年版，第122页。

法，希望努力使日本参加对苏作战"，并提出"以德日在冬天以前会师西伯利亚路线为当然的目标"。日本外相松冈在1941年6月22—28日的内阁联席会议上，力主对苏开战，与德国法西斯配合，从东西两面夹击苏联，并认为这是"千载难逢的良机"。但从中国关内抽调5个师加强关东军的计划却遭到军方的坚决反对，日军参谋总长杉山元说："日本现在中国使用的兵力很大，北进对苏开战实际上办不到。"①因此，日军大本营最后只好无可奈何地决定："只有等待斯大林垮台或远东苏俄地区混乱，有利于日本进展的时候，才使用武力解决北方。……帝国政府将继续努力解决中国事变……暂不介入德苏战争。"②中国抗日战争又一次解除了苏联的后顾之忧。

当德军兵临莫斯科城下时，里宾特洛甫再次向日本提出："日德两国应迅速联合军事行动，从东西两面夹击苏联，在西伯利亚铁路上握手。"希特勒企图在严冬到来之前，联合日本打垮苏联。当时列宁格勒被围，莫斯科危在旦夕，苏联处于生死存亡的危急关头，倘若日本答应德国的要求，从远东地区进攻苏联，使苏联处于东西两面作战的被动局面，其后果是不堪设想的。但此时日本正集中兵力强化侵华战争，对中国敌后解放区实行惨无人道的大"扫荡"，企图巩固其"大东亚战争"的后方基地，早日结束侵华战争而转向南进。1941年12月初，日本陆军共有51个师团，其中35个师团用于侵华战争，占其陆军总兵力的70％。由于中国抗日战争消耗和牵制了日本陆军主力，才使其无力"北进"发动侵苏战争，难怪当时日军大本营统帅部决定"不管德苏战争如何演变，以昭和十六年（1941）度内放弃解决北方的企图"，为的是"对中国继续执行既定的作战方案"③。正因为这样，苏联在得到这一情报后，才大胆地从远东地区把兵力不断西调，以集

① 赫伯特·菲斯：《通向珍珠港之路》，商务印书馆1983年版，第228页。
② 赫伯特·菲斯：《通向珍珠港之路》，商务印书馆1983年版，第228页。
③ 服部卓四郎：《大东亚战争全史》第1册，商务印书馆1984年版，第162页。

中力量对付德国法西斯。仅莫斯科战役期间，苏联就从远东方面军调出 15 个步兵师、3 个骑兵师及部分坦克、航空兵部队。从 1941 年冬至 1944 年秋，苏联从东部西调了 39 个师、21 个旅和 10 个团，计 40.2 万人，还从太平洋舰队调走 12 个海军步兵旅，计 14 万人，总共从东部向西线抽调了 54.2 万人的兵力、5000 多门火炮和迫击炮、3300 多辆坦克[①]，这就大大地加强了苏联西线对德作战的实力。由此可见，苏联之所以能够把这样多的兵力从东部西调，日本之所以在 1941 年下半年苏联对德战争最艰难的时期未能配合德军在远东地区进攻苏联，皆因为中国抗日战争捆住了日本法西斯的手脚，使德国企图勾结日本夹击苏联的阴谋破产。对此，苏联元帅崔可夫曾怀着感激的心情说道："甚至在我们最艰苦的战争年代里日本也没有进攻苏联，却把中国淹没在血泊中，稍微尊重客观事实的人都不能不考虑到这一明显而无可争辩的事实。"[②]

中国持久抗战迟滞了日本"南进"的侵略步伐，为盟军在太平洋战场迅速转入反攻赢得了时间。日本"北进"侵苏被迫放弃，"南进"建立所谓"大东亚共荣圈"也同样因其陆军主力深陷中国战场不能自拔而一再推迟。1940 年上半年德国进攻西欧，法国败降，英军被赶出欧洲大陆，希特勒称霸西欧。日本本来可以在英、法两国遭受德国袭击而无暇东顾，美国又尚未直接卷入同德、意、日三国冲突的情况下，趁机南下，向太平洋地区扩张，以攫取英、法、荷、葡在东亚、东南亚和太平洋地区的既得利益。德国法西斯也竭力唆使日本南进，以期望它从东方打垮英、法等势力，与其在战略上相互策应。但此时的中国战场正在对日进行百团大战，将日军主力牢牢牵制在中国战场，因而日本拒绝了德国的要求。对此，日本访德特使寺内寿一解释说："中日战争不结束，南进是办不到的。"1940 年，日

---

① 乌斯季诺夫主编：《第二次世界大战史》（俄文版）第 11 卷，第 185 页。
② 崔可夫：《在华使命》，新华出版社 1980 年版，第 38 页。

本陆军共有49个师团，其中38个师团陷于侵华战争中，占陆军总兵力的78%。由于中国战场的牵制，日本在当时只能叹惜"坐失良机"，"南进"计划不得不推迟执行。

中国抗日战争使日本陆军陷入中国战场，难以自拔，使日德会师中东的战略企图成为泡影。日本海军在偷袭珍珠港得手，攻击英国"威尔士亲王号"及"反击号"两艘巨舰成功，暂时取得西太平洋和印度洋的海上优势后，利令智昏地制定了一个用5个师攻打澳大利亚、夺取锡兰，与希特勒在印度洋上会师的狂妄计划。此时，德国也力促日本进军印度洋。1942年3月23日，里宾特洛甫和日本驻德大使大岛商讨轴心国的战略问题时，要求日本应占领锡兰和马达加斯加等地，以配合德国向中东和高加索进军。当时丘吉尔清楚地预见到世界反法西斯战争东方局势的严重危险，于4月15日向罗斯福惊呼："我必须重提印度洋的严重形势……没有理由不认为日本人会成为西印度洋的优势力量。这样，不仅我们到中东和印度的运输船队会受到阻挠，而且来自阿巴丹的石油供应也会断绝——没有石油，我们就无法维持在印度洋区域内海上和陆上的据点，必然会导致我方在中东的全部阵地的崩溃。同时，经过波斯湾对俄国的供应也将被切断。日本对我施加如此重大的压力，我们简直受不了。"4月18日，丘吉尔又进一步指出："日本在今年只有占领中国，才会取得重大结果。……中国一崩溃，至少会使日军15个师，也许会有20个师腾出手来……"①

但是，中国抗日战争不但没有崩溃，反而愈战愈强，致使日本陆军根本腾不出手来。由于其主力深陷于中国战场，力不从心，终于不得不否决了海军头目的建议，使日德在中东会师的战略计划成为泡影。到1943年11月美军在太平洋战场开始战略反攻时，日本还有64%的陆军计43个师团

---

① 温斯顿·丘吉尔：《第二次世界大战回忆录》第4卷第1分册，商务印书馆1975年版，第262—263、266页。

另24个独立混成旅团，以及45％的航空兵计75个飞行中队被牵制在中国战场，而在太平洋上的日本陆军兵力则不足30％，计22个师团；航空兵占44％，计72个飞行中队。日军大本营统帅部虽然深感以此微弱的兵力实难同美、英军队对抗，但又无法从中国战场抽调兵力予以增援。直至1944年，日本参谋本部才勉强以新建部队替换关东军较老的6个师团增援太平洋战场，但由于数量太少，对扭转整个战局根本无济于事。

从太平洋战争爆发直至战争结束，日军在亚太地区的行动始终为中国战场所制约。战后日本许多战史著作公认，日本"在对美英开战后，日本陆军主要战场在客观上仍然是中国大陆"，"当太平洋上的战火已经燃烧到这般程度的时候，日本陆军的主力仍然被死死钉在中国战场上，寸步难移"[①]。中国抗战对反法西斯盟国在亚洲、太平洋战争中所起的重要作用，曾得到西方盟国领导人的高度重视。1942年春，罗斯福曾庆幸地对自己的儿子说："假如没有中国，假如中国被打垮了，你想一想有多少师的日本兵可以因此调到其他方面来作战？他们可以马上打下澳洲，打下印度——他们可以毫不费力地把这些地区打下来，他们并且可以一直冲向中东……和德国配合起来，举行一个大规模的突击，在近东会师，把俄国完全隔离起来，割吞埃及，斩断通过地中海的一切交通线。"[②]英国著名军事评论家J.F.C富勒在他的《第二次世界大战（1939—1945）：战略与战术的历史》一书中指出："美英所引以为幸的是，日本既没有足够的兵力占领和控制印度洋上的战略要点，也没有足够兵力在太平洋上拼死一战。如果日本能做到这一点，那么第二次世界大战的进程就要改变。我们完全有理由说，日本之所以没有能够做到这一点，不正是由于中国抗战给第二次世界大战的进程和结局予以重大影响的结果吗？假如没有中国的持久抗战，那么，第二次世界大

---

① 日本历史学研究会编：《太平洋战争史》第4卷，商务印书馆1962年版，第43页。
② 伊利奥·罗斯福：《罗斯福见闻秘录》，新群出版社1949年版，第49页。

战的历史必将是另一种写法了。"

（三）中国军队与中国战场是亚太地区盟军重要的战略支柱和后方基地

中国战场不仅是世界反法西斯战争的东方主战场，而且中国军队是亚太地区盟军重要的战略支柱。第二次世界大战中，中国曾直接派兵入缅，与盟军共同对日作战。太平洋战争爆发后，日军很快席卷了菲律宾、马来亚、香港、印度尼西亚、泰国等地。由于盟军在这一地区接连失利，丧失了太平洋沿岸的一系列战略据点，从而使缅甸成为盟军与日军必争的战略要地。日军若是占领缅甸，便可西进印度，直下中东，与德军会师，并可控制印度洋，取得制海权，以有效地支援太平洋的海战及从海上对印度和中东构成威胁。同时还可以切断滇缅公路。1942年1月21日，英国首相丘吉尔在致伊斯梅的电报中指出："缅甸如果丧失，那就惨了，这样会使我们同中国人隔绝，在同日本人交战的军队中，中国军队算是最成功的。"美国总统罗斯福在2月23日给澳大利亚总理柯廷的电报中也指出："如果缅甸失守，依我看来，我方整个的局势包括澳大利亚在内，将面临严重的危险。"①但是，英、美在远东的军事力量十分薄弱，为此，丘吉尔、罗斯福都亲自出马，吁请澳大利亚将正从中东调回澳大利亚本土的澳军2个师改调增援仰光，支援缅甸防御作战，然均遭拒绝。在此情况下，"英国人深深知道，今天若是没有中国帮忙，他们在远东的战线就要彻底失去后方的依托"②，于是急切请求中国派兵支援。中国根据世界反法西斯战争的总体需要，在国内抗战正处于极端困难的情况下，仍以第5、第6、第66军等部共约10万人组成中国远征军，紧急入缅支援英军作战。在担负曼德勒正面及东部地区的防御中，中国远征军浴血奋战，屡挫敌锋，先后取得东吁保卫

① 温斯顿·丘吉尔：《第二次世界大战回忆录》第4卷第1分册，商务印书馆1975年版，第79—80、227页。
② 彭和清：《缅甸大战实录》，青年文化服务所1944年版，第17页。

战、斯瓦阻击战、东枝收复战等重大胜利，给日军以沉重打击，有力地迟滞了日军的进攻。而英军担负的缅甸西部防御却被日军迅速突破，其主力被日军包围于仁安羌地区。英缅军总司令亚历山大紧急求救，经中国远征军驰援解围，才使其7000余官兵得以安全撤退。中国远征军的苦战，虽未能挽回缅甸防御作战的颓势，但重创了日军，使其有限的进攻力量受到极大阻滞，被迫在钦敦江东岸和怒江西岸与盟军对峙，同时也使英军得以安全撤往印度，构筑新的防线，保卫了印度的安全。此后，在反攻缅甸作战中，由于英国一直持消极态度，中国为适应世界反法西斯战争的整体利益和实施盟国的战略计划，毅然以中国驻印军和中国远征军在美、英军一部的配合下，率先发起缅北、滇西反攻，胜利地打通了中印公路，并为盟军最后收复缅甸奠定了坚实基础。中国军队在援缅作战中，先后投入30余万兵力，在历时3年多时间里，共歼灭日军6万余人，为东南亚人民的解放事业作出了重大贡献，同时也挽救了盟军在东南亚战场的危局。中国军队成了亚太地区盟军的重要战略支柱。

中国战场是亚太地区盟军对日作战的重要后方基地。太平洋战争爆发后，中国战场在美国军事当局的战略设想中占有十分重要的地位，它既是对日作战的空军基地，又是最后进攻日本本土的前进基地。1942年4月18日，美军16架B-25重型轰炸机从太平洋上的美军航空母舰"大黄蜂"号上起飞，轰炸了日本的东京、横须贺、横滨、名古屋、神户等城市后，于中国浙江省内的中国空军机场降落。日本本土第一次遭到美机轰炸后，朝野震惊。7月4日，美国援华志愿航空队（"飞虎队"）被改编为美国空军驻华特遣队。1943年3月10日，美国空军驻华特遣队奉命扩编为美国陆军第14航空队，继续利用中国空军基地起飞轰炸日本的海上运输线和远在台湾、印度支那及日本本土的战略要点，直接支援了美军在太平洋战场的对日作战。中国为美国提供了空军基地、第一线野战机场及地勤人员，其中空军基地主要有重庆、成都、昆明、柳州、桂林、衡阳、宝庆（邵阳）、芷江、老河口等，第一线野战机场更多。为了修建美军所需机场，中国方面耗费了大量的人力、物力和财力。中国军队为保护在华美军空军基地，付出了数以万计的伤亡。中国军民还积极营救美军飞行员，至1945年春，先后被中国军民营救的美军飞行员达70余名，其中包括后来曾任美国总统的吉米·卡特。

中国战场为盟国提供了大量的战略军事情报。整个抗日战争期间，苏联一直派军事情报组驻延安，中国共产党方面将搜集到的大量很有价值的情报材料提供给苏方。其中一个特别重要的情报是1941年6月阎宝航从国民党某高级官员那里得知，希特勒德国将于6月21日进攻苏联。阎宝航立即报告了在重庆的周恩来，后者于6月16日报告了中共中央。中共中央从香港方面也得到类似的情报，旋即将这一重要情报转告在延安的苏军情报组。苏德战争爆发后不久，苏方曾以伏罗希洛夫的名义致电朱德总司令表示感谢。中共中央允许美军在晋绥、太行等地和华中新四军第5师区域内设立电台，并向美军提供日军情报及气象资料。在华南，美国第14航空队也与东江纵队合作，建立了情报、通信、气象等联系。

1941年下半年，中国有关部门从日军航空兵的调动和部署中，侦译了解到日军有在太平洋采取行动的企图。中方立即将这一情报通知了美国国防部，但未能引起美方的重视。珍珠港事件爆发后，美方开始重视中方的情报系统，遂在国统区普遍设立了气象站、水文站和无线电通信网等。

中国还为盟国提供了大量的战略物资。中国全国性抗战爆发后，苏、美等国先后向中国提供了贷款援助，以帮助中国购买军事装备，但这些贷款大部分规定中国以重要稀有金属和农牧产品予以偿还。据不完全统计，抗战期间，中国共向苏联提供钨砂31177吨、锑10892吨、锡13162吨、汞560吨、锌600吨、铋18吨、桐油8868吨、羊毛14300吨、生丝

309吨、猪鬃885吨、生皮革223.3万张、茶叶30293吨[1]，向美国提供了价值7.48亿美元的桐油和锡、钨等矿产品（其中钨砂16884吨、锑2093吨、锡10708吨），向英国提供了价值1.148亿英镑的农、矿产品。[2]中国通过向盟国提供巨额数量的矿产品和农牧产品，有力地支援了盟国的反法西斯战争。

（四）中国是建立国际反法西斯统一战线的积极倡导者和有力推动者，为国际反法西斯统一战线和联合国的建立作出了重要贡献

第二次世界大战是一场典型的联盟战争。为了打破德意日法西斯瓜分世界的图谋，迫切要求世界爱好和平的国家和民族奋起合作，建立起广泛的国际反法西斯统一战线。中国是世界上最早遭受法西斯侵略的国家，也是建立国际反法西斯统一战线的积极倡导者和有力推动者。为了争取抗战的胜利，中国共产党不仅促成和始终坚持国内的抗日民族统一战线，而且一贯致力于世界各国和各民族的反法西斯统一战线，并将建立广泛的国内外的统一战线作为抗战胜利的基本条件。早在局部抗战阶段，东北即形成了中朝联合对日统一战线。1936年7—9月，毛泽东在同美国记者斯诺的多次谈话中明确指出，日本的大陆政策和海洋政策不仅指向中国，而且指向美、英、法、苏等国家，日本帝国主义不仅是中国的敌人，也是美、英、法、苏等国人民的敌人。因此，这些国家应该结成反对日本的统一战线。1937年3月1日，毛泽东在同美国记者史沫特莱谈话中又指出："我们主张中、美、英、苏、法建立太平洋联合战线，否则有被敌人各个击破的危险。"5月，毛泽东又进一步提出，日本侵华所造成的新形势，"在中国共产党和中国人民面前提出了中国的抗日民族统一战线和世界的和平阵线相

① 刘庭华：《中国抗日战争与第二次世界大战统计》，解放军出版社2012年版，第201—211页。
② 刘庭华：《中国抗日战争与第二次世界大战统计》，解放军出版社2012年版，第186—188页。

结合的任务"①。

日本发动全面侵华战争后，中共中央即公开呼吁："立即实现抗日的积极外交，拥护国际和平阵线，反对法西斯侵略阵线。同英美法苏等国订立各种有利于抗日救国的协定。"明确表示赞成中国在抗日问题上与包括英美法在内的一切反侵略国家合作。为动员一切力量抗战，中共中央又制定了著名的《抗日救国十大纲领》，提出了"在不丧失领土主权的范围内，与一切反对日本侵略主义的国家订立反侵略的同盟及抗日的军事互助协定。拥护和平阵线，反对德日意侵略阵线"②的抗日外交政策，主张迅速建立国际反法西斯统一战线，以联合一切和平民主力量共同抵抗法西斯侵略。1938年4月1日，国民党临时全国代表大会通过《抗战建国纲领》，提出了"本独立自主之精神，联合世界上同情于我之国家及民族，为世界之和平与正义共同奋斗""联合一切反对日本帝国主义侵略之势力，制止日本侵略，树立并保障东亚之永久和平"③等外交政策。这表明当时处于执政党地位的国民党赞同并接受了中国共产党提出的建立国际反法西斯统一战线的主张。蒋介石认为，如果中国抗战不能与同盟国一同胜利，中国可能沦为西方帝国主义国家的殖民地。

国际反法西斯统一战线的建立，经历了一个艰难的过程。从中国全面抗战开始到太平洋战争爆发期间，英美等国对中日战争实行"不干涉"和绥靖政策，并策划"远东慕尼黑"阴谋，企图以牺牲中国利益为代价，对日妥协。对此，中国人民在中国共产党的领导下，一方面坚持持久抗战，另一方面对"远东慕尼黑"阴谋进行了深刻的揭露和坚决的斗争，从而使中国并未成为"亚洲的捷克斯洛伐克"。这对国际反法西斯统一战线的形成

①《毛泽东选集》第1卷，人民出版社1991年版，第253页。
② 中央档案馆编：《中共中央文件选集》(11)，中共中央党校出版社1991年版，第297、329页。
③《中国国民党历次代表大会及中央全会资料》下，光明日报出版社1985年版，第485页。

起到了重要促进作用。

从苏德战争开始到太平洋战争爆发，中共中央多次发表宣言、指示，提出共产党人的任务就是动员各国人民组织国际反法西斯统一战线，并在延安组织了"东方各民族反法西斯联盟"，直接推动了东方反法西斯统一战线的发展。中国共产党于1941年12月9日发表宣言呼吁"中国与英美及其他抗日诸友邦缔结军事同盟，实行配合作战，同时建立太平洋一切抗日民族的统一战线，坚持抗日战争至完全的胜利"①。太平洋战争爆发后，中国政府决定立即对日宣战，建议太平洋反侵略各国成立正式同盟，并声明"中国现决定不避任何牺牲，竭其全力与英、美、苏及其他诸友邦共同作战，以促成日本及其同盟轴心国家之完全崩溃"②。在中国政府的提议下，12月23日，中美英三国在重庆召开东亚军事联合会议，通过了《远东联合行动初步计划》；中英两国签订了《共同防御滇缅路协定》。会议还决定中美英三国在重庆正式成立军事会议，以加强对日作战的协调。中国对于建立国际反法西斯统一战线和东方对日战线起了积极主动的直接推动作用。1942年1月1日，由中美英苏四国领衔，26个国家在华盛顿签署了《联合国家宣言》，这标志着国际反法西斯统一战线的正式形成。

战时中国的大国地位，是中国人民浴血奋战赢得的，是在反法西斯战争中历史地形成的，绝非拜他人所赐。中国对战争的卓越贡献，决定了其理应在国际事务中取得相应的地位和发言权。1943年10月莫斯科外长会议期间，苏美英三国邀请中国政府共同签署了关于普遍安全的宣言。四国宣言不仅向全世界首次宣布要建立一个新的国际组织，而且四国还对要在"尽速可行"的时间内建立这一新国际组织正式承担义务，从而也表明了四

---

① 中央档案馆编：《中共中央文件选集》(13)，中共中央党校出版社1991年版，第248—249页。
② 秦孝仪主编：《中华民国重要史料初编——对日抗战时期》第三编，"中央"文物供应社1981年版，第41页。

国将要在其中处于的特殊地位。11月，中美英开罗会议以及开罗宣言，使中国的国际地位进一步提高。而后，中国作为建立国际组织的四个发起国之一，积极参加了敦巴顿橡树园会议，与美苏英三国共同发起了旧金山制宪会议，成为联合国安理会的常任理事国之一，并通过联合国宪章得到国际法的正式确认。中国为联合国的建立作出了重大贡献。中国获得大国地位当之无愧，理所应当。

（五）中国抗日战场牵制和毙伤日本陆军主力最多，是世界上开辟时间最早、持续时间最长、付出代价最大的反法西斯主战场之一

中国战场牵制日本陆军主力最多。1937年七七事变后，中国战场始终牢牢牵制着100万左右的日本陆军主力。日本防卫厅战史研究所战史室所编"战史丛书"记载，1937年日本陆军共24个师团，其中21个师团投入侵华战争，占其陆军总兵力的88%以上，还有50%的空军和40%的海军用于侵华战争。1938年日本陆军共34个师团，其中32个师团投入侵华战争，占其陆军总兵力的94%。1939年，日本陆军共41个师团，其中34个师团投入侵华战争，占其陆军总兵力的83%。1941年12月太平洋战争爆发后，日本陆军共51个师团，其中34个师团和44个独立混成旅团（含独立旅）投入侵华战争，占其陆军总兵力的80%以上，而日本投入太平洋战场的陆军只有10个师团，不及侵华兵力的20%。太平洋战争结束时，日本在中国战场和太平洋战场的陆军总兵力为2053483人，其中在中国本部的日军为1049700人，占51%；在太平洋战场的日军为1003783人，占49%。[①]可见，即使在太平洋战争后期，中国战场抗击的日本陆军仍多于太平洋战场。

中国人民打响了世界反法西斯战争的第一枪，最早开辟了世界上第一

---

① 服部卓四郎：《大东亚战争全史》，原书房发行所1982年版，第1006—1007页。

个大规模反法西斯战场，持续时间最长，付出代价巨大。世界反法西斯战争从1931年的局部战争起至1945年日本投降取得最后胜利，全世界有84个国家约20亿人先后卷入战争，军队和民众死伤总数达1.05亿多人，财产损失达4万亿美元。以九一八事变为起点，中国人民的局部抗战打响了世界反法西斯战争的第一枪。美国总统罗斯福赞扬说："中国人民在这次战争中是首先站起来同侵略者战斗的。"①中国战场以其广大的幅员和雄厚的人力物力，坚持长达14年的抗战，开始时间最早，经历时间最长。它是苏联、美国进行反法西斯战争时间的三倍半，是英国进行反法西斯战争时间的二倍半。从1937年七七事变全面抗战起，中国军民团结一致，万众一心，在世界东方开辟了第一个大规模反法西斯战场。从1931年日本发动九一八事变到1939年德国入侵波兰，是第二次世界大战的局部战争时期。在长达8年的时间里，中国一直是孤军奋战，是世界反法西斯战争的唯一战场。从1931年的九一八事变到1941年12月的太平洋战争爆发，在长达10年的时间里，中国是东方唯一的反法西斯战场。太平洋战争爆发后，中国也仍然是东方反法西斯战争的主要战场之一，中国战场始终抗击和牵制着2/3以上的日本陆军主力和1/5以上的日本海空军力量。

中国抗日战场毙、伤、俘日军155万余人，占日军在第二次世界大战中军队伤亡总数的75％以上。日本战败后，向中国投降的日军共128.3万余人，占当时日军海外投降总兵力的50％以上。同时，中国人民也付出了巨大的民族牺牲。据不完全统计，1937—1945年的全面抗战期间，中国军民伤亡3587.9万余人，其中军人伤亡413万余人（国民党军伤亡321.6万余人，共产党领导的敌后抗日武装力量伤亡91.4万余人）②，民众伤亡2249.9

---

① 《罗斯福选集》，商务印书馆1982年版，第361页。
② 刘庭华：《中国抗日战争与第二次世界大战统计》，解放军出版社2012年版，第176—179、322—323页。

万余人；被日军强掳的中国劳工800余万人、香港同胞10万余人、台湾同胞115万余人被侵华日军致死、致残等；被掳往日本的4万多名中国劳工中，近7000人死在日本。中国军民的伤亡人数占第二次世界大战各国伤亡人数总和的1/3还多。中国官方财产损失和战争消耗达1000多亿美元，间接经济损失5000多亿美元。中国抗日战争对世界反法西斯战争作出了不朽的历史贡献。

1871—1945年：日本侵华战略方针的历史演变

——从第一次进犯台湾到无条件投降

日本自1868年明治维新采用的天皇制与武士道相结合的政体，为后来走上军国主义侵略道路埋下了祸根。丰臣秀吉等提出以攻略台湾、朝鲜和侵占中国为主的"大陆政策"后，不断发动侵华战争。日本靠侵华战争而成为暴发户。1927年，《田中奏折》提出"如欲征服支那，必先征服满蒙；如欲征服世界，必先征服支那"，遂按既定侵华计划发动九一八事变、华北事变，进而发动全面侵华战争乃至太平洋战争，企图以"南进"的胜利来压迫中国屈服。中国的持久抗战始终抗击和牵制了100万日本陆军兵力，不但打破了日本"北进"侵苏的计划，而且迟滞了日本"南进"的步伐，为盟国实施"先欧后亚"战略创造了坚实基础。中国是打败日本法西斯的决定性力量。

九一八事变，是日本军国主义推行"大陆政策"的一个严重步骤。毛泽东曾经指出："一九三一年九月十八日的事变，开始了变中国为日本殖民地的阶段。"[1]日本军国主义开始了长达14年的对华侵略战争，中国人民蒙受了一场空前的民族浩劫。日本侵华由来已久，绝非偶然。从明治维新后不久的1874年发动侵略中国台湾的战争开始，日本每隔几年就要发动一

---

[1]《毛泽东选集》第1卷，人民出版社1991年版，第143页。

次对外侵略战争，主要是侵华战争。在近代史上，日本是对中国发动侵略战争次数最多、屠杀中国人民最多的国家。可以说，日本是世界近代最富于侵略性的国家。近代日本史完全是一部地地道道的对外侵略史——主要是对华侵略史。

一、日本军国主义的历史传统与"大陆政策"的形成

1192年，日本建立了第一个武士政权——镰仓幕府，从此开始了长达近700年的武士统治时代，并逐渐形成了专事征战杀伐的武士阶级。日本的武士阶级崇尚"武家习气"与"弓矢之道"，也就是"武士道"——它罩着儒雅而彬彬有礼的外衣，内心则凶残而杀人不眨眼。在武士统治的数百年间，"武士道"精神一直被日本统治阶级作为社会伦理的主要内容加以宣扬，并受到广泛的崇拜。

1868年开始的明治维新，由于不彻底性，最后孕育出了一个怪胎——具有浓厚封建色彩的天皇制政体和"武士道"精神相结合的明治政权，这为日本后来走上军国主义道路埋下了祸根。明治政府成立后，实行"富国强兵""殖产兴业""文明开化"三大政策，进行资本主义改革，掀起学习西方的运动：在政治思想领域，竭力推崇弱肉强食的"社会达尔文主义"；在军事领域，海军以英国为样板，陆军以德国为榜样，加速推进军事改革。至19世纪末，日本已经建成亚洲最强大的近代军队。

与此同时，日本大力宣扬和发展其封建的"武士道"精神。例如，1878年发布《军人训诫》，要求军人效忠天皇，为天皇而死；1882年颁发《军人敕谕》，要求军人遵守"武士道"的忠节、武勇和礼仪。同时，日本军国主义者在军事训练中还用棍棒、皮鞭、剑道、柔道等方法训练培养士兵的野蛮性格，后来则将"武士道"精神广泛渗透到青少年的教育之中，因而"武士道"精神不但成为近代日本军人，而且成为日本青少年的伦理

道德标准。这是日本军国主义对外发动侵略战争的精神支柱之一。

在军事体制上，日本建立了特殊的、有利于对外发动侵略战争的军队统帅体制。掌管作战用兵的陆军参谋本部和海军军令部直隶天皇，有事可以不经过内阁而直接上奏天皇，这就使军事部门具有独立的特权地位。掌管军事行政权的陆军省和海军省名义上隶属内阁，但内阁实际上却失去了兵权。此外，如果内阁组阁不合军方意图，军部则可以通过不推荐陆、海军大臣人选而使内阁流产；组阁之后，如果军方与内阁政见不一，军部又可以让陆、海军大臣辞职，且不再推荐继任人选而迫使内阁倒台。这为日本后来走上军国主义道路在体制上创造了条件。

"大陆政策"的炮制者——丰臣秀吉、佐藤信渊　日本军国主义者发动以中国为对象的对外侵略战争，其图谋由来已久。丰臣秀吉（1536—1598）统一日本后，就处心积虑地要以武力在亚洲建立以日本为中心的大帝国，并提出了攻略朝鲜，进取北京，占领华北，在东亚大陆列土封疆的对外侵略扩张的战略构想。可以说，他是日本"大陆政策"的最早提出者，并两次发动侵略朝鲜的战争。日本军事思想家佐藤信渊（1769—1850），不但是一个"日本中心"论的狂热鼓吹者，而且还详细地提出了实现"大陆政策"的具体步骤。他写道："天皇大御国乃大地最初生成之国，世界万国之根本。若能以其根本为经纬，则全世界悉为郡县，万国君长皆为臣仆。"[1]他在《宇内混同秘策》中提出："由皇国开发他邦，必由吞并支那而肇始……当今世界万国之中，皇国最易攻取之地，莫过于支那国满洲。……故皇国之征服满洲，迟早虽不可知，但其为皇国所有，则属无疑，满洲一得，支那全国之衰微，必由此而始。故以鞑靼之后，始可逐次而图朝鲜、支那。"[2]

---

① 末木文美士：《日本思想史》第45卷，岩波书店2020年版，第426页。
② 安藤昌益、佐藤信渊、尾藤正英：《日本思想大系》第45卷，岩波书店1977年版，第428、430页。

1868年3月明治天皇发表的《天皇御笔》，宣称要"大定国是"，即"继承列祖列宗的伟业，开拓万里波涛，使国威布于四方"，6月又确定内阁中负责外交事务的"外国官"的职责是"国际交往，监督贸易，开疆拓土"。可见，从明治政府开始，日本统治阶级的政治、外交就同用武力征服世界（开拓疆土）紧密联系在一起的。

"大陆政策"的完成者——山县有朋 山县有朋（1838—1922）进一步发展并完善了丰臣秀吉等人提出的"大陆政策"。山县有朋青年时代参加过长州藩的军事改革和讨幕维新战争，明治政府成立后，他曾考察过英、法、德等国的军事制度和武器装备，回国后，就任兵部少辅，次年升任兵部大辅，后任内阁总理大臣。自此，他一直处于日本军事权力的核心圈内。山县有朋把"强兵"看作"富国之本"。因此，他极力一味采取扩军措施，不断增加军费，迅速推进日本军队的近代化，还提出了进攻亚洲大陆的"大陆政策"的"理论根据"，即把日本国疆域称为"主权线"，把朝鲜、中国等邻国的疆土视为日本的"利益线"。1882年8月15日，山县有朋在《军备意见书》中提出了以中国为"假想敌国"的设想，他认为："欧洲各国与我国相互隔离，痛痒之感并不急迫。作为日本的假想敌国，并与日本相对抗的是中国。因此，日本要针对中国充实军备。"[①] 1890年3月，他在《外交政略论》里提出日本要与俄国争夺朝鲜、中国地盘问题。他说："西伯利亚铁路已修至中亚细亚，不出数年及其竣工，发自俄都，十余日便可饮马黑龙江。吾人须知，西伯利亚铁路完工之日，即是朝鲜多事之时，即是东洋发生一大变化之机，而朝鲜独立之维持，有何保障？这岂非正是对我国利益线最有激烈冲击之感者乎？"[②] 12月，山县有朋就任日本内阁总理大臣，他在12月6日召开的第一届帝国议会众议院上发表施政演说，提出要"发

---

① 藤村道生：《日清战争》，上海译文出版社1981年版，第13页。
② 大山梓编：《山县有朋意见书》，原书房发行所1966年版，第177页。

展国力，伸张国势"。他说，在列强争雄的时代，"仅仅防守主权线已不足以维护国家之独立，必须进而保卫利益线——朝鲜、中国"。山县有朋把朝鲜、中国纳入日本的势力范围，以防止沙俄侵占朝鲜、中国。可见，日本对外侵略的"大陆政策"，实际上就是以侵略中国为主的政策。

二、日本发动一系列以侵华为主的对外侵略战争

日本在明治维新后，逐渐走上近代化道路，在"富国强兵"的同时，其对外侵略扩张的野心日趋膨胀，并开始发动对东方各弱小国家和民族的侵略战争。

1872年，明治天皇开始亲政。10月，日本宣布吞并琉球，设琉球藩，以琉球国王为藩王。琉球本是中国的藩属国，自古以来就与中国有密切联系，而日本对外侵略扩张，首先拿琉球开刀。接着，日本攫夺琉球国的外交权，由日本外务省掌管琉球国的对外事务。1873年将琉球与日本府县同列，由内务省管辖，其租税缴纳于大藏省。1874年5月2日，借口所谓"保护日本居民"，派陆军中将西乡从道率部3600余人入侵台湾，史称"征台之役"。5月7日在琅峤（今屏东恒春）登陆，当即遭到当地民众的阻击。由于清政府的屈辱妥协，10月30日，与日本签订了《北京专约》三款和凭单一份，最后，清政府向日本支付白银50万两，换取日本撤退其侵台军队。日本明治政府成立后的第一次对外用兵，就是以武力侵犯中国，并在侵犯中国台湾后尝到了甜头。以后半个多世纪的日本历史，都是围绕侵略中国这个主轴来展开。当时清政府中如李鸿章等人就看出，日本"诚为中国永久大患"[①]。

近代日本的崛起主要是靠侵略中国发战争横财致富的，完全可以说，

---

① 李鸿章奏折中语，见《同治朝始末》第99卷，台北文海出版社1966年版，第32页。

日本是一个战争暴发户。请看：

——1875年，日本派兵入侵朝鲜的釜山海域，进而制造江华岛事件；1876年，威逼朝鲜与其签署《江华岛条约》。

——1879年3月，日本派兵入侵琉球国，镇压了琉球王的反抗，割断中国与琉球国的传统关系，将琉球改名为冲绳县，正式吞并了琉球。

——1882年，日本派兵入侵朝鲜仁川、釜山，迫使朝鲜签订《济物浦条约》。

——1884年，日本暗中派兵在朝鲜策划甲申政变，一度占领朝鲜王宫，但由于遭到中、朝两国人民的联合反击，迫使日本独霸朝鲜的图谋破产。

——1894年7月，日本再度借口朝鲜问题，发动旨在吞并朝鲜、掠夺中国辽东等地的甲午战争。日军攻占平壤，占领朝鲜。同年，日军侵入中国辽宁，占领大连、旅顺、海城等地。日军侵占旅顺时，不分军人平民，男女老幼，见人就杀，先后屠杀6万余人，旅顺城仅有36人活了下来。

——1895年，日军先后侵占中国山东威海，辽宁鞍山，台湾澎湖、台北、台南等地，迫使清政府签订《中日马关条约》和《辽南条约》，攫取2.3亿两白银的巨额战争赔款，并割让台湾，还取得了新的通商特权。日本凭借巨额的侵略战争赔款以及掠夺的原材料，在20世纪初成了新兴的帝国主义国家。

——1900年八国联军（英、美、法、德、俄、意、奥、日）入侵中国，日本是当时列强中唯一的亚洲国家且出兵最多（2.2万多人，占八国联军兵力的2/3），参加攻陷天津、北京。八国联军侵略中国的最终结局是逼迫清政府签订《辛丑条约》，按当时中国人口计算，每人一两，共赔款达4.5亿两白银，加上年息4厘，本息共计9.82亿两，分39年还清。日本仅"本利"一项就分得3479.3万两。此外，日军在侵入天津、通州、北京等地时，还掠夺白银共367万两，并取得在中国天津、北京等华北心脏地区的驻兵权。

其驻军称作"清国驻屯军"（后改称"中国驻屯军"）。

——1904—1905年，日俄两国为争夺中国东北和朝鲜，发动日俄战争，日军打败俄军，日本从沙俄手中夺取了中国东北南部的殖民权益，吞并了辽东半岛，之后又将东北北部和蒙古东部纳入自己的势力范围。

——1906年，日本在辽阳成立关东都督府，加大对东北的殖民统治。

——1910年，日本逼迫朝鲜签订《日韩合并条约》，正式吞并朝鲜。

——1912年，日本策划"满蒙独立"，企图分裂中国。

——1914年8月，日本借第一次世界大战爆发之机，以对德宣战为名，于9月派一个混成旅在山东半岛北岸登陆，旋即占领济南，夺取了胶济铁路经营权，11月7日侵占了海军基地青岛。

——1915年1月18日，日本利用袁世凯急于称帝的心理，以支持袁世凯称帝为条件，向中国提出了臭名昭著的"二十一条"，企图将中国完全变为日本的附庸国。这表明，日本以侵略中国为主要目标的"大陆政策"，已由参与西方列强侵华进入了独霸中国的新阶段。

——1916年，日本第二次策划"满蒙独立"运动，同沙俄签订第四次密约，妄图直接统治满蒙地区。

——1918年，日本出兵西伯利亚，干涉苏俄革命，企图攫取并垄断西伯利亚铁路和矿产资源。

——1919年，组建关东军，驻屯旅顺、大连地区及南满铁路沿线。

——1922年，由于美国等国的干预，日本被迫从山东撤兵，但借机向中国政府勒索4000万日元国库券和2100万日元移交"偿金"。

——1927年5月，国民革命军攻占长江一线，北洋军阀势力败退山东、河北等地。日本借口所谓侨民问题，实为支持北洋军阀势力，出兵侵占济南。

——1928年4月，国民党政府再度宣布"北伐"，日本立即急调天津驻屯军和国内第6师团，先于国民党军进踞济南，企图阻止国民革命军北伐，并先后于5月3日、8日在济南进行大屠杀，使千余家房屋被烧毁，中国军民死伤7823人。

总之，日本通过上述一系列对华侵略行径，成了在中国大陆拥有最大殖民势力的帝国主义国家，特别是在东北地区，建立了以旅顺、大连为中心的关东州强大殖民机构，主要有：

一是关东都督府，下设民政部与陆军部。1919年改民政部为关东厅；1920年改陆军部为关东军，司令官由现役陆军上将或中将充任，直属天皇。

二是南满洲铁道株式会社（简称"满铁"），它主要以经济侵略活动为主。

三是日本驻奉天总领事馆，它以外交为掩护，从事各种秘密的特务活动。

三、"欲征服世界，必先征服支那"的《田中奏折》出笼始末

1927年6月27日—7月7日，日本首相田中义一在东京主持召开了"东方会议"，主题是商讨如何加快推进侵略中国的"大陆政策"的策略、步骤等。参加会议的有外务省政务次官森恪、日本驻华公使芳泽谦吉、关东军司令官武藤信义陆军上将、陆军次官火田俊六等。会议结束时以"训示"的形式提出了《对华政策纲领》，主张：（1）"东三省和内蒙是日本的国防安全线，为了保护日本在支那的权益，不问支那本土或满蒙，日本均应出兵"。（2）宣布东三省自治；缔结建设新铁路的协定；开垦土地，采掘矿山；设置由日本人充当的行政、财政、军事顾问。"如果支那方面拒绝，日本应坚决准备使用武力实现其目标。"[①]

7月25日，田中义一向日本天皇提交了所谓"满蒙积极政策"的秘密

---

① 外务省编：《日本外交年表并主要文书》下，原书房发行所1966年版，第101—102页。

文件，即《田中奏折》，更加全面系统地阐述了对华侵略方针政策。

第一，提出了日本侵略中国，称霸世界，实施其"大陆政策"的战略总方针。它露骨地主张："按照明治大帝的遗策，第一期征服台湾，第二期征服朝鲜等，皆已实现。惟第三期之灭亡满蒙，以便征服全支那尚未完成……"因此，"如欲征服支那，必先征服满蒙；如欲征服世界，必先征服支那。这是日本帝国存亡上的必要大事"。提出日本控制亚洲大陆，掌握"满蒙"权益是"第一重大关键"[①]。

第二，实施"满蒙积极政策"。日本必须千方百计取得"满蒙"的土地商租权、铁路建筑权、矿产权、林权、对外贸易权、海运权、金融权等；应在"满蒙"设置由日本人担任的政治、财政、军事顾问和教官；派遣日本军人潜入蒙古，控制旧王公；等等。为了管理"满蒙"的事务，日本内阁政府应设置"拓殖省"（殖民部）。

第三，以苏联为假想敌，准备与其战争。《田中奏折》预计"将来欲制支那，必在北满地方与苏俄冲突"，因此日本应迅速有计划地修筑几条有战略价值的铁路，如通辽—热河铁路、长春—洮南铁路、洮南—索伦铁路、吉林—会宁铁路等。这样，既可加大对东北的经济掠夺，也可从军事上以苏联为假想敌进行战争准备。

《田中奏折》具体而详细地制定了日本军国主义对外侵略的基本方针、计划和步骤。1929年12月，当时南京出版的中国杂志《时事月报》刊登了《田中奏折》的内容梗概，后被广泛引用而在中国和世界迅速传播，轰动了当时的舆论界。日本军国主义者从1931年日本制造九一八事变到1937年挑起七七事变，发动全面侵华战争，直至发动太平洋战争，前后进行了长达14年之久的对外侵略战争。《田中奏折》的方针计划，几乎完全为日本军国

---

① 日本历史学研究会编：《太平洋战争史》第1卷，商务印书馆1959年版，第224页。

主义者所实践。

四、侵占中国东北的全面准备

制订侵华作战计划　1907年，日本政府和军部以天皇御批的形式，决定了《国防方针》《用兵纲领》，其主要内容是：确立先发制人的攻势原则，强调速战速决。1925年，日本制订1926年度作战计划，意图在中国东北方面部署关东军5个师团，首要目标是"平定南满洲及北满一部，重点以间岛（延边）地区及南满铁路沿线，大致以嫩江以南之四（平）洮（南）线、辽东半岛地区为第一阶段作战目标，在其他地区的兵力行使，则依具体情况相机而定"。在华北的京、津、鲁方面，拟以一个方面军2个军共7个师团，在秦皇岛、塘沽、天津及山东半岛等地登陆，占领河北及山东要地。在上海，派遣1个军3个师团，在长江两岸选定登陆地点，其作战实施应根据具体情况相机处置。

日本关东军为详细了解东北各地的地理情况，制订具体的作战计划，曾先后于1929年7月、11月和1931年7月，组织所谓"参谋北满、南满旅行"，实为到东北各地进行军事侦察活动。1929年9月，关东军作战部门起草了《关东军占领满蒙计划》。1931年6月，在日军参谋部作战部部长建川美次主持下，制定《解决满洲问题方案大纲》，明确规定了日军侵略东北的方针、步骤和措施。7月31日，日本陆军省密召关东军参谋长三宅光治回东京，将该大纲作为指令下达。8月3日，日本陆军在东京召集军司令官和师团长会议，传达在满洲的作战计划。

疯狂扩军备战　为适应侵略战争的需要，日本政府全力以赴地加强武装力量的组织结构、武器装备等建设。日本武装部队的总司令是裕仁天皇，统率陆海军大臣、陆军参谋总长和海军军令部部长及教育总监。战时建立由陆海军各部及国民资源委员会组成的帝国大本营，统一指挥部队的作战行动。

日本政府还特别注意用新式武器装备部队，到九一八事变前，日本已经拥有一支以新式武器装备的25万大军，其中陆军17个师团拥有720辆坦克、600架飞机、1184门火炮、5450挺轻重机枪；海军8万人，拥有航母、巡洋舰、潜水艇等各种舰艇72艘，另有海军航空兵岸基飞机472架和舰载飞机329架。

狂热地煽动民族主义情绪和"武士道"精神　这是日本在意识形态上准备侵略战争的一个重要方面。从20世纪20年代起，日本许多右翼团体、报纸、杂志、戏剧、电影都狂热地煽动民族主义、种族主义、沙文主义、排外主义和"武士道"精神等，大肆宣扬"世界以我为中心"的所谓"大日本精神"，宣称"天皇是神，日本人是神的种族"，而其他国家的人则被视为"蠕虫一样的"动物。这种对外侵略扩张思想的极力鼓吹者最具影响的代表性人物是北一辉、大川周明两个反动理论家。北一辉主张在维护天皇制的前提下，把日本国改造成为"在东方和世界上执牛耳的强国"。大川周明则极力从理论上鼓吹"八纮一宇"（即把世界置于日本天皇统治之下）和皇道主义，宣称"统治万国万民是日本的使命……满洲是日本的生命线"，因此，"日本帝国不仅要吞并支那，还应侵占西伯利亚和南洋群岛"。北一辉、大川周明的法西斯主义理论在日本军人特别是青年军官中产生过重大影响。20年代末至30年代兴起的日本法西斯主义，对加速日本的侵略战争准备起了重要作用。同时，对军人则进行灌输无限效忠天皇而献身的军国主义教育，如日本参谋本部制定的《精神教育指示草案》说："只有效忠天皇的人才能取得胜利，而'武士道'精神是日本对敌作战时取得胜利的决定性条件。"日本军国主义的这种宣传目的，就是要使每个日本国民把它们的侵略战争看作神圣的事业，而为此不惜献出自己的生命。

在外交上，为了确保侵占中国东北的军事行动的突然性，日本在九一八事变前制造一系列"和平"假象。首先，日本政府掀起了所谓"保卫满洲，免遭布尔什维克威胁"的广泛宣传，企图用反苏的口号来掩盖它对中国东北的侵略阴谋。如1931年7月日本报刊发表了陆军省军务局局长小矶国昭在内阁会议上讲话，他宣称："苏联五年计划的完成给日本造成了严重威胁，满蒙问题务须迅速而切实加以解决。"其次，日本外交当局还假装愿意同国民政府举行谈判解决分歧，如"中村事件"等。而在伦敦，日本则与美国开始了划分中国势力范围的谈判，摆出要改善日美关系的姿态。

五、九一八事变前日军的挑衅行为与阴谋活动

中日两国在东北的军事力量　日俄战争后，日本除了获得东北南部广大地区（当时称南满洲）的势力外，还根据《朴茨茅斯条约》附约第一条中关于日俄"两国政府可留置守备队，每公里不得超过15名"的规定，获得在中国东北所谓"驻兵护路"的权利。至九一八事变前，日本在东北的总兵力约1.05万人，由关东军司令官本庄繁中将统率。关东军司令部及重炮兵大队驻旅顺，下辖第2师团5000人驻辽阳等地；独立守备队（下辖6个大队）约4000人，分驻南满铁路各站；关东宪兵处约500人，另飞行队240人（八八式侦察机12架）。中国在东北及附近地区的总兵力21.8万余人，枪支9.6万支。其中辽宁省境内5.5万余人，黑龙江省2.9万余人，吉林省0.4万余人，热河省1.5万余人，另驻京津地区11.5万余人。[①]

调整人事　1931年8月1日，日本军部进行了异常的变更人事安排，任命本庄繁为关东军司令官、土肥原贤二为沈阳特务机关长。本庄繁曾是侵华老手，当过张作霖的顾问和驻华武官，对东北的情况十分了解。土肥原贤二是有名的"中国通"，原任天津特务机关长，在中国居住了18年之久。日本将此两人派到东北，显然是为发动侵略战争而作的人事安排。其次，物色爆炸柳条湖铁路的人选。1931年6月，关东军司令部决定把工兵出身，

---

① 刘庭华：《"九一八"事变研究》，国防大学出版社1986年版，第46页。

精通爆破技术的独立守备队第2大队第3中队（驻虎石台）的河本末守中尉，调往柳条湖铁路分遣队，并当面向他下达了炸毁路轨的密令。

制造事端，寻找借口　近现代战争史表明，用军事武装制造事端，进而以此为借口发动侵略战争，是一切非正义战争的规律。1931年7—8月，日本先后挑起"万宝山事件"和"中村事件"，蓄意制造事端，为发动大规模武装进攻寻找借口。日军利用朝鲜农民抢占中国农民万宝山的耕地（长春以北约30公里境内）而发生的纠纷，开枪打死中国农民数十人，从而引起当地农民的反抗，酿成轰动一时的"万宝山事件"。日本借此进行欺骗宣传，煽动仇华情绪，进而发展到中日双方谈判，这完全是日本扩大移民和制造侵占中国东北的借口。1931年6月，日军参谋部情报科上尉中村震太郎等4人，假冒日本农业专家，奉命到兴安岭索伦山一带进行军事地理侦察间谍活动，绘制军用地图、铁路路线图多张，当其企图偷越国境时，被中国军队击毙。这本是中国军人维护国家主权的正义之举，但日本政府却借此竭力煽动反华战争的狂热，关东军高官一再叫嚣："应利用中村事件这个机会诉诸武力，一举解决满蒙问题悬案……"

调整兵力部署，加紧军事准备与演习　1931年4月中旬，日本参谋部调驻仙台的多门二郎中将师团长率领的第2师团，代替京都第16师团到"南满"换防。第2师团的士兵因在日本北部寒冷地区生活，比较适合在中国东北作战。同时，关东军情报机关在侦察到攻占沈阳城须用大炮时，即决定从日本国内运来2门24厘米口径的榴弹炮和十几门28厘米口径的要塞炮。8月下旬，关东军还从国内运来飞机30余架、野炮20余门至苏家屯、浑河车站附近。南满铁路沿线的日军频繁举行军事演习两周后，日军铁路守备队由大连柳树屯秘密运至沈阳车站一带集中。9月上旬，日军第29联队、独立守备队、宪兵队等在辽宁兵工厂、沈阳北大营附近举行大规模包围式攻击演习。驻朝鲜境内的日军第19、第20师团也借演习之名抵达图们江沿岸。在此期间，关东军司令官本庄繁则频繁到南满铁路沿线各日军部队进行"巡视"，到处宣称"目前支那排日运动已组织化，各部队应积极行动，不能一日苟安"，他实际上是作战前动员讲话。

种种迹象表明，日本侵略者正疯狂地准备战争，当时的东北已处于战云密布、一触即发的战争前夜了。

1931年9月18日夜10时20分左右，关东军所属独立守备队驻柳条湖铁路分遣队河本末守中尉，率七八名士兵，在中国军营北大营南六七百米处的柳条湖（沈阳与文官屯间）点燃了预先安放在铁轨下的炸药，炸毁了一段铁轨和枕木，事后却反诬是中国军队所为。10时40分，日军第29联队开始向沈阳攻击。九一八事变由此爆发。

北大营的炮声，是日本军国主义推行"大陆政策"，蓄谋已久侵占中国的必然结果。它表明世界法西斯侵略战争的第一把战火是由日本点燃的，它打响了打破凡尔赛—华盛顿体系的第一炮，从而在远东形成了第一个战争策源地。中国人民不屈不挠的局部抗战，揭开了世界反法西斯战争的序幕，九一八事变成为中国抗日战争的起点。

九一八事变后，由于国民党蒋介石对日实行"隐忍不抵抗"政策，导致仅仅在105天的时间内，就断送了东北三省的大好河山。至1931年9月25日，辽宁、吉林两省的重要城镇全部沦入日寇的铁蹄之下。至1932年1月2日，关东军就侵占了中国军队在东北的最后据点锦州。这完全是国民党政府"攘外必先安内"基本国策所带来的严重后果。

六、日本侵占东北后又将侵略矛头指向华北，为发动全面侵华战争作准备

日本侵占中国东北之后，按照其既定国策，又将侵略矛头指向华北。华北当时包括河北、山东、山西、察哈尔、绥远五省和北平、天津两市，

是中国的政治、经济、文化中心之一，具有重要的战略地位。关东军司令官本庄繁公开表示："日本如果不能控制平津地区，将无法安心。"关东军司令部的报告提出："仅从经济意义上来看，华北是满洲不能比拟的，只有开发华北的各种资源，才能有效地巩固日本在东亚的经济地位。"[1]据此，日本帝国主义步步向华北进逼。1933年1月3日，关东军派兵攻陷了山海关和临榆县城。2月下旬，关东军下辖第8师团的第13、第14混成旅团纠合伪军共约10万人，兵分三路，进攻热河省。3月初，日军侵占了热河省，并继续向长城一线进犯。

1933年5月6日，日军参谋本部下达《华北方面应急处理方针》，提出在华北的方针是"依靠关东军之武力继续实行强压，以此为基调实施相应的对华北的方策，使现华北军真正屈服或导致其瓦解"[2]。为此，日军加快了侵华步伐。5月，日军已越过长城一线，进抵北平、天津市郊。5月31日，国民党政府在国土丧失、平津危急的形势下，与日本侵略者签订了妥协投降的《塘沽协定》，承认了日本侵略军占领东北三省、热河省的"合法性"，还把察北、冀东的大片国土拱手让给日本侵略者，企图以此能换来日本停止向关内的军事进攻。而日本则利用《塘沽协定》把国民党中央势力从华北排挤出去，实现华北政权特殊化，然后选择屈从日本的傀儡，成立所谓"华北自治政权"。

与此同时，日本帝国主义为了排除其侵略扩张的障碍，在国际联盟于2月24日特别大会通过了要求日本从中国撤军和承认中国对"满洲"主权的决议时，便于3月27日宣布退出国际联盟，这是日本决心打破凡尔赛—华盛顿体系的重要举措。1934年4月17日，日本外务省情报部部长天羽英二发表公开讲话，声称中国为日本的势力范围，反对外国干涉日本的侵华行

---

[1] 延安时事问题研究会编：《日本帝国主义在中国沦陷区》，上海人民出版社1958年版，第46页。
[2]《现代史资料7·满洲事变》，美铃书房1964年版，第515页。

动。12月7日，日本陆军省、海军省和外务省联合制定了《有关对华政策的文件》，规定日本在华北的基本宗旨是"形成南京政权的政令不能达及的情势"，并提出在政治、经济上应该尽快把华北从中国分离出来的目标。

为实施分离华北的既定目标，日本侵略者先后"以制造事端作为提出要求的借口"[①]，进而达到迫使国民党政府就范的目的。日本侵略者先后制造"河北事件""张北事件"，于6月9日和6月27日迫使国民党政府先后签订《何梅协定》和《秦土协定》。国民党当局答应日本侵略者提出的多项要求，如撤退驻河北的东北军、中央军，取缔河北省的反日团体的反日活动和中国驻军从长城防线和张家口以北地区撤退，解散抗日组织，发展与日、满的经济、交通，招聘日本人为军事和政治顾问，协助日军建立军事设施，等等。

《何梅协定》和《秦土协定》实际上使中国丧失了包括北平、天津两市以及河北、察哈尔两省的大部主权，标志着日本侵略河北、察哈尔新局势的形成。1935年9月24日，日本新任中国驻屯军司令官多田骏在记者招待会上公开宣称对华北的三条要则："一是把反满抗日分子彻底驱逐华北，二是实现华北经济圈独立，三是实现华北五省军事合作。"[②]可以说，华北已经差不多成为第二个"满洲国"了。

1936年，随着中国人民抗日救亡运动的持续高涨和国民党政府对日政策的不断强硬，特别是西安事变和平解决后，日本感到用政治谋略手段完全夺取华北已经无法实现，遂决心使用武力夺取华北，征服全中国。为此，日本加紧了从军事、政治、经济、外交等各方面的全面侵华战争准备。

1936年6月，日德军事同盟问题已经开始秘密协商。11月25日，日本与希特勒德国缔结《反共产国际协定》。日本的本意是企图把《反共产国际

---

① 《土肥原秘录》，中华书局1980年版，第103页。
② 秦郁彦：《日中战争史》，原书房发行所1979年版，第56页。

协定》当作它全面侵华战争的外交保护伞。

确立法西斯战争体制　日本国内的统治体制在军部和极右翼势力的推动下，逐步形成了以少壮派军人为核心的沙文主义的法西斯集团，他们对外竭力主张对外侵略扩张，以促进国内法西斯的发展壮大，对内拼命反对国会制的政府。1936年2月26日，日本"皇道派"的一批少壮派军官率领所部官兵1500人发动军事政变，杀死了内阁大臣斋藤实、藏相高桥是清、教育总监渡生锭太郎，重伤侍从长铃木贯太郎。冈田相也遭袭击，他的堂弟被错认为首相，也被杀。他们占领陆军省、首相官邸，向陆军提出实行"昭和维新"、"威压苏联"、制止反对派并给"皇道派"以地位等八项要求。由于军部首脑有所顾忌，未给予积极支持，叛乱没有成功而被镇压了下去。但经过这个事件后，"统制派"趁机打击"皇道派"，"皇道派"的人都纷纷转向"统制派"一边。这样，"皇道派"叛乱军官所期待的法西斯主义体制便由"统制派"军阀来实现了。总之，二二六政变标志着日本天皇制法西斯主义统治的确立和形成。

制订全面侵华战争计划，确立"南北并进"先打中国的方针　1936年5月，日本陆海军中央部完成了对《帝国国防方针》及《帝国军队的用兵纲领》的第三次修订，并于同年6月获得天皇的批准。修订后的两个文件明确规定，把武力作为对外政策的根本，"一旦有事，制敌先机、迅速达到战争的目的"，并根据日本国小、人少、兵少、资源贫乏而经不起长期战争的特点，强调"陆海军协同行动，采取先发制人的攻势，谋求速战速决"①的作战方针。8月7日，日本内阁召开首、外、藏、陆、海五相会议，通过了《国策基准》（又称《国策大纲》），确立了为实现称霸世界总目标而实施"南北并进"的全球扩张侵略方针，即"根本国策在于外交和国

---

① 服部卓四郎：《大东亚战争全史》第1册，商务印书馆1984年版，第260页。

防互相配合，一方面确保帝国在东亚大陆的地位，另一方面向南方海洋发展"①。

征服中国是日本世界战略的核心，因此，虽然日本在《国防方针》中提出以苏联和美国为首要的假想敌国，但不管是针对苏、美，还是实施"北进""南进"，都必定要先打中国。日本征服中国后，不仅可解除后顾之忧，更重要的是可以获得战争资源和前进基地，以壮大侵略战争能力。1936年9月，日本陆军省修订的1937年度对华作战计划，在继承历年方案的基础上，具体规定：对华北方面，使用2个军（5个师团），根据情况发展可再增加3个师团，用于占领平津地区和华北5省；对华中方面，使用第9军（3个师团）占领上海附近地区，另组建第10军（2个师团），从杭州湾登陆，两军互相策应向南京方向推进，占领并确保上海、杭州、南京三角地带；对华南方面，使用1个师团占领福州、厦门、汕头等地。

日本海军方面认为，限定局部作战是不现实的，"必须作出全面战争计划。海军用兵不能固定在一个地方，它富于机动性，所以一开始就是准备去全中国所需要的地方，用必要的兵力，迅速达到目的"②。

为了贯彻上述作战计划，便于侵华各兵团制订具体的作战方案，日本陆军参谋本部又发出1937年度陆军作战计划要领，对在华北方面的作战要领、中国驻屯军司令官的任务和作战初期中国驻屯军的作战地域等都作出了明确的规定。这充分表明，日本帝国主义全面侵华的战争准备已经完全就绪。

日本为了扩充和加强陆、海军力量，以准备扩大侵华战争，不断扩大陆海军兵力。1931年，日本总兵力为23万人，居英、美、法、德、意之后，在列强中位居第六；至1936年，激增为56.4万人，超过英、美、意，

---

① 外务省编：《日本外交年表并主要文书》下，原书房发行所1965年版，第345页。
② 日本防卫厅防卫研究所战史室：《中国事变陆军作战史》（1），朝云新闻社1969年版，第101—104页。

位居第三。1936年11月，日本陆军省正式颁布《军备充实计划大纲》，对1942年之前的日本战时兵力、平时兵力及装备器材作出了详细发展计划。到1937年上半年，日本共有陆军常设师团17个，约38万人，但日本战争组织力巨大，可以以3倍动员，预备役达678.8万人；独立混成旅团、骑兵旅团和守备队20余个，计50余万人；海军舰队4个，大型舰艇290艘；陆海军航空兵91个中队，飞机1559架。其中配置在中国大陆地区的陆军有关东军4个师团、2个独立混成旅团、3个骑兵旅团、5个独立守备队、3个独立炮兵联队、1个飞行集团等；中国驻屯军1个步兵旅团、1个炮兵联队等；海军第3舰队担任对华作战，司令部驻上海。

与此同时，为了扩大侵略战争，日本历届内阁都把增加军费、扩军备战作为一项重要任务。广田内阁于1936年8月通过的《国策基准》更是把"扩充国防军备"摆在首位，实行空前的军费膨胀政策，到1937年度军费预算总额达32.7亿日元，直接军费就超过GDP的69%。日本政府将军费开支的大部分用于扩大军事工业，如1937年军事工业投资达22.3亿日元，比1936年增加了2.2倍，占当年工业投资总额的61.7%。另外，日本还加速掠夺和储备各种战略物资，以满足扩大侵略战争的需要。1932—1936年，日本对中国东北地区实行强盗式的开采掠夺，其中铁和钢的产量分别占其总产量的50%和10%。

为了加快全面侵华战争的步伐，日军加紧军事部署，频繁演练部队。日军中国驻屯军非法侵占北平市郊区丰台后，即以中国军队驻地为目标，不断频繁进行挑衅性军事演习。如1936年10月26日—11月4日，中国驻屯军在北平西南郊举行有步兵、骑兵、炮兵、坦克协同配合的大演习。1937年3月上旬至6月中旬，日本军部先后派出6批将校级军官，前往华北、华中和东北地区进行战役侦察活动，为策划全面侵华战争作准备。一场全面侵华战争的发动已经迫在眉睫。

七、日本发动全面侵华战争，其速战速决的战略图谋破产，被迫停止战略进攻，转入长期持久作战

1937年7月7日夜，日军在北平西南通往河北南部的咽喉要地卢沟桥附近演习，诡称一名士兵"失踪"，要求进入宛平城内搜查，遭到中国守军拒绝后，即向卢沟桥发起进攻。守军第37师第219团团长吉星文率部奋起反击，至8日晨，龙王庙、五里店、卢沟桥火车站等地被日军占领。8日晚，第110师师长何基沣率部反击，全歼侵占卢沟桥火车站的日军。卢沟桥事变是日本全面侵华战争的开始，也是中国全国性抗日战争的起点，还是第二次世界大战在东方的爆发点。

日军挑起卢沟桥事变后，日本陆相杉山元向天皇夸口说："中国事变一个月就可以解决。"[①]7月11日上午，日本内阁五相会议通过了杉山元陆相提出的派兵方案，并把卢沟桥事变改称"华北事变"。同日下午，日本政府发表《派兵华北的声明》，诬陷中国第29军挑起了七七事变。7月15—17日，日军参谋部相继制定了《对华作战要领》和《在华北使用兵力时对华战争指导纲要》，认为"迅速收拾时局下最大决心的时机已经到来"[②]，准备在2个月内讨伐第29军，如果发展为全面战争，预定在3～4个月内消灭中央政权[③]。接着，日本源源不断地增兵华北。

七七事变的爆发，极大地推动了中国抗日民族统一战线的迅速形成。7月8日，中国共产党发表号召人民奋起抗战的声明，指出"只有全民族实行抗战，才是我们的出路"。17日，蒋介石在第二次庐山谈话会上提出"卢沟桥事变已到了退让的最后关头。再没有妥协的机会，如果放弃尺寸土地

---

① 秦郁彦：《日中战争史》，原书房发行所1979年版，第246页。

② 日本防卫厅防卫所战史室：《中国事变陆军作战史》(1)，朝云新闻社1969年版，第194页。

③《现代史料9·日中战争》，美铃书房1978年版，第17页。

与主权，便是中华民族的千古罪人"，从而确定了准备抗战的方针。8月13日，日军又在上海挑起事端，进而向上海发起大规模进攻，八一三抗战爆发。14日，国民政府发表《自卫抗战声明》。9月22日，国民党中央通讯社发表中国共产党于7月15日递交的《中国共产党为公布国共合作宣言》。23日，蒋介石发表承认中国共产党合法地位的谈话。至此，由中国共产党倡导的、以国共合作为基础的抗日民族统一战线正式形成。这在中国革命史上开辟了一个新纪元，它对于打败日本帝国主义起了决定性的作用。

日本全面侵华战争初期，盲目迷信自身武力的强大，采取以军事进攻为主、政治诱降为辅的速战速决的方针。1937年12月占领南京后，日本政府于1938年1月16日发表"不以国民政府为对手"的声明，根本不把国民党政府放在眼里，企图以武力很快迫使中国屈服，但国民政府在南京失守后仍坚持抗战方针，与日本的愿望相反。武汉会战前，日本战略进攻的能力已经衰减，中国战场的持久态势渐趋明朗化。武汉会战后，日本内阁在1938年10月21日会议上作出《关于时局的处理方针》中表示："今后，不仅要用武力，更要倾注政治、经济、文化等国家的总力，向建设新中国迈进。"①11月3日，日本首相近卫发表《东亚新秩序》的声明，一改以前"不以国民政府为对手"的狂妄立场，提出要与中国政府进行所谓"合作""提携""互助"等诱降招牌，声称："帝国所希求者即建立确保东亚永久和平的秩序。此次征战的最终目的即在于此。此种新秩序的建设应以日满华三国合作……如果国民政府抛弃以往的一贯政策，更换人事组织，取得新生的成果，参加新秩序的建设，我方并不予以拒绝。"②这表明，日本已经无力发动新的战略进攻了，企图以承认国民政府为条件，利用并扩大中国内部矛盾，迫使国民党政府放弃抗战立场，实行对日妥协，把处于僵局的中

---

① 日本防卫厅防卫研究所战史室：《中国事变陆军作战史》（2），朝云新闻社1976年版，第464页。
② 外务省编：《日本外交年表并主要文书》下，原书房发行所1965年版，第401页。

日战争引向政治解决的途径。

1937年7月—1938年10月，中国战场的军事形势是日军展开战略进攻，中国军队进行战略防御。在此阶段，由于日军企图迅速击破国民党军主力，以迫使国民党政府投降，因而这一阶段国民党正面战场是中国抗战的主战场。毛泽东曾经提出："国民党在一九三七年和一九三八年内，抗战是比较努力的，同我党的关系也比较好。对于人民抗日运动虽有许多限制，但也允许有较多的自由。"[1]

在战略防御阶段，国民政府军事委员会和蒋介石先后组织了淞沪、太原、徐州和武汉4次会战，共歼灭日军25万余人，牵制日军70万以上，国民党正规军损失104.4万余人，付出了重大伤亡。正面战场的广大官兵不怕牺牲，英勇杀敌，这对于打破日本帝国主义"三个月灭亡中国"的速战速决的战略企图，消耗日军兵力和战争资源，迫使日军由战略进攻转为战略防御起了决定性的作用，同时也为八路军、新四军等抗日武装挺进敌后、开辟抗日根据地创造了条件。

武汉会战后，日本被迫放弃速战速决战略，准备长期战争，而确定了以政治诱降为主、军事打击为辅的新方针，逐渐停止了对正面战场的战略进攻，而集中兵力对占领区实行"治安肃正"作战，特别提出要把军事打击的重点移向对付后方的抗日游击战争，对正面战场则要求把"兵力配备限制在最少限度内"[2]。

由于中国人民的持久抗战，中国不但没有崩溃，反而越战越强，始终牢牢抗击和牵制100万左右的日本陆军在中国战场，这不仅打破了日本"北进"侵略苏联的计划，保障了苏联远东地区的安全，使德国勾结日本夹击苏联的阴谋破产，而且迟滞了日本"南进"的侵略步伐，为美国等盟军

① 《毛泽东选集》第3卷，人民出版社1991年版，第941页。
② 《现代史料9·日中战争2》，美铃书房1964年版，第553—554页。

在太平洋战场迅速转入反攻赢得了时间。

八、背负侵华战争的沉重包袱，又踏上"南进"的"大东亚战争"的不归之路

"北进"和"南进"是日本法西斯既定的侵略扩张全球战略。日本发动全面侵华战争，不仅是要灭亡中国，而且是要以整个中国大陆为重要后方战略基地，北攻苏联远东地区，南攻西南太平洋地区，进而与德意法西斯瓜分全球，称霸世界。因此，中国战场的形势如何，始终制约着日本的"南进"和"北进"。1937年7月—1941年12月8日，中国人民独立抗战近5年，不仅粉碎了日本速战速决的战略图谋，而且有力地打击和牵制了日本陆军主力。1940年春夏之交，德国法西斯闪击西欧的军事胜利，使日本统治集团受到极大鼓舞，他们认为，只有通过"南进"使中国进一步孤立，才能迫使中国投降。1940年7月27日，日本大本营和政府联席会议通过《适应世界形势演变的时局处理纲要》，确定日本的基本方针是"适应世界形势变动，改善内外形势，在促进迅速解决中国事变的同时，捕捉良机，解决南方问题"[①]。8月1日，日本外相松冈洋右在演说中，首次提出要建立"大东亚共荣圈"的国策，并明确其范围不仅包括整个东南亚，还包括澳大利亚和新西兰。日本法西斯的侵略目标暴露无遗。

1941年11月5日，日本御前会议批准了由大本营和政府联席会议制定的《帝国国策实施要领》，提出："帝国为打开目前危局，完成自存自卫态势以建设大东亚新秩序而决心对美、英、荷开战。"[②]12月8日，日军偷袭美国海军驻地珍珠港，同时进攻东南亚和香港，太平洋战争爆发。自此，世界战局急剧变化，终于把美国推上了与德、日、意对抗的第一线。美国政

---

① 外务省编：《日本外交年表并主要文书》下，原书房发行所1965年版，第437页。
② 日本防卫厅防卫研究所战史室：《大本营陆军部》(2)，朝云新闻社1968年版，第570页。

府从1940年下半年开始，把支援中国持久抗战作为遏制日本侵略扩张的重要手段，强调"中国的抗日具有美国国防第一线的作用，中国理所当然地处于太平洋防务的中心点"①。

由此，国际反法西斯统一战线迅速建立，并成立了中国战区，中国抗日战争完全与世界反法西斯战争融为一体。到1943年11月美军在太平洋战场开始战略反攻时，日本还有64%的陆军计43个师团另24个独立混成旅团和45%的航空兵计75个飞行中队被抗击和牵制在中国战场。而在太平洋战场上的日本陆军兵力则不足30%，计22个师团；航空兵占44%，计72个飞行中队。日本大本营统帅部虽然深感以此微弱的兵力难同美军相对抗，但又无法从中国战场抽调兵力给予增援。直到1944年，日本参谋本部才勉强以新建的部队替换关东军较老的6个师团增援太平洋战场，但是，由于数量太少，对扭转整个战局根本无济于事。

九、日本法西斯负隅顽抗，拒绝《波茨坦公告》，最后导致遭受灾难性失败而投降

进入1945年，世界反法西斯战争出现了空前有利的形势，德、日法西斯已经日暮途穷。在欧洲战场，反法西斯战争已临近最后胜利；在亚洲、太平洋战场，盟军步步逼近日本本土。中国解放区战场继续展开对侵华日军的局部反攻之后，又发起势如破竹的全面反攻。中国抗日战争暨世界反法西斯战争即将取得最后胜利。然而，日本法西斯集团仍不甘心失败，于1945年6月8日召开御前会议，作出"本土决战"的"计划大纲"，决定"以七生尽忠的信心为力量的源泉，利用地利人和，战斗到底，以此维护国体，保卫皇土"，"发挥一亿国民玉碎精神，以保卫国土"②。但是，"这是一

---

① 迈克尔·沙勒：《美国十字军在中国（1938—1945）》，商务印书馆1982年版，第31页。
② 外务省编：《日本外交年表并主要文书》下，原书房发行所1984年版，第615—616页。

项在前所未有的困难局面下，被迫大胆制订的人力断难做到的计划"①。当时，日本国力、军力均达枯竭的地步，如所需的武器步枪只有50%，轻机枪只有23%，火炮只有28%。所谓"本土决战"的计划，原本就是先天不足的死胎。因此，它的破产早就注定了。

1945年7月26日，波茨坦会议以宣言的形式发表了《美英中促令日本投降之波茨坦公告》，全文共13条，第1—5条指出，日本只有投降一途，如继续抵抗，日本军队及日本本土将完全毁灭；第6—11条是指给日本投降的条件，即必须铲除军国主义势力，盟军必须占领日本本土；第8条规定必须实施开罗宣言条款，即日本的主权仅限于本州、北海道、九州、四国的4个岛屿及其附属岛屿；第9条规定完全解除日本军队的武装；第10条规定惩办战犯、政治民主化和确立基本人权；第11条规定废除日本军需工业和维护和平工业；第12—13条为结束语。

7月27日10时30分，日本召开最高战争指导会议，讨论《波茨坦公告》问题。外相东乡茂德认为：第一，苏联领导人虽然参加了波茨坦会议与公告的发布，但未在公告上签名，说明苏联仍维持与日本在法律上的中立关系；第二，公告中，美英中已经放弃以前"无条件投降"一词的主张，提出同日本实现和平的八项规定只适用于日本的武装部队；第三，应视苏联的态度决定日本的态度。这是日本军国主义集团借口拖延接受《波茨坦公告》。27日下午，日本召开内阁会议，讨论是否发表《波茨坦公告》，争论相当激烈。陆相阿南惟几坚决反对发表，认为这会"挫伤国民战斗意志"，但遭到下村国务相、冈田厚相的反对。最后，会议决定把《波茨坦公告》作文字删除后"用小字，低调发表"。

7月28日下午，日本首相铃木贯太郎在例行记者会上发表谈话："我认

---

① 服部卓四郎：《大东亚战争全史》，原书房发行所1970年版，第751页。

— 56 —

为那份公告不过是《开罗宣言》的翻版。政府认为并无任何重要价值，只能不予理睬。我们只能为战争到底向前迈进。"①铃木的"不予理睬"声明，表明日本军国主义统治集团拒不接受《波茨坦公告》，仍继续顽抗。

据此，同盟国决心给予日本法西斯最后一击。美国杜鲁门政府为了减少伤亡，急于迫使日本投降，遂于8月6日在日本广岛投下第一颗原子弹。9日，又在长崎投下第二颗原子弹。当日，广岛死伤17万余人，长崎死伤6.6万余人。美国陆军部部长史汀生认为，日本政府拒绝《波茨坦公告》，"此时美国除了按照《波茨坦公告》所述动用全部武装力量消灭日军并摧毁日本外，其他别无选择，而原子弹是实现这个目标的最佳武器"②。8月8日，苏联对日宣战，此时的日本大本营还认为，苏联参战的规模不大，应迅速发动对苏作战，以"维护国体，保卫皇土"。

8月9日10时30分，日本军政要员召开最高战争指导会议，讨论战与降的问题。双方争论不休，无果而终。下午2时30分继续内阁会议，陆相阿南仍主张坚持"本土决战"，海相米内光持反对意见，认为"必须放弃那套死不服输和一厢情愿，只有投降才能挽救日本"。会议一直开到晚上10时30分，但长达8小时的内阁会议仍是意见分歧难以统一。无奈之下，铃木首相和外相只好上奏天皇裁断。

8月10日2时30分，日本天皇采纳了外相的一个条件方案，即以不改变天皇统治国家大权作为接受《波茨坦公告》的附带条件。7时15分，日本外务省将日本接受《波茨坦公告》的照会电报，分别转达给美英苏中四国。

8月14日10时50分，日本召开最后一次御前会议，陆相阿南惟几、参谋总长梅津美治郎、军需相等人"相继起立，声泪俱下"地重申要求给盟

① 服部卓四郎：《大东亚战争全史》，原书房发行所1970年版，第920页。
② 特奥佐默：《波茨坦的决定》，德国《时代》周报，2005年7月21日。

国再发照会，或继续进行战争以死里求生。日本天皇鉴于大势已去，挥泪作出接受盟国答复的决定，并要政府起草"终战诏书"。"会议在全体涕泣中结束。"① 至此，日本军国主义统治集团才最后下决心被迫投降。可笑的是，正当日本政府准备接受《波茨坦公告》投降条件事宜时，陆相阿南惟几等策动少数最顽固的法西斯军人，阴谋发动政变，妄图以武力阻止日本政府的投降，因没有得到军部上层的赞同，立即被镇压下去了。阿南于8月15日1时30分许被迫畏罪自杀。

最后，保留天皇制与减少美军伤亡，成了日本和美国不谋而合的有条件的日本投降的结果。加之战后"冷战"格局的使然，美国对日本单独占领并包庇大批日本战犯，利用日本作为反苏反共的东方堡垒，使日本70年来一直没有认真反省侵略历史，从而为日本右翼势力和军国主义思潮的复活埋下了祸根。

历史告诉我们，对于频繁不断对外发动侵略战争的日本法西斯，消灭一点，它就舒服一点，彻底消灭它，它才能彻底舒服，老老实实。第二次世界大战结束70年后，日本右翼势力日趋猖獗，军国主义思潮泛滥，是由于"冷战"的原因，当时没有像处理德国法西斯一样，彻底铲除日本军国主义的根源。

---

① 服部卓四郎：《大东亚战争全史》，原书房发行所1970年版，第940页。

国民政府的"不抵抗"政策与东北沦陷

　　九一八事变，是中国近现代史上一个带有转折点性质的重大历史事件。关东军挑起事端，制造九一八事变，进而发起侵华战争，是日本军国主义推行"大陆政策"的一个严重步骤，也是第二次世界大战的序幕。国民党政府实行"攘外必先安内"的内战政策，而对日采取"隐忍不抵抗"，导致了东北三省的迅速沦陷。张学良完全彻底地执行蒋介石对日"不抵抗"方针，使东北军大部不战而退或不战而降，负有不可推卸的历史罪责——到1990年已90高龄的张学良也承认应由自己负责。国民政府至今还想逃避历史责任，甚至宣称：因为中国科学落后，"当时中国的封建势力、反革命势力依然存在，不能和日本从事科学的战争"。这明显是为"不抵抗"政策寻找"合理"借口而已。

　　九一八事变，是中国近现代史上一个带转折点性质的重要历史事件。毛泽东曾指出："一九三一年九月十八日的事变，开始了变中国为日本殖民地的阶段。……现在是日本帝国主义要把整个中国从几个帝国主义国家都有份的半殖民地状态改变为日本独占的殖民地状态。"[①]九一八事变，是日本军国主义推行"大陆政策"的一个严重步骤，也是第二次世界大战的一个序幕。由于国民党政府蒋介石实行"攘外必先安内"的内战政策，而对

---

① 《毛泽东选集》第1卷，人民出版社1991年版，第143页。

日采取"隐忍不抵抗"政策，依赖并乞求国际联盟的所谓"国际公理之判决"，从而招致东北三省的迅速沦陷。著名中共党史专家胡华曾指出，蒋介石的"隐忍不抵抗""迎合了日本侵略者的侵略政策，招来了民族的大灾祸。如果在九一八事变时，国民党政府能在全国人民的热烈支援下坚决抵抗，则历史将会是另一个样子"①。

一、关东军制造九一八事变，发动局部侵华战争，东北迅速沦陷

为了寻找发动侵略中国东北的借口，1931年9月18日，日本关东军制造"柳条湖事件"，却反诬是中国军队所为，进而对中国东北地区发动大规模军事进攻。这就是历史上震惊中外的九一八事变。

9月18日晚10时20分左右，关东军所属独立守备队驻柳条湖分遣队河本末守中尉，率七八名部下，在距中国军营沈阳北大营六七百米的柳条湖（沈阳与文官屯之间）铁路段，点燃了预先安放在铁轨下的炸药，突然一声爆炸巨响，一段31英寸的铁轨和几块枕木，顿时变成碎片飞上空中。以爆炸声为信号，各守备队日军按计划分别向沈阳城中国驻军发起进攻。②晚11时46分，日本特务花谷正少佐以其机关长土肥原贤二的名义，向旅顺关东军司令部发出第一份电报，诬称：中国军队在沈阳北部北大营西侧破坏了铁路，袭击日本守备队，日中两军正在冲突中，云云。关东军司令官本庄繁、参谋长三宅光治、参谋石原莞尔等人接到电报后，一致认为，此时是日本"诉诸武力，解决满蒙"的"绝好机会"。当即决定，按预定计划，迅速将主力集中到沈阳，先发制人，"惩罚中国军队"，占领东北三省。

与此同时，驻东北各地的日军部队以闪电式的速度，逐次向沈阳、长春、四平街和公主岭等地的中国驻军开始攻击。以本庄繁、石原莞尔等法

① 胡华：《"九一八"事变研究》，国防大学出版社1986年版，第1页。
② 刘庭华：《"九一八"事变研究》，国防大学出版社1986年版，第91—92页。

西斯军人的侵略行径为开端，日本帝国主义点燃了第二次世界大战序幕的第一把战火。

当时，东北军的当地守军的广大士兵及下级军官均感到愤慨万分，要求抵抗日本侵略军，并且也在他们自己力所能及的范围内，作了某些无组织的零散抵抗。

9月18日夜，当日本侵略军突然袭击中国东北军驻沈阳北大营第7旅时，因旅长王以哲不在军中，参谋长赵镇藩当即一面下令部队进入预备阵地，一面给王以哲打电话，并用电话直接向东北军参谋长荣臻报告。荣臻命令："不准抵抗，把枪放在库房里，挺着死。"[1]日军已从西、南、北三面进逼北大营营垣，情况异常危急。赵镇藩即令所属部队利用日军前进迟滞的间隙，从南、北两面出击，以掩护非战斗部队由东面撤退，在9月18日夜晚，与日军混战至次日凌晨3点多钟。[2]

当他们的长官下达可耻的不抵抗命令撤离北大营后，还关心着和其他中国军队协同反击日本侵略军的进攻。……他们一面反击敌人，一面自问："兄弟部队为什么不前来增援呢？我们的飞机为什么不起飞参战呢？我们几时反攻回来？"[3]

又如，9月19日上午，长春市的日军突然袭击城郊宽城子和南岭方面的中国驻军，当地中国驻军士兵及下级军官奋起抵抗，给予日本侵略军以迎头痛击，毙伤日军155名，其中打死将校军官3人、兵64人，打伤将校3人、兵85人。[4]当日下午3时许，日军占领了宽城子。后在吉林军署参谋长

---

① 《从九一八到七七事变——原国民党将领抗日战争亲历记》，中国文史出版社1978年版，第26页。
② 刘庭华：《"九一八"事变研究》，国防大学出版社1986年版，第140页。
③ 《从九一八到七七事变——原国民党将领抗日战争亲历记》，中国文史出版社1978年版，第27页。
④ 刘庭华：《"九一八"事变研究》，国防大学出版社1986年版，第114页。

熙洽"毋须抵抗"的命令下，当地中国驻军含愤撤退。长春于19日晚10时许陷落。

长春战斗，连同特别是10月中旬—11月下旬的黑龙江马占山部的江桥抗战，给日本侵略军以严重打击，中国人民由此揭开了世界反法西斯战争的序幕。此后，东北义勇军、东北人民革命军和东北抗日联军等抗日武装，在白山黑水之间风起云涌地广泛开展游击战，展开了长达6年之久的局部抗战。

至19日5时30分，日军占领北大营。6时30分，日军侵占沈阳内城。中午12时许，日军又占领了东北军的第二大营——距沈阳10公里的东大营。北大营战斗，日军参战人数总共约500人，而国民党东北军王以哲第7旅等部约有1万人。东北军在蒋介石"隐忍不抵抗"的命令下，溃不成军，死亡320多人、受伤20余人，其营房全部被日军烧毁。日军只付出了死亡2名、伤22名的代价。^①整个进攻沈阳城战斗，日军死7名，伤20余名。这真是国民党东北军的奇耻大辱！如此败退，与投降还有什么区别吗？

9月20日，日军攻占了沈阳市的大小北关和大小南关，日军飞机还不时在空中侦察、扫射，日军坦克在沈阳城内街上横冲直撞。当日下午，日军占领了沈阳兵工厂及东塔飞机场。21日，沈阳市砖城各城门先后被日军坦克攻开。至此，沈阳市所有国民党东北当局的军、政、民、文化、财政等机关，全部被日军占领。当时全国最大的兵工厂和制炮厂计有9.5万余支步枪、2500挺机关枪、650门大炮、2300门迫击炮和260架飞机^②，还有大批弹药、器械、物资等，全部落入日寇之手。据不完全统计，仅9月18日一夜，中国沈阳损失就达18亿元之多。同时，驻南满铁路全线所有日军，也

---

① 刘庭华：《"九一八"事变研究》，国防大学出版社1986年版，第111页。
② 刘庭华：《"九一八"事变研究》，国防大学出版社1986年版，第112页。

于9月18日夜先后展开全面攻势。至9月25日，辽宁、吉林两省的大好河山沦入日寇铁蹄的蹂躏之下。

辽宁、吉林两省重要城镇沦陷时间一览表

城镇地名	失陷时间	城镇地名	失陷时间
沈阳	9月19日晨	公主岭	9月19日上午
辽阳	9月19日上午	长春南岭	9月19日上午
鞍山	9月19日上午	长春宽城子	9月19日上午
海城	9月19日上午	营口	9月19日上午
盖平	9月19日上午	抚顺	9月19日上午
复县	9月19日上午	安东	9月19日上午
开原	9月19日上午	凰城	9月19日上午
铁岭	9月19日上午	瓦房店	9月19日上午
四平街	9月19日上午	本溪	9月19日上午
延边	9月19日上午	通辽	9月23日上午
长春	9月19日晚	蛟河	9月23日上午
昌图	9月20日上午	敦化	9月23日上午
皇姑屯	9月20日上午	巨流河	9月23日下午
熊岳	9月20日下午	兆南	9月25日上午
吉林市	9月21日下午	兆安	9月28日上午
辽原	9月22日上午	牛庄	10月3日
新民	9月22日上午		

从上表我们可以看出，辽宁、吉林两省所有城镇大部分于9月19日失陷，除兆南为9月25日上午、兆安为9月28日上午、牛庄为10月3日外，其余均在不到一个星期的时间里，辽、吉两省的重要城镇全部被日本侵略军侵占。

二、东北沦陷，是蒋介石"攘外必先安内"国策的必然恶果

北大营的炮声，激起了全国人民的无比愤慨，纷纷要求武装抵抗日本帝国主义的侵略进攻。

然而，国民党政府对日本帝国主义武装侵略东北的强盗行径，却采取了绝对不抵抗的政策。可以说，九一八事变前，是国民党政府的妥协投降政策招致了日本帝国主义的侵略；九一八事变后，由于国民党蒋介石对日实行"隐忍不抵抗"政策，又断送了东北三省的大好河山。

九一八事变前，在日本加紧准备侵略中国东北之际，国民党政府工作的重中之重是集中全力"围剿"中国共产党领导的工农红军。1931年6月6日蒋介石发表《告全国将士书》，称"赤祸是中国的最大祸患"。1931年6月13日，中国国民党第三届第五次中央全会在南京召开，全会认为，"确定这一时期之中心工作是戡定祸乱。……吾国家、吾民族以赤匪（指共产党及其领导下的中国工农红军——作者注）频年之扰乱，赤匪固以此为阶级斗争所应尔，而我国家及民族之创夷（疮痍）已不堪问矣。此则本党穷于感化，敝于补苴，决不得不出于用兵戡定之一途"①。14日国民党第三届中央执行委员会第五次全体会议通过《全国一致剿灭赤匪案》，要求"一、训令各级党部，本历史授之使命，努力于靖难之大任。二、发告全国人民书，一致协力扑灭赤匪，以安国本。三、由国民政府制定剿匪期内各级行政人员考核办法，督饬各级行政机关对于剿匪工作切实负责"②。15日全会通过《为一致协力扑灭赤匪告全国同胞书》，宣称："鄂、赣诸省，匪焰尤炽。今政府决于匪祸已成之区，大举师徒，克期剿灭。……赤匪既为吾民族之大

---

① 于右任在国民党第三届第五次中央全会上的开幕词，见荣孟源主编：《中国国民党历次代表大会及中央全会资料》（上），光明日报出版社1985年版，第987页。

② 荣孟源主编：《中国国民党历次代表大会及中央全会资料》（上），光明日报出版社1985年版，第997页。

患，自非集全国一致之力量以扑灭之不可。本党秉承总理遗教，并受国民会议委托之重，靖难剿匪，自属责无旁贷。"①

由上所知，其一，蒋介石从1930年10月—1931年1月、1931年4—5月、1931年6—9月先后三次发动对中央红军的大规模"围剿"战争，是国民党政府这一时期的"中心工作"，它绝不是蒋介石的个人行为；其二，发动"围剿"中央红军的内战，还打着所谓"本党秉承总理遗教"的旗号，不仅荒谬，而且"打着红旗反红旗"，即打着孙中山的旗号，实际上干着背叛孙中山思想的反革命行径。孙中山提出的联俄、联共、扶助农工三大政策，早已被蒋介石、汪精卫等人彻底扼杀了。

1931年7月初"万宝山事件"发生后，中日关系紧张加剧，蒋介石担心万宝山事件导致全国性抗日运动的高涨而影响他的"剿共"内战的顺利进行，故远在江西抚州"剿共"前线的他给南京政府发电，内称："发生全国性的排日运动，恐被共产党利用，呈共匪之跋扈，同时对于中日纷争，更有导入一层伤乱之虞。故官民须协力抑制排日运动，宜隐忍自重，以待机会。"②7月23日，蒋介石发表《告全国同胞一致安内攘外电》说："惟攘外应先安内，去腐乃能防蠹。亦惟保全民族之元气，而后方能御侮；完成国家统一，而后乃能攘外。……故不先消灭'共匪'……则不能御侮。不先削平'粤逆'，完成国家之统一，则不能攘外。"③虽然有的学者认为，蒋介石的"隐忍不抵抗"最早是在1929年10月与冯玉祥作战时提出的，但蒋介石在发表讨伐冯玉祥的文章中的"此次讨逆之意义，非特安内，实为攘外，盖内奸不除，外侮未有一日能免者也"④，充其量只能说此时的蒋介石有

① 荣孟源主编：《中国国民党历次代表大会及中央全会资料》（上），光明日报出版社1985年版，第988—989页。
② 刘庭华：《"九一八"事变研究》，国防大学出版社1986年版，第137页。
③ 古屋奎二：《蒋总统秘录》第7册，台北"中央"日报社1976年版，第185页。
④ 黄道炫：《蒋介石"攘外必先安内"方针研究》，《抗日战争研究》2000年第3期。

了"攘外安内"思想苗头或者说思想火花。作为一个完整的思想观念名词，还是蒋介石在7月23日第一次把"攘外必先安内"作为国民党的基本国策提出来的。他在11月30日的讲话中则把"攘外应先安内"改为"攘外必先安内"，对其重要性作了进一步的强调，"应"字改为"必"字，说明蒋介石的"安内"是其一切工作的优先考虑重点和方向，是第一位的，其他则次之。

蒋介石提出的"攘外必先安内"基本政策，其主旨本质是：对外（日）妥协退让，对内"剿共"内战。其思想内涵有二：一是包含维护国家主权和民族独立的策略手段，以妥协谋求推迟日本全面侵华的时间，从而减少弱国抵抗强国的损失；二是制造实行国民党一党专政和蒋介石个人独裁政治体制，而发动"剿共"内战（换句话说，即对日妥协，不抵抗的欺骗口号）或"削平"反对派的"理论根据"，或曰借口。"攘外"是解决民族矛盾、民族危机问题；"安内"则是解决国内矛盾、国内危机问题。具体而言，就是要解决国民党一党专政和蒋介石个人独裁统治的危机问题。

蒋介石在九一八事变后至七七事变爆发的6年中，顽固坚持"攘外必先安内"的内战政策，不管日本如何扩大侵华军事行动，始终把"安内"作为他优先考虑的头等大事，而把"攘外"只停留在口头上，没有什么实质上的实际行动，相反还不断扼杀各种形式的抗日武装斗争。这就从内在逻辑和历史规律的必然性上，决定了蒋介石势必把自己置于广大人民群众和一切主张抗日人们的严重对立危机之中。1931年12月蒋介石的下野、1936年12月西安事变的爆发等，都是他顽固坚持"隐忍不抵抗"的必然结果。

蒋介石提出的"隐忍不抵抗"，其主导方面还是以"剿共"内战为主，其他方面是次要的。由于蒋介石是中国大地主大资产阶级利益的代表，所以他对中国共产党及其领导的革命武装力量极端仇视，急于集中全力消灭而后快。在蒋介石看来，"革命（不论什么革命）总比帝国主义坏"①。在九一八事变前的8月22日，蒋介石在南昌"剿匪"前线对国民党高级将领们说："中国亡于帝国主义，我们还能当亡国奴，尚可苟延残喘；若亡于共产党，则纵肯为奴隶亦不可得。"②他发誓要在三个月内"肃清"江西中央红军。11月30日，蒋介石在顾维钧就任国民政府外交部部长的宣誓仪式上发表演讲，在7月23日的《告全国同胞书》基础上，进一步对"隐忍不抵抗"作了理论化与必要性的阐述。他说："攘外必先安内，统一方能御侮，未有国不能统一而能取胜于外者。故今日之对外，无论用军事方式解决，或用外交方式解决，皆非先求国内统一，不能为功。盖主战固须求国内之统一，即主和亦非求国内之统一，决不能言和。是以不能战，固不能言和；而不能统一，更不能言和与言战也。"③可以说，"攘外必先安内"是蒋介石在九一八事变至七七事变期间对内对外的基本国策。此后，蒋介石的许多讲话，反复强调先"剿共"，后抗日，皆源于此。而实际上呢？他是专心"剿共"，就是不抗日。

1932年6月9日，蒋介石在江西庐山召开"剿匪"会议，部署对中央红军进行第四次"围剿"作战时说："我们这次'剿匪'戡乱，就是抗日御侮的初步。"12月14日，蒋介石在国民政府内政会议上强调："攘外必先安内，是古来立国的一个信条。"④1933年4月10日，在日本侵占中国东北三省，并成立伪满洲国，又已经侵占热河省的情况下，蒋介石仍然集中全力专心一致地部署第五次"围剿"中央红军的大规模作战，他在南昌动员会上对国民党高级将领说："抗日必先'剿匪'。征之历代兴亡，安内始能

① 《毛泽东选集》第1卷，人民出版社1991年版，第144页。
② 荣孟源：《蒋家王朝》，中国青年出版社1980年版，第51—52页。
③ 蒋纬国：《抗日御侮》第1卷，台北黎明文化事业股份有限公司1978年版，第128页。
④ 蒋纬国：《抗日御侮》第1卷，台北黎明文化事业股份有限公司1978年版，第40页。

攘外，在'匪'未剿清之先，绝对不能言抗日，违者即予最严厉处罚。"①
接着，"对于自己的嫡系军队，他发过这样一个命令，'侈言抗日者，杀无
赦'。就是谁敢多说抗日的话，就杀了他"②。所以，蒋介石对日本侵略中国
一再实行"不抵抗"政策，坚持"攘外必先安内"的内战政策，也是他的
思想和立场导致的。

九一八事变前夕，蒋介石曾告诫张学良等东北将领，对于沈阳的紧张
局势，"不必惊慌，有九国公约及国联，日本不能强占我国领土"③。九一八
事变后日本发动侵占东北三省的战争，说明蒋介石对日本的战略企图与动
向判断，只是他个人的一厢情愿而已，但蒋介石又为什么如此自信呢？这
与他1927年11月5日与日本首相田中义一达成的所谓"圆满谅解"有关，
即日本要求"中国承认日本在满洲的特殊地位和权益"，而蒋介石则表示
"保证对日本在满洲的特殊地位加以考虑"④。至于"日本在满洲的特殊地位"
的具体内容是什么，则没有说明。到了1931年10月，蒋介石派遣密使许世
英赴日本谈判。许世英代表蒋介石声称：只要中国保证日本在满蒙的利益，
日本则可"担保中国本部十八省的完整，国民党可同意向日本让出东北"⑤。
直到此时，真相才大白于天下。后来的史实证明，实际上田中义一欺骗了
蒋介石。

九一八事变发生时，蒋介石正乘舰在湖口途中急赴江西南昌部署"剿
匪"内战，因此顿感突然又愤慨。他在9月19日的日记中写道：

昨晚倭寇无故攻击我沈阳兵工厂，并占领我营房。刻接报，已占领我

① 张篷舟：《近五十年中国与日本》第1卷，四川人民出版社1985年版，第120页。
② 周恩来：《论统一战线》，见《周恩来选集》上卷，人民出版社1980年版，第191页。
③ 武育文、王维远、杨玉芝：《张学良将军传略》，辽宁大学出版社1987年版，第333页。
④ 山浦贯一：《森恪》，森恪传记编纂会1940年版，第614页。
⑤ 易显石：《九一八事变史》，辽宁人民出版社1984年版，第175页。

沈阳与长春，并有占领牛庄等处。是其欲乘粤逆叛变之时，内部分裂，而侵略东省矣！内乱不止，叛逆毫无悔祸之心，国民亦无爱国之心，社会无组织，政府不健全，如此民族以理论决无存在于今日世界之道，而况天灾匪祸相逼而来之时乎？余所恃者，惟一片爱国心。此时明知危亡在即，亦惟有鞠躬尽瘁，死而后已耳。①

20日的日记谓：

闻沈阳、长春、营口被倭寇强占后，心神衰痛，如丧考妣。苟为我祖我宗之子孙，则不收回东省，永无人格矣！小子勉之！内乱平定不遑，故对外交太不注意。卧薪尝胆，教养生聚，忍辱负重，是我今日之事也。②

上述两则日记，是蒋介石在江西"剿共"前线途中写下的，它反映了蒋介石对九一八事变的基本态度和立场。

第一，日本胆敢侵略中国东北，是乘中国的"内乱不止"，即所谓"粤逆叛变之时"和"天灾匪祸"。

第二，痛恨日本侵占东三省，决心"卧薪尝胆""忍辱负重"，"收复东省"。所以，今后在平定"内乱"之时，要注重"外交"以解决国内外大事。

第三，蒋介石把自己看作中华民族的优秀子孙、中国的救世主，"人格"高尚，"惟一片爱国心"，而"国民亦无爱国之心"，并认为"如此民族以理论决无存在于今日世界之道"。

蒋介石对九一八事变的第一个看法基本符合客观事实，第二个看法说

① 杨天石：《找寻真实的蒋介石——蒋介石日记解读》（上），山西人民出版社2008年版，第199页。
② 杨天石：《找寻真实的蒋介石——蒋介石日记解读》（上），山西人民出版社2008年版，第200页。

明他打算今后多注重用外交手段解决有关问题，而第三个看法则反映了蒋介石严重的主观唯心主义史观。他认为，中国广大人民群众"无爱国之心"，并进而认为，中华民族"决无存在于今日世界之道"。在蒋介石眼里，中华民族是世界上的劣等民族，他同日本少数法西斯分子的看法如出一辙。蒋介石自从当上国民党总裁以来，口口声声以救世主的"领袖"自居，全中国上下唯他一人有"一片爱国心"，故在"危亡"之际，只有他蒋介石才能救国救民，广大民众都是群氓愚民。这充分说明，蒋介石的思想里毫无群众观点。周恩来在谈到蒋介石的思想体系时指出："蒋介石的哲学思想是极端的唯心论。……蒋介石提倡力行哲学（即割裂知行关系，孤立强调'行'的作用的主观唯心主义愚民哲学，是极端反动的法西斯主义哲学——作者注），其中心是要人民于不识不知之中，盲目地服从他，盲目地去行。蒋介石实行不抵抗主义的时候，要人民盲从他不抗日而安内。"[1]

9月19日下午，国民党中央党部执行委员会召开紧急会议，商讨九一八事变的处置办法。至深夜，会议决定了三点：（1）由外交部对日提出抗议，向国联提出声诉，并通知美国；（2）催促蒋介石迅速返回南京主持"大计"（9月17日，蒋介石赴江西策划部署第三次"围剿"中央红军的作战计划，乘军舰赴九江，正在途中）；（3）电劝广州非常会议，"撤销国府"[2]，"约集同来南京共赴国难"。

蒋介石在湖口至南昌途中得知九一八事变爆发后，即于9月20日改乘飞机赶回南京。9月21日，他在陵园官邸召集国民党党政军首脑，商讨应付办法，最终决定：（1）外交方面，加设特种外交委员会，为对日决策机

---

① 周恩来：《论中国的法西斯主义——新专制主义》，见《周恩来选集》上卷，人民出版社1980年版，第145—146页。

② 1931年2月底，蒋介石因软禁国民党元老胡汉民，汪精卫、孙科、陈济棠、李宗仁等不满蒋介石的个人独裁统治，在呼吁释放胡汉民的同时，于5月在广州成立国民政府，从而形成宁粤两个中央政权。——作者注

关；（2）军事方面，抽调部队北上助防，并将攻粤部队、"剿共"计划悉予停缓；（3）政治方面，派蔡元培、张继、陈铭枢专程赴粤，磋商统一团结御侮办法；（4）民众方面，由国府及中央党部分别发布《告全国军民书》，"要求国人镇静忍耐，努力团结，准备自卫，并信赖国联公理处断"。

9月22日，蒋介石在南京市国民党党员大会上发表讲演说："此刻必须上下一致，先以公理对强权，以和平对野蛮，忍痛含愤，暂取逆来顺受态度，以待国际公理之判断。" 23日，国民政府发表《告全国军民书》，声明要求："现在政府，既以此次案件诉之国联行政院，以待公理之解决，故希望全国军队对日军避免冲突。"①

10月12日，蒋介石在《国府纪念周致词》中说："国联这一次开会，一定能依照公道的主张，取得和平的路径，使东亚和平以至世界和平不致为日本一国所破坏……我们现在要尽力避免战事，且在未至战争的时候，仍要镇静持重，无暴其气……我们更应相信国际有公约，人类有公道，我们要以和平的心理去遵守，以牺牲的精神去拥护。"②

11月14日，国民党第四次全国代表大会发表《对全世界宣言》称：

九月十八日日本军队袭取沈阳，相继进占辽吉两省之各重要城市，至今瞬将两月。当事变之初，中国即提请国联合会处理，经期以国际间保障和平机关之制裁，伸张正义与公理。……中国政府尊重国联决议，极力避免冲突，加意保护日侨，使无任何不幸事件发生；而日本军队不但无丝毫撤退表示，反以飞机袭击锦州，破坏北宁铁路，扩大占领区，增派军舰示威于沿海及长江各埠。……望国联于此次开会时执行盟约第十五及第六条

---

① 《申报》1931年9月23日第八版，见中共中央党校党史教研室选编：《中共党史参考资料》第6册，人民出版社1979年版，第351页。

② 中共中央党校党史教研室选编：《中共党史参考资料》第6册，人民出版社1979年版，第351页。

之规定，迅速予日本侵略行动以有效之制裁。更希望非战公约与华府九国公约签约之友邦履行其各公约上之义务。[1]

此后的事实证明，国联决议如同一张废纸，日本侵略者根本不把它放在眼里，反而不断扩大侵略规模。1931年10月上旬，关东军派飞机轰炸锦州。10月下旬，日军又向黑龙江省发起进攻。时任黑龙江省政府代理主席、黑龙江省军事总指挥的马占山，在全国人民抗日救亡高潮的影响下，先后于11月上、中旬，在嫩江桥、昂昂溪及三间房等地，给进犯之日军以沉重打击。日军先后参战人数计5900余人，死伤1181人（其中战死将校军官5人、准士官以下53人，伤将校7人、准士官以下120人，冻伤996人），死伤人数占其参战人数的20%。黑龙江省中国军队参战人数约11800人，伤亡约1100人（其中战死约600人，伤500人）。[2]马占山部抵抗关东军的进攻及取得的胜利，鼓舞了全国人民的抗日情绪。但马部终因势单力薄而未能持久坚持下去，日军于1932年2月5日侵占哈尔滨。

国民党政府对日"不抵抗"和完全依赖国联的另一突出表现，是它接受美国的授意，企图通过在锦州建立所谓"中立区"，来阻止日本的侵略步伐。从九一八事变爆发到11月，日军因蒋介石的"不抵抗"政策，已经相当顺利地侵占了东北三省的大部地区，随即又向辽西锦州进犯。11月25日，国民政府外交部部长顾维钧电令驻日内瓦中国驻国联代表施肇基，向国联提出划锦州为"中立区"，希望日本军队不要继续进攻，并由美英法意等国派军队驻扎，而由中国军队退入山海关内为交换条件的建议。这表明，国民党政府已经将对日"不抵抗"政策变为出卖国土的方针。这个妥协投

---

① 荣孟源主编：《中国国民党历次代表大会及中央全会资料》（下），光明日报出版社1985年版，第31—32页。
② 日本陆战史研究普及会编：《满洲事变史》（1），原书房发行所1967年版，第191—192页。

降的"建议"，无疑是变相、自动地出卖中国东北，承认日本帝国主义占领东北的既成事实。因而，它一出炉即遭到全国人民及海外华侨的一致强烈反对，最后在全国人民的愤怒指责下，国民党政府建立锦州"中立区"的计划被迫于12月4日取消，终归流产。

然而，由于日本更加看清了国民党政府的妥协退让、屈辱无能，侵略野心越来越大。12月22日，关东军发表了所谓"讨伐辽西一带土匪"的声明之后，便开始了向辽西的进攻。此时驻辽西锦州一带的东北军，按照蒋介石的电令，早已全部撤至山海关内，锦州一带只留下维持治安的三个地方公安骑兵总队。但是，就连这三个骑兵总队，也可以"如遭攻击不能抵御时，可退入关内"。因此，日军对辽西的进攻，根本没有遭到什么抵抗。日军于1932年1月2日轻而易举地占领了东北军在东北的最后据点锦州，国民党东北军则全部撤回了关内。

需要指出的是，国民党一方面发表对世界宣言，谴责日本侵略；一方面又于1931年11月22日国民党第四次全国代表大会上通过"关于戡定内乱及剿赤者"的"党务报告决议案"，声称："中央执行委员会于此点能尽其职责，而不负全党之委托。至赤匪之扰乱，诚为中国民族之根本大患，中央执行委员会能指导国民政府努力进剿……勿使功亏一篑，使赤匪得以死灰复燃也。"①这表明：（1）"攘外必先安内"的"剿共"内战政策，不仅仅是蒋介石一个人的思想，而是整个国民党政府在这一时期的基本方针；（2）九一八事变后，蒋介石、国民党政府的重心仍然放在"剿共"内战上面，对日本侵华的方针就是一味妥协退让。有的学者把蒋介石9月21日日记中的"团结内部，统一中国，抵御倭寇，注重外交，振作精神，唤醒国

---

① 荣孟源主编：《中国国民党历次代表大会及中央全会资料》（下），光明日报出版社1985年版，第39—40页。

民，还我东省"视为"这一方针成为蒋介石调整国内外政策的起点"①。这一观点很难有充分的事实根据做支撑，也与后来国民党政府对日的行为大相径庭。认真研读蒋介石的日记，不难发现，蒋介石的日记有相当大的成分和内容是在作秀，其片面性也相当明显，如以它为根据，难免会得出片面的看法。判断蒋介石的思想立场观点，一是看他公开的讲话、国民党政府发表的公开文件（如宣言、声明等）；二是看国民党内部下发的有关秘密文件；三，也是最主要的，是看国民党政府所采取的行为，换句话说，就是看你说的是不是如你做的一样。正如恩格斯所说，一打纲领不如一个实际行动。至于蒋介石的日记，只能属于一般性的参考史料而已。

历史证明，对于帝国主义国家发动的侵略战争，只有用反侵略战争的军事手段予以反击，才是最有效的方法。用外交途径和运用舆论的方法，揭露帝国主义的阴谋，争取世界舆论的同情和支持，这是应该的，但只是次要的一个方面。国民党政府把外交手段当作唯一手段，并且依赖国联组织机构来制止日本的侵略，这就本末倒置了。国民党政府希望用"非战公约""和平途径""公道的主张"来制止日本侵华，不过是一种幻想而已。蒋介石的灵魂深处，实质上还是想借此为他推行的"不抵抗"主义做掩护，以欺世人。

国际联合会行政院常务理事会先后于9月19日、21日、22日、23日、25日，10月13日、16日、19日、24日等，连续开会讨论九一八事变案。国民政府代表施肇基报告日军在中国东北制造九一八事变、扩大侵略行径的情况，请国联"主持公道"。国联决议促日军撤军，并"劝告中日双方退兵"，但均被日本否认，称这只是"地方事件"，主张中日直接交涉，不容国联或第三国插手。后来，日本干脆以退出国联相威胁，根本不把西方各

---

① 杨天石：《找寻真实的蒋介石——蒋介石日记解读》（上），山西人民出版社2008年版，第200页。

大国的批评和国联的决议放在眼里。国联也随之态度软化，转而赞成日本的主张。国民党政府依赖国联解决九一八事变的希望最终化为泡影。

日本侵占中国东北这一重大侵略行径，激起了全国人民的抗日救亡高潮，全国人民纷纷谴责蒋介石卖国。北京、上海、天津、杭州、太原、长沙、西安、广州、武汉、福州、南昌各大城市的学生和工人上街游行示威，掀起了全国第一个抗日救亡运动。12月，平津等地学生代表陆续到达南京请愿，要求国民党政府出兵抗日，蒋介石被迫接见了学生代表，并表示"我如不抗日，可杀我蒋某之头"，但他只是表示口头承诺，开空头支票，没有什么实际行动，这更加激起了学生的愤怒。12月15日，北平南下抗日救国示威团500余人赴国民政府外交部示威，将其办公室捣毁，继而赴国民党中央党部将蔡元培、陈铭枢殴伤。南京国民政府当局出动军警镇压，重伤30余人，拘捕63人。蒋介石把要求抗日的学生运动视为"无理取闹，殊可怜。……竟使一般群众皆为邪说所诱，邪党所操纵，而与政府为难"①。蒋介石的看法与广大学生民众的看法背道而驰，自己不抗日，反而指责学生"与政府为难"。历史证明，凡是镇压学生运动的人都没有好下场。

人民要抗日，必然要求蒋介石和国民政府抗日。要抗日，就必须发动广大民众。为此，要求国民政府和蒋介石"开放政权"，实行民主。九一八事变后，蒋介石和国民政府对日本侵略的最初态度是"不抵抗"，要求民众保持"镇静"，与政府保持一致"忍耐"，继而对风起云涌的学生抗日运动进行镇压，这就更加激起了广大民众的愤怒和反抗。反对者的队伍中也包括国民党员和中下级国民党组织，而国民党内的反蒋派则乘机大搞反蒋活动，如1931年2月底，因蒋介石软禁国民党元老胡汉民，导致5月汪精卫、孙科、陈济棠、李宗仁等在广州成立国民政府，形成与南京相互对立的两

---

① 《蒋介石日记》（1931年12月2日），见杨天石：《找寻真实的蒋介石——蒋介石日记解读》（上），山西人民出版社2008年版，第212—213页。

个国民党中央政府，而两广的政治军事力量也开始与蒋介石的中央政府进行军事对抗。所以蒋介石在7月23日《告全国同胞书》中强调，一面先要"消灭共匪"，一面又要"先削平'粤逆'"。九一八事变后的第四天，即9月21日，蒋介石认识到"团结国内，共赴国难"的重要性，故"对广东以诚挚求合作。胡、汪、蒋合作亦可。……并将讨粤及'剿共'计划，悉予停缓"①。蒋介石与汪精卫、胡汉民、陈济棠等人的矛盾暂时得到缓解，但却顽固坚持优先"剿共"的内战。在民族危机和统治危机的双重压力下，在全国上下的一片批评和责难声中，蒋介石被迫于1931年12月15日宣布下野，暂时避开了被攻击的锋芒。

三、张学良完全执行蒋介石"不抵抗"命令，对东北军大部不战而退或不战而降负有不可推卸的历史罪责

张学良在1990年的回忆中承认："我这个人是负责任的，该是我的责任，就是我的责任。我那天跟你讲，就像'九一八'这个事情，那不要紧，那是我的责任啊！我这个人就这样，那我应该负责任的。"②所以，从九一八事变东北军丢掉辽宁、吉林、黑龙江三省到1936年12月12日西安事变爆发这5年多的时间里，张学良一直背负着"卖国贼"骂名，这一点没有冤枉他，只不过他同时也替蒋介石背着"卖国贼"的黑锅而已。张学良后来回忆说：

老先生对我还是不错的了。我不是说过，他死了我写了副对联吗，我这是私人的对联，我吊他的，我说：关怀之殷，情同骨肉；政见之争，宛若仇雠。老先生对我，那该怎么说？对我，那是很关怀。我有病，差不多

---

① 秦孝仪主编：《总统蒋公大事长编初稿》卷2，台北中国国民党中央党史委员会1978年版，第129页。
②《张学良口述历史》，山西人民出版社2013年版，第169页。

够呛了，他们旁人就想，我要死掉了。那他不但特别关切，还派了医生，派了中央医院的来看我。我到哪儿，就是到了台湾，老先生甚至都给我找最好的医生，他自己亲口告诉这个陈仪，要给我找好医生。那他对我真是关切得很，一直他关切我，到现在我也是这么说。①

从九一八事变爆发到1932年1月2日锦州失陷，前后仅仅105天的时间，东北三省就全部沦陷，这完全是国民党政府对日"隐忍不抵抗"政策的严重恶果，其主要责任无疑应该由蒋介石承担，因为他是"不抵抗"政策的最高决策者。但是，作为东北军的最高长官，张学良不打半点折扣地完全执行蒋介石的"不抵抗"命令，使东北军大部不战而退或不战而降，无疑负有不可推卸的历史罪责。九一八事变后，国人为谴责张学良这种屈辱的投降行为，给张学良以"不抵抗将军""投降将军"的绰号，一点也没有冤枉他。

九一八事变前，蒋介石一再告诫张学良对日要实行"不抵抗"政策，以便能集中精力"剿共"。1931年7月12日，蒋介石致电张学良："此非对日作战之时。"②7月13日，于右任也致电张学良："中央以平定内乱为第一，东北同志宜加体会。"③7月23日，蒋介石向全国发表《告全国同胞一致安内攘外电》，正式提出了"攘外必先安内"的基本国策。

"中村事件"发生后，8月16日，蒋介石致电张学良："无论日本军队此后如何在东北寻衅，我方应予不抵抗，力避冲突。吾兄万勿逞一时之愤，置国家民族于不顾，希转饬遵照执行。"④

①《张学良口述历史》，山西人民出版社2013年版，第151、168页。
② 沈觐鼎：《对日往事追忆》，《传记文学》二十四，第4期。
③ 沈觐鼎：《对日往事追忆》，《传记文学》二十四，第4期。
④《文史资料选辑》第6辑，中华书局1960年版，第24页。

9月6日，张学良原来打算从北平回到沈阳①，因有日本特务土肥原贤二阴谋暗杀他的密报，所以张学良又迟疑停止赴沈阳。他遵照蒋介石的数次电令精神，于当日分别致电东北边防军参谋长及东北三省政务委员会，全文如下：

现在日方外交渐趋吃紧，我方务当万分要忍，不可与之反抗，致酿事端，即希迅速密令各属切实遵照为要。张学良，鱼子秘印。②

9月11日，蒋介石在石家庄会晤张学良，蒋介石对张学良说："最近获得可靠情报，日军在东北马上要动手，我们的力量不足，不能打。我考虑到只有请国际联盟主持正义，和平解决。我这次和你会面，最主要的是要你严令东北全军，凡遭日军进攻，一律不抵抗……"③

张学良对于蒋介石上述这些对日"不抵抗"的指示，是完全彻底地坚决执行和接受的。他对东北军各个部队的军官反复转去蒋介石关于"不抵抗"的电令和训示，以致东北军在九一八事变前就做好了逃退的计划，有的怕下级军官和士兵会主动抵抗日军的进攻，干脆就给他们只发枪支不发子弹。

在东北边防军司令部等首脑机关要人中，由于受国民党政府"不抵抗"思想的严重影响，造成东北当局毫无戒备，以致事变后指挥失灵，被日军各个击破。张学良本人因军阀混战长期留驻北平。1931年9月18日夜里，他偕其夫人于凤至女士和赵小姐在前门外的中和剧院看梅兰芳表演的京剧《宇宙锋》。东北边防军代司令、参谋长荣臻在九一八事变前后正忙于为其父亲祝寿。黑龙江省主席、东北边防军副司令万福麟及其儿子万国宾均在

---

① 1931年6月张学良到南京出席国民党三届五中全会后即驻北平，托病就医。——作者注
②《从"九一八"到"七七"国民党的投降政策与人民的抗战运动》，上海人民出版社1962年版，第3页。
③《文史资料选辑》第76辑，文史资料出版社1981年版，第66页。

北平遥控，而且急于将其眷属家财由齐齐哈尔转运至哈尔滨，再转运至天津。吉林省主席兼东北边防军驻吉林副司令长官张作相，因其父亲逝世回到锦州老家治丧，由军署参谋长、省政府委员熙洽代理。总之，在九一八事变前，东北军及政府各界在张学良多次"不抵抗"电令的影响下，思想上不但毫无对日抵抗的准备，而且早已做好了如何逃退的打算。

九一八事变爆发时，在北平的张学良一夜之间十几次致电南京国民党政府请求，而国民党政府根据蒋介石的旨意，一再复电："对日采取绝对不抵抗……缴械则任其缴械，入占营房即听其侵入。"①请问，这跟投降有什么区别？9月19日凌晨1时许，张学良在北平获悉九一八事变爆发后，立即电令东北军政大员，要"听命于中央，所有军事、外交均系全国整个的问题，我们只应速报中央，听候指示。……这次日本军队寻衅，又在柳条湖制造炸坏路轨事件，诬称系我方的军队所为，我们避免冲突，不予抵抗，如此正可证明我军对他们的进攻，都未予以还击，更无由我方炸坏柳条湖路轨之理。总期这次的事件，勿使事态扩大，以免兵连祸结，波及全国"②。"……如我不服从中央命令，只逞一时之愤，因东北问题而祸及全国，余之罪过，当更为严重。"③张学良自己也承认："当日军进攻消息传来时，余立时又下令收缴军械，不得作报复行动，故当日军开枪并用炮轰击北大营与其他各处时，中国军队并无有组织之报复行为。"④张学良给东北军一道道的"不抵抗"电令，无疑如一根根粗黑麻绳捆绑住了东北军广大官兵，他们虽然做了某些抵抗，但只是零散的、无组织的，扭转不了整个战局。

国民党政府的"不抵抗"政策，导致了东北三省迅速沦陷为日本的殖

---

① 《从"九一八"到"七七"国民党的投降政策与人民的抗战运动》，上海人民出版社1962年版，第4页。
② 《文史资料选辑》第6辑，中华书局1960年版，第24页。
③ 《文史资料选辑》第6辑，中华书局1960年版，第26页。
④ 《国闻周报》第8卷第38期，1931年。

民地，这一铁的事实连国民党政府自己也无法否认。1977年台北黎明文化事业股份有限公司出版的《抗日战争简史》，是一部竭力吹捧蒋介石国民党的一部著作，但在叙述九一八事变的历史时，也不得不承认蒋介石是主张"隐忍不抵抗"政策的："蒋主席至湖口，闻讯立即折回南京。21日，在陵园召集党政首长续商应付对策。决定设立特种外交委员会，以为对日本外交之决策机关。同时发表告全国军民书。沉着镇静，信任'国联'之公理处断。希望全国军队避免对日冲突。"①

九一八事变前，日本在东北的兵力总共只有1.05万余人，而中国东北军有26.8万余人，其中除去驻守平津地区的兵力11.5万余人外，在东北地区还有15.3万余人。如果事变前做好充分的反侵略战争准备，对日军制造的九一八事变进行坚决反击，完全可以制止日军在东北的军事侵略扩大行动。

九一八事变前日军在东北的军事力量及部署情况②：

——关东军司令部，驻旅顺。

——第二师团（师团长：多门二郎中将）驻守辽阳等地，约5000人。

第二师团的编成及驻地概况表

编成	人数（人）		马匹（匹）	驻地	主官
	将校军官	下士官兵			
第二师团司令部	19	35	13	辽阳	师团长：多门二郎中将
步兵第2旅团司令部	3	16	4	长春	旅团长：长谷部照倍少将
步兵第4联队	40	816	21	长春	联队长：大岛陆太郎大佐
步兵第29联队	43	888	20	沈阳	联队长：平田幸弘大佐
步兵第15旅团司令部	4	13	4	辽阳	旅团长：天野六郎少将
步兵第16联队	41	878	43	辽阳	联队长：浜本喜三郎大佐
步兵第30联队	36	748	20	旅顺	联队长：坪井善明大佐

① 虞奇：《抗日战争简史》，台北黎明文化事业股份有限公司1977年版，第33页。
② 刘庭华：《"九一八"事变研究》，国防大学出版社1986年版，第44页。

编成	人数（人）		马匹（匹）	驻地	主官
	将校军官	下士官兵			
骑兵第2联队	11	106	120	公主岭	联队长：若松晴司中佐
野炮兵第2联队	42	500	311	海城	联队长：大谷清大佐
工兵第2大队第2中队	2	53	3	铁岭	中队长：花井京之助大尉
临时师团通信队	—	56	—	辽阳	—
合计	241	4109	559		—

——独立守备队（下辖6个大队），分驻南满铁道等各站。司令官森连中将，4000余人。

——旅顺重炮大队。

——关东宪兵处约500人。

——飞行队约240人，有八八式侦察机12架。

为什么日军第二师团平时才5000人左右？因为日本军部认为，平时留驻中国东北保留一个师团的架子就可以，战时可以从朝鲜或日本国内随时增补。所以，第二师团下属各步兵联队的一个大队、骑兵一个中队、野炮兵一个大队、工兵大队的主力和轻重炮兵大队，全部留守日本本土。九一八事变爆发后，第二师团留守日本国内的所有部队全部速调中国东北。

东北军的兵力在九一八事变前因参加蒋介石与冯玉祥、阎锡山的军阀大战，从东北抽调7万多兵力分驻平津地区，虽然有所减少，但比日本驻东北的兵力还是要多十几倍，其总兵力达26.8万余人，除去驻北平天津地区的11.5万余人外，也还有15.3万余人。[①]另有枪9.6万余支、炮66门、马3.2千匹。仅辽宁省境内的兵力也有5.5万多人。

① 刘庭华：《"九一八"事变研究》，国防大学出版社1986年版，第46页。

东北军兵力配置表

区分	辽宁省所属部队		吉林省	黑龙江省	热河省	合计
	平津地区	辽宁省				
司令长官	张学良		张作桐	万福麟	汤玉麟	——
步兵	12旅	6旅	8旅	3旅	4旅	33旅
骑兵	3旅	2旅	1旅	2旅	2旅	10旅
炮兵	3团	3团	1团	1团	1团	9团
兵力概数（人）	115000	55000	4000	29000	15000	218000

在蒋介石"隐忍不抵抗"政策的指导下，东北军大部不但不战而退，弃枪而逃，而且屡屡出现甘为日本做奴才的投降卖国者。1931年9月21日，日军由长春向吉林省进攻，吉林省军参谋长兼代理主席熙洽竟出城迎敌，并责令所属守军向日军缴械投降。此后，他又以"独立"为名，宣布脱离南京国民政府和张学良政权，设立傀儡组织伪吉林省长官公署，自任长官。9月24日，日军向吉林西北境界进犯时，洮南镇守使张海鹏即向日军投降。①

九一八事变后国民党东北军投降日军一览表

区分	指挥官	兵力（人）	发表投降声明的时间
奉天军（东边道镇守使）	于藏山	——	1931年10月15日
奉天军（洮辽镇守使）	张海鹏	——	1931年10月1日
吉林军（参谋长）	熙洽	——	1931年9月28日
黑龙江省军（黑河镇守使）	马占山	——	1932年2月16日②
合计	——	140000	——

---

① 刘庭华：《"九一八"事变研究》，国防大学出版社1986年版，第144页。

② 坚决抗日而后诈降，后再举义旗坚持抗日斗争。——作者注

九一八事变后东北迅速沦陷的历史告诉人们：（1）被侵略国家领导集团政治上的妥协退让政策，是帝国主义国家发动侵略战争得以成功的一个重要前提条件；（2）企图依赖国际组织所谓"公理判决"来阻止侵略者的步伐，只能是缘木求鱼，适得其反，事与愿违，只有丢掉和平幻想，奋起抵抗，才是赢得和平的唯一途径。

　　然而，作为当时执政的国民党政府，对于九一八事变对日"不抵抗"而丢失东北三省这件事，至今还想逃避历史责任，寻找借口："因为中国科学落后，不能和日本从事科学的战争"，而且"当时中国的封建势力、反革命势力依然存在，也不能进行全民的战争，因此第一条路不能走"①。台湾地区史学研究者大多把1931年九一八事变至1937年七七事变这6年称为"备战及局部抗战"、"隐忍不抵抗"或"应变图存"阶段，即"在争取抵御日本全面军事侵华的准备工作，为此后的长期抗战奠定基础"②。虽然人们在这样一个重大而复杂的问题上存在分歧亦属正常，但上述说法只是在为国民党政府的对日妥协退让政策寻找借口而已。

---

① 蒋纬国：《抗日御侮》第3卷，台北黎明文化事业股份有限公司1978年版，第2页。
② 吕芳上主编：《中国抗日战争史新编·全民抗战》，台湾"国史馆"2015年版，第5—6页。

蒋介石"隐忍不抵抗"与西安事变的爆发

蒋介石"攘外必先安内"方针经历了一个从提出到确立的过程。此后，他顽固坚持"攘外必先安内"的内战政策，疯狂"围剿"中国工农红军。西安事变的爆发是蒋介石自己用"攘外必先安内"之酒曲亲手酿造出的苦酒。中共中央确立和平解决西安事变的方针，一个星期内经历了诛蒋、审蒋、罢蒋、放蒋的变化历程，共产国际曾给予中共中央有益指导。西安事变的和平解决，对于改变国民党长期奉行的"攘外必先安内"的错误方针，实现第二次国共合作起了重大推动作用，为全民族抗战奠定了政治基础，成为时局转换的枢纽。

周恩来在谈到抗日民族统一战线问题中的国共关系时指出："从'九一八'到西安事变，有五年多时间。国共两方面斗争的中心，是抵抗日本侵略还是不抵抗日本侵略。我们这方面，在全国人民面前所提出的，是要求停止内战，一致抗日。而国民党当局，在全国人民面前所提出、所坚持的，是'攘外必先安内'，实际上就是内战的方针。"[①]从九一八事变前后到卢沟桥事变前的6年多时间里，"攘外必先安内"是国民党、国民党政府和蒋介石处理内政外交的基本政策，特别是作为对日政策和处理对日外交与内政的关系的基本原则。因此，搞清楚"攘外必先安内"的提出与形成，

---

① 《周恩来选集》上卷，人民出版社1980年版，第191页。

以及它的实施所带来的负面影响，对认识"攘外必先安内"政策的本质与西安事变爆发的必然性具有重要意义。

一、"隐忍不抵抗"的提出、形成与确立

蒋介石正式把"攘外必先安内"作为国民党和国民党政府的基本政策或者说国策，经历了一个简单的过程。

首先，蒋介石的"隐忍不抵抗"，受曾国藩的"平定内乱"思想影响颇深。曾国藩认为，在遇到外侮时，须先平定内乱，然后对外作战；实在无力抵抗外侮时，采取屈辱和妥协的办法最好。曾国藩曾借洋枪队镇压太平天国农民运动。他认为，清王朝当时国势衰弱，必须对外妥协。他说，自道光以来，失误就在于"朝和夕战，无一定之至计，遂至外患渐深，不可收拾。皇上登极以来，外国盛强如故。惟赖守定和议，绝无改更，用能中外相安，十年无事，此已事之成效。津郡此案，因愚民一旦愤激，致成大变……倘即从此动兵，则今年即能幸胜，明年彼必复来。……朝廷昭示大信，不开兵端，此实天下生民之福。……以后仍当坚持一心曲全邻好，惟万不得已而设备，乃取以善全和局。兵端决不可自我而开"①。蒋介石借用曾国藩的思想做指导，对外均坚持"惟赖守定和议，绝无改更，用能中外相安，十年无事……以后仍当坚持一心曲全邻好……兵端决不可自我而开"的退让妥协政策，对内则全力镇压，进而提出了"攘外必先安内"的口号。而且，两者的语言风格大体差不多。九一八事变前后和七七事变前夕，蒋介石一再训令部下要"宜隐忍自重，力避冲突""战端决不可自而开"等。1931年9月20日，蒋介石在江西"剿共"前线写下日记云：

---

① 曾国藩：《复陈津案各情片》，见《曾国藩全集》（八）奏稿卷二十九，第4797—4798页，转引自王俯民：《蒋介石详传》（上册），中国广播电视出版社1993年版，第66页。

闻沈阳、长春、营口被倭寇强占后，心神哀痛，如丧考妣。苟为我祖我宗之子孙，则不收回东省，永无人格矣！小子勉之！内乱平定不遑，故对外交太不注意。[①]

可见，蒋介石也非常痛恨日本侵略中国。

1934年12月发表在《外交评论》杂志的《敌乎？友乎？——中日关系的检讨》长文[②]，则是一篇低三下四、全面讨好日本的奇文，也是对曾国藩"惟赖守定和议，绝无改更，用能中外相安，十年无事……以后仍当坚持一心曲全邻好……兵端决不可自我而开"的妥协退让政策的极好诠释。蒋介石在文章中说："中日两国本为兄弟，无不可合作之理。日中平等互利相提携……一般理解的中国人都知道日本终究不能作我们的敌人，我们中国终究须有日本携手之必要。"[③]此时的日本，不但已经侵占东北三省，而且还侵占了热河省、长城各关隘，并大肆蚕食华北地区。蒋介石不但不抵抗日本的军事进攻，还大谈与日本的所谓兄弟的"合作""提携"等，岂不怪哉！蒋介石认为，解决中日关系的僵局，主要是采取"和""合"的方法，其潜台词就是不抵抗是合理的，进而证明"攘外必先安内"也是合理的。

众所周知，蒋介石一生喜欢读王阳明、曾国藩的著述，特别是对曾国藩推崇备至，甚至到了迷信的程度。在他下榻的卧室床头前，随手翻阅的就是曾国藩的书。毛思诚在《民国十五年以前之蒋介石先生》一书中记载说，蒋介石对王阳明、曾国藩的书手不释卷，"军事学即以巴尔克战术为基础；政治学则以王阳明、曾文正为根底也。……这个时期所学的曾国藩的精神，其幼年母亲采玉的教导和在此学到的王阳明的精神，为其以后终生

---

① 杨天石：《找寻真实的蒋介石——蒋介石日记解读》（上），山西人民出版社2008年版，第200页。
② 由蒋介石口授，陈布雷执笔，以徐道邻的名字发表。——作者注
③《外交评论》1934年12月。

的精神食粮"①。很明显，蒋介石汲取了王阳明的主观唯心主义和曾国藩洋务主义的对外"守定和议，……坚持一心曲全邻好……兵端决不可自我而开"的妥协退让思想。

其次，蒋介石的"攘外安内"思想，据黄道炫研究，并不是学术界以往所说的在九一八事变前后，而是在1929年10月与冯玉祥等人进行中原大战时提出来的。蒋介石在发表的讨冯文告中声称："此次讨逆之意义，非特安内，实为攘外，盖内奸一日不除，外侮未有一日能免者也。"②客观地说，蒋介石与冯玉祥等人在中原大战时，充其量只能说此时的蒋介石有了"安内攘外"的想法，换句话说，就是属于思想火花。蒋介石本意欲借"攘外"之理，说明他打冯的合法性。蒋冯的新军阀混战，蒋介石非要把它说成是"实为攘外"，实际上不过是寻找借口而已。

最后，"攘外必先安内"作为一个完整的思想名词概念或者说作为国民党政府的对外政策，应该说，还是在九一八事变前后提出并确定的，是当时国内外环境下的产物。从一般理论上讲，"攘外必先安内"的思想主张是对的，即要想抵御外敌侵略，首先应该稳定国内。但需要注意的是，任何政策的实行都要具体情况具体分析，不能泛泛而论。

1931年夏，中国东北先后发生了"万宝山事件"和"中村事件"。"万宝山事件"是日本挑拨中朝两国人民的关系，利用朝鲜族少数败类为日本帝国主义的侵华政策效劳的阴谋手段之一。1931年6月，日本武装警察怂恿挑动朝鲜农民在万宝山挖渠筑坝，激起当地中国农民的义愤，致使中朝两国农民矛盾激化，而日本警察则乘机向中国农民开枪射击，打死中国农民数十人，从而引起中国农民的更大反抗，又使中朝两国农民的冲突进一步扩大。此后，日本则利用"万宝山事件"在日本国内和朝鲜大做文章，

---

① 毛思诚：《民国十五年以前之蒋介石先生》上辑，龙门书局1965年版，第34页。
② 黄道炫：《蒋介石"攘外必先安内"方针研究》，《抗日战争研究》2000年第3期。

鼓动仇华、排华，从而引起朝鲜人的复仇暴行。7月3日，在朝鲜仁川、平壤、元山、汉城等地，爆发大规模袭击华侨、毁掠华侨财产和仇杀华侨的暴行。至8日，中国在朝鲜的华侨被惨杀者达500余人，伤2000余人。当时国民党南京政府驻汉城的使馆也遭捣毁。日本政府宣称"万宝山事件"关乎日本的"满蒙权益"。

"中村事件"本来是日本参谋本部情报科情报员中村震太郎大尉于1931年5月中旬假冒"黎明学会干事农学士"身份，与一名日本士兵及当向导的蒙古人与一名白俄分子，奉命潜入中国东北兴安岭地区进行军事间谍活动，后被中国东北军抓获，于5月25日秘密将其处死，并采取"灭迹保密"和"以静制动"的策略。因此，日本方面迟至7月中旬才获悉中村震太郎被杀的消息。为此，日本参谋本部、陆军部和关东军等，竭力想扩大"中村事件"作为武装侵占中国东北的借口，大肆宣传所谓"日本在满蒙特殊利益受到了中国的侵害，现处危险之中"，提出要以武力解决"满蒙"问题，云云。

总之，"万宝山事件"和"中村事件"导致中日关系的骤然紧张，中国国内出现了抗日运动高涨的趋势。因此，蒋介石还在江西抚州"剿共"前线就给南京政府发电报，内称："发生全国性的排日运动，恐被共产党利用，呈共匪之跋扈，同时对于中日纷争，更有导入一层伤乱之虞。故官民须协力抑制排日运动，宜隐忍自重，以待机会。"①蒋介石生怕出现全国性的抗日高潮而影响他的"剿共"作战。为此，蒋介石又于7月23日发表《告全国同胞一致安内攘外电》，说："惟攘外应先安内，去腐乃能防蠹。亦惟保全民族之元气，而后方能御侮；完成国家统一，而后乃能攘外。……故不先消灭'共匪'……则不能御侮。不先削平'粤逆'，完成国家之统一，

① 刘庭华：《"九一八"事变研究》，国防大学出版社1986年版，第137页。

则不能攘外。"①

应该说，1931年7月23日是蒋介石第一次把"攘外必先安内"作为国民党的基本国策提出来。他在11月30日的讲话中则把"攘外应先安内"改为"攘外必先安内"，对"安内"的重要性作了进一步的强调。"应"字改为"必"字，一字之变，说明蒋介石的"安内"是其一切工作的优先考虑重点和方向，是第一位的，其他则次之。

11月30日，蒋介石在顾维钧就任国民政府外交部部长的宣誓仪式上发表演讲，在7月23日的《告全国同胞书》基础上，进一步对"隐忍不抵抗"作了更加理论化与必要性的阐述。他说："攘外必先安内，统一方能御侮，未有国不能统一而能取胜于外者。故今日之对外，无论用军事方式解决，或用外交方式解决，皆非先求国内统一，不能为功。盖主战固须求国内之统一，即主和亦非求国内之统一，决不能言和。是以不能战，固不能言和；而不能统一，更不能言和与言战也。"②可以说，"攘外必先安内"是国民党政府、蒋介石在九一八事变至七七事变期间对内对外的基本国策。此后，蒋介石的许多讲话，反复强调"剿共"第一，抗日第二。或者说先"剿共"，后抗日，皆源于此。而实际上呢？他则一心"剿共"，根本就不去"攘外"——抗日。

1932年1月下旬，日军制造了上海一·二八事变，以转移欧美各大国对其侵占中国东北、炮制伪满洲国的注意力，迫使国民党政府承认其占领东北的既成事实。国民党政府贯彻"一面抵抗，一面交涉"的对日主张，实际上是要在略作抵抗之后，仍希望国联以及美英等国出面调停，以求对日妥协。最后，中日两国于5月5日签订《上海停战协定》。该协定规定：将交战区划分为非武装地带，由中国警察接管；中日两国军队撤退至事变

---

① 古屋奎二:《蒋总统秘录》第7册，台北"中央"日报社1976年版，第185页。
② 蒋纬国:《抗日御侮》第1卷，台北黎明文化事业股份有限公司1978年版，第128—129页。

以前的地区。不仅如此，国民党政府还与日本达成了三项所谓"谅解"：一是中国政府同意取缔全国的抗日运动；二是坚决抵抗日军进攻的第19路军换防，调离上海；三是中国同意在浦东、苏州河南部以及龙华对岸之若干地区不驻扎中国军队。

很明显，《上海停战协定》是国民党政府对日妥协退让的产物。国民党政府不但不敢追究日本进犯上海的侵略罪责，由其赔偿损失，反而使中国丧失了在上海及其周围地区的驻兵权，并让日本在上海的势力乘机扩张。《上海停战协定》签字后，全国舆论沸腾，各界纷纷谴责国民党政府。冯玉祥、萧佛成、李宗仁、陈济棠、于右任等国民党中央执委也提出疑问，认为这是"丧权辱国之事！坚决的反对！"[①]。而蒋介石在5月7日发表的《为淞沪停战撤兵协定签字告全国将士电》中竟宣称："此次协定成立，实依照国联之决议，关于协定内容，我方所始终坚持者，为限于日军撤退，不得附带政治性质之条件……惟中日之根本问题全在东北土地之得失与主权之存亡，故我政府仍本向来一贯之方针，以交涉与抵抗并行，期得最后之解决。"[②]5月9日，汪精卫在国民党中央党部"五九"国耻纪念会上辩解说："此次协定完全为停战撤兵，无政治性质，东北问题并不因此而停止交涉。"[③]真是欺世盗名之谬论！蒋介石、汪精卫都竭力美化自己对日妥协、屈辱的行径。

《上海停战协定》的墨迹未干，蒋介石就于5月21日亲自兼任豫鄂皖三省"剿匪"总司令，调集部署30万重兵向革命根据地发动第四次"围剿"。对没有听从他的话而坚决抗日的第19路军蒋光鼐、蔡廷锴部，蒋介石先是加以"整肃"，实行肢解，令其所部3个师分别调往武汉、南昌和安徽，后

---

① 《冯玉祥日记》（1932年5月18日），中国第二历史档案馆馆藏档案。
② 秦孝仪主编：《中华民国重要史料初编——对日抗战时期》绪编，"中央"文物供应社1981年版，第545页。
③ 《国闻周报》第9卷第19期，1932年5月16日。

因其阴谋未得逞，才不得不改令调其前往福建"剿共"。对主动请缨参加淞沪抗战的第5军张自忠部，蒋介石则于5月7日下令复员。事后，蒋介石认为签订《上海停战协定》是他"隐忍不抵抗"的成功杰作。6月9日，即《上海停战协定》签订刚一个月，蒋介石就在江西庐山召集赣、湘、鄂、豫、皖五省"剿匪"会议上，正式宣布"攘外必先安内"为国民党和国民党政府处理内外关系的基本国策。① 事后，蒋介石曾自鸣得意地说："民国二十一年（1932）一·二八淞沪抗战，'共匪'乘机扩大了湘赣粤闽的'苏区'，就在瑞金成立他所谓'苏维埃临时中央政府'，并且开辟了豫鄂皖区、鄂中区、鄂西区与鄂南区，相互联系，包围武汉。其扰乱范围遍及湘赣浙闽鄂皖豫七省，总计面积至20万方里以上，社会骚动，人民惊惶，燎原之火，有不可收拾之势。这时候朝野人士看清了国家面临着两个战争，为了挽救这严重的危机，又一致要求我复职，继续承担困难。我乃于淞沪停战之后，宣布攘外必先安内的政策。"② 1932年3月14日，蒋介石向"剿匪政治宣传人员"下发了"倭寇深入，赤匪猖獗，吾人攘外必先安内"的指示。

蒋介石还为"隐忍不抵抗"寻找充足的理由，即如果对日抵抗，将会"三天亡国"。对这一点，他先后说过多次。1932年1月11日，即蒋介石下野20多天后，他在浙江奉化溪口发表《东北问题与对日方针》的讲话，其要点有：（1）不可"轻言绝交宣战"，如果对日开战，三天就要亡国。蒋介石说："以中国国防力薄弱之故，暴日乃得于二十四小时内侵占之范围及于辽吉两省，若再予绝交宣战之口实，则以我国海陆空军备之不能咄嗟充实，必至沿海各地及长江流域，在三日内悉为敌人所蹂躏，全国政治、军事、交通、金融之脉络悉断，虽欲不屈服而不可得。"（2）中国只能做"外

---

① 蒋纬国：《抗日御侮》第1卷，台北黎明文化事业股份有限公司1979年版，第40页。
② 蒋介石：《苏俄在中国》，见张其昀主编：《蒋总统集》第1册，台湾"国防研究院"1968年版，第280页。

交之抗争、经济之抗争",但也"不订丧权割地之条约"。(3)防止"不逞之徒乘机倾覆政府。不逞之徒假爱国之名,而行破坏政府之实"。(4)国民要"信任政府,与政府一心一德,共御国难"①。

1933年1月,日军进攻热河。蒋介石认为,日本之所以敢于深入侵略,主要是因为"中共猖獗",造成他发动的三次大规模"围剿"中央红军的作战而失利。所以,他致电"剿共"前线将领:侈言抗日,立斩无赦。②之后,他在南昌纪念九一八事变周年讲话中,公开表明反对立即抗日的观点。蒋介石"攘外必先安内"的政策,不但遭到许多地方实力派、民主人士的反对,也遭到了宋子文、张静江、李石曾等人的批评质疑。

1934年7月,蒋介石在庐山军官训练团的讲话中又一次阐述他的"三天亡国"论,或者说,只能"安内",不能"攘外"。换句话说,就是阐述他的"攘外必先安内"的唯一必要性。蒋介石说:"全国同胞要知道,如果我们中国没有得到时机,贸然和日本开战,日本可在十天之内,完全占领我们中国一切重要地区,就可以灭亡我们中国。""依现在的情形看,它只要发一个号令,真是只要三天之内,就完全可以把我们中国要害之区都占领起来,灭亡我们中国!""现在我们中国的军队,无论你在哪一个地方,无不是在日本人掌握之中,日本人要你几时死就可以几时死,要占你什么地方,就可以占你什么地方。所以现在这时候,说是可以和日本正式开战,真是痴人说梦!"③

蒋介石的"三天亡国"论,乃是在吓唬自己的部下和国民不要"侈言抗日"。他的用意是告诉人们:采取"不抵抗"政策,对日屈辱妥协退让,

---

① 《外交评论》1934年12月。

② 《蒋介石告各将领先清内匪再言抗日电》(1933年4月6日),见吕芳上主编:《中国抗日战争史新编·和战抉择》,台湾"国史馆"2015年版,第344页。

③ 蒋介石在庐山军官训练团的讲话《抵御外侮与复兴民族》(1934年7月),《总统蒋公思想言论总集》第12卷,台北国民党中央党史委员会1984年版。

才是正确的。所谓"三天亡国"，连他自己也不相信。蒋介石在大讲"三天亡国"的同时，又说：

> 然则，我们有什么方法来抵抗敌人复兴民族呢？有。一是统一意志，集中力量，攘外必先安内。这是御侮图强唯一重要之原则。二是步步为营，处处设防，随时随地，准备抵抗，乃为御侮图强基本要务。……安内是攘外的唯一前提与必要的准备工作。我们现在一定要求内部真正统一和安定，然后才能抵御外侮。只要国内真能统一安定，集中力量，攘外就有绝对的把握，一定可以消灭侵略我们的任何强敌。所以，外能否攘，就看内能否安，民族能否复兴，就看国家能否统一。①

蒋介石的讲话非常清楚地表明，所谓"三天亡国"实质上是在给"隐忍不抵抗"寻找理由、根据的。他的用意非常明确：对日不抵抗、妥协，是为了达到"安内"的目的；内部安定了，统一了，"攘外"才有把握。用蒋介石自己的话来说，即"'攘外必先安内'是御侮图强唯一重要之原则"。

不管蒋介石如何论证他的"隐忍不抵抗"的正确性、必要性，但其实行的结果则与其愿望背道而驰、大相径庭。西安事变的爆发，无疑是有力地证明了"隐忍不抵抗"的破产。

综上所述，蒋介石提出的"攘外必先安内"的基本政策，其主旨本质是：对外妥协退让，对内"剿共"内战。其思想内涵：一是包含有维护国家主权和民族独立的策略，以妥协谋求推迟日本全面侵华的时间，从而减少弱国抵抗强国的损失，这是可以理解的；二是制造实行国民党一党专政和蒋介

---

① 蒋介石在庐山军官训练团的讲话《抵御外侮与复兴民族》（1934年7月），《总统蒋公思想言论总集》第12卷，台北国民党中央党史委员会1984年版。

石个人独裁政治体制而发动"剿共"内战（换句话说，即寻找对日妥协，不抵抗的理由），"削平"反对派的"理论根据"或借口。"攘外"是解决民族矛盾、民族危机问题；"安内"则是解决国内阶级或派系矛盾、国内危机问题。具体而言，是要解决国民党一党专政和蒋介石个人独裁统治的危机问题。

二、蒋介石顽固坚持和实施"攘外必先安内"的内战政策

1936年8月25日，中共中央致信国民党五届二中全会，申明了中国共产党关于建立抗日民族统一战线和准备重新建立国共合作的政策，并对国民党所谓"共产党破坏了集中统一"做了义正词严的批判。信中说："须知十年以来的内战和不统一，完全是因为贵党和贵党政府依赖帝国主义的误国政策，尤其是'九一八'以来一贯的不抵抗政策造成的。在贵党和贵党政府'攘外必先安内'的口号之下，进行了连年不绝的内战，举行了无数次对于红军的围攻，不遗余力地镇压了全国人民的爱国运动和民主运动。直至最近，还是放弃东北和华北不顾，忘记日本帝国主义是中国的最大敌人，而把一切力量反对红军和从事贵党自己营垒之间的内争，用一切力量拦阻红军的抗日去路，捣乱红军的抗日后方，漠视全国人民的抗日要求，剥夺全国人民的自由权利。爱国有罪，冤狱遍于国中；卖国有赏，汉奸弹冠相庆。以这种错误政策来求集中和统一，真是缘木求鱼，适得其反。"①应该说，中共中央的信对国民党及政府在九一八事变至西安事变期间的行为，作了高度概括和实事求是的定性论断。

由于蒋介石在九一八事变后至西安事变前的5年多时间里，顽固坚持"攘外必先安内"的内战政策，不管日本如何扩大侵华军事行动，始终把

---

① 毛泽东：《关于蒋介石声明的声明》（1936年12月28日），见《毛泽东选集》第1卷，人民出版社1991年版，第249页。

"安内"作为他优先考虑的头等大事，而把"攘外"只停留在口头上，没有采取什么实质上的实际行动。相反，他却还不断扼杀各种形式的抗日武装斗争，这就从内在逻辑和历史规律的必然性上，决定了国民党政府势必把自己置于广大人民群众和一切主张抗日的广大人民群众的严重对立之中。1931年12月15日蒋介石的下野、1936年12月12日西安事变的爆发等，就是他顽固坚持"隐忍不抵抗"的必然结果。

（一）不断"围剿"中国工农红军，连年不绝地进行内战

国民党蒋介石提出的"隐忍不抵抗"，其主导方面还是以"剿共"为主，虽然有谋求推迟对日全面侵华、准备对日抵抗作战的因素，但这是次要的。由于蒋介石是中国大地主大资产阶级利益的代表，所以，他对中国共产党及其领导的革命武装力量极端仇恨，急于集中全力消灭而后快。在蒋介石看来，"革命（不论什么革命）总比帝国主义坏"①。在九一八事变前的8月22日，蒋介石在南昌"剿匪"前线对国民党高级将领们说："中国亡于帝国主义，我们还能当亡国奴，尚可苟延残喘，若亡于共产党，则纵肯为奴隶亦不可得。"②他发誓要在三个月内"肃清"中央红军，就是不提抗日的事。

九一八事变前，在日本加紧准备侵略中国东北之际，国民党政府工作的重中之重是集中全力"围剿"中国共产党领导的工农红军。1931年6月6日，蒋介石发表《告全国将士书》，称"赤祸是中国的最大祸患"。1931年6月13日，中国国民党第三届第五次中央全会在南京召开，全会认为："确定这一时期之中心工作是戡定祸乱。……吾国家、吾民族以赤匪频年之扰乱，赤匪固以此为阶级斗争所应尔，而我国家及民族之创夷（疮痍）已不堪问矣。此则本党穷于感化，敝于补苴，决不得不出于用兵戡定之一

① 《毛泽东选集》第1卷，人民出版社1991年版，第144页。
② 荣孟源：《蒋家王朝》，中国青年出版社1980年版，第51—52页。

途。"①14日，国民党第三届中央执行委员会第五次全体会议通过《全国一致剿灭赤匪案》，要求："一、训令各级党部，本历史授之使命，努力于靖难之大任。二、发告全国人民书，一致协力扑灭赤匪，以安国本。三、由国民政府制定剿匪期内各级行政人员考核办法，督饬各级行政机关对于剿匪工作切实负责。"②15日，全会通过《为一致协力扑灭赤匪告全国同胞书》，宣称："鄂、赣诸省，匪焰尤炽。今政府决于匪祸已成之区，大举师徒，克期剿灭。……赤匪既为吾民族之大患，自非集全国一致之力量以扑灭之不可。本党秉承总理遗教，并受国民会议委托之重，靖难剿匪，自属责无旁贷。"③

蒋介石发动"围剿"中央红军的内战，还打着所谓"本党秉承总理遗教"的旗号，十分荒谬，孙中山提出的联俄、联共、扶助农工三大政策，早已被他抛到太平洋去了。

九一八事变后，国民党政府对日采取"不抵抗"政策，以致丢掉了东北三省。对此，国民党政府一方面发表对世界宣言，谴责日本侵略；一方面又于1931年11月22日国民党第四次全国代表大会上，通过"关于戡定内乱及剿赤者"的"党务报告决议案"，声称："中央执行委员会于此点能尽其职责，而不负全党之委托。至赤匪之扰乱，诚为中国民族之根本大患，中央执行委员会能指导国民政府努力进剿……勿使功亏一篑，使赤匪得以死灰复燃也。"④这表明：（1）"攘外必先安内"的"剿共"内战政策，不仅仅是蒋介石一个人的思想，而是整个国民党和国民政府在这一时期的基

① 于右任在国民党第三届第五次中央全会上的开幕词，见荣孟源主编：《中国国民党历次代表大会及中央全会资料》（上），光明日报出版社1985年版，第987页。

② 荣孟源主编：《中国国民党历次代表大会及中央全会资料》（上），光明日报出版社1985年版，第997页。

③ 荣孟源主编：《中国国民党历次代表大会及中央全会资料》（上），光明日报出版社1985年版，第988—989页。

④ 荣孟源主编：《中国国民党历次代表大会及中央全会资料》（下），光明日报出版社1985年版，第39—40页。

本方针；（2）九一八事变后，国民党、国民党政府和蒋介石的工作重心仍然放在"剿共"内战上面，对日本不断扩大侵华战争则是一味妥协退让。

1932年6月9日，蒋介石在江西庐山召开"剿匪"会议，部署对中央红军进行第四次"围剿"作战时说："我们这次'剿匪'戡乱，就是抗日御侮的初步。"12月14日，蒋介石在国民政府内政会议上强调："攘外必先安内，是古来立国的一个信条。"①1933年4月10日，蒋介石仍然集中全力专心一致地部署第五次"围剿"中央红军的大规模作战，他在南昌动员会上对国民党高级将领说："抗日必先'剿匪'，在匪未清前绝对不能言抗日，违者即予最严厉处罚。"②"对于自己的嫡系军队，他发过这样一个命令，'侈言抗日者，杀无赦'。就是谁敢多说抗日的话，就杀了他。"③所以，蒋介石对日本侵略中国实行"不抵抗"政策，坚持"攘外必先安内"的内战政策，也是他的思想和立场导致的必然结果。

蒋介石顽固实行"隐忍不抵抗"的首要目标，就是不断"围剿"中国工农红军，连年不绝地进行内战，急于消灭之而后快。1930年10月—1934年10月，蒋介石先后5次对中国共产党领导的红军和革命根据地进行大规模军事"围剿"。前4次以蒋介石的失败而告终，第五次"围剿"则让蒋介石得逞了。

第一次"围剿"（1930年12月—1931年1月） 1930年夏，中国工农红军经过三年游击战争，主力部队和地方武装发展到约10万人，并开辟了10余块苏区，这让国民党当局异常恐惧。8月下旬，武汉行营主任何应钦奉蒋介石之命在汉口召开湘、鄂、赣三省"绥靖"会议，确定了以军事为主，党务、政务密切配合，分别"围剿"各苏区红军的总方针。10月，蒋

---

① 蒋纬国：《抗日御侮》第1卷，台北黎明文化事业股份有限公司1978年版，第40页。
② 张蓬舟：《近五十年中国与日本》第1卷，四川人民出版社1985年版，第120页。
③ 周恩来：《论统一战线》，见《周恩来选集》上卷，人民出版社1980年版，第191页。

介石在取得同冯玉祥、阎锡山的中原大战胜利后，随即调集第6路军朱绍良部、第9路军鲁涤平部、第19路军蒋光鼐部等10万余人，对中央苏区"围剿"，并指令江西省政府主席、第9路军总指挥组织实施。毛泽东、朱德指挥中央红军采取诱敌深入方针，主动退却，使国民党军一再扑空。12月上旬，蒋介石亲自到南昌组织对中央苏区的"围剿"。红军利用"围剿"军均非蒋介石的嫡系部队、派系复杂、难以协调等情况，选择接近红军集中地的"围剿"军主力为歼击目标，待诱敌至有利地形时，适时反攻，将其歼之。至1931年1月3日，红军共歼国民党军1个师部和3个多旅1.5万多人，并俘第18师师长张辉瓒，打破了国民党军的第一次"围剿"。

第二次"围剿"（1931年4—5月） 1931年2月，蒋介石派其军政部部长何应钦为陆海空军总司令南昌行营主任，调集第5路、第26路军及第52师、第5师等抵达江西，连同第一次"围剿"失败后留在江西的第6路、第19路军等部，共计18个师、3个旅、3个防空队共20余万人，组织对中央苏区的第二次大规模军事"围剿"。中央红军在毛泽东、朱德的领导下，继续采取诱敌深入的方针。当国民党军开始进攻时，红军主力主动退却，待机反攻。至5月下旬，红军共歼灭国民党军3万余人，缴获各种枪支2万余支，并占领了赣东、闽西北广大地区，不但粉碎了国民党军的第二次"围剿"，而且巩固和扩大了中央苏区。

第三次"围剿"（1931年7—9月） 1931年6月，国民党军第二次"围剿"中央苏区失败后，随即组织对中央苏区第三次更大规模的"围剿"，将其嫡系部队第14、第11、第6、第9、第10师共10万人调到江西，连同原在中央苏区周围的和新调来的非嫡系部队，总兵力达23个师又3个旅共计30万人。蒋介石亲任总司令，何应钦为前线总司令，并聘请了英、日、德等国的军事顾问随军参与策划。这次"围剿"，蒋介石采取长驱直入、分进合击的战略。毛泽东、朱德在6月底判明国民党军第三次"围剿"的企图后，决定继续采取诱敌深入的方针，待敌深入苏区中心区，再集中兵力实行反攻，以打破"围剿"。当国民党军大规模进攻苏区时，红军主动退却，避实就虚，向敌后运动，以此调动和疲惫敌人，致使国民党军进入苏区20多天后仍找不到红军主力决战，不得不在苏区来回奔波近2个月。红军待敌疲惫不堪时，先后在莲塘、黄陂等地设伏，三战三捷，并乘胜扩大战果，共歼国民党军17个团3万余人，其中俘1.8万余人，缴获长短枪1.5万余支。蒋介石的第三次"围剿"又被中央红军粉碎。

第四次"围剿"（1932年12月—1933年3月） 1933年1月底，蒋介石置日军侵占山海关于不顾，亲自到南昌兼任赣粤闽边区"剿匪"军总司令，从1932年12月起先后调集近40万兵力，组织指挥对中央苏区的第四次"围剿"。他决定采取"分进合击"的方针，企图将红一方面军主力歼灭于江西中部的黎川、建宁地区。其部署是：以陈诚指挥的蒋介石嫡系部队12个师为中路军，担任主攻任务；蔡廷锴指挥的第19路军和驻福建省部队6个师又1个旅为左路军；余汉谋指挥的广东省部队6个师又1个旅为右路军，分别担任福建和赣南、粤北地区的"清剿"，并策应中路军行动；第23师为总预备队。当国民党军发起进攻时，红一方面军7万余人在朱德、周恩来指挥下，主动向苏区腹地退却，隐蔽待机，选择有利地形，实行大兵团伏击战。2月下旬，红一方面军先后在乐安县的黄陂、登仙桥、蛟湖等地歼敌近2个师。3月下旬，红一方面军又于广昌的草台岗再歼敌约1个师。其间，红军共歼国民党军近3个师，俘1万余人，缴枪1万余支。蒋介石组织的第四次"围剿"基本被打破。

1933年1月初，日军大举入侵山海关，矛头直指热河省，企图逼迫国民党政府承认长城沿线为伪满洲国的边界线，并在长城以南制造一个非武装地带，以扩大占领区，巩固其对东北三省的殖民统治，为全面入侵华北以至全中国打开缺口。

4月6日，当长城抗战犹酣时，蒋介石在南昌电告各"剿共"将领说："外寇不足虑，内匪实为心腹之患，如不先清内匪，则决无以御外侮。……本总司令来赣督剿，实示有我无匪之决心，如我剿匪各将领，若复以北上抗日请命，而无意剿匪者，当以偷生怕死者视之。……如再有偷生怕死、侈言抗日、不知廉耻者，立斩无赦。"①7日，蒋介石对参加"剿共"的国民党高级将领发表训词说："我们的敌人不是倭寇而是土匪。东三省、热河失掉了，自然在号称统一的政府之下失掉，我们要负责任，不过我们站在革命的立场说，却没有多大关系。无论外面怎样批评谤毁，我们总是以先清内匪为惟一要务，如果不是这样，那就是本末倒置。"②一个国家的最高领导人，在外敌入侵面前妥协退让，丢失了大片国土，反而说"没有多大关系"，天下竟有这样的爱国主义者？！5月8日，正值日军向关内大举进攻之际，蒋介石却还在江西崇仁"剿匪"总指挥部对其北路军军官大讲"安内"高于"攘外"的重要性，他说："如果不先安内而要求攘外，在战略上理论上说，都是居于必败之地，不仅不能救国，而且适足以速国家之亡。……当前的任务，第一个乃是剿匪来安内，第二个才是抗日来攘外。"③

蒋介石顽固坚持"攘外必先安内"的内战政策，不但遭到共产党的坚决反对，也遭到包括国民党在内的各界、各阶层进步势力的批评和反对。1933年1月17日，中华苏维埃共和国临时中央政府工农革命军事委员会发表宣言，宣布为了反对日本帝国主义侵入华北，愿在停止进攻苏维埃区域、保证民众的民主权利和武装民众的三个条件下，与国内任何军队订立抗日作战协定。④在该宣言的影响下，全国广大工、农、商、学、兵和各民众团

① 秦孝仪主编：《中华民国重要史料初编——对日抗战时期》绪编，"中央"文物供应社1981年版，第35—36页。
② 蒋介石对国民党军高级将领的训词（1934年4月7日）。
③ 秦孝仪主编：《中华民国重要史料初编——对日抗战时期》绪编，"中央"文物供应社1981年版，第37—38页。
④ 中央档案馆编：《中共中央文件选集》第8册，中央党校出版社1985年版，第445页。

体、爱国人士、海外华侨，纷纷要求国民党政府、蒋介石停止内战，一致抗日。国民党将领蔡廷锴、阎锡山、宋哲元、傅作义等分别致电蒋介石，请缨抗日。国民党元老胡汉民在香港发表对时局意见，指出："榆关守否为华北存亡所关，中国安危所系。"宋庆龄亦向国民党政府提出了以全国军队的80%以上开赴抗日前线、人民应全部武装、恢复民权和停止进攻苏维埃等四项要求。著名政治学者王造时呼吁将"攘外必先安内"的政策改为"安内必先攘外"，指出："只有决心抗日，只有积极抗日，才是唯一出路，才是唯一安内的办法。"[1]连国民党政府驻国联代表顾维钧也致电南京政府，表示不能只依赖国联，必须坚决抗日，才能挽救国运。他在一封电报中说："……中国无力抵抗，各国亦无能为力，唯有一面陈诉于国联，一面尽力抵抗，以示我决心，而壮国联之气。……但如我国不决心依靠自己行动来坚决捍卫我领土，则其价值即将消失，而历时十七个月之外交努力亦将完全付之流水。"[2]

第五次"围剿"（1933年9月—1934年10月） 1933年4月，当山海关失陷、长城抗战正激烈进行、热河省危在旦夕之际，蒋介石却置民族危亡于不顾，把国内外要求停止内战、一致抗日的舆论当耳边风，仍然继续推行"攘外必先安内"的内战政策，又于1933年5月在南昌设立全权处理赣、粤、闽、湘、鄂五省军政事宜的军事委员会委员长南昌行营，先后调集100万兵力，其中直接用于进攻中央苏区的兵力达50万人，并亲自组织和指挥对各苏区更大规模的持续一年之久的第五次"围剿"。由于此时的中共临时中央领导人博古（秦邦宪）、共产国际派来的顾问李德等人实行"左"倾冒险主义的战略指导，提出"御敌于国门之外"的方针，企图以阵地战、正规战在苏区外制敌，保卫苏区每一寸土地，结果使这次反"围剿"

---

①《独立评论》第35期，1933年1月5日。
②《顾维钧回忆录》第2册，中华书局1985年版，第178页。

作战归于失败，中央苏区大部丧失，红军被迫进行长征。蒋介石组织的第五次"围剿"得逞，并开始对长征红军展开围追堵截。

此外，国民党内各派军阀为了秉承所依赖的西方列强的旨意及他们自己的利益，互相间进行着尖锐而复杂的倾轧斗争，各个军阀之间展开了大小无数次混战。从1927年国民党政府成立到1930年的4年间，较大规模的军阀混战有8次，小规模的混战就更多，其中蒋桂之战、蒋冯之战、中原大战（蒋介石与阎锡山、冯玉祥和李宗仁联军之战），实乃李宗仁、冯玉祥和阎锡山对蒋介石的对内专制、独裁和偏私，对外屈辱、退让非常不满，均想推倒蒋介石。如1930年春夏之交的中原大战时，阎、冯、李部发布的请蒋介石下野通电中，内列蒋介石的十大罪状，其电文云：

内失统一之力，外无御侮之能，战祸连绵，生灵涂炭；人无乐生之心，国有累卵之危。……（一）违背孙中山指派先例。（二）对废除不平等条约不力；对孙中山遗教，择其有利于己者而用之，有利国者则弃之。（三）政治腐败，用人惟亲，过于清朝。（四）阳托编遣之名，阴怀吞并之实。一心造成以个人为中心之武力。（五）朕即国家，独揽党国大权于一人。（六）以武力为炫耀，有甚于北洋军阀。（七）自为党皇，专断独行，民主精神名存实亡。（八）剪除革命信徒，杀害王乐平。（九）对各军挑拨离间，今日联甲打乙，明日唆丙制丁。（十）加委豪客绿林，害国扰民，不择手段。……①

平心而论，上述所列蒋介石的十大罪状，大多符合事实。客观地看，1927年以后的军阀混战所造成的战祸灾难，蒋介石无疑是要负主要责任的。

1927—1930年，军阀混战中丧生的军人达50万之多。各军阀之间长期

---

①《国闻周报》第7卷第11期，《国内外大事述评》第3页，转引自王俯民：《蒋介石详传》（上册），中国广播电视出版社1993年版，第403—404页。

的封建割据分裂和混战，极大地加重了人民的赋税负担和灾难。在这期间，国民党政府的军费开支，平均约占每年总预算的90％，公债发行额从1927年到1936年的9年时间里达202亿元，比北洋军阀时期的军事开支占每年总预算的70％高出了20％。国民党政府9年间发行的公债额比北洋军阀时期15年间发行的公债额（接近6亿元）多142亿元。[①]

（二）抗日有罪，蒋介石竭力阻挠、分化和肢解爱国抗日部队

第19路军因坚决抗日而被肢解。1932年一·二八事变爆发前夕，蒋介石指使何应钦劝说第19路军"撤退到南翔一带，以免与日军冲突，望体谅中央的意旨"[②]。一·二八事变爆发后，第19路军蒋光鼐、蔡廷锴部，违背蒋介石"不抵抗"的命令，奋起抗击日军的进攻，使日军进攻闸北、吴淞、庙行和江湾等地的行动均惨遭失败。但蒋介石却以"一面抵抗，一面交涉"的幌子，暗中以釜底抽薪的手段，阻挠和破坏淞沪抗战。蒋介石不但不调兵增援，反而密令海军、空军不准配合第19路军作战，除主动请缨的第5军张自忠部抵沪参战外，再无其他援军参战，坐视第19路军损耗、削弱，被迫撤退，其目的就是尽快与日本达成妥协，签订屈辱的《上海停战协定》。最为悲哀的是，国民党政府竟与日本达成了要第19路军换防并调离上海的"谅解"。蒋介石先以"整肃"为名，下令将第19路军所辖三个师分别调往武汉、南昌和安徽，后被第19路军反对而肢解未成。蒋介石又令其调往福建，执行蒋介石的"安内"任务，由于遭到第19路军的坚决反对，后又以"福建事变"为由将第19路军解散。这就是坚决抗日的部队的下场，遂了蒋介石的一大心愿。

察哈尔民众抗日同盟军因坚决抗日，遭蒋介石诬陷与军事进攻而失败。1932年底至1933年初，日军加紧向长城一线、热河进攻，华北局势急剧恶

---

① 刘庭华：《"九一八"事变研究》，国防大学出版社1986年版，第32页。

② 《蔡廷锴自传》，黑龙江人民出版社1982年版，第275页。

化，察哈尔省受到日本侵略的严重威胁。冯玉祥目睹蒋介石"攘外必先安内"实为对日谋求妥协的累累失败后，决心在共产党的帮助下，联合旧部方振武、吉鸿昌等，集合各方抗日力量，组织抗日同盟军，相机发动察省抗战。经过一段时间的酝酿和准备，在盘踞多伦的日伪军南侵，沽源不守的形势下，冯玉祥于1933年5月26日在张家口举行全省民众御侮救亡大会，正式宣布成立察哈尔民众抗日同盟军，并被推举为同盟军总司令。当天，冯玉祥向全国发表通电："日本帝国主义对华侵略得寸进丈，直以灭我国家，奴我民族，为其绝无变更之目的。握政府大权者，以不抵抗而弃三省，以假抵抗而失热河，以不彻底局部抵抗而受挫于淞沪平津。即就此次北方战争而言，全国陆军用之于抗日者不及十分之一，海空军则根本未出动；全国收入用之于抗日者不及二十分之一，民众捐助尚被封锁挪用。……玉祥深念御侮救国，为每一民众所共有之自由及应尽之神圣义务。……决率志同道合之战士及民众，结成抗日战线，武装保卫察省，进而收复失地，争取中国之独立自由。"[1]其抗日救国的意志和爱国精神跃然纸上。

察哈尔民众抗日同盟军的成立，使全国人民的抗战精神为之振奋，受到各界的热烈声援和大力支持，很快就发展到10万余人，并于6月中旬北上发动察东战役，给日军以沉重打击，连续攻克康保、宝昌、沽源及重镇多伦，至7月初，竟将察哈尔省失地全部收复。察省出现了抗日救国的大好形势，但国民党政府却坐卧不安，大为恼火，责令北平军分会取缔察哈尔民众抗日同盟军，又因为一时之间找不到借口，于是就造谣诽谤冯玉祥"勾结共产党搞赤化"，"勾结苏俄另有他图"，"擅立各种军政名义，致使察省脱离中央，妨害统一政令；妨害中央边防计划"[2]，等等。最后，蒋介石竟调集16个师共计15万多人的重兵入察，成立"察哈尔剿匪总司令"，与

---

① 《国闻周报》第10卷第22期，1933年6月。
② 赵谨三：《察哈尔抗日实录》第三编，上海军学社1933年版，第28页。

日伪军2万多人一齐向察哈尔省边境移动，准备进攻多伦，"围剿"察哈尔民众抗日同盟军。冯玉祥因坚决抗日而"获罪于政府"，无奈被迫辞职。抗日打了胜仗还获罪，真乃千古奇闻！方振武、吉鸿昌部因遭到日、伪、蒋三支军队的包围和夹击，连日苦战，伤亡惨重，最后仅剩四五百人，弹尽粮绝，均被蒋军缴械。方、吉两人被迫出走。方振武辗转到达香港。吉鸿昌潜入北平，后转回天津，1934年11月9日在天津法租界被捕，后又转到国民党军第51军拘留所。11月24日，国民党将吉鸿昌秘密杀害于北平陆军监狱。吉鸿昌英勇就义时，昂首挺胸，大义凛然，在落满雪花的地上用树干写下悲壮诗句：

> 恨不抗日死，留作今日羞。
>
> 国破尚如此，我何惜此头。

名震一时的察哈尔民众抗日同盟军，在蒋介石"隐忍不抵抗"的驱使破坏下，最后失败。

（三）爱国有罪，冤狱遍于国中——蒋介石不遗余力地镇压爱国运动，迫害民主人士

蒋介石为了维护其封建主义的独裁统治，除死死抓住军权做后盾外，还采用特务和法西斯手段，公开或暗中摧残、镇压民众抗日运动、民主人士，逮捕和杀戮抗日爱国领袖和青年学生。

镇压要求抗日的学生运动　九一八事变后，全国各大城市的青年学生纷纷上街举行示威运动，抗议国民党政府的对日妥协和"不抵抗"政策，要求国民政府、蒋介石出兵抵抗日本侵略。1931年9月下旬，南京、上海2000余名学生冒雨群集在国民党中央党部门前请愿，殴打了外交部部长王正廷。至11月25日，到南京催促国民党政府出兵抗日的学生达2万多人。

蒋介石被迫与青年学生数次见面，在群情激愤的学生面前，不得不用一些谎言欺骗舆论，他表示很快就会北上抗日，但却不见实际行动。蒋介石在12月2日的日记中写道：

（学生）无理取闹，殊可怜。国事至此，人不成人，未知党部所为者何事，竟使一般群众皆为邪说所诱，邪党所操纵，而与政府为难。①

12月初，北京大学组织示威团南下声援。5日，南京卫戍司令部派兵殴伤学生30余人，逮捕185人，并将他们武装押回北平，由此引发了全国更大规模的学生抗议运动。至年底，平、津、沪、粤、汉等城市10万余名学生先后到南京请愿，要求国民党政府对日宣战。但蒋介石却认为，学生的爱国行动是"少数败类，横行无忌，毫无礼义"的行为，是"各处学生亦为少数共产党所操纵"。所以，他在12月8日的日记中写道："于此危急之际，若惮杀戮惨痛，若不准备最大牺牲，何能达此目的。如能幸免流血，则为党国之福；否则，惟有以菩萨心肠而发雷霆天怒，有何畏忌哉！"②蒋介石把正当的学生爱国运动视为"无理取闹"，为"共产党所操纵"，真是颠倒是非，完全违背了民心民意，站错了立场。果然，蒋介石要"发雷霆天怒"了。12月17日，当3万余名学生聚集到国民党中央党部请愿时，大批军警执行国民党政府镇压学生之命，在国民党中央日报社附近当场刺死学生30余人，伤100余人③，被捕者更多。12月24日，上海学生、工人、市民抬着死难者的棺木举行10万人的示威游行，抗议国民党政府的暴行。

① 《蒋介石日记》（手稿本），1931年12月2日，转引自杨天石：《找寻真实的蒋介石——蒋介石日记解读》（上），山西人民出版社2008年版，第212页。

② 杨天石：《找寻真实的蒋介石——蒋介石日记解读》（上），山西人民出版社2008年版，第213—214页。

③ 刘庭华：《"九一八"事变研究》，国防大学出版社1986年版，第162页。

一二·九运动遭镇压，激起抗日救亡新高潮 1935年，以华北事变开始的日本帝国主义对华侵略的深入，使中国的民族危机日益加深，中国面临沦为日本殖民地的严重危险。北平的爱国学生深感"华北之大，已经安放不下一张平静的书桌了"！12月9日，北平各大中学校的爱国学生6000余人拥上街头，奔向新华门，向国民党政府军政部部长何应钦请愿。愤怒的学生高呼："打倒日本帝国主义！""反对华北五省自治！""停止内战，一致抗日！"当学生游行队伍经过西单时，遭到国民党军警的阻拦和野蛮镇压，100余人受伤，30多人被捕。国民党当局的镇压反而激起了学生的坚强斗志。第二天，北平学联决定学生总罢课，积极酝酿和准备更大规模的示威游行。12月16日，北平各校学生3万多人在天桥举行市民大会，通过了组织民众，共同抗敌，誓死反对日本帝国主义侵略中国等决议案，会后举行大游行。国民党政府再次调动军警，打伤的学生达400多人，逮捕30余人。[①]北平学生发起的一二·九运动，很快发展为全国全民族的抗日救亡运动。国民党政府"攘外必先安内"的内战政策，越来越不得人心。

暗杀、迫害国民党左派和民主人士 1927年国民革命失败后，国民党内部也发生了分裂。著名的国民党左派代表邓演达在四一二反革命政变后，参加并领导了武汉的反蒋斗争，积极主张东征讨蒋，被蒋介石下令通缉。七一五汪精卫"分共"后，邓演达又起而谴责汪精卫背叛革命，屠杀工农，遭汪打击，出走苏联。11月1日，邓演达和宋庆龄、陈友仁等发表《对中国及世界革命的宣言》，痛斥蒋汪罪行。1930年8月，邓演达在上海主持召开了中国国民党临时行动委员会成立大会，即以国民党民主派为主体的第三党，主张"整个的推翻军阀官僚地主豪绅的统治"，建立资产阶级民主共和国，把矛头直接指向蒋介石的专制独裁统治。蒋介石对第三党的活动

---

① 军事科学院军事历史研究部：《中国抗日战争史》上卷，解放军出版社2005年版，第383页。

非常惧怕，悬赏30万元缉拿邓演达。1931年8月17日，由于叛徒陈敬斋出卖，邓演达于上海愚园路愚园坊20号在训练班作报告时被捕。8月下旬，邓被转押南京。九一八事变后，蒋介石曾派陈立夫劝其与蒋合作，后蒋亲自找邓谈话，并许以高官劝邓与其合作，均被邓演达严词拒绝，并谴责蒋介石以内战造成日寇的入侵。11月29日夜，蒋介石命令卫队队长王世和带领一个排的卫士，将邓秘密杀害于南京麒麟门外沙子岗。

采取暗杀、秘密处决等法西斯特务方式，是蒋介石迫害异己和民主人士的惯用手段。1932年12月17日，中国民权保障同盟成立，并设临时中央执行委员会，由宋庆龄、蔡元培、杨杏佛、林语堂、邹韬奋、伊罗生、胡愈之等7人组成，宋庆龄为主席，蔡元培为副主席，杨杏佛为总干事，其主旨是争取人权、营救政治犯、反击国民党专制文化"围剿"。中国民权保障同盟对国民党蒋介石镇压异己、摧残进步团体和迫害进步人士等罪行，进行了充分的揭露和斗争，从而引起蒋介石的愤慨。蒋介石密令陈立夫、徐恩曾、戴笠三个特务头子，要他们立即采取措施，并告诫说，对宋庆龄和蔡元培"可吓不可杀，可批不可动"，对其他人则不要顾虑。据此，戴笠等特务先后对宋庆龄、蔡元培两人寄恐吓信和子弹，而对杨杏佛则采取暗杀手段。

杨杏佛，江西临江人，清华大学毕业，后留学美国哥伦比亚大学。1927年任中央研究院总干事，兼上海政治分会和中山陵工程委员。杨杏佛和孙中山关系较好。蒋介石叛变革命以后，杨杏佛站在革命一边，成为爱国民主的斗士。1933年6月18日上午8时，杨杏佛带儿子杨小佛登上一辆篷盖车，离开中央研究院，打算去大西路换乘马匹去郊游，经过亚尔培路时，被国民党特务射杀。

杨杏佛被害后，宋庆龄发表声明，表示将更加坚决地斗争下去。6月20日，在上海万国殡仪馆为杨杏佛举行入殓仪式。特务此前就放风声说，还要杀人，但宋庆龄、蔡元培等人毅然前往，鲁迅干脆不带家门钥匙前往，表示赴死之决心。

1934年11月13日，中国近现代史上著名新闻报人史量才一家自杭州乘车返回上海时，被戴笠所派特务于沪杭公路上暗杀。此前的10月6日，史量才和妻子、儿子等到杭州西湖游玩，为戴笠侦知，戴笠随即派行动组组长曹立俊等6人和地方警察人员等，赴杭州进行暗杀准备。史量才成为蒋介石的眼中钉，主要是他在上海接办了美国人办的《申报》，并创办副刊《自由谈》，经常发表鲁迅、茅盾、巴金等人的作品，还同时发表《剿匪时评》等抨击蒋介石"隐忍不抵抗"的批评文章。由于《申报》支持、声援中国民权保障同盟的活动，在全国影响越来越大，因此，蒋介石把刺刀对准了史量才，欲除之而后快。

逮捕"七君子" 在一二·九运动的推动下，抗日救亡高潮迅速向全国发展，各地先后成立了各界救国会。1936年5月31日—6月1日，宋庆龄、何香凝、马相伯、沈钧儒、沙千里等全国知名人士，在上海召开"全国各界救国联合会成立大会"，通过了《全国各界救国联合会成立大会宣言》《抗日救国初步政治纲领》等文件。救国会是以爱国知识分子和共产党员为骨干，接受中国共产党抗日民族统一战线主张的，具有广泛社会基础的抗日救国阵线组织。7月15日，沈钧儒、章乃器、陶行知、邹韬奋联名发表《团结御侮的几个基本条件与最低要求》，要求国民党联合红军共同抗日，指出先安内后攘外的方针对敌人有利，表示坚决站在救亡阵线的立场，为中华民族解放运动的胜利而奋斗。他们的主张得到社会各界的广泛支持和响应。8月，南京各界救国会成立。接着，在香港成立了救国会华南区总部。海外华侨也纷纷建立救国会。与此同时，全国各种救亡刊物纷纷诞生。邹韬奋主编的《大众生活》，每期发售量达15万份以上。

1936年1月1日，陈济棠、李宗仁、白崇禧以国民党"西南执行部"名义，要求南京中央领导抗日，并即宣布"北上抗日"，实为反蒋。中共以毛泽东名义迅即号召"抗日反蒋"，与两广相呼应，并告知共产国际，中共与两广的反蒋地方实力派及张学良、杨虎城等已形成"反蒋"联合阵线，且与华北的宋哲元等有联络。8月15日，共产国际致电中共中央说："中国共产党和红军司令部必须正式地向国民党和蒋介石提出建议，立即就停止军事行动和签订共同抗日具体协议进行谈判。"关于如何看待张学良，电令说："不能把张学良本人看成可靠的盟友。"对于中共中央"打算接受张学良入党"的要求，指责为"某些野心家钻入党内的决定"①。随后，毛泽东即将"抗日反蒋"调整为"逼蒋抗日"，并同各派反蒋地方实力派进行联合抗日。

全国性抗日救亡运动的高涨，使国民党蒋介石十分恐慌，遂于1936年11月23日凌晨，以所谓"作赤匪外围"的罪名而逮捕了沈钧儒、章乃器、邹韬奋、李公朴、沙千里、史良、王造时等7人，史称"七君子事件"。这一事件激起了全国人民的公愤，各界人士纷纷向国民党政府提出抗议，展开了声势浩大的营救运动。1937年6月下旬，宋庆龄、何香凝、胡愈之等16人，发起"救国入狱运动"，并发表宣言称："如爱国有罪，愿与沈钧儒等同受处罚；如爱国无罪，则与他们同享自由。"7月5日，宋庆龄等亲往苏州，到关押"七君子"的江苏高等法院看守所请求入狱。由于沈钧儒等7人的坚决斗争和全国人民的声援，全国抗战爆发后，国民党政府被迫于7月31日释放了"七君子"。

为了强化国民党一党专政和蒋介石个人的独裁专制统治，国民党还大肆"围剿"、扼杀进步文化。1930年9月，国民党当局密令取缔"左联"等进步文化团体，通缉鲁迅等进步文化名人。10月，国民党特务在南京枪杀"剧联"盟员宗晖。12月25日，国民政府颁布《出版法》，对宣传抗日爱国的刊物、作者均要扣禁、罚款乃至判刑。

---

① 共产国际执委会书记处致中共中央书记处电（1936年8月15日），见《中共党史研究》1988年第2期，第86—87页。

三、西安事变爆发——蒋介石用"攘外必先安内"之酒曲亲手酿造出的苦酒

作为西安事变的发动者，在西安事变爆发55年后的1990年，年已90高龄的张学良回忆西安事变时说，主要是蒋介石把他激怒而逼出来的，他说：

我跟蒋先生两个冲突，没旁的冲突，就是冲突这两句话，就是两句话：他是要"安内攘外"，我是要"攘外安内"。我们两个冲突就是冲突这点，没有旁的冲突，一点冲突也没有，旁的没有冲突。……我跟蒋先生是痛陈呐，蒋先生也骂我，骂得很厉害的！我说，这样下去，你就等于投降呀。蒋先生说，汉卿呀，你无耻……

他一句话把我激怒了，我真怒了，就因为学生运动时候，我不好意思再说他了，因为我真是气呀，他说用机关枪打，我说机关枪不去打日本人，怎么能打学生？我真火了，所以这句话把我激怒了。……我真怒了，所以才会有西安事变。我怒了什么呢？我的意思是这么一句话：你这个老头子，我要教训教训你！……

蒋先生这个人很顽固，很守旧的，太守旧了！这么讲吧，我搁这么一句话批评他，假设能做皇帝，他就做皇帝了。他认为我说的事都是对的，我做的事情就应该是对的，他就剩个派头。他不能容忍人家挑战他的权威，（西安事变）我损害了他的尊严。①

应该说，张学良发动西安事变确实是出于民族大义，用他自己的话说：

①《张学良口述历史》，山西人民出版社2015年版，第152—154页。

我问心无愧，我没有私心！……我做那件事情（西安事变）没有私人利益在里头……假设我自个要地位、利益，我就没有西安事变。我跟你说，我大权在握，富贵在手，我什么都不要，所以蒋先生也能原谅我，不原谅我，他不把我枪毙呀？我到南京是预备被枪毙的。[①]

张学良在90岁高龄时还作绝句诗一首，感谢蒋介石的不杀之恩，诗云：

白发催人老，虚名误人深。

主恩天高厚，世事如浮云。

周恩来在谈到西安事变时曾经两次说过，西安事变是蒋介石逼出来的。1945年4月30日，他在党的第七次全国代表大会上作《论统一战线》发言时指出："对国民党军队中很多愿意抗日的军队，特别是东北军，就压迫他们。蒋介石对张学良将军曾经说过这样的话：'你的责任就是剿共，不许到绥远抗战。若要不然，就把你换掉。'以后召集西安会议，陈诚来了，蒋鼎文也来了，是准备以蒋鼎文代替张学良的。这样就逼出来一个西安事变。"[②]1946年12月12日，周恩来在延安各界举行的"双十二"纪念会上的演讲中说："……全国抗日高潮必然要走向抗战。大势所趋，人心所向，这已无可阻止。唯独蒋介石先生别具心肠，硬要在日寇进攻绥东之际，拒绝东北军请缨抗日，强迫张学良、杨虎城两将军继续进行内战。但他这种倒行逆施，不仅未能达到目的，反而激起了西安事变，而他自己也因此一逼，才勉强抗日。历史应该公断，西安事变是蒋介石自己逼成的，蒋先生抗战

---

①《张学良口述历史》，山西人民出版社2015年版，第150—151页。
②《周恩来选集》上卷，人民出版社1980年版，第192—193页。

是张、杨两将军顺应人民公意逼成的；张、杨两将军从此就获得人民的谅解与拥护，不是偶然的。"[1] 作为西安事变的见证人、和平解决西安事变的调停者，周恩来对西安事变爆发必然性的分析，无疑是最具客观性、真实性的。

从1935年4月起，日本以武力威胁、政治谋略和经济侵略相配合的手段，开始实施"华北自治运动"，企图把华北变为第二个"满洲国"。国民党政府在1933年5月31日与日本签订《塘沽协定》后，又于1935年6月27日与日本签订《秦土协定》，规定取消察哈尔省一切国民党机关，第29军撤退到平津地区，成立察东非武装区，担保日本人在察哈尔省的自由活动。7月6日，国民党政府又与日本签订《何梅协定》，答应日本提出的从长城防线和张家口以北地区撤退中国驻军，解散抗日组织，发展与日"满"的经济交通等。同时，日本加紧在华北、内蒙古扶植"自治"政权。华北事变，实际上使中国丧失了包括平津在内的河北、察哈尔两省的大部分主权，中华民族危机进一步加深，全国性的抗日救亡运动席卷各地，中日民族矛盾更加尖锐。

但是，蒋介石却不顾"华北实已等于灭亡"[2]（蒋介石语）的现实，继续顽固坚持"攘外必先安内"的内战政策，先后调集24个师、4个旅、4个骑兵师30余万重兵，以蒋鼎文为西北"剿总"前敌总司令，卫立煌为陕甘绥宁边区总指挥，由军政部次长陈诚驻前方"督剿"，并扩大西安、兰州机场，增设能容100架轰炸机的地勤设备，准备对中央红军发动第六次"围剿"。在蒋介石看来，"'剿共'已达最后五分钟成功的阶段"[3]，以30万国民党军对付3万红军，不出一个月，便可大功告成。因此，他要亲自坐镇西

---

① 《周恩来选集》上卷，人民出版社1980年版，第248页。
② 秦孝仪主编：《中华民国重要史料初编——对日抗战时期》绪编，"中央"文物供应社1981年版，第688页。
③ 古屋奎二：《蒋总统秘录》第10册，台北"中央"日报社1977年版，第151页。

安，部署并逼迫张学良、杨虎城执行他的"剿共"计划。

1936年10月26日，蒋介石飞抵西安，先与张学良见面，张学良恳切地劝蒋介石停止内战，一致抗日，并说这是东北军绝大多数将士的要求。杨虎城也表示难以继续"剿共"。蒋介石听后，怒气冲冲地斥责张、杨动摇军心，并声称要亲临陕西王曲东北军官训练团讲话，以解决"剿共"士气低迷问题。27日，蒋介石到王曲军官训练团讲话，他先是讲孔孟的礼义廉耻、忠孝节义，接着讲"攘外必先安内"的"重要性"："我们革命军人还要分清敌人的远近，事情的缓急。我们最近的敌人是共产党，为害也最急；日本离我们很远，为害尚缓。如果远近不分，缓急不辨，不积极'剿共'而轻言抗日，便是是非不明，前后倒置，便不是革命……是要予以制裁的。"[1]广大军官听后，对蒋更加失望和不满。1936年10月31日，是蒋介石50岁生日。上午9时，各界在洛阳西宫分校广寒宫礼堂为蒋祝寿。活动刚一结束，张学良和阎锡山就去拜见蒋介石，希望能说服蒋介石抗战，但蒋介石"剿共"决心不变，根本听不进二人的劝告。

张学良在洛阳几次向蒋介石诤谏均遭拒绝和痛斥，心情非常沮丧。回到西安后，他向杨虎城坦陈心迹，与杨虎城进行了一次推心置腹的长谈，商谈最坏的解决办法。最后杨虎城提出了"挟天子以令诸侯"的设想，张学良听后大吃一惊。

其间，蒋介石还先后到太原、济南等地，部署西北的"剿共"计划。同时，蒋介石还速电傅作义尽快结束绥东战役，"以免共产党借题发挥，影响中央'剿共'决策"[2]。在蒋介石的心目中，抗日不抗日，没有什么关系，"剿共"才是最重要的。

11月27日，张学良致电蒋介石请缨带兵支援绥远傅作义部抗战，表示：

---

① 申伯纯：《西安事变纪实》，中华书局1980年版，第85页。
② 樊真：《抗日战争中的傅作义》，山西人民出版社1985年版，第72页。

"……绕室彷徨，至深焦悚。每念家仇国难，丛集一身，已早欲拼此一腔热血，洒向疆场，为个人洗一份前衍，为国家尽一份天职……调派东北军全部或一部，克日北上助战……"①但这同样遭到蒋介石的拒绝，并批评张学良"剿共"不坚定，不知"分段落"。11月28日，蒋介石在日记中写道：

张学良要求带兵抗日，而不愿"剿共"，此其做事无最后五分钟之坚定也。亦其不知做事应有段落，告一段落后，始可换一段落，始终本末与节次之理，何其茫然也，可叹！②

此前，还在1936年春夏间，由于共产党抗日民族统一战线政策工作的卓有成效，东北军和西北军均与中国共产党及其领导下的红军达成秘密协议：互不侵犯，互派代表，建立交通电信联系，帮助红军运送物资，红军帮助其部队宣传教育、改造工作等，实现了西北地区抗日民族统一战线的大联合。

12月4日，蒋介石在完成了"剿共"的军事部署后，再度飞抵西安，驻西安东郊临潼县骊山下华清池，作为其"剿共"的临时行辕。此前，蒋介石为了压迫张学良、杨虎城进行"剿共"内战，以万耀煌的第25军控制咸阳，并把咸阳至兰州的公路由中央军控制；胡宗南部第1军自甘肃向东布防，从而包围和监视东北军和第17路军；同时命令中央军开进潼关，向陕西推进。蒋介石很自信，认为自己有力量和威信，可以扭转东北军一致要求联共抗日的思潮。12月2日，蒋介石在日记中记述了他亲临西安的原因："念东北军痛心国难，处境特殊，悲愤所激，容不免有越轨之言论；如

① 张学良：《请缨抗敌书》，西安《解放日报》1936年12月15日。
② 蒋介石日记（1936年10月28日），见古屋奎二：《蒋总统秘录》第10册，台北"中央"日报社1977年版，第149页。

剀切诰谕，亦必能统一军心，使知国家利害之所在。"①蒋介石在临潼分别召集东北军和西北军的师以上将领谈话，要他们听从命令，彻底"剿共"，并威胁说，如果反对"剿共"的命令，就要严加惩处。

蒋介石还提出两个方案供张学良、杨虎城选择：一是服从中央"剿共"命令，将东北军和第17路军全部开到陕甘前线，进攻陕北苏区，对红军作战，中央军在后面接应督战；二是如果不愿意"剿共"，东北军就调往福建，第17路军就调往安徽，陕甘两省就由中央军去"剿共"。这两个方案都是张、杨无法接受的。第一，调走是绝路，将被围歼，等于自取灭亡。第二，不调走就必须进攻红军，自相残杀，而且仍然要在内战中被逐步消灭或削弱。不再打内战，是张、杨两人和全体东北军、第17路军的共同意愿，广大官兵也不会与红军作战。可以说，蒋介石的两个方案把张学良、杨虎城逼到死路上去了。正是由于此情势，才促使张、杨铤而走险，断然捉蒋。

然而，张学良、杨虎城团结抗日、共同救国的心志如日月朗照，如果蒋介石能够及时调整思维，听从善言而纳谏，则自不会有西安兵谏。蒋介石既不纳谏，又重兵相逼，那么，兵谏就成为必然。应该说，这是蒋介石自己用"攘外必先安内"的酒曲酿造出来的一壶苦酒，必由他自己来首先品尝。

12月7日晚上，张学良按照他与杨虎城商定的对策，决定再次去说服蒋介石停止内战，一致抗日，如果他再不听，就先礼后兵，"那时我们也对得起他了"。张学良在临潼华清池蒋介石寓所哭谏，张学良极言愿拥护蒋介石为抗日领袖，停止内战一致对外，不要中了日本帝国主义"以华制华"的诡计。他对蒋介石说："九一八爆发时，您宣布，我们必须有两年的准备时间，然后才能把日寇赶出中国。现在日寇由占领东北进而控制冀察，今

---

① 蒋介石日记（1936年12月2日），前引书。

天又由冀察进犯绥远。这节节进逼、永无止境的野心，如再不加以制止和反击，将使整个国土全部沦丧于敌人之手，到那时我们都将成为中国历史上的千古罪人而无以自解。"① 蒋介石充耳不闻，丝毫不为所动。

张学良则坚持劝谏蒋介石不动摇，并且声泪俱下地说："自东北易帜以来，我对委员长耿耿忠心，服从训令。当前的国策是团结抗战或分裂抗战，必须明确择定。这对国家和民族的前途，对个人的前途都是成败攸关的大问题。只有领导全国团结抗日，才是委员长振兴国家的唯一正确的道路，我有为委员长牺牲一切的决心。"② 张学良3个多小时的慷慨陈词，没有使蒋介石回心转意，换来的却是蒋介石的勃然大怒："不要讲了！我听不下去！你现在就是拿枪把我打死，我的'剿共'政策也不能变！"③ 一个是满腔热情，寄望殷切；另一个则是心如铁石，顽固不化。矛盾的双方只有通过暴力(武力)方式解决，妥协已无可能。

12月8日上午，张学良对杨虎城简单地介绍了昨天晚上见蒋介石的情况后，说："我的劝说失败了。蒋还拍桌子同我吵了一阵，你可再去走一趟，看看情况。"上午11时许，杨虎城去华清池向蒋介石进谏："看国内形势，不抗日，国家是没有出路的，人心是趋于抗日的。对红军的事，宜用政治方法解决，不宜再对红军用兵。"④

杨虎城回到西安后，立即赶到张公馆，与张学良商量对策。二人一致认为，劝谏、哭谏均已无效，现在只有立即采取行动，不能再失去时机，不能失去人心，遂决定兵谏，并做了具体的军事部署：东北军负责捉蒋，西北军负责拘禁西安城内蒋系军政要员，解除蒋系部队武装，封锁机场，扣留飞机。为稳妥起见，张学良还决定让自己的心腹部队卫队一营和二营

① 应德田：《张学良与西安事变》，中华书局1980年版，第88页。
② 应德田：《张学良与西安事变》，中华书局1980年版，第88页。
③ 申伯纯：《西安事变纪实》，人民出版社1979年版，第105页。
④ 何虎生：《蒋介石大传》上，华文出版社2007年版，第294页。

去捉蒋。同时，张学良又将第18团团长刘桂五调回，和已经在西安的骑兵第6师师长白凤翔一同参加捉蒋。12月9日上午，张学良亲自开车带白凤翔、刘桂五去华清池谒见蒋介石。

12月9日，西安1万余名大中学生举行一二·九运动一周年纪念活动。他们冒着严寒上街游行请愿，先到西北"剿总"楼前，再到杨虎城绥靖公署和陕西省政府，要求停止内战，一致抗日。接着，游行队伍向临潼华清池行进，欲直接向蒋介石请愿。途中因一名学生被军警打伤，游行队伍异常激愤，加速冲向华清池。蒋介石命令张学良前往制止，并告诉他："如果学生不听，可用武力制止。"① 张学良及时于灞桥赶上游行队伍，极力劝阻学生，但学生还是痛哭流涕地向他请愿，一定要到华清池见蒋介石。张学良心中万分焦急，沉痛地对学生慷慨陈词："你们请愿要求停止内战，一致抗日，很好！……我和你们的心是一样的，几天以后我张学良一定用事实告诉你们。我说的话一定算数，我可以拿我的头作保证！"② 学生们听了张学良的恳切讲话和许诺后，就回头进城，从而避免了一场大惨剧。

11日晚，蒋介石在临潼举行一场告别宴会，张学良始终陪伴在蒋介石的身旁。心性多疑的蒋介石观察张学良的脸色有点匆忙状，其日记云："余思汉卿今日形态之奇异，但终不明其故，并嘱以行辕警卫加严。"③ 于是，他决定次日离开西安，但没想到为时已晚，当夜即被活捉。蒋介石在晚宴上宣布了新的"剿共"计划和对蒋鼎文、卫立煌等人的新任命。宴会结束后，张学良亲自开车送几位军政大员赶往新城大楼，参加以他和杨虎城的名义举行的招待会。宴会一直到晚上10时后才结束。南京政府的军政大员们个个醉意醺醺，酒足饭饱。张、杨二人送走最后一批客人后，匆匆返回

---

① 应德田：《张学良与西安事变》，中华书局1980年版，第89页。
② 张化东：《华清池捉蒋回忆》，见《西安事变资料》第2辑，人民出版社1981年版，第177页。
③ 应德田：《张学良与西安事变》，中华书局1980年版，第93页。

各自的公馆，正式向他们的高级将领和幕僚宣布兵谏计划。

张学良、杨虎城在新城大楼指挥部坐镇，一起共同指挥捉蒋行动，同时指定黎天才、卢广绩、高崇民、洪钫、应德田等人，负责起草八项主张的通电稿。

12月12日凌晨2时许，张学良、杨虎城计划部署的捉拿蒋介石的兵谏行动正式开始了。白凤翔（东北军骑兵师师长）、孙铭九（张学良卫兵营营长）、刘桂五（骑兵师之团长）、唐君尧（第105师第2旅旅长）等率部分乘汽车、摩托车，风驰电掣地向华清池驶去。5时许，孙铭九率卫队营副商亚东、张万山和连长王协一、卫士50多人冲进华清池，蒋的卫队立即抵抗。此时的蒋介石正在穿睡衣，闻枪声后赶忙打听，起初以为是红军煽动东北军一部所为，非张学良部有计划的行动，便决定先逃到后山躲避一时，由侍卫官竺培基、施文彪二人扶着从后门逃走，但后门正锁着，一时无暇打开。他们心急如焚，匆忙跳墙，不巧翻墙后又坠入深沟，蒋介石被摔坏腰椎，疼痛难行，由侄子蒋孝镇背着登山东行，半小时后，攀上东麓山顶，择一平坦地休息一下。大概是受惊吓所致，蒋介石不小心又失足陷入一洞穴，里面杂草丛生，仅能容身，于是他便乘势躺下，"藏以观变"。

孙铭九等冲进蒋介石的卧室，发现床上无人，被窝尚有热气温暖感觉，伏看床底下也无人，但蒋介石的衣帽、假牙、黑斗篷大衣均俱在，知道蒋介石还没有逃远，急命卫队四处搜寻。最后，一行人在骊山的山腰上首先捉住了蒋介石的侄子。在他的指引下，8时许，卫队班长陈思孝搜到蒋介石的藏身之洞。从洞里出来时，蒋介石脸色苍白，赤着双脚，上身穿一件古铜色绸袍，下穿一条白色睡裤，浑身都是土，冻得瑟瑟发抖，昔日不可一世的威风，已经荡然无存。可见，人只有在面临生死的关键时刻，才能看出其是勇士还是懦夫。蒋介石在大众场合或在日记中，口口声声说要为革命"捐躯""决心殉国"云云，可是他被自己的部下捉住都如此胆怯，如被他的敌人捉住，又会怎样？谁能相信他的话呢?!

在西安城内，第17路军依计而行，顺利完成任务。孔从周等指挥警备第2旅和炮兵团、教导团等，解除了中央宪兵第2团、省公安局和西安城内中央军各部队的武装，控制了机场、车站、邮局等要点，在西京招待所里扣押了蒋介石的随从大员蒋鼎文、朱绍良、陈诚、陈调元、蒋作宾、卫立煌、陈继承、万耀煌等。蒋介石的秘书萧乃华中弹身亡，宪兵3团团长蒋孝先恶贯满盈，于华清池被就地处决。第17路军于西安城内将宪兵2团团长杨镇亚处决。大快人心！

12日上午8时半，唐君尧、孙铭九等人把蒋介石押送到新城大楼，唐进去报告，张学良立即出来施礼迎接，表示歉意，同时希望和蒋介石谈抗日救国大计。但蒋介石态度倔强，拒绝和张谈判，并说赌气话，如："我不是你的长官，你不是我的部下，你不要叫我委员长。你承认我是你的长官，现在就命令你的部下马上把我送走。否则……你就是叛逆，将我枪杀好了。我没有什么话和你讲。"[1]张学良继续说服蒋介石："我们受全国人民的要求，发动这次事变。我们内心纯洁，完全是为国家着想，不是为个人利害打算。现在，希望委员长能平心静气，勇于改正错误，联合全国力量，坚决抗日，以争民族生存，则学良和全国人民于愿足矣！"[2]当张学良说完，蒋介石立即责问："尔妄想国内民众舆论能赞同尔等叛乱乎？尔自称为革命，叛逆亦可称革命乎？尔犯上作乱如此，又将何以率众？何以为人？……今日以后，茫茫大地，何处是尔容身之所？尔今生无立足之处，死无葬身之地矣！"[3]

张学良听后，遂转向强硬态度，顿时变色反问说："尔尚如此倔强乎？

---

① 应德田：《张学良与西安事变》，中华书局1980年版，第99页。

② 彭昭贤述：宋文梅记录：《西安事变的前因后果》，香港春秋出版社1971年版，第29页。

③ 王德胜编：《蒋总统年表》，台北世界书局1982年版，第208页。

今日之事，非我一人所能作主，乃多数人共同之主张。我今发动此举，当交人民公断。倘国民赞同余等之主张，则可我证明我等乃代表全国之公意，委员长即可明我等之主张为不谬。请委员长退休，由我来干；如舆论不赞同，则我应认错，请委员长再来收拾。余始终自信为无负于委员长之教训。现在请委员长息怒，徐徐考虑之。"①

蒋介石一听要把他交给人民公断，一下子坐直了身体对张学良叫道："过去我待你那么好，现在，你竟然把我交人民公裁，你既然说是为国家，你还是把我送回洛阳再谈。"说完后，蒋介石就闭目坐在椅子上，不再说话。张学良见谈话没有什么结果，遂辞出。

四、西安事变的和平解决

12月12日，张学良、杨虎城及东北军和西北军高级将领立即通电全国，指出捉蒋的动机与目的，提出著名的八项主张，同时电告中共中央。通电指出：

东北沦亡，时逾五载。国权凌夷，疆土日蹙，淞沪协定屈辱于前，塘沽、何梅协定继之于后，凡属国人，无不痛心。近来国际形势豹变，相互勾结，以我国家民族为牺牲。绥东战起，群情鼎沸，士气激昂。于此时机，我中枢领袖应如何激励军民，发动全国之整个抗战！乃前方之守土将士浴血杀敌，后方之外交当局仍力谋妥协。自上海爱国冤狱爆发，世界震惊，举国痛心，爱国获罪，令人发指。蒋委员长介公受群小包围，弃绝民众，误国咎深。学良等涕泣进谏，屡遭重斥。日昨西安学生举行救国运动，竟嗾使警察枪杀爱国幼童，稍具人心，孰忍出此！学良等多年袍泽，不忍坐

---

① 彭昭贤述，宋文梅记录：《西安事变的前因后果》，香港春秋出版社1971年版，第30页。

视，因对介公为最后之诤谏，保其安全，促其反省。[①]

西北军民一致主张如下：

一、改组南京政府，容纳各党各派，共同负责救国。

二、停止一切内战。

三、立即释放上海被捕之爱国领袖。

四、释放全国一切政治犯。

五、开放民众爱国运动。

六、保障人民集会结社一切政治自由。

七、确实遵行总理遗嘱。

八、立即召开救国会议。[②]

事变发生后，张学良立即给毛泽东发出"文寅"电报，除说明已将蒋介石及其重要将领陈诚、朱绍良等扣留外，还写道："兄等有何高见，速复。并望红军全部集中于环县一带，以便共同行动。"[③]中共中央于12日凌晨接到张学良紧急来电后，连夜召开政治局扩大会议，讨论研究事变问题。从12日回复张学良的第一个电报至17日周恩来抵达西安，5天之内，由毛泽东亲拟发给西安的电报共37份，其中发给张学良的就有23份。[④]

从电报内容和当时党的公开舆论看，中共中央内部经历了诛蒋、审蒋、罢蒋和放蒋的4个变化历程。

① 应德田：《张学良与西安事变》，中华书局1980年版，第97页。
② 中国第二历史档案馆、云南省档案馆、陕西省档案馆编：《西安事变档案史料选编》，档案出版社1986年版，第3—4页。
③ 刘长春、赵粟：《张学良》，中央文献出版社2008年版，第135页。
④ 李良志：《建立和巩固抗日民族统一战线——中国共产党战胜日本帝国主义的伟大战略决策》，见《抗战史料研究》第一辑，团结出版社2017年版，第15页。

12月12日，在发给张学良的"万万火急"电报中。中共要求张学良必须把蒋介石押在自己的卫队营里，不可交其他部队，严防其收买其属员，情况紧急时诛之为上。[①]同日，中央致北方局书记刘少奇电报中，要求中共北方局揭发蒋介石对外投降、对内镇压、坚持内战之罪状，"号召人民及救亡领袖要求南京政府罢免蒋介石，并交人民审判"。

12月13日，中共中央致电张学良立即逮捕军队中的法西斯分子，向全体官兵宣布蒋氏卖国殖民罪行。这天，保安召开群众大会，中央领导人出席。会上提出，要求把蒋介石押到保安，由全国人民公审。

12月14日，中共中央发出7份解决事变的电报，建议组成西北抗绥联军，以张学良为联军总司令，以西安为抗日首都，准备打几个大胜仗，即可扩大战局。

12月15日，中共中央发出9份解决事变的电报，并嘱张学良胆子再大些，蒋在人世时，各方还观望犹豫，所言不为无见，望多加斟酌，同时要求南京政府罢免蒋介石，交由国人裁判。

12月16日，《红色中华》报发表社论，要求将蒋介石交给人民公审。

12月14日，张学良、杨虎城宣布撤销西北"剿匪"总司令部，成立"抗日联军临时西北军事委员会"，张、杨分任正、副主任，同时决定：

——组织抗日援绥军，集结待命。

——调动军队，准备迎击南京政府的"讨伐"。

——成立以高崇民为首的"设计委员会"，研讨重大政治问题。

——改组陕西省政府，任杜斌丞为省政府秘书长。

——解散国民党陕西省党部，成立以王炳南为主任的"民众运动指导

① 中共中央统战部、中央档案馆编：《中共中央抗日民族统一战线文件选编》（中），档案出版社1985年版，第316页。

委员会"。

——释放西安政治犯。

——接收《西京日报》，改名《解放日报》，积极宣传抗日。

综上所述，西安事变的爆发，确实是蒋介石自己用"攘外必先安内"的酒曲酿造出来的苦酒，换句话说，是他自己逼出来的。在日本侵华步伐步步进逼，民族危亡加深，张学良、杨虎城苦苦劝谏蒋介石抗日却失败的情况下，张、杨从民族利益和自身利益出发，迫不得已以特殊的兵谏形式逼迫蒋介石改变"攘外必先安内"的内战政策。其中，中国共产党提出的抗日民族统一战线政策起了重要作用。从1936年春起，张学良、杨虎城与中国共产党达成了一系列友好协定，西北地区的抗日民族统一战线已基本形成。因此，西安事变的爆发，实际上就是"要以西北的抗日民族统一战线去推动全国抗日民族统一战线的开始"①。

同时，全国媒体几乎一致认为，张、杨的行为"破坏了国家统一"，应该立即释放蒋介石，并把"保蒋""救蒋"作为当下的第一要求。《中央日报》发表胡适的文章，批评张学良扣蒋是"叛国行为，背叛国家，破坏统一"。罗隆基发文主张"无条件反对一切内战，只有抗日才能促进统一"。《大公报》《申报》《益世报》立场明确，提出"应以和平方式解决西安事变"②，否则，南京中央将失去重心，陷入混乱，爆发内战，届时国家四分五裂。

西安事变的爆发，在国内外引起了巨大反响。全国人民和各派爱国力量无不欢欣鼓舞。12月13日，全国各界救国联合会、全国学生救国会等18个团体发表通电，拥护张、杨的八大主张。西北各界救国联合会致电全国武装部队和各党派，号召加强团结，共赴国难，救亡图存，公开批评国民

---

① 中央档案馆编：《中共中央文件选集》第10册，中央党校出版社1990年版，第111页。
① 中央档案馆编：《中共中央文件选集》第10册，中央党校出版社1990年版，第111页。
② 吕芳上主编：《中国抗日战争史新编·和战抉择》，台湾"国史馆"2015年版，第382—385页。

党政府的误国政策。事变发生后的短短3天里，山西、湖南、贵州、四川、广西五省的民众团体和救亡组织，发到西安响应张学良、杨虎城八项主张通电的电报就有1000余件。

西安事变的爆发，使国民党统治集团内部顿时陷入一片混乱，南京国民政府一时乱了阵脚。在如何对待张、杨和营救蒋介石的问题上，出现了主战、主和两派的分化。12日午夜，南京政府要员召开临时紧急会议。当时，除张、杨通电外，南京对西安方面的情况茫然不知，连蒋介石是死是活都还不清楚。冯玉祥、孔祥熙、张治中等主张一切以蒋介石的安全为重，应以和平谈判解决问题，不要匆忙作出惩罚张、杨的决定。可是，以何应钦、戴季陶、吴稚晖等为代表的讨伐派，在"不能过于瞻顾蒋公之安全，置国家纲纪于不顾"的旗号下，极力主张立即派兵讨伐西安。会后，何应钦开始筹建"讨逆"军司令部，临时抽调若干亲信担任各级幕僚，以军委会林蔚任参谋长，高级参谋徐培根为参谋处处长，由参谋本部三处处长钱贻士主管后勤等，主战派的"讨逆"弓箭已蓄势待发。16日，何应钦正式宣布对张学良进行军事讨伐。17日上午，他又宣布就任"讨逆"军总司令，进行全面军事动员，并于7个师集结于潼关前线，所有飞机集中洛阳待命，新的内战大有一触即发之势。

与南京国民党政府内部火药味正浓的同时，宋家上下则乱作一团。宋子文正在香港。得知消息后，他马上通知秘书，准备次日乘机回上海然后再转南京。宋霭龄得知后，马上与孔祥熙一道驱车来到宋美龄的住宅。此时，宋美龄正在召开航空委员会的会议。当听到孔祥熙说"西安发生兵变，委员长消息不明"时，宋美龄惊骇万分，她万万没有想到，张学良竟会扣押蒋介石。她立即决定次日清晨由上海返回南京，并约蒋介石的顾问澳大利亚人端纳同行。

宋美龄回到南京后，端纳等人已等候多时。宋美龄提笔写了一封给张学良的信交端纳，嘱咐端纳到西安后与张学良面谈，并表示自己不日也将赴西安会合。

12月14日，端纳从洛阳飞抵西安，他带来两封信，一封给张学良的，一封给蒋介石的。给张学良的信说，希望张能顾全蒋介石个人和国家大局公私两方面的关系，请求释放蒋介石。端纳在张学良的陪同下来到新城黄楼见蒋介石。蒋介石看完宋美龄的信后，颇为伤感，但信中说"南京现在是戏中有戏"触动了他，使他的态度逐渐缓和下来，开始以"十分精明和现实的方式"来对待事变。同时，蒋介石也逐步了解到张学良的真实意图，知道自己的生命不会有什么危险。

2月17日，周恩来抵达西安，与张学良、杨虎城磋商如何解决事变问题。同日，周恩来致电中共中央："为缓和蒋系进兵，便我集中，分化南京内部，推动全国运动，在策略上答应保障蒋安全是可以的。但声明如南京进兵挑起内战，则蒋安全无望。"[1]

12月18日，周恩来致电中共中央，详告外界对事变的反应，并陈述个人对解决事变的意见。同日，中共中央发出《关于西安事变致国民党中央电》，提出只要国民党决定对日抗战，调回讨伐军，承认红军，停止内战，一致抗日，则"不但国家民族得救，即蒋氏的安全亦不成问题"[2]。

12月19日，中央政治局召开扩大会议通过了《中央关于西安事变及我们任务的指示》，公开阐明了和平解决事变的决心。

应当指出，中共主张和平解决西安事变的方针与共产国际的明确指导密切相关。12月12日，中共中央连续三次致电共产国际，报告西安事变实况及中共处置的意见与部署，但共产国际迟迟未作答复，至16日才收到季

① 李良志：《建立和巩固抗日民族统一战线——中国共产党战胜日本帝国主义的伟大战略决策》，见《抗战史料研究》第一辑，团结出版社2017年版，第16页。
② 李良志：《建立和巩固抗日民族统一战线——中国共产党战胜日本帝国主义的伟大战略决策》，见《抗战史料研究》第一辑，团结出版社2017年版，第17页。

米特洛夫关于坚决主张和平解决事变的来电。这则电报，因字迹不清，又于20日共产国际重发后，中共中央才全部正式读清楚。但此前中共中央已经从苏联公开发表的报刊舆论中，获知苏联、共产国际谴责事变主张和平解决，力主放蒋的明确立场。17日，中共中央明确致电张学良，苏联不会公开支持事变，"我们对远方已做几次报告，尚无回报。目前远方为应付外交，尚不敢公开赞助"①。

12月17日，蒋介石给何应钦写了一张立即停止军事行动的手令，特别强调要"停止轰炸为要"——他生怕自己在轰炸中被炸死。22日下午4时许，宋美龄、宋子文兄妹飞抵西安，并受到张学良、杨虎城的热情欢迎。在释放蒋介石的问题上，张学良与杨虎城有不同看法。张的意见是：只要蒋介石同意抗日，蒋介石本人签不签字都可以；杨虎城及其部下则认为，要求蒋介石必须在协议上签名，这是释放蒋介石的条件。

宋美龄感到此事有麻烦，为了早日释放蒋介石回南京，她不得不求助于中共代表周恩来。12月23日，宋子文与张学良、杨虎城、周恩来三人进行谈判。一开始，首先由周恩来提出中共和红军的六项主张：

（一）停战，中央军撤至潼关外。

（二）改组南京政府，排逐亲日派，加入抗日分子。

（三）释放政治犯，保障民主权利。

（四）停止"剿共"，联合红军抗日，共产党公开活动（红军保存独立组织领导。在召开民主国会前，苏区仍旧，名称可冠抗日或救国）。

（五）召开各党各派各界各军救国会议。

（六）与同情抗日国家合作。

---

① 毛泽东：《关于集力抗战问题给张学良的复电》（1936年12月17日）（原件存中央档案馆）。

以上六项主张，要蒋介石接受并保证实行。中共、红军赞助他统一中国，一致对日。宋子文听后，表示个人同意，并承诺将其转达给蒋介石。①

24日，宋子文、宋美龄两人出席谈判，西安方面仍由张、杨、周三人参加。宋美龄明确表示赞成停止内战，"凡内政问题，皆应在政治上求得解决，不应擅用武力"②。对中共提出的六项主张，宋美龄和宋子文都作了明确的承诺。

24日晚，宋子文、宋美龄兄妹陪同周恩来会见了蒋介石，蒋介石勉力坐起与周寒暄。周恩来先对蒋说："蒋先生，我们有10年没见面了，你显得比以前苍老些。"

蒋介石点点头，叹口气，然后说："恩来，你是我的部下，你应该听我的话。"

周恩来回答："只要蒋先生能够改变'攘外必先安内'的政策，停止内战，一致抗日，不但我个人可以听蒋先生的话，就连我们红军也可以听蒋先生的指挥。"③最后，蒋介石向周恩来表示了三点：

（一）停止"剿共"，联红抗日，统一中国，受他指挥。

（二）由宋子文、宋美龄及张学良全权代表他与周恩来解决以前商谈好的问题。

（三）他回南京后，周恩来可以直接和他谈判。④

至此，西安事变得以和平解决，国内抗日民族统一战线局面初步形成。

12月25日，在蒋介石承诺了"今后我绝不'剿共'，一定抗日"之后，

---

① 《周恩来选集》上卷，人民出版社1980年版，第70—71页。

② 《西安事变简史》，中国文史出版社1986年版，第86页。

③ 申伯纯：《西安事变纪实》，人民出版社1979年版，第158—159页。

④ "与宋子文、宋美龄谈判结果"（1936年12月25日致中共中央电报），见《周恩来选集》上卷，人民出版社1980年版，第73页。

东北军、西北军、中共代表三方同意释放蒋介石，但尚有许多问题还未妥善处理，张学良就急忙亲自送蒋介石回南京。25日下午3时半，张学良陪同蒋介石夫妇同乘一车，杨虎城、宋子文、端纳同乘一车悄悄离开高桂滋公馆，向西郊机场驰去。一到机场，蒋介石看见大批学生、群众队伍，因他事先不知道这些学生、群众是欢迎傅作义的，以为是冲着他来的，就十分惊慌，生怕走不成，急忙对张学良、杨虎城说："我答应你们的条件，我以领袖人格作保证，我再讲一遍！"①

蒋介石在临上飞机前，对张学良、杨虎城说："二十五日（即蒋介石离开西安起飞之日）以后，如果国内再有动乱，我负责任。我答应你们的条件，一定负责实现，否则你们就不要再拿我当领袖看待。今后绝不'剿共'，我有错我承认，你们有错，你们亦须承认。"②

张学良陪蒋介石同机起飞后，东北军和设计委员会得知后都目瞪口呆（由张公馆打来电话报告）。杜斌丞更是捶胸顿足，大声感叹说："竖子不足与谋！"孙铭九得知后，赶快去问周恩来，周也不知道张走得如此之快，便迅即同孙驶车赶往机场。到机场后，蒋、张同坐的飞机已经起飞。周恩来望着远去的飞机，叹息道："张汉卿就是看《连环套》那些旧戏看坏了，现在他不但要'摆队送天霸'，而且还要'负荆请罪'啊！"③张学良陪同蒋介石去南京，给自己带来了几乎终身被囚禁的严重后果。然而，张学良、杨虎城因领导和发动西安兵谏，"大有功于抗日事业"，成为"千古功臣"④，受到中国人民的赞誉。

① 应德田：《张学良与西安事变》，中华书局1980年版，第127页。
② 高崇民：《西安事变杂谈》，见《西安事变资料》第二辑，人民出版社1981年版，第37—38页。
③ 申伯纯：《西安事变纪实》，人民出版社1979年版，第163页。
④ 《周恩来同志在纪念西安事变20周年座谈会上的讲话》，见西安大学历史系中国现代史教研组、西安地质学院中共党史组、八路军西安办事处纪念馆编：《西安事变资料选辑》，西安大学历史系中国现代史教研组1979年版，第24页。

蒋介石与持久战、持久消耗战略和以拖待变策略

蒋介石持久战战略思想经历了一个提出、形成并逐步完善的过程。

它发轫于1933年1月，根据敌强我弱的基本国情，他汲取了军事学家蒋百里关于对日作战应取持久、拖的主张。同时，蒋介石不但提出了中国坚持持久抗战必然会引发国际战争，进而推动中国抗战与世界大战合流，共同打败日本的远景蓝图；而且还提出中国的持久抗战必须建立以川、滇、黔三省作为后方根据地的战略构想。

蒋介石持久战思想的形成与完善：持久消耗战略、以空间换时间。

以"北守东攻"战略改变日军"北攻南进"的作战方向，粉碎日军速战速决的战略企图，达成持久战战略目的，是战略防御阶段蒋介石对日作战的成功战略指导方针。

太平洋战争爆发后，蒋介石提出"苦撑待变"战略，这实际上是原先"以拖待变"思想的换一种说法而已，可以说，是"持久消耗战略"的继续或延伸。

军事战略方针，是指导战争全局的筹划方略和基本原则。战略方针的正确与否，对于战争的胜负起着决定性意义。

中国自1840年鸦片战争以后，即陷入西方列强等帝国主义的"蚕食鲸吞，瓜分豆剖"①的悲惨窘境，其中又以日本对中国的侵略最为严重。

① 孙中山：《兴中会宣言》，转引自吕芳上主编：《中国抗日战争史新编·军事作战》，台湾"国史馆"2015年版，第22页。

1894—1895年的甲午战争，亦称第一次中日战争，中国战败，清政府为求苟安，割地赔款，使中国的国际地位一落千丈。1931年九一八事变后，日本对中国的侵略日甚一日，企图全面侵占中国，变中国为日本殖民地的野心暴露无遗。自此，中国全国上下特别是广大人民群众对日本在不久将来发动全面侵华战争逐步形成了共识。因而，在以国共合作为基础的抗日民族统一战线建立的同时，国共两党的有识之士都认识到必须制定并实行一条弱国打败强国的战争指导方针。为此，国共两党都先后制定并实行了持久战的战略方针，它对于中国人民战胜日本帝国主义，争取抗日战争的胜利起了重大作用。

一、蒋介石持久战思想的提出与构想：持久战，建立后方根据地与世界大战合流

1937年7月7日日本帝国主义发动全面侵华战争后，日本陆相杉山元在上奏日本天皇时，声言三个月征服中国，狂妄猖獗，不可一世，结果却与其相反。杉山元丢了面子，曾被日本裕仁天皇耻笑了一番。但中国抗战的胜利，却付出了比同盟国其他任何国家都更加巨大的人员伤亡和财产损失的代价。因为，当时中国的国力太弱，远远无法与日本抗衡。日本是一个小而强的工业化的现代化国家，中国还是一个大而弱的落后农业国，不管是经济力、军力和政治组织力，日本都比中国强数倍，具体见表1—表3[①]。

表1　1937年七七事变前中日两国国力对比表

类别	日本	中国	比例
国土	369661平方公里	11418174平方公里	1：31

[①] 刘庭华：《中国抗日战争与第二次世界大战统计》，解放军出版社2012年版，第173—175页。

类别	日本	中国	比例
人口	90900900 人	467100000 人	1：5.1
工业总产值	60 亿美元	13.6 亿美元	4.4：1
钢铁	580 万吨	4 万吨	145：1
煤	5070 万吨	2800 万吨（其中外资占 55%）	1.9：1
石油	169 万吨	1.31 万吨	129：1
铜	8.7 万吨	700 吨	124：1
飞机	1580 架	0	
大口径火炮	744 门	0	
坦克	330 辆	0	
汽车	9500 辆（设备生产能力 3 万辆）	0	
造船能力	47.32 万吨	不详	
造舰能力	52422 吨	0	

表2　1937年七七事变前中日军事力量对比表

类别	日本	中国	比例
陆军	常备师 17 个，约 38 万人，但可以三倍动员。预备役 678.8 万人	国民党军步骑兵 191 个师，52 个旅；八路军 3 个师。中国总兵力 210 万人	1：5.7
空军	91 个飞行中队，共 2700 架飞机	各式飞机 600 架，其中作战飞机 305 架	8：1
海军	舰艇 200 余艘，总吨位 190 万吨，名列世界第三位	新旧舰艇 66 艘，总吨位 59034 吨	13：1

表3　1937年七七事变前中日陆军师兵力、兵器对比表

类别	日本	中国	比例
人数	21945人	10923人	2∶1
马匹	5849匹	0	
步骑马枪	9476支	3831支	2.6∶1
掷弹筒	576具	243具	2.4∶1
轻机枪	541挺	274挺	2∶1
重机枪	104挺	54挺	2∶1
野山榴弹炮	64门	16门	4∶1
团营炮	44门	30门	1.5∶1
战车（坦克）	24辆	0	
汽车	262辆	0	
自动货车	266辆	0	
一马拽车	555辆	0	

日本陆军兵力数量上虽少于中国，但其训练有素，且武器装备精良。国民党军1937年有10余个调整师编制，其余各师实力只有五成左右。中国军队炮兵的炮弹及观察器材严重不足，运输补给能力尤为薄弱。但日本国小，人力、军力、财力和物力都经不起长期战争的消耗。

基于中日两国的基本国情，国共两党的有识之士都深刻认识到，中日战争必将是一场长期的持久战，只要中国坚持持久作战，最后胜利必将是中国的。

作为处于执政党地位的国民党及其领导人蒋介石，比较早地思考了抗日持久战的战略方针问题，它经历了一个提出、形成并逐步完善的过程。

关于对日作战采取持久战的思想观点，早在1932年，蒋百里就曾预言：中日之间必有一场大战，中日交战，日本利在速胜，而中国利在持

久。[1]

蒋百里是我国近现代著名军事战略学家，一生致力于中国国防建设研究，尤其对中日两国的国力、军力以及矛盾冲突进行了大量研究，著述颇丰。他对中日之间发生全面战争的必然性作出了符合实际且相当准确的预测。1931—1938年，蒋百里受邀担任蒋介石的顾问，并致力于组织基层民众的国防训练。1932年一·二八淞沪抗战期间，蒋百里亲赴上海为抗日部队出谋划策。同年，他赴日本考察。回国后，他非常肯定地说："中日之间的战争无法避免，拖也拖不得，谈也谈不成。这是因为日本的本意就是'要侵略中国'。"[2]1935年，蒋百里针对日军在华北企图制造第二个"满洲国"的种种侵略行径，上书蒋介石，明确指出："中日间爆发战争最长不出三四年，中国必须在二三年内加快完成国防基本设施建设。"他经过敌我力量对比分析，提出了一整套克敌制胜的战略思想。

中日间的战争不仅是一场全面战争，而且是一场十年八年的长期战争，中国的抗战不是军队打仗，而是国民拼命，不是短时间内的彼此冲突，而是长时间永久的彼此竞走，纵然落到最后也要竭尽能力，用最大的速度前进，这是将来得锦标的唯一条件。……中国应充分发挥地大人众的特点，不战则已，打起来就不能不运用"拖的哲学"，把敌人拖倒了而后已。我们对于敌人制胜的唯一办法，就是事事与之相反，就是他利于速成，我却用持久之方针来使他疲弊。他的武力中心放在第一线，我们却放在第二线，而且在腹地内深深地藏着，使他一时有力没用处。[3]

① 陶菊隐：《蒋百里传》，中华书局1985年版，第96页。
② 曹聚仁：《蒋百里评传》，香港三充文化图书文具公司1963年版，第39页。
③ 陶菊隐：《蒋百里传》，中华书局1984年版，第184页。

最后，他大声疾呼："胜也罢，败也罢，就是不要同他讲和。"①

蒋百里关于对日作战采取持久战的战略思想，得到了国民党政府上层许多人的赞同，无疑也深深地影响了蒋介石。

蒋百里多次向国民政府提出建议，中国对日作战应以"拖"的战略拖垮日本。因此，可以说，蒋百里是中国最早提出持久战战略思想的人。全面抗战爆发后，蒋介石先后提出"以拖待变"或"苦撑待变"的战略策略，无疑受到了蒋百里持久战思想的启发。

作为执政的国民党最高领导人，蒋介石也认识到中日之间敌强我弱和敌小我大这一客观事实，逐渐形成了对日抵抗应全面、长期的持久战战略的构想。九一八事变后，蒋介石于1931年9月21日在南京市国民党党部党员大会发表演讲时，就提出中国应作"全国、全民、全面之长期抵抗"的主张，他说："……如至国际条约信义一律无效，和平绝望，到忍耐无可忍耐之最后地步，则中央已有最后之决心与最后之准备，届时必领导全国人民，宁为玉碎，以四万万人之力量，保卫我民族生存与国家人格。"②

从目前发掘的史料来看，蒋介石持久抗战的思想发轫于1933年1月日军进犯热河之际。他在1月24日的日记中写道："倭寇之目的敌，实在美、俄；如其果与我国大规模作战，则其无的放矢，虽胜必败，此为其最大弱点。吾唯有与之'持久战斗'耳！"③

到了1935年，蒋介石还提出了中国要坚持持久抗战，必须建立后方根据地的思想。他在日记中写道："自从九一八经过一·二八以至于长城战役，中正苦心焦虑，都不能定出一个妥当的方案来执行抗日之战。……只有忍辱待时，巩固后方，埋头苦干，但后来终于定下来了抗日战争的根本

① 蒋百里：《日本人——一个外国人的研究》，见谭徐锋主编：《蒋百里全集》第3辑，北京工业大学出版社2015年版，第206页。
② 《中央周报》第173期（1932年9月28日）。
③ 吕芳上主编：《中国抗日战争史新编·军事作战》，台湾"国史馆"2015年版，第23页。

计划。"1935年入川"剿共"时，蒋介石写道："到川以后，我才觉得我们抗日之战一定有办法。因为对外作战，首先要有后方根据地，如果没有像四川那样地大物博人力众庶的区域作基础……这才真正找到了可以持久抗战的后方"[①]。

持久抗战，为什么要建立后方根据地？蒋介石认为，根据地或基地，是一切战力的源泉，在军事上有特殊的意义，因为"强国之国防，重边防，取攻势；弱国之国防，重核心，取守势"[②]。1935年8月1日，他在日记中写道："御侮之道，先定根据基础，次为设计，三为建设。……根基既得，应即力图巩固；巩固之道，唯在收拾人心、培养民力而已。"[③]

选择哪里作为持久抗战的根据地？蒋介石在1933—1935年的3年时间里，曾经有过不同的考虑，先是考虑过陕西、甘肃、宁夏、四川、云南、贵州等地作为抗战后方根据地的选项，而后则缩小为川、滇、黔三省。他在1935年6月30日的日记中写道："川、滇、黔得以统一，完全入于中央范围之中，国家地位与民族复兴基础皆能因此巩固。"因为，当时，川、滇、黔三省名义上归顺民国政府，但实际上仍为刘湘、龙云等地方军阀所控制。蒋介石调集嫡系的中央军借"围剿"中央红军之名，大肆进入，可谓一箭双雕，既可"剿灭"共产党和红军，又可控制川、滇、黔三省，实现民国政府的真正统一。所以，蒋介石于1936年1月15日、16日的日记中写道："将不统一的川、滇、黔三省统一起来，奠定我们国家生命的根基，以为复兴民族最后之根据地。……从此不但三年亡不了中国，就是三十三

---

① 秦孝仪主编：《先总统蒋公思想言论总集》卷14，台北中国国民党中央委员会党史委员会1984年版，第653页。

② 黄自进、潘光哲编：《蒋中正总统五记：困勉记》上册，台北世界大同文创股份有限公司2011年版，第458页。

③ 秦孝仪总编：《总统蒋公大事长编初稿》卷3，台北中国国民党中央委员会党史委员会1978年版，第213页。

年也亡不了中国，这将是日本将来的致命伤。"①

　　同时，蒋介石不但提出了中国要作长期持久抵抗才能战胜日本的主张，而且还比较自信地预言，中国的长期抗战，必将引发国际战争即世界大战。届时，中国抗战与国际战争合流，不但中国可以战胜日本，而且这是中华民族复兴的机会，可以借此建立一个新中国。1932年一·二八事变后不久，蒋介石在国民政府军事委员会召开的"军事整编会议"上表示："以时间为基础，与敌相持，在久而不在一时……我们现在对于日本，只有一个法子，就是作长期不断的抵抗。……长期的抗战越能持久越有利。若是能抵抗得三年五年，我预料国际上总有新的发展，敌人自己国内也一定将有新的变化，这样我们的国家和民族才有死中求生的一线希望。"②1932年4月，蒋介石在洛阳召开的"国难会议"上发表宣言，表示要"集中全国人才，共作长期抵抗"③。1932年4月11日，蒋介石在南京中央陆军军官学校总理纪念周上发表"中国复兴之道"的演讲，他相当自信地说：

　　据我看来是西历一九三六年，即中华民国二十五年，那时第二次世界大战恐怕就要开始……如果我们中国一般国民在这五年中间能够努力准备，到第二次世界大战时候，就可以做一个奋勇无敌的战斗员，就可以从世界大战中建立出一个新的中国……④

　　蒋介石在1934年3月18日南昌十省高级行政人员会议上发表的《今后改进政治的路线》的讲话中判断，中国的对日作战绝对不是中国一国的事

---

① 秦孝仪总编：《总统蒋公大事长编初稿》卷3，台北中国国民党中央委员会党史委员会1978年版，第207页。
② 古屋奎二：《蒋总统秘录》第9册，台北"中央"日报社1976年版，第90页。
③ 吕芳上主编：《中国抗日战争史新编·全民抗战》，台湾"国史馆"2015年版，第11—12页。
④ 黄自进编：《蒋中正先生对日言论选集》，台北中正文教基金会2004年版，第159页。

情，中国必定会有苏、美、英等国的支持。他说：

自九一八以后，日本的独裁主义已抬头猛进，中国的情势，事实上就是从列强均势之下的苟存局面转到日本独霸势力压迫的局面。……日本的目标不仅是要对付中国，而且还要称霸亚洲与太平洋地区，并全部排挤英美各国势力，实现其称霸世界的野心。在达成这最后目标之前，日本想要彻底征服中国并非易事。它现在陆军的目标是苏联，海军的目标是英美，他们的敌人不止中国一国，最大的敌人还在旁边。我们中国在它正面，美国在它后面……苏联在它右侧面，英国在它左侧面——南洋，最大最强的敌人都在它的侧背，它有什么办法来征服我们中国？……日本在占领中国东三省后，现在的目标已转到苏联。而且英美日三国海军条约在1934年期满，日本很可能以"最焦急而不能等待"的态度，与英美苏公开对抗而导致世界大战。[①]

蒋介石基于上述国际形势的分析判断提出，中国政府目前的国防方针是以能够自保为目的，进而立于不败之地，以便今后寻求反日同盟各国的援助，在未来的世界大战中利用机会最后战胜日本。这也是解决中日间矛盾，争取对日作战最后胜利的唯一战略选择，而等待与拖延则是实现这一目的的有效策略手段。

1936年5月16日蒋介石在《建国的行政》的讲话中，曾预测第二次世界大战可能要在1936—1937年爆发，虽然他的预期与实际晚了二年，但都先后发生了。蒋介石曾期盼"日苏先战"："第二次世界大战是我们亡国的时候，也就是我们复兴的机会。"并指出，中国抗日战争与世界大战合流，

---

① 蒋介石：《抵御外侮与复兴民族》，见秦孝仪主编：《中华民国重要史料初编》绪编，"中央"文物供应社1981年版，第109—125页。

注定了中国战胜、日本必败的最后结果。①

应当指出，蒋介石对当时国际形势的分析判断是完全准确的，这与1935年12月毛泽东在《论反对日本帝国主义的策略》一文中的分析不谋而合，但侧重点不同。蒋介石着重分析了日本侵华对世界政治格局的影响，而毛泽东主要分析了日本侵华对中国国内各阶级、阶层的影响。毛泽东指出：

一九三一年九月十八日的事变，开始了变中国为日本殖民地的阶段。只是日本侵略的范围暂时还限于东北四省，就使人们觉得似乎日本帝国主义者不一定再前进了的样子。今天不同了，日本帝国主义者已经显示他们要向中国本部前进了，他们要占领全中国。现在是日本帝国主义要把整个中国从几个帝国主义国家都有份的半殖民地状态改变为日本独占的殖民地状态。最近的冀东事变和外交谈判，显示了这个方向，威胁到了全国人民的生存。……在目前的全中国抗日高潮和全世界反法西斯高潮中，义战将遍于全中国，全世界。凡义战都是互相援助的……我们的抗日战争需要国际人民的援助，首先是苏联人民的援助，他们一定会援助我们，因为我们和他们是休戚相关的。②

1935年6月，蒋介石在华北事变后对军队高级将领训话时强调："对日本作战以求光复失地，为吾辈军人有生之年最神圣最重要之使命，但一旦开始作战，则非短时间所可能结果，必属长期之战争，故应先有充分之准备，在准备工作未完成前，惟有忍辱负重以待准备之逐步完成。"③1936年6

---

① 黄自进编：《蒋中正先生对日言论选集》，台北中正文教基金会2004年版，第235、388页。
②《毛泽东选集》第1卷，人民出版社1991年版，第143—161页。
③ 黄杰：《老兵忆往》，台北黎明文化事业出版公司1988年版，第889页。

月，蒋介石与英国财政专家李兹罗斯谈话时更是明确表示："中国对日抗战是不可避免的。由于中国的力量尚不足击退日本的进攻，我将尽量使之拖延。……当战争来临时，我将在沿海地区做可能的最强烈的抵抗，然后逐步向内陆撤退继续抵抗。最后，我们将在某省，可能是四川，维持一个自由中国，以待英美参战，共同抵抗侵略者。"

在1936年、1937年度国民政府制定的国防计划大纲中，已经把持久战方针、持久消耗战正式写入其中。《1936年度国防计划大纲》中规定对日作战总方针为"为保全国领土完整，维持民族生存起见，应拒止敌人于沿海岸及平津以东与张家口以北地区，不得已逐次占领预定阵地作韧强抗战，随时转移攻势，相机歼灭之"[①]。《1937年度国防计划大纲》规定作战指导要领："国军对恃强凌弱轻率暴进之敌军，应有坚决抵抗之意志，必胜之信念。虽守势作战，而应随时发挥攻击精神，挫折敌之企图，以达国军之目的；于不得已，实行持久战，逐次消耗敌军战斗力，乘机转移攻势。"[②]

在全国性抗战爆发前，国民政府和蒋介石关于对日作战采取持久战、持久消耗战的思想已经形成初步构想，但如何进行持久战和持久消耗战，则还没有进行深入研究探讨，缺乏详尽的内涵。

尚需指出的是，蒋介石不但指出了中国坚持长期持久抗战，必然会引发世界大战，最后中国抗战必与世界大战合流，与同盟国共同打败日本的远景蓝图，而且还明确提出了中国坚持长期持久抗战的目的，是要收复被日本侵占的领土。应该说，收复失地是蒋介石持久抗战思想的一项基本要求和目标。他不仅要收复东北三省，还要收回台湾、澎湖，甚至包括琉球和高丽。比如，1933年3月12日，蒋介石在保定参加"孙中山先生逝世八周年纪念会"的讲话中说："八年后不但收复东三省，且要收回台湾、琉

---

① 国民政府军事委员会：《民国三十五年度作战计划》，中国第二历史档案馆藏档。
② 国民政府军事委员会：《民国二十六年度作战计划》（甲案），《民国档案》1987年第1期。

球。"①

1934年3月7日，蒋介石在南昌北坛官邸谈中国外交时说："我国民党亦有一传统的外交政策，即不仅不使一寸国土由我而失，而且所有失地如台湾、琉球、朝鲜，均须收复。"②4月23日，蒋介石在出席"江西抚州剿匪总司令部扩大纪念周"，讲述日本之声明与吾人救国之道时说："不仅是东四省的失地我们要收复，而且朝鲜、台湾、琉球……这些地方都是我们旧有领土，一尺一寸都要由我们手里收回。"③

1936年1月16日，蒋介石在南京对全国中等以上学校的校长、教授、学生代表讲述"政府与人民共同救国之要道"中声明，除"我们政府虽暂不抵抗，却绝对没有放弃东北，绝对没有一时一刻忘记东北"外，曾6次提到要"收复高丽、台湾"。

1938年4月1日，蒋介石在武昌出席"中国国民党临时全国代表大会"讲《对日抗战与本党前途》时说："孙中山在世时就有'恢复高台，巩固中华'的指示，本党自应'以解放高丽、台湾的人民，为我们的职志'。"④

随着中国抗日战争与第二次世界大战的全面展开，蒋介石关于持久抗战"收复失地"的思想也作过部分调整。比如，琉球、高丽曾经只是中国的属国，非如东北三省、台湾和澎湖列岛乃是中国固有领土，因而在1943年12月开罗会议期间，蒋介石向罗斯福表示，中国只主张收回东北三省、台湾和澎湖列岛，让高丽于战后独立自主，并对在中国境内的韩国临时政府及其光复军给予必要的援助。

① 《徐永昌日记》第3册，台北中央研究院近代史研究所1991年版，第4页。
② 黄自进编：《蒋中正先生对日言论选集》，台北中正文教基金会2004年版，第229—230页，转引自吕芳上主编：《中国抗日战争史新编·全民抗战》，台湾"国史馆"2015年版，第13页。
③ 黄自进编：《蒋中正先生对日言论选集》，台北中正文教基金会2004年版，第333页。
④ 黄自进编：《蒋中正先生对日言论选集》，台北中正文教基金会2004年版，第530页。

二、蒋介石持久战思想的形成与完善：持久消耗战略、以空间换时间

1937年7月全国抗战爆发后，原先的持久战的基本构想是远远不够的，充实、完善和制定持久战战略方针及具体的战役指导原则，丰富其实质内容，已经成为国民政府军事委员会的当务之急。

首先，日本帝国主义的全面侵华战争，以及中国人民日益高涨的抗击日本侵略的声浪，迫使国民党政府放弃原来的一味对日妥协退让的政策，定下决心，全面抵抗。德国总顾问法肯豪森早在1935年1月20日向国民政府提出的"时局对策"的建议中，就曾含蓄地批评蒋介石的对日妥协退让，"一味地退让，日本当局之要求，范围亦必愈大，必须采取适当的抵抗"①。1937年7月日本发动全面侵华战争后，法肯豪森更明确地告诉蒋介石："决心长期抗战，中途不能退缩。……民意即是造成抵抗意志，不容轻视，若领袖无此意志，则人民亦不肯出而抵抗。除非下最大决心，支持两年之久，无论有何事变化，绝不反顾……若以半热心理，弥缝手段而战，必徒劳无益。"②法肯豪森的建议，道出了要取得反侵略战争胜利的真谛：一是民意，即广大人民群众对反侵略战争的支持程度；二是统帅的决心意志。就中国而言，从九一八事变至七七事变前的6年时间里，广大人民群众对国民党政府对日采取一味妥协退让的政策早已痛心疾首。蒋介石"攘外必先安内"的内战政策，遭到中国共产党和全国一切爱国人士包括国民党内的有识之士的强烈反对，对日全面抵抗有着深厚而广泛的民意基础，最缺乏的就是国民党政府及其最高领导人蒋介石的抗战决心和意志。

七七事变发生后，蒋介石认识到这是中国的"存亡关头"的大事。他

---

① 黄庆秋：《德国驻华军事顾问团工作纪要》，台北"国防部"史政编译局1969年版，第56页，转引自吕芳上主编：《中国抗日战争史新编·军事作战》，台湾"国史馆"2015年版，第21页。

② 黄庆秋：《德国驻华军事顾问团工作纪要》，台北"国防部"史政编译局1969年版，第57页。

在 7 月 8 日的日记中写道："决心应战，此其时乎？"并下令调孙连仲部两个师，庞炳勋、高桂滋两部各一个师，北上保定、石家庄，增援宋哲元第 29 军，其意图是打击日军扩大侵略的企图，达成"打破其何梅协定矣"①。7 月 17 日，蒋介石在庐山发表《对于卢沟桥事件之严正表示》的谈话（于 19 日正式对外公布），强调指出：

卢沟桥事变的推演，是关系中国国家整个的问题，此事能否结束，就是最后关头的境界。……总之，政府对于卢沟桥事件，已确定始终一贯的方针和立场，且必以全力固守这个立场。我们希望和平，而不求苟安；准备应战，而决不求战。我们知道全国应战以后之局势，就只有牺牲到底，无丝毫侥幸求免之理。如果战端一开，那就是地无分南北，年无分老幼，无论何人，皆有守土抗战之责任，皆应抱定牺牲一切之决心。②

蒋介石在讲话的最后部分，警告日本并亮出了中国的底线：

（1）任何解决，不得侵害中国主权与领土之完整。

（2）冀察行政组织，不容任何不合法之改变。

（3）中央政府所派地方官吏，如冀察政务委员会委员长宋哲元等，不能任人要求撤换。

（4）第二十九军现在所驻地区，不能受任何的约束。

蒋介石的"庐山谈话"（史称"抗战宣言"），其主旨是"坚决抗战，

---

① 黄自进、潘光哲编：《蒋中正总统五记：困勉记》下册，台北世界大同文创股份有限公司 2011 年版，第 560 页。

② 秦孝仪主编：《先总统蒋公思想言论总集》卷 14，台北中国国民党中央委员会党史委员会 1984 年版，第 582—585 页。

反对妥协"，实际上是国民政府的抗战动员令、坚决抗战的政策宣示，表明了作为执政党最高领导人捍卫国家领土主权，抵抗日本侵略的鲜明立场，一扫国民党蒋介石自九一八事变以来对日不抵抗、妥协退让的晦气，极大地振奋了民心，得到了全国人民的一致拥护。

中国共产党也给予高度肯定。毛泽东在1937年7月23日发表《反对日本进攻的方针、办法和前途》一文中指出："七月十七日，蒋介石先生在庐山发表了谈话。这个谈话，确定了准备抗战的方针，为国民党多年以来对外问题上的第一次正确的宣言，因此，受到了我们和全国同胞的欢迎。"①

蒋介石的七一七讲话，不但视卢沟桥事变为一场战争，而且认为是一场必须坚持到底的"持久抗战"。因此，蒋介石也大大提高了自己的个人威望，这是蒋介石一生中最闪光的亮点。他为抵抗日寇侵略、促成全国抗战做了一件大有益于民族的好事，值得充分赞赏和肯定。

蒋介石在下定全面抗战决心之后，即着手研究持久战战略方针及其作战指导原则问题。1937年8月2日，蒋介石密邀毛泽东、朱德、周恩来即飞南京，参加国防会议，共商国防问题。为了推动和促进国民政府正确制定全国抗战的战略总方针，毛泽东决定派朱德、周恩来、叶剑英三人前往。8月4日，张闻天与毛泽东商定，将向国民党提出"总的战略方针是攻势防御，决不能单纯防御，正规战与游击战相配合，发动人民的武装自卫战"等意见。中共中央还拟定了《确立全国抗战之战略计划及作战原则案》。9日，朱德、周恩来等飞抵南京，向国民政府提交了《确立全国抗战之战略计划及作战原则案》等多项议案，主要内容为：战略方针为持久防御战；基本作战原则是运动战，避免单纯的消耗战；开展广泛的游击战，造成主力运动歼敌之有利时机。

---

① 《毛泽东选集》第2卷，人民出版社1991年版，第344页。

8月11日，朱德、周恩来、叶剑英三人共同参加了国民政府军事委员会军政部谈话会。周恩来在发言中提出，在正面防御上，一方面，不应当停顿于一线及数线的阵地，而应当由阵地战转为平原与山地的扩大运动战；另一方面，则要采取游击战。①朱德在发言中提出，抗日战争在战略上是持久的防御战，在战术上则应采取攻势。在正面集中火力太多，必然受损失，必须到敌人的侧翼活动。敌人作战离不开交通线，我们则应离开交通线，进行运动战，在运动中杀伤敌人。朱德还特别强调，发动民众甚为重要，在战区应由下而上把民众组织起来。游击战是抗战中的重要因素，游击队在敌后积极活动，敌人就不得不派兵守卫其后方，这就牵制了它的大量兵力。②中共中央代表提出的国防意见、战略计划和作战原则方案，以及周恩来、朱德的发言，进一步阐述了中国共产党关于全面抗战路线和持久战的战略方针等一贯主张。这对于国民政府制定全国抗战的持久战战略方针起到了积极的推动作用。

8月20日，国民政府以大本营的训令颁发了《国军战争指导方案》，正式确定"以达成'持久战'为基本主旨，即实行'持久消耗战略'"③。其主要依据是因为中国幅员广大，人口众多，可以支持长期战争。蒋介石认为，中国抗战必须"抱定三年五年如一日的精神……铲除短期得失之念，不致因小胜而浮动，因小败而丧气。敌如欲尽占我四千万平方公里之地，宰割我四万万之人民，所需兵力，当为几何？敌之武力，终有穷时"④。

国民党政府视"持久消耗战略"为其最高战略，即国家之大战略。在蒋介石的讲话及国民政府军事委员会制定的对日作战方针及原则中，均不约而同地指出："敌之最高战略为速战速决，而我之最高战略，为持久消

①《周恩来年谱》，中央文献出版社1998年版，第383页。
②《朱德年谱》，中央文献出版社2006年版，第168页。
③ 台湾"国防部"史政局编：《中日战争史略》上册，台北正中书局1968年版，第169页。
④《陈诚将军抗战言论》，新生出版社1938年版，第2页。

耗。"①其基本思想是："利用我优势之人力与广大国土，采取持久消耗战，一面消耗敌人，一面培养国力，俟机转移攻势，击破敌人，争取最后胜利。"②持久消耗战略的主要内涵体现为三个方面。

第一，有利实行以空间换时间的战略思想。蒋介石认为，以空间换时间是持久消耗战略的精髓，我们现在与敌人打仗，就是要以长久的时间来固守广大的空间，要以广大的空间来延长抗战的时间，来消耗敌人的实力，争取抗战的最后胜利。

第二，实行持久消耗战略的战略原则有利于改变敌我力量的对比。蒋介石认为，实行持久消耗战略的"要旨在于始终保持我军之战斗力，而尽量消耗敌人力量，使我军达到持久抵抗之目的"③。其实质就是通过长期战争消耗敌人的有生力量，积小胜为大胜，逐步改变敌我力量对比，将抗战初期的敌强我弱转变为敌弱我强，最后实行对日战略反攻作战。

第三，持久消耗战略的具体战役指导原则为：实行内线固守，分兵把口。蒋介石认为："敌人的利器是飞机、大炮和战车，而我们的利器是深沟、高垒和厚壁。"因此，抗战获胜的"要道"是"固守阵地，坚忍不退，层层布防，处处据守"④。

从国民党政府确定的对日作战的最高战略方针——持久消耗战略的主要内涵来看，其第一、第二条作战指导原则，应该说，是完全符合中国抗日战争敌强我弱的国情客观实际的，八年全面抗战的历史已经证明，它是成功的，是弱国战胜强国的高明而有效的军事指导方略。但第三条则存在较大缺陷，这是蒋介石军事思想守旧、保守的反映。他在抗日战争的战术运用上，仍停留在十年内战时期。他曾说："现在抵抗日本并没有什么大

① 《何上将抗战期间军事报告》上册，台湾文星书店1962年版，第107页。
② 何应钦：《日军侵华八年抗战史》，台北黎明文化事业股份有限公司1982年版，第13页。
③ 张其昀主编：《先总统蒋公全集》第3册，台北中国文化大学出版部1987年版，第3851页。
④ 张其昀主编：《先总统蒋公全集》第1册，台北中国文化大学出版部1987年版，第1073页。

的新技术，仍旧可以用我们'剿匪'的办法，对付日军要步步为营，处处设防，到一个地方先就挖好深战壕，修好极固工事。然后，固守不退、稳打稳扎。"① 应该说，这实在是一套死拼硬打的笨办法，在个别时间、个别地域及空间，偶然使用一下也许尚可，但绝非非对称作战的有效指导原则。后来正面战场许多战役遭受重大牺牲伤亡，都已得到证明。在1937年八一三淞沪战役的第一、第二阶段，就是遵照蒋介石的指示布置兵力的。对于缺乏重型武器、战车，又缺少严格训练的中国军队来说，是得不偿失的，中国军队使用"层层布防，处处据守"的"深沟坚守"战术，与有战车、坦克等重武器及飞机空炮火力支援，机动速度快，占绝对优势的日军作战，结果呢？则是直接造成了中国军队的极大伤亡和迅速溃败，淞沪会战，日军参战部队8个师团，计30余万人，伤亡4万余人；国民党军参战部队共6个集团军计70余万人，伤亡25万余人。② 其间，李宗仁、白崇禧曾经两次劝说蒋介石改变处处据守的打法，抽出一些部队化整为零进行游击战，深入日军侧背或后方，破坏其交通线、后勤基地等，但均遭到蒋介石的反对。蒋介石个性倔强，很难倾听不同意见，又喜欢越级插手前线军事将领的事。这个毛病至死未改，到三年解放战争时期更加任性放肆，这也是他败退台湾的一个重要原因。

当时，李宗仁、白崇禧、陈诚等人都曾对蒋介石的"层层布防，处处据守"的"深沟坚守"战术，表示不赞同。相反，他们却十分赞赏毛泽东在1936年提出的抗日中心战略"必须是运动战，而着重依靠游击队战术。深垒战必须利用，但这在战略上只是辅助的和次要的"军事原则，李宗仁明确说："日本利于主力战，而中国则以游击战扰之。"③

---

① 蒋介石：《抵御外侮与复兴民族》，见秦孝仪主编：《中华民国重要史料初编——对日抗战时期》绪编，"中央"文物供应社1981年版，第124页。
② 刘庭华：《中国抗日战争与第二次世界大战统计》，解放军出版社2012年版，第222页。
③ 李宗仁：《焦土抗战的理论与实践》，全面抗战周刊1938年版，第1920页。

尚需指出的是，蒋介石在抗战初期固守单纯的防守战术，与他对军事学术缺乏研究，过分强调通过外交活动依赖列强干涉和外国援助，以及对抗日战争的战略阶段划分不科学有关。

　　从蒋介石的许多讲话中和他撰写的日记中得知，他对第一次世界大战以来世界军事革命的进展情况带来的军事理论的变化知之甚少。他没有全面系统地研究古今中外的有名的典型战例，除了对反映冷兵器时代军事原则的《孙子兵法》较为认真地研究过以外，对近代西方著名军事著作如克劳塞维茨的《战争论》、若米尼的《战争艺术》等著作都没有读过，这不能不说妨碍了他的军事战略视野。

　　与蒋介石不同，毛泽东博览群书，虽然没有进过专门的军事院校专门学习，1936年前连《孙子兵法》也没有看过，但他熟读"四书五经"、《三国演义》、《水浒传》等中国古典名著，同时他大量研读中国古代以弱胜强的许多著名战例，还专门研究了《战争论》等近代军事名著。这从他自己撰写的《中国革命战争的战略问题》《论持久战》等名作中得到充分体现。

　　毛泽东在《论持久战》中及时而科学地回答了中国抗战为什么是持久战、怎样进行持久战和最后胜利为什么属于中国的三大问题。对中国抗战为什么是持久战和最后胜利为什么属于中国这两个问题，蒋介石的回答与毛泽东的回答，可以说是英雄所见略同，有一点不同的是，蒋介石把中国抗战的基点放在国际援助上，采取拖延等待的消极办法。例如，在淞沪会战的第二阶段、第三阶段期间，蒋介石为了引起国际的注意，指示国民政府外交部致函"九国公约"签字国，并亲自约见有关国家的驻华使节，希望居中调停。其间，蒋介石还拒绝白崇禧等人关于改变死拼硬打战术的建议，再令已经溃不成军的中国军队继续坚守3天，从而导致撤退时的混乱无序，遭受重大伤亡。而毛泽东的回答则是以中国自力更生为主，广泛发动依靠群众，进行长期的灵活机动游击战争。

最大的不同点是，中国如何进行持久战。毛泽东提出了持久战三个阶段的发展规律，科学地预测了全国抗战的全过程，准确地描绘出了持久战的大体轮廓，给全国人民以极大的鼓舞和信心。毛泽东认为，中国抗战的长期性体现在三个阶段，即战略防御、战略相持和战略反攻。第一阶段，是日军的战略进攻，中国军队的战略防御；第二阶段，是战略相持，即日军的战略保守，中国军队准备反攻；第三阶段，是战略反攻，即中国军队进行战略反攻，日军被迫战略退却。应该说，战略相持的理论，是毛泽东持久战理论的核心和精华。毛泽东指出，由于中日国力军力强弱的悬殊，在敌停止战略进攻后，中国距离战略反攻的程度还相差很远，必须有一个相当长的阶段，继续消耗、削弱敌人的力量，积蓄壮大自己的力量，进一步改变敌我力量的对比，才能造成战略反攻的必要条件。战略相持阶段，是整个抗日战争的过渡阶段，也是最困难的时期，然而它是转变敌我力量对比的枢纽，中国是变为独立国，还是沦为殖民地，不决定于第一阶段大城市之是否丧失，而决定于战略相持阶段全民族努力的程度。中国将在此阶段中获得转弱为强的力量，从而演出精彩的战略反攻结幕。[1]八年全面抗战的历史进程，完全证明了毛泽东在1938年5月的科学预测的正确性。

而蒋介石呢？他提出了要建立后方根据地的战略构想，这无疑是坚持长期抗战的重要条件，毛泽东同样也提出了要建立抗日根据地的战略思想。但是，蒋介石比较单纯依赖政府和军队的力量来改变敌我力量总的对比，而不注重依靠广大人民群众进行深入而广泛的人民战争。因此，蒋介石对抗日战争战略阶段的划分缺乏科学认识，开始是思路不清，后来则是不科学。

全国抗战开始后，蒋介石国民党先后以南京和徐州的失守作为划分战

---

[1] 毛泽东：《论持久战》，见《毛泽东选集》第2卷，人民出版社1991年版，第465页。

略阶段的标志，从七七事变到南京失守为第一期抗战，徐州失守后到武汉会战为第二期抗战。对此，毛泽东在《论新阶段》中一针见血地指出："如果承认持久战或长期战争，又不赞成三个阶段，那末，所谓持久与长期就是完全抽象的东西，没有任何的内容与现实，因而就不能实现任何实际的战略指导与任何实际的抗战政策了。实际上，这种意见仍属于速胜论，不过穿上'持久战'的外衣罢了。"①毛泽东还明确地提出要根据三个阶段的不同特点，正确运用运动战、游击战和阵地战三种不同的作战形式。就全国抗战来说，在战略防御和战略反攻阶段，是以运动战为主，以游击战为辅，而在战略相持阶段，则以游击战为主，以运动战和阵地战为辅。所以，《论持久战》一发表，立即在全国引起了巨大反响，也得到许多国民党高级将领的赞同。傅作义把《论持久战》发给他的部队军官们阅读；白崇禧则把自己研读《论持久战》的心得体会之精髓概括为"积小胜为大胜，以空间换时间"两句话推荐给蒋介石，得到蒋介石的赞同。武汉失守后，蒋介石邀请叶剑英给国民党军高级军官开办训练班讲授游击战战法要领。

1938年11月25—28日，蒋介石在湖南南岳召开了军事会议，史称第一次南岳会议。第3、第9战区师长以上将领100余人参加了会议。中共代表周恩来、叶剑英也应邀参加。蒋介石在讲话中，首先修正了以往关于抗战分期的不妥。他明确提出："从前我们所说开战到南京失陷为第一时期，鲁南会战到徐州撤退为第二时期，保卫武汉为第三时期，这种说法都不适当，应即改正。我们这次抗战，依照预定的战略、政略来划分，可以说只有两个时期：第一个时期，就是我刚才所讲的，截至现在为止这以前的十七个月的抗战；从今以后的战争，才是第二期。"②

---

①《毛泽东军事文集》第2卷，军事科学出版社、中央文献出版社1993年版，第386—387页。
②《第一次南岳军事会议训词》（1938年11月25日），见张其昀主编：《先总统蒋公全集》第1册第2卷，台北中国文化大学出版部1984年版，第1171页。

然而，到了1944年2月的第四次南岳会议时，蒋介石又对抗战阶段的划分提出了新的看法。他认为："我们的抗战，经过这整整五年的奋斗牺牲，到今天又进入到了一个新的转折点，就是第二期抗战即将结束，我军向敌反攻决战的阶段——第三期抗战开始的时候了。今后的战局，敌我的形势已经完全转换过来了。在我们是处于主动的地位，处处要采取攻势；而敌寇则是处处受敌，被迫退守。"①为此，蒋介石还提出了对日反攻的两个方案，以及决战阶段的战略特点——采取主动，把握机会，多用小部队，断行攻击，强调到了反攻时期，要转败为胜，收复失地，等等。

　　仅就蒋介石关于抗战阶段划分的三次不同说法，从好的方面来讲，他是在不断地调整，不断地摸着石头过河；而从不好的方面则可以认为，蒋介石对抗日战争战略阶段的划分缺乏科学认识，特别是跟毛泽东相比，这一点尤为突出。

　　从第二次世界大战的全局来看，1944年春，苏联红军和太平洋战场上的美军都已经开始向德军及日军，发起了战略反攻作战，德、日法西斯都处于劣势被动的地位。在中国战场，虽然共产党领导的敌后战场如八路军第129师部队、山东军区部队分别于1943年秋开始对日军发动局部反攻作战，但蒋介石对正面战场阶段的划分，显然为时过早，特别是由于蒋介石始终坚持片面抗战路线，在抗战期间先后发动三次反共高潮，国民政府上下各级腐败成风，其军队内部矛盾重重、派系林立，士气低落，先后有近70万国民党军以所谓"曲线救国"而投降。在蒋介石讲话刚过2个月，在日军发动的"一号作战"（豫湘桂会战）中，正面战场即遭到惨败，又沦丧了146个大中城市等大片国土，损失50余万军人及约40个师的武器装备，国民党政府处于全国人民的一片痛骂怨声之中。

---

①《第四次南岳会议开会训词（一）》（1944年2月12日），见张其昀主编：《先总统蒋公全集》第1册第2卷，台北中国文化大学出版部1984年版，第1712页。

三、以"北守东攻"战略改变日军"北攻南进"的作战方向线，粉碎日军速战速决的战略企图，达成持久战战略目的，是战略防御阶段蒋介石对日作战的成功战略指导

关于改变日军"北攻南进"的作战方向线，引敌南下，实现中国军队"北守东攻"的战略方针，粉碎侵华日军三个月灭亡中国的速战速决的战略企图，早在全国抗战爆发以前，国民党政府军事委员会曾有过初步设想。据陈诚回忆说：

二十五年（一九三六）十月，因西北风云日紧，我奉委员长电召由庐山随节进驻洛阳，策划抗日大计。持久战、消耗战、以空间换取时间的基本决策，即均于此时策定。至于如何能不为敌所制的问题，亦曾初步议及。即敌军入寇，利于由北向南打，而我方为保持西北，西南基地，利在上海作战，诱敌自东向西而攻。关于战斗序列，应依战事发展不断调整部署，以期适合机宜；关于最后国防线，应北自秦岭经豫西、鄂西、湘西以达黔、滇以为退无可退之界限，亦均于此时作大体的决定。总之，我们作战的最高原则，是要以牺牲争取空间，以空间争取时间，以时间争取最后的胜利。[①]

1937年七七事变爆发后，日本政府为了欺骗世界舆论，麻痹中国国民政府，争取时间调动兵力，首先放出所谓"不扩大"事态的烟幕，然后却于7月11日发出《派兵华北的声明》。同日，日本参谋本部发出命令，从朝鲜和中国东北抽调第20师团和独立混成第1、第11旅团赶赴华北。16日，

---

① 何智霖编：《陈诚先生回忆录——抗日战争》上册，台北"国史馆"2005年版，第23页。

日军参谋本部制定了"对华作战要领"，决定进一步增兵华北，发动全面侵华战争。7月下旬，日本侵略者在其增调兵力陆续到达后，完成了对平、津的进攻部署后，随即发起大规模进攻，企图首先夺取平津，而后以平津为出发地，沿几条交通线，展开战略进攻，夺取华北之河北、察哈尔、山西、绥远、山东五省。为此，日军参谋本部于7月17日命令驻本土的第5、第6、第10师团开赴华北。在上述兵力到达后，日军即以平、津地区为出发地，沿平绥、平汉、津浦三条铁路线向中国军队发起进攻。8月11日，日军向南口汤恩伯部第13军实施正面进攻，南口战役打响。

与此同时，日本侵略者为了实现其速战速决、三个月灭亡中国的企图，在侵占了平津之后，又在上海制造事端，企图攻占上海，夺取南京，迫使中国政府屈服。8月9日，日本海军陆战队中尉大山勇夫和一水兵驾车强行进入虹桥中国机场，不听中国哨兵警告，反而枪击中国哨兵，遂被击毙。日军以此为借口，立即调驻沪海军陆战队、海军第三舰队主力进入上海附近海域。在此形势下，蒋介石遂急令驻京沪警备司令长官张治中率京沪沿线的第5军第87、第88师，向苏州、上海机动，并令该军第36师火速由西安开赴上海，参加作战，同时命令蚌埠的第56师、嘉兴的炮2旅调炮兵一个团、炮10团的一个营开往苏州，归张治中指挥。8月11日，国民政府军事委员会下达命令，决心围歼上海日军。8月12日黄昏时分，第87、第88师分别进至上海的杨树浦和闸北地区。本来，张治中打算在8月13日拂晓前发起对日攻击，由于蒋介石担心"当时各国代表组成的停战委员会正在开会协调中日问题，此时向日军开火，将会造成恶劣影响"[①]，而没有批准张治中的方案，以致白白错失了制敌良机。

8月13日上午9时许，日军突然向第87师发动进攻，中国守军奋起反

① 中国第二历史档案馆编：《抗日战争正面战场》上，江苏古籍出版社1987年版，第265页。

击，淞沪抗战遂告爆发，张治中立即向军委会报告，请求对日发起全面进攻，蒋介石随即批准同意，并命令空军明日出动轰炸，海军封锁江阴。自此，中国军队揭开了八一三淞沪抗战的序幕。14日，国民政府发表《自卫抗战声明书》，宣布"实行天赋之自卫权"。15日，蒋介石电令陈诚从庐山迅速赶回南京，商讨上海战事。18日，陈诚抵达南京，出任第三战区前敌总指挥。

8月19日，陈诚、熊式辉赴上海前线视察，20日又返回南京向蒋介石汇报。陈诚回忆说："后来熊的报告是：'不能打。'我的报告是：'不是能不能打的问题，而是要不要打的问题。'委员长要我加以说明，我接着说：'敌对南口在所必攻，同时亦为我所必守，是则华北战事扩大，已无可避免。敌如在华北得手，必将利用其快速部队，沿平汉路南犯，直趋武汉；如武汉不守，则中国战场纵断为二，于我大为不利。不如扩大淞沪战事，诱敌至淞沪作战，以达成二十五年所预定之战略。'委员长说：'打！打！一定打！'我趁此机会建议：'若打，须向上海增兵。'随后就发表我为第三战区前敌总指挥兼第十五集团军总司令，增调部队，赴沪参战。"[1]蒋介石决定在上海地区全面反击日军的进攻，这就造成了日军面临在华北和华东地区两线作战的困境，改变了日军"在华北得势后，以快速装备，沿平汉路南下，直趋武汉的作战路线"，使日军兵力分散，无法集中主要兵力于华北地区而向南进攻武汉，把中国军队拦腰斩断，一分为二，各个击破，从而避免了国民政府统辖的有生力量之精华——中央军被日军包围在东南地区，以致无法撤退到川、黔、滇西南大后方建立根据地这种十分不利的后果。

扩大淞沪战事，也符合蒋介石希望通过以此得到国际上的同情和支持

① 《陈诚私人回忆资料1935—1944年》，见《民国档案》1987年第1期，第14页。

的心态，因为上海是英、美等西方大国在华利益的重点地区，一旦发生大的战争，列强利益受损，必然会对日本侵华提出抗议。蒋介石在上海地区对日"一定打"的决心，反映了国民政府最高当局对中国抗日战争总体战略——持久消耗战略，以空间换时间的全局构想与整体部署，八年全面抗战的历史证明，这个军事方针与部署是完全正确的，是大而弱的中国战胜小而强的日本的正确选择。陈诚坦言："淞沪会战是我们导演的战役……因之由北向南的侵扰变成由东向西的仰攻，这便是沪战最大的成功所在。"①

8月20日，在日军对华北和淞沪地区展开大规模战略进攻的形势下，国民政府军事委员会正式确定"国军战争指导方案""作战指导计划"，并将临战地区划分5个战区：

第一战区（河北省和河南省北部），辖第1、第2、第14集团军；

第二战区（山西、察哈尔、绥远），辖第6、第7、第18集团军；

第三战区（江苏、浙江），辖第8、第9、第10、第15集团军；

第四战区（福建、广东），辖第4、第12集团军；

第五战区（山东、苏北），辖第3、第5集团军。

另外，还编成第1至第4预备军，直属军事委员会。

在国民政府建立战区、调整部署和加强华北防御之时，日军参谋本部于8月24日决定从国内再抽调第14、第16、第108、第109师团增赴华北战场，并成立华北方面军司令部，下辖8个师团、1个独立旅团和1个临时航空兵团，其任务是沿平汉、津浦两条铁路线南进，并以平汉路为主要突击方向，企图歼灭第一战区主力于河北地区，夺取冀、晋、鲁三省和豫北地区。至此，华北地区的日军兵力已达30余万人。

国民政府军事委员会在8月20日"大本营训令第一号"颁发作战指导

---

① 何智霖编：《陈诚先生回忆录——抗日战争》上册，台北"国史馆"2005年版，第60页。

为"以达成持久战为基本主旨"，要求"第一战区进迫该当面之敌，实行柔性攻击，以吸引其主力，俾我第二、第三战区之作战得从容展开"，"第三战区迅将目下侵入淞沪之敌陆海军及其空军陆上根据地，扫荡扑灭"①。这个作战方案，充分体现了"持久消耗战略"及改变日军作战方向的思想，即以华北为守势、以华中为攻势的战略指导，表明华东为主战场，华北为次要战场。

9月下旬至10月，太原会战态势已决，唯淞沪会战还在相持中，日军遂于10月中旬抽调第16师团增援上海派遣军。至11月初，日军在华中地区共9个师团，在华北地区共7个师团。很明显，中日战争的主战场已经由华北转移至华中，形成敌我兵力在华中地区对决的战略态势。淞沪会战前后的3个多月，日军投入的兵力共30多万人，动用军舰30余艘、飞机500余架、坦克300余辆。中国军队先后调集中央军和驻广东、广西、湖南、四川、贵州、云南等地部队，总兵力达70余万人，海军舰艇40余艘，飞机250多架。中国军队广大官兵同仇敌忾，英勇奋战，不惜牺牲，以劣势装备与优势装备的日军拼搏，以伤亡25万余人的巨大代价，歼灭日军4万余人。这次会战极大地鼓舞了全国人民的抗日热情，也为上海工厂内迁、保存经济实力、掩护国家转入战时体制赢得了宝贵的时间。

淞沪会战后，国民政府秉持"以空间换时间的持久消耗战略"，先后进行了多次会战：南京保卫战，日军虽然占领了南京，但中国仍坚持抗战决心不动摇；徐州会战，取得台儿庄大捷，歼灭日军1万余人，极大鼓舞了全国人民。1938年5月徐州会战临近尾声，为保存有生力量，蒋介石指示国民党军逐次向武汉方面转进，准备武汉会战。

中共中央和毛泽东不仅充分赞扬了国民政府积极抗战的态度，而且也

---

① 吕芳上主编：《中国抗日战争史新编·军事作战》，台湾"国史馆"2015年版，第28页。

充分肯定了蒋介石在抗战中的领导地位。1938年7月6日，中共中央发出《为抗战一周年给蒋委员长及全国抗战将士电》："溯自卢沟桥事变以来，蒋委员长，统筹全局，前线战士，英勇奋战，各党各派，精诚团结，全国人民，协力救亡，用能前仆后继，屡摧强寇，使我民族精神为之振奋，国际视听为之改观，最后胜利之始基为之奠定。凡此丰功伟烈，实属超越前史，永为国人所矜式。"10月，毛泽东在《论新阶段》的报告中说："去年七月七日卢沟桥事变发生之后，全中国就在民族领袖与最高统帅蒋委员长的统一领导之下，发出了神圣的正义的炮声，全中国形成了一个空前的抗日大团结，形成了伟大的抗日民族统一战线。……抗日民族统一战线是以国共两党为基础的，而两党中以国民党为第一大党，抗战的发动与坚持，离开国民党是不能设想的。国民党有它光荣的历史，主要的是推翻满清，建立民国，反对袁世凯，建立过联俄、联共、工农政策，举行了民国十五六年的大革命，今天又在领导着伟大的抗日战争。它有三民主义的历史传统，有孙中山先生、蒋介石先生前后两个伟大的领袖，有广大忠忱爱国的党员。所有这些，都是国人不可忽视的，这些都是中国历史发展的结果。"[1]

1938年1月11日（此前的1937年8月初蒋介石曾与熊式辉、陈诚说过），蒋介石在开封军事会议上又一次谈到运用持久消耗战略的特殊意义，他说：

上海失守，南京固难守住，这是显而易见的事。不过，我们要把眼光看远一些，应从全盘战局着想。敌人侵华，早已处心积虑，熟读了中国战史，对中国历代兴亡之道无不了然。今天，我最担心的是敌人如由河北打到山西，渡过黄河，由陕西南下四川而进攻云南、贵州，这是效法元朝忽

---

① 《毛泽东军事文集》第2卷，军事科学出版社、中央文献出版社1993年版，第401页。

必烈亡宋之路，再由西南向东席卷。到那时，我们纵使保有沿海各省，敌人可用海军封锁海口，形成数面包围夹攻，我们还有生路吗？为彻底摧毁敌人这一奸计，我们唯一的办法，就是在上海开辟战场，迫使他们力量分散，在沿海各省陷入泥沼中而不能自拔。至于我们的军力，不妨逐渐西移，迁都重庆，诱敌沿长江西上，就变成敌人难攻而我们易守了。只要我们能坚持抗战到底，未有不把敌人拖垮的。我们为什么要在上海作战呢？就是要打破敌人的战略，使他们不能按照原计划，集中兵力侵略我们华北。①

战后，蒋纬国曾对古屋奎二解读过蒋介石这个战略构想的内涵：

以中国军队一部对华北之敌持久，确保山西，相机集中主力于华东，对上海之敌取攻势，以迫诱日军转变其作战线，为沿长江由东向西。中国军队基于此一构想，先调集有力部队在察绥晋方面，向将由华北南下的日军右侧发动攻势，并确保山西，以牵制或迟滞日军南下。继而借八一三事件集中精锐部队于华东方面。主动向淞沪之敌猛攻，迫诱日军大本营自东北基地、日本本土以及华北原主战方面相继增援淞沪，其侵华之作战线，遂形成沿长江处自东向西。

此一战略指导，获得了下列战略效果：第一，日军仅能压迫中国军队沿通往大后方之补给线撤退，无法迫其决战。因而日军"速战速决"战略被否定。第二，使中国军队不仅能确保其补给线之安全，且获得余裕时间，将东南地区之人力与物力迁移于大后方，从事整备建设。因而为后来的转移攻势奠定基础。第三，使日军补给线延长，且无法发挥其优势，增大其作战之困难。②

---

① 古屋奎二：《蒋总统秘录》，台北"中央"日报社1976年版，第183页。
② 古屋奎二：《蒋总统秘录》第11册，台北"中央"日报社1976年版，第62—63页。

1938年11月25日，蒋介石在第一次南岳军事会议开会训词中，对他的诱敌于长江流域而改变日军作战方向线的战略思想，颇感自豪：

这个在战略上制胜的要诀，各位应看孙子兵法的《虚实篇》所讲的"能使敌人自至者，利之也；能使敌人不得至者，害之也"这两句话。我们现在就是诱敌深入，使他自至，以进入进退维谷的境地。过去我们第一期抗战的任务，就是实施孙子所说的这个制胜要诀，所以在去年平津失陷的时候，我们不能将全国所有的部队调到华北，去与敌人争一城一地的得失，而将我们的主力部队机动的使用，节节抵抗，逐步消耗敌人，一定先要引诱他到长江流域来。现在我们这种战略的布置已经完成，尤其是敌人侵入广州后，特别可以助成我们这种战略上的最后胜利。《孙子兵法》上又说："凡先处战地而待敌者逸，后处战地而趋战者劳；故善战者致人而不致于人。"我们能诱敌深入，我军是先处战地以待敌，敌人是后处战地而趋战。在我们完全是以逸待劳，步步致敌，而不为敌所致。我们第一期的战略，也就是实行孙子这两句话，以遂行我们消耗敌人，疲困敌人，诱敌深入于我军决战的阵地，而完成我们最后胜利的布置。现在，我们这种布置已经成功，今后我们就可乘此势力来达成第二期抗战的任务。[1]

应该说，蒋介石设想的运用扩大淞沪战役规模，将侵华日军由华北引向华东地区，分散敌之兵力，又改变日军由华北南下进攻武汉的作战方向线的战略，是相当高明的一招。历史证明，它是一个成功的战争指导方略。

国民政府军事委员会已于1937年12月13日拟订了保卫武汉的作战计划，1938年6月又对作战序列作了调整部署，蒋介石亲任总指挥。为了抵

---

① 张其昀主编：《先总统蒋公全集》第1册第2卷，第1172—1174页。演讲类，抗战时期，中国文化大学中华学院编印，1984年。

御民族大敌，国共两党进一步加强了合作。在徐州会战前，中共中央就明确提出了保卫武汉的任务，并派周恩来、董必武、叶剑英等一批领导干部到武汉工作，以加强抗日民族统一战线，动员和组织各界民众配合国民党军保卫武汉。在中国共产党的积极推动下，武汉地区人民群众的抗日救亡热情空前高涨。中国共产党领导的敌后战场广泛发动游击战争，积极打击和牵制日军，充分发挥了战略支队的配合作用。

1938年10月17日，蒋介石决定放弃武汉，国民政府机关全部迁往重庆。30日，蒋介石发表《为退出武汉告全国国民书》，阐明了放弃武汉、坚持持久抗战的战略意义。他说：

我国抗战根据，本不在沿江沿海浅狭交通地带，乃在广大深长之内地，而西部诸省尤为我抗战之策源地，此为长期抗战之根本战略，亦即我政府始终一贯之政策也。

武汉地位，在过去十七个月抗战工作上之重要性，厥为掩护我西部建设之准备与承接南北交通之运输。故保卫武汉军事之主要意义，原在于阻滞敌西进，消耗敌军实力，准备后方交通，运各必要武器，迁移我东南与中部之工业，以进行西北西南之建设。

今者我中部工业及东南沿海之人力物力多已移植西南诸省，西北之开发与交通建设已达初步基础，此后抗战，乃可实施全面之战争，而不争区区之点线。①

从上述蒋介石的讲话中可以得知，他汲取了淞沪会战中"层层布防，处处据守"的"分兵把口"的单纯阵地防御战术而导致中国军队遭受重大

---

① 秦孝仪总编撰：《总统蒋公大事长编初稿》卷4上册，台北中国国民党中央委员会党史委员会1978年版，第301—302页。

伤亡的经验教训，改变为以保存有生力量为主。对此，毛泽东与蒋介石的看法可谓是英雄所见略同。1938年11月12日武汉会战还在进行之际，毛泽东在中国共产党第六届中央委员会扩大的第六次全体会议上所做的政治报告《论新阶段》中也认为：

保卫武汉是争取时间问题不是死守问题。保卫武汉斗争的目的，一方面在于消耗敌人，又一方面在于争取时间便于我全国工作之进步，而不是死守据点。到了战况确实证明不利于我而放弃则反为有利之时，应以放弃地方保存军力为原则，因此必须避免大的不利决战。……避免战略决战而力争有利条件下的战役与战斗的决战，应是持久战的方针之一。于必要时机与一定条件下放弃某些无可再守的城市，不但是被迫的不得已的，而且是诱敌深入，分散、消耗与疲惫敌人的积极的政策。[①]

武汉会战历时4个半月，是抗日战争战略防御阶段规模最大的一次会战。其间，中国军队投入122个师100余万人，日军调集13个师团25万余人。中国军队以伤亡25.5万余人的代价，歼灭日军3.5万余人。武汉会战大大消耗了日军的有生力量，彻底打破了日军速战速决、迫使中国屈服的战略计划。日军进行攻占武汉作战的企图是继续围歼中国军队主力，并迫使中国政府投降。徐州会战后，日本大本营陆军部认为："攻占汉口作战是早日结束战争的最大机会。只要攻占汉口、广州，就能统治中国。"[②]但与日军的战略企图相反，日军占领武汉后，再也没有能力发动战略进攻了，被迫与中国陷入长期而持久拉锯战的泥潭中，中国抗日战争自此进入战略相持阶段。

①《毛泽东军事文集》第2卷，军事科学出版社、中央文献出版社1993年版，第392页。
② 日本防卫厅防卫研究所战史室：《中国事变陆军作战史》（2），朝云出版社1976年版，第86页。

中国由于实行"北守东攻"而转变作战方向线，将日军进攻的重点方向华北转向了华中，从而打破了日军速战速决的图谋，达成了保存有生力量、坚持长期持久抗战的战略方针。对此，在武汉沦陷后不久，于1938年11月25日召开的第一次南岳军事会议上，蒋介石在会议开幕时发表的训词，非常自信地认为，在七七事变至武汉失守这17个月的第一期抗战中，"从军事上说，我们虽然失去了许多土地，死伤了许多同胞，就一时的进退看，表面上我们是失败了；但从整个长期的战局上说，在精神上，我们不但没有失败，而且是完全成功。最重要的一件事，就是我们争取最后胜利战略上一切布置的完成，亦就是已经依照我们预定的战略陷敌军于困敝失败莫能自拔的地位。这就是孙子所说的'致人而不致于人'的最高原则，今日我们已做到了。……可以说自开战以来，我们始终是站在主动地位，而使敌人始终处于被动地位，这就是我们最后胜利的基础"①。

蒋介石的这段讲话，所谓完成了"争取最后胜利战略上一切布置"，简言之，就是中国实行"持久消耗战略"，采取以空间换时间，以"北守东攻"方略转变作战方向线，彻底粉碎了日军速战速决，三个月灭亡中国的战略图谋，达成了坚持持久抗战的战略格局，这也是中国"最后胜利的基础"。

1941年12月8日太平洋战争爆发后，蒋介石提出"苦撑待变"战略，这实际上则是原先"以拖待变"思想的换一种说法而已，可以说，是"持久消耗战略"的继续或延伸。这符合中国抗战的实际。蒋介石一贯认为，因为中日力量悬殊，单靠中国自身的力量是难以彻底打败日本的。同时，中国的抗战也不是孤军奋战，日本的不断扩大侵略战争，必然会与苏、美、

---

① 《第一次南岳会议开会训词》（1938年11月25日），张其昀主编：《先总统蒋公全集》第1册第2卷，台北中国文化大学出版部1984年版，第1172页。

英等列强发生冲突以至战争。所以，中国的抗战必须坚持到与世界大战同时结束。1939年11月12日，蒋介石在国民党第五届中央委员会第六次全体会议上发表讲话中说：

我们抗战的目的，率直言之，就是要与欧洲战争——世界战争同时结束，亦即是说中日问题要与世界问题同时解决。……因为中日问题……并非简单的中日两国的问题，乃是整个东亚亦即整个世界的问题，而且今日中国问题，实为世界问题的中心……

世界问题不能解决，中国问题也就不能解决，而我们中国依旧不能脱离次殖民地的地位。[1]

他还认为："帝国主义者之在东方，或者在中国，其冲突均随时可以发生。冲突之焦点，必在中国。中国此时若不努力奋斗，团结一致，至第二次世界大战起，即为亡国之日。"[2] 所以，为了中华民族独立解放，中国必须坚持长期的持久抗战，运用列强之间的冲突矛盾，以外交手段引起相互牵制与干涉，争取时间，并以拖待变，"俾利持久抗战的进行"，争取中国抗战的最后胜利。应该说，蒋介石的上述观点，确是站在世界大战略的格局上，来看待中国的抗日战争的归宿。他一针见血地道出了当时大而弱的中国的国际地位单靠中国一国之力是不能完全彻底打败日本军国主义，必须和同盟国合力协同作战，才能最后战败日本。总之，他坚持中国的抗日战争必须与第二次世界大战同时结束的思想，是完全正确的，确有战略远

---

① 秦孝仪主编：《先总统蒋公思想言论总集》第16卷，台北中国国民党中央委员会党史委员会1984年版，第577页，转引自吕芳上主编：《中国抗日战争史新编·军事作战》，台湾"国史馆"2015年版，第38—39页。

② 秦孝仪主编：《先总统蒋公思想言论总集》第10卷，台北中国国民党中央委员会党史委员会1984年版，第417页。

见。1945年9月2日，日本无条件投降后，东北三省、台湾、澎湖列岛等中国领土重新回到中国就是最好的明证。

总之，国民政府军事委员会"持久战、持久消耗战略和苦撑待变"军事指导思想，是符合当时中国抗战实际的，不愧为大而弱的中国战胜小而强的日本的有效军事思想理论。

卢沟桥事变与蒋介石抗战的"最后关头"

日本蓄意挑起七七事变，进而发动全面侵华战争。宋哲元冀察当局希望能"作地方事件解决，避免事态扩大"，对日妥协退让，热衷于"和谈"而疏于备战，特别是将原驻守在北平市内的第37师换防，导致刚一开战就造成重大伤亡且平津失陷。国民党政府对卢沟桥事变情势发展的判断更全面更准确，抗战决心比宋哲元下得更早；蒋介石七一七讲话"应战，不求战：如果放弃尺寸土地与主权，便是中华民族的罪人"，是主张坚决抗战、反对妥协退让的抗战宣言。蒋介石抗战的"最后关头"与"恢复卢沟桥事变前原状"，是同一意义的两种说法而已。他排除国民党内"主和派"的干扰，坚持抗战国策不动摇。

七七事变，是日本自制造九一八事变以来蓄谋已久，企图变华北为第二个"满洲国"，进而灭亡中国的严重步骤，是日本军国主义者加紧实施《田中奏折》中所谓"按照明治大帝的遗策，第一期征服台湾，第二期征服朝鲜等，皆已实现。惟第三期之灭亡满蒙，以便征服全中国尚未完成……因此，欲征服中国，必先征服满蒙；欲征服世界，必先征服中国"[①]的"大陆政策"的必然结果。

日本侵略军制造七七事变，发动全面侵华战争，中国军队被迫奋起抵

---

① 外务省编：《日本外交年表并主要文书》下，原书房发行所1966年版，第102页。又见日本历史学会编：《太平洋战争史》第1卷，商务印书馆1959年版，第224页。

抗。七七事变最终导致了全国性抗战的爆发。以往的抗战史研究中，往往把八一三事变作为"全国进入抗日战争"的起点，认为日本向上海的大举进攻"直接侵害着四大家族的经济中心与英美帝国主义在华的财产集中地，使日本和国民党的矛盾以及和英美的矛盾更加尖锐起来。……国民党统治集团才不得不暂时倾向于比较积极抗战的一面"①。这一观点与历史事实不完全相符，值得商榷。史实表明，七七事变，既是蒋介石说的抗日的"最后关头"，也是全国性抗战的起点。

一、日本蓄谋挑起七七事变

1936年4月，日本驻华北的中国驻屯军由1771人增至5774人，分驻北平、天津、秦皇岛、山海关等要地；关东军向察哈尔多伦（今属内蒙古）、热河围场等地屯兵至5000余人，整编伪蒙军达4万余人，驻扎在张家口以北地区；扩编盘踞在冀东的伪保安队1.7万余人，已经形成了从东西北三面对北平的威胁。从1937年5月起，日军频繁在宛平城卢沟桥附近开展挑衅性军事演习。

中国驻军第29军军长兼冀察政务委员会委员长宋哲元和副军长秦德纯、佟麟阁所部辖4个步兵师（每师4个旅，第143师刘汝明部驻张家口和宣化地区，第37师冯治安部驻北平西苑一带，骑兵第9师郑大章部等驻南苑、北苑和黄寺，第38师张自忠部驻天津及北宁线天津沿线，第132师赵登禹部作为二线部队分驻河北任丘、河间一带）、1个特务旅、2个保安旅等，总兵力约10万人，防守冀、察、平、津地区。

面对日军的挑衅，中国第29军加强了抗战的准备工作：抽调第37师第110旅（旅长何基沣）第219团（团长吉星文）接防宛平与长辛店地区。该团

---

① 《中国新民主主义革命时期通史》第3卷，人民出版社1962年版，第13—14页。

随即以加强的第3营（辖4个步兵连、1个轻迫击炮连、1个重迫击炮连、1个重机枪连，共1400余人，营长金振中）部署于宛平城和卢沟桥一带；以第1、第2营和团部集结在长辛店地区。与此同时，中共北平地下党组织和进步人士分头到第29军宣传抗日，以激发广大官兵的爱国热情。第219团官兵抗战意志高昂，一致表示"宁为战死鬼，不当亡国奴"。

1937年7月7日晚7时30分许，驻丰台日军步兵第1旅团第3营开往紧靠卢沟桥中国守军驻地回龙庙、大瓦窑一带，举行挑衅性演习，诡称日军在卢沟桥演习时"失踪"一名士兵，要求进入宛平城搜查。在遭到中国守军第219团第3营营长金振中的严词拒绝之后，日军随即炮击宛平城，向卢沟桥发起进攻。守军第219团团长吉星文率部奋起还击。至次日晨，龙王庙、五里店、卢沟桥火车站被日军占领。8日晚，第110旅旅长何基沣率部反击，由西苑及长辛店夹击宛平城外日军，一举夺回了失去的阵地，全歼侵占卢沟桥火车站的日军。

日军制造七七事变，进而发动全面侵华战争。中国军队奋起抵抗，全国性抗战由此爆发。同时，它也是反法西斯的第二次世界大战在东方的爆发点，换句话说，七七事变是第二次世界大战的起点。

7月9日，蒋介石急令军事委员会办公厅主任徐永昌："我军已全部动员，各地皆令戒严，并准备宣战。"①17日庐山谈话后，蒋介石认为："平津既陷，人民荼毒至此，虽欲不战，亦不可得，否则，国内必起分崩之祸。与其国内分崩，不如抗倭作战。"②8月7日，国民政府遂召开国防党政联席会议，蒋介石发表讲话，决心"对日主战"，不再是以前的"一面抵抗，一面交涉"，而是持久抵抗，抗战到底。

---

① 《徐永昌日记》第4册（1937年7月9日），第73页，转引用自吕芳上主编：《中国抗日战争史新编·军事作战》，台湾"国史馆"2015年版，第20页。
② 吕芳上主编：《中国抗日战争史新编·军事作战》，台湾"国史馆"2015年版，第20—21页。

二、宋哲元冀察当局的"作地方事件解决，避免事态扩大"

第29军的主要领导，如副军长兼北平市市长秦德纯、第37师师长兼河北省政府主席冯治安和第143师师长兼察哈尔省主席刘汝明等，均属于态度强硬、对日绝不让步的"主战派"。事变发生的当夜凌晨2时许，秦德纯即电示冯治安和第219团团长吉星文："保卫领土是军人的天职，对外战争是我军的荣誉，务即晓谕全团官兵，牺牲奋斗，坚守阵地，即以宛平城与卢沟桥为吾军坟墓，一尺一寸国土，不可轻易让人。"[①]当日军要求中国驻军撤出宛平城时，秦、冯等都坚决表示，卢沟桥和宛平城绝对不能退出。

然而，作为冀察政务委员会委员长兼第29军军长的宋哲元，对七七事变的态度曾经抱有和平解决的幻想。事变发生时，宋哲元还在原籍山东乐陵老家省亲。他虽然不甘日本的压力，但打算把卢沟桥事变"作地方事件解决，避免事态扩大"[②]。他虽然主张抗日，但"希望俟有准备后再抗战"[③]。这与蒋介石和国民党政府大多数人的态度相同。宋哲元虽然表面上贯彻蒋介石"不丧权，不失土"的旨意，但他与蒋介石有矛盾，企图在与日周旋中保存实力，保住第29军在冀、察的地盘，维持华北现状，所以在军事上缺乏认真而充分的准备，并对国民党中央军孙连仲部北上支援第29军的行动采取暗里抵制的态度，他更希望通过和平谈判来解决七七事变。7月9日，蒋介石电令宋哲元"速回保定指挥"[④]。宋哲元由于热衷于政治谈判，迟迟没有回保定指挥。

其时，在北平宛平城内的谈判正在进行。日方向中方提出两点建议：

① 秦德纯：《七七卢沟桥事变经过》，台湾《传记文学》第1期，1962年6月。
② 秦德纯：《七七卢沟桥事变经过》，台湾《传记文学》第1期，1962年6月。
③《卢沟桥事件第十六次会报》（1937年7月26日），中共中央党校中共党史资料室编：《卢沟桥事变和平津抗战（资料选编）》，1986年版。
④《蒋介石致宋哲元密电稿》（1937年7月9日），中共中央党校中共党史资料室编：《卢沟桥事变和平津抗战（资料选编）》，1986年版。

（1）双方立即停止射击，死伤官兵可允许各自运回；（2）由冀察绥署2人、日方4人（内有日本高级顾问樱井德太郎）在天亮后乘汽车进入宛平城内调查昨夜所出的事故。

7月8日晨6时许，日方谈判代表如约来到宛平城内，日方首先提出三点无理要求：（1）守城和桥的中国军队撤出城西10里以外，以便日军进城搜查；（2）日方损失由中方赔偿；（3）严惩这次造祸的祸首。遭到中方的严词拒绝后，至上午9时半，日军又向宛平城和卢沟桥发起猛烈攻击。中方代表愤怒日方的背诺，将其翻译官爱泽枪决，并将其他3名日本人捆缚出宛平城。当日，日军三次进攻宛平城中国守军，后被中国驻军打退。

至7月9日凌晨2时，中日双方经过交涉，初步达成三项口头协议：（1）双方停止射击；（2）日军撤至永定河左岸，中国军队撤至永定河右岸；（3）宛平城卢沟桥的守备由冀北保安队接防。[①]

但是，谈判实为缓兵之计，日本并不打算真正执行停火撤军协议，它想借所谓"不扩大事态"的谈判来拖延时间，以便向华北增兵，待增援部队抵达后，发起更大规模的军事进攻，以消灭第29军。7月9—10日，日军背约弃信，4次进攻宛平城，并占领铁路桥和回龙庙。10日夜，第29军展开全面反击，经过10余次争夺，终将失地夺回。日军退到大枣山及以东地区，等待国内援军到来。

宋哲元下决心全面抵抗日军侵略比较迟缓的主要原因有二。第一，宋哲元受冀察政务委员会内部亲日派齐燮元、张允荣等人所谓"华北特殊化"思想的影响包围，致使他"陷入政治谈判之圈套，而对军事准备频现疏解"[②]，对日方抱有幻想。而日本为达成使华北脱离国民党中央政府的阴谋，

① 《松井大佐和秦德纯达成的协议》（1937年7月9日），见中共中央党校中共党史资料室编：《卢沟桥事变和平津抗战（资料选编）》，1986年版。

② 《何应钦致宋哲元等密电》（1937年7月17日），中共中央党校中共党史资料室编：《卢沟桥事变和平津抗战（资料选编）》，1986年版。

则利用宋哲元与国民党中央政府的矛盾，多次施放"不扩大"的烟幕。第二，由于军阀割据思想的影响等历史原因，宋哲元对蒋介石也存有一定的戒备心，"恐中央军北上，渐次夺其地盘"①，而热衷于和缓，缺乏真正的军事上的备战，因此也想与日方暂谋妥协，设法拖延时间，以集中兵力，加强军事部署抵抗日军侵略。

宋哲元于7月11日才由山东乐陵回到天津，随即发表书面谈话，表示和平诚意。当日晚，冀察当局与日方再次签订《卢沟桥事件现地协定》：（1）第29军代表声明向日军道歉，并保证今后不再发生类似事件；（2）宛平城及龙王庙驻军，改由保安队维持治安；（3）取缔共产党及其他抗日团体。但由于这一协定签订时中日双方仍在继续交战之中，所以，实际上根本没有执行。宋哲元希望以此来换取日本的停止军事进攻。15日，宋哲元派第38师师长兼天津市市长张自忠等与日本驻屯军参谋长桥本群少将等正式谈判。18日，宋哲元还在天津会晤了日本新任中国驻屯军司令官香月清司，进行"道歉"，以此来讨好日方。19日，他离开天津返回北平，随即下令撤除北平城内的防御设施，查禁抗日书报，要求国民政府中央军孙连仲部停止北上，并将冯治安第37师调离北平，改由赵登禹第132师接防。21日，张自忠等还签署了为实现11日《卢沟桥事件现地协定》的具体条款。但是，日军扩大侵略规模的军事行动，并未因宋哲元的对日妥协而停止，反而不断向宛平城和卢沟桥一带的中国驻军发起军事进攻。直到7月21日，日军的不断进攻才使宋哲元头脑清醒地领悟到："战争之事，将来恐不能免。"②

11日当天，日本内阁会议通过派兵决议案，发表《派兵华北的声明》，并把七七事变称为"华北事变"，诬陷中国第29军挑起事变，并任命香月

---

① 《杨宣城致何应钦的报告》（1937年7月22日），中共中央党校中共党史资料室编：《卢沟桥事变和平津抗战（资料选编）》，1986年版。

② 《宋哲元致何应钦电》（1937年7月21日），中共中央党校中共党史资料室编：《卢沟桥事变和平津抗战（资料选编）》，1986年版。

清司中将为中国驻屯军司令官。7月15—17日，日本参谋本部相继制定了《对华作战要领》和《在华北用兵时对华战争指导要领》，准备在两个月内"讨伐"中国第29军，预定在三四个月内消灭中国中央政权，从而表明了日本政府不断扩大侵华战争规模，发动全面侵华战争的决心。

至7月25日，日军增兵华北的军事部署大体就绪，已调关东军独立第1旅团集结于怀柔地区、独立第11旅团主力进抵高丽营；调驻朝鲜日军第20师团部署于天津、唐山、山海关一线。7月26日，日军第20师团第77联队和中国驻屯军步兵旅团一部侵占廊坊，并于当晚进抵广安门。

7月26日，日本驻屯军向宋哲元提出了"最后通牒"：

（一）八宝山、卢沟桥附近的第37师，须于27日中午前撤至长辛店。

（二）北平市内的第37师，须于当日中午前，经平汉线北面撤至永定河右岸，以后继续移驻保定地区。

（三）如不按上述实行，即认为贵军无诚意，我军将不得不采取单独行动。①

7月27日，日本参谋本部下令向中国第29军发动攻击，并下令在国内进行第二次战争动员，增调第3、第6、第10、第11师团等部共20余万人派往中国华北。

7月28日，宋哲元在平津危在旦夕的情况之下，才拒绝了日方一切无理要求，于当日向全国发出自卫守土通电。为了不使北平古都受到损害，宋哲元、秦德纯、张自忠等商定，决定放弃北平，退守保定，并留张自忠代理冀察政务委员会委员长、北平绥靖主任和北平市市长。晚上9时许，

---

① 《日本中国驻屯军对宋哲元发出最后通告的主要内容》（1937年7月26日），中共中央党校中共党史资料室编：《卢沟桥事变和平津抗战（资料选编）》，1986年版。

宋哲元、秦德纯率部仓皇离开北平赴保定。蒋介石随即任命宋哲元为第1集团军总司令，第29军也扩编为第68、第59、第77三个军。夜半之时，第29军撤离北平。张自忠于8月4日身穿丧服，伪装成孝子，骑自行车离开北平，到天津搭船至青岛，再改乘火车至济南。1938年春，张自忠至武汉见到蒋介石，对自己的抗战不力表示悔罪，并痛哭流涕，悲痛不已，但蒋介石并未怪罪张自忠，还任命他为第59军军长。

7月28日凌晨，日军在南苑向中国军队发起总攻。当时，第29军驻南苑约7000人。日军第20师团、驻屯军步兵旅团主力在飞机、大炮火力支援下，从东、南、北三面向南苑发起进攻。由于宋哲元的对日妥协，中国守军被迫应战，在5个多小时的惨烈战斗中，伤亡2000余人，第29军副军长佟麟阁、师长赵登禹英勇牺牲。南苑遂陷敌手。

7月29日，日军侵占北平。同日，第29军驻天津的第38师第112旅、独立第26旅等部，先后于29日凌晨分别向天津各车站、机场等地日军发起进攻，烧毁日机10架，并攻占了天津火车总站和东站，但因对日军航空兵和猛烈炮火的反击不支，只好转攻为守。经15小时的激战，我军伤亡严重，遂于30日放弃天津，向马厂方向退却。

上述事实表明，宋哲元对卢沟桥事变"作地方事件解决，避免事态扩大"的方针，对日一再妥协退让，缺乏战争准备，结果是适得其反，不但没有避免事态的扩大，而且还招致灭顶之灾，特别是将原驻守在北平市内的第37师换防，这种不懂起码军事常识的行为，实乃为自己酿造了一坛毒酒，导致刚一开战就造成重大伤亡。这也是宋哲元热衷于"和平谈判"而疏于备战的后果。早在7月9日，蒋介石就电令他从速构筑国防工事，并"速回保定指挥"，但他迟迟不回保定，难以与中央军取得联系。无奈，蒋介石于7月12日派参谋本部次长熊斌北上保定，与宋哲元取得联系，向宋哲元传达国民党中央政府的抗战方略，并要求冀察方面"从速切实加紧战备，万勿受欺"①。在日本继续增兵华北，不断扩大事态的严重情势下，蒋介石于7月13日又致电宋哲元："卢（沟桥）事必不能和平解决，决心运用全力抗战。"②同时，国民党政府也准备对日宣战。这说明，国民党政府对卢沟桥事变情势发展的判断更全面更准确，抗战决心比宋哲元下得更早。

三、蒋介石："应战，不求战：如果放弃尺寸土地与主权，便是中华民族的罪人！"

卢沟桥事变爆发后，在中国大地上引起了强烈的反响。作为中国政治舞台上最大的两个政党国民党和共产党，都先后表明了各自的态度和立场。

中国共产党在七七事变的第二天，即7月8日就发表了号召全国奋起抗战的宣言，通电全国：

全中国的同胞们！平津危急！华北危急！中华民族危急！只有全民族实行抗战，才是我们的出路！……我们的口号是：武装保卫平津，保卫华北！不让日本帝国主义占领中国寸土！为保卫国土流尽最后一滴血！全中国同胞、政府与军队，团结起来，建筑民族统一战线的坚固长城，抵抗日寇的侵略！国共两党亲密合作抵抗日寇的新进攻！驱逐日寇出中国！③

同日，中国工农红军朱德、彭德怀等将领致电蒋介石，表示："红军将士，咸愿在委员长领导之下，为国效命，与敌周旋，以达保土卫国之目的。"

与此同时，中共中央派周恩来、秦邦宪、林伯渠等二上庐山，与蒋介

---

①《钱大钧致秦德纯密电稿》（1937年7月12日），中共中央党校中共党史资料室编：《卢沟桥事变和平津抗战（资料选编）》，1986年版。

②《蒋介石致宋哲元电》（1937年7月13日），中共中央党校中共党史资料室编：《卢沟桥事变和平津抗战（资料选编）》，1986年版。

③《毛泽东选集》第2卷，人民出版社1991年版，第343—344页。

石、张冲、邵力子举行谈判。7月15日，中共代表团向蒋介石提交了《中共中央为公布国共合作宣言》，提出了发动全民族抗战、实行民权政治和改善人民生活等三项主张，并将其作为国共合作的总纲领和全国人民的共同目标，同时郑重声明："愿为彻底实现孙中山先生的三民主义而奋斗；取消一切推翻国民党政权的暴动政策，及赤化运动，停止以暴力没收地主土地的政策；取消现在的苏维埃政府，实行民权政治，以期全国政权之统一；取消红军名义及番号，改编为国民革命军，受国民政府军事委员会之统辖，并待命出动，担任抗日前线之职责。"这显示了中国共产党以民族利益为重、与国民党联合抗日的诚意。

蒋介石和国民党政府在全国抗日高潮的影响和推动下，对七七事变的态度转变为坚持外交"谈判"与军事"应战"两手并重的方针。7月8日，当蒋介石得知卢沟桥事变发生后，随即电示宋哲元："宛平城应固守勿退，并须全体动员，以备事态扩大。"①10日，蒋介石又特别提醒宋哲元，在与日方谈判中"尤须防其奸狡之惯技，务期不丧丝毫主权为原则"②。并急电宋哲元："从速构筑预定之国防工事，星夜赶筑，如限完成为要。"③这表明了国民党政府由原来的对日妥协开始向对日抵抗的强硬态度转变，也是他抗战意志的表现。

国民政府于7月8日获悉卢沟桥事变后，即于当日下午6时30分由外交部亚洲司科长董道宁赴日本驻华大使馆，向日方提出口头抗议，日使馆参事日高表示"无意扩大卢事"。10日，国民政府外交部向日本大使馆提出正式抗议：（1）日本方面之正式谢罪与处罚负责人员；（2）对于死伤之军民

---

① 《蒋介石致宋哲元电》（1937年7月8日），中共中央党校中共党史资料室编：《卢沟桥事变和平津抗战（资料选编）》，1986年版。

② 《蒋介石致宋哲元密电稿》（1937年7月10日），中共中央党校中共党史资料室编：《卢沟桥事变和平津抗战（资料选编）》，1986年版。

③ 《蒋介石致宋哲元密电稿》（1937年7月10日），中共中央党校中共党史资料室编：《卢沟桥事变和平津抗战（资料选编）》，1986年版。

及轰毁之建筑物赔偿损失；（3）防止不祥事件之再发，并要求日本方面之今后保障。①11日，针对日军不断扩大侵略行动，国民政府外交部发言人发表正式声明：谴责日军扩大事态的行径。鉴于直接谈判无效，国民政府于7月16日请英国驻华大使出面"调停"，亦被日方拒绝。

为了揭露日本不断扩大侵华战争的野蛮行径，赢得世界舆论的同情和支持，蒋介石指示中国驻英大使郭泰祺于7月16日谒见英国外交大臣艾登，面交《中国政府声明之节略》。该节略指出："中国政府认为'此项侵略行为'实属破坏华盛顿九国公约所规定之中国领土主权完整。"②同时，将该节略分别送交美国、比利时、英国、法国、意大利、荷兰、葡萄牙等九国公约签字国，此外还送交苏联和德国。

蒋介石为防止日本胁迫冀察当局造成"华北特殊化"，指示中国驻法大使顾维钧于7月16日发表谈话，指出："中国政府已通告各国政府，凡日本强令华北当局所缔结之协定非经中央政府核准者，中国概不加以承认。"③并决心用一切方法抵抗日本侵略行为。总之，在卢沟桥事变情势不断严重的形势下，国民党政府在政治宣传、外交舆论等方面发动了强大攻势。国民党政府的党、政、军等高官纷纷发表谈话、演说、文告、通电等，谴责日本的侵略行径，表示抗战的决心。

特别是蒋介石7月17日在庐山发表的谈话，是国民党对卢沟桥事变的公开表态，正式提出了对卢沟桥事变的基本立场、方针。七七事变发生时，蒋介石正在庐山主持军事训练团，后则召集有青年党、国社党、农民党、村治派、职业教育派、救国会等领导人和社会名流人士参加的谈话会。此

---

① 东序：《卢沟桥事件与中日战争》，载《东方杂志》第34卷第15号，1937年8月1日。
②《中国政府声明之节略》（1937年7月16日），中共中央党校中共党史资料室编：《卢沟桥事变和平津抗战（资料选编）》，1986年版。
③ 奥松：《全面抗战展开前夕中日双方之态度与言论》，载《东方杂志》第34卷第16、17合刊，1937年9月1日。

前曾于7月16日举行过第一次谈话会，来宾共185人，汪精卫、蒋介石同时参加，由汪主持谈话会，会议主题是以抗战共识来展开。17日上午，举行第二次谈话会，先由汪精卫报告外交状况，后由身兼国民政府军事委员会委员长与行政院院长双重身份的蒋介石发表重要讲话——《对于卢沟桥事件之严正表示》。蒋介石一开始就直奔主题，他说：

中国正在外求和平、内求统一的时候，突然发生了卢沟桥事变，不但我举国民众悲愤不止，世界舆论也都异常震惊。此事发展结果，不仅是中国存亡的问题，而将是世界人类祸福之所系。诸位关心国难，对此事件，当然是特别关切，兹将关于此事件之几点要义，为诸君坦白说明之。

第一，中国民族本是酷爱和平，国民政府的外交政策，向来主张对内求自存，对外求共存。本年二月三中全会宣言，于此更有明确的宣示。近两年来的对日外交，一秉此旨，向前努力，希望把过去各种轨外的乱态，统统纳入外交的正轨，去谋正当解决，这种苦心与事实，国内大都可共见。我常觉得，我们要应付国难，首先要认识自己国家的地位。我们是弱国，对自己国家力量要有忠实估计，国家为进行建设，绝对的需要和平，过去数年中，不惜委曲忍痛，对外保持和平，即是此理。前年五全大会，本人外交报告所谓："和平未到根本绝望时期，决不放弃和平，牺牲未到最后关头，决不轻言牺牲。"跟着今年二月中全会对于"最后关头"的解释，充分表示我们对于和平的爱护。我们既是一个弱国，如果临到最后关头，便只有拼全民族的生命，以求国家生存；那时节再不容许我们中途妥协，须知中途妥协的条件，便是整个投降、整个灭亡的条件。全国国民最要认清，所谓最后关头的意义，最后关头一到，我们只有牺牲到底，抗战到底，唯有"牺牲到底"的决心，才能搏得最后的胜利。若是彷徨不定，妄想苟安，便会陷民族于万劫不复之地！

第二，这次卢沟桥事件发生以后，或有人以为是偶然突发的，但一月来对方舆论或外交上直接间接的表示，都使我们觉到事变发生的征兆。而且在事变发生的前后，还传播着种种的新闻，说是什么要扩大塘沽协定的范围，要扩大冀东伪组织，要驱逐第二十九军，要逼迫宋哲元离开，诸如此类的传闻，不胜枚举。可想见这一次事件，并不是偶然。从这次事变的经过，知道人家处心积虑的谋我之亟，和平已非轻易可以求得；眼前如果要求平安无事，只有让人家军队无限制的出入于我们的国土，而我们本国军队反要忍受限制，不能在本国土地内自由驻在，或是人家向中国军队开枪，而我们不能还枪。换言之，就是人为刀俎，我为鱼肉！我们已快要临到这极人世悲惨之境地。这在世界上稍有人格的民族，都无法忍受的。我们的东四省失陷，已有了六年之久，继之以塘沽协定，现在冲突地点已到了北平门口的卢沟桥。如果卢沟桥可以受人压迫强占，那么我们百年故都，北方政治文化的中心与军事重镇的北平，就要变成沈阳第二！今日的北平若果变成昔日的沈阳，今日的冀察，亦将成为昔日的东四省！北平若可变成沈阳，南京又何尝不可变成北平！所以卢沟桥事变的推演，是关系中国国家整个的问题，此事能否结束，就是最后关头的境界。

第三，万一真到了无可避免的最后关头，我们当然只有牺牲，只有抗战！但我们的态度只是应战，而不是求战。应战，是应付最后关头，逼不得已的办法。我们全国国民必能信任政府已在整个的准备中，因为我们是弱国，又因为拥护和平是我们的国策，所以不可求战；我们固然是一个弱国，但不能不保持我们民族的生命，不能不负起祖宗先民所遗留给我们历史上的责任，所以到了逼不得已时，我们不能不应战。至于战争既开之后，则因为我们是弱国，再没有妥协的机会，如果放弃尺寸土地与主权，便是中华民族的千古罪人！那时便只有拼民族的生命，求我们最后的胜利。

第四，卢沟桥事件能否不扩大为中日战争，全系于日本政府的态度，和平希望绝续之关键，全系于日本军队之行动，在和平根本绝望之前一秒钟，我们还是希望和平的，希望由和平的外交方法，求得卢事的解决。但是我们的立场有极明显的四点：（一）任何解决，不得侵害中国主权与领土之完整；（二）冀察行政组织，不容任何不合法之改变；（三）中央政府所派地方官吏，如冀察政务委员会委员长宋哲元等，不能任人要求撤换；（四）第二十九军现在所驻地区，不能受任何的约束。这四点立场，是弱国外交最低限度，如果对方犹能设身处地为东方民族作一个远大的打算，不想促成两国关系达于最后关头，不愿造成中日两国世代永远的仇恨，对于我们这最低限度之立场，应该不至于漠视。

总之，政府对于卢沟桥事件，已确定始终一贯的方针和立场，且必以全力固守这个立场。我们希望和平，而不求苟安；准备应战，而决不求战。我们知道全国应战以后之局势，就只有牺牲到底，无丝毫侥幸求免之理。如果战端一开，那就是地无分南北，年无分老幼，无论何人，皆有守土抗战之责任，皆应抱定牺牲一切之决心。所以政府必特别谨慎，以临此大事；全国国民亦必须严肃沉着，准备自卫。在此安危绝续之交，唯赖举国一致，服从纪律，严守秩序。希望各位回到各地，将此意转达于社会，俾咸能明了局势，效忠国家，这是兄弟所恳切期待的。①

蒋介石的讲话结束后，全场鼓掌历数分钟而未歇。随后，胡适、燕京大学新闻系主任梁士纯、上海律师公会常务委员江一平、北京大学教授崔敬伯、中国国民党中执会委员刘健群、青年党党魁曾琦等分别发言，表示拥护政府一致抗日的决心，会场气氛极为热烈兴奋。

蒋介石"庐山谈话"（史称《抗战宣言》）的主旨是：主张坚决抗战，

---

① 蒋介石：《对于卢沟桥事件之严正表示》（1937年7月17日），张其昀：《先总统蒋公全集》（一），台北中国文化大学出版部1984年版，第1064页。

反对妥协退让，实际上是国民党政府的抗战动员令，一扫蒋介石国民党在九一八事变以来对日采取的不抵抗、妥协政策，极大地振奋了民心，鼓舞了士气，得到了全国人民的一致拥护。中国共产党也给予充分肯定，毛泽东在1937年7月23日发表的《反对日本进攻的方针、办法和前途》一文中指出："七月十七日，蒋介石先生在庐山发表了谈话。这个谈话，确定了准备抗战的方针，为国民党多年以来在对外问题上的第一次正确的宣言，因此，受到了我们和全国同胞的欢迎。"[①]

蒋介石在第二期"庐山谈话会"上的讲话，具有重要的历史意义。

第一，指出了卢沟桥事变的严重性。蒋介石说，卢沟桥事变"不仅是中国存亡的问题，而将是世界人类祸福之所系。……我们的东四省失陷，已有了六年之久，继之以塘沽协定，现在冲突地点已到了北平门口的卢沟桥。如果卢沟桥可以受人压迫强占，那么我们百年故都，北方政治文化的中心与军事重镇的北平，就要变成沈阳第二！今日的北平若果变成昔日的沈阳，今日的冀察，亦将成为昔日的东四省！北平若可变成沈阳，南京又何尝不可变成北平！所以卢沟桥事变的推演，是关系中国国家整个的问题，此事能否结束，就是最后关头的境界"。

第二，表明应战而不求战的坚定抗战的决心和意志。"万一真到了无可避免的最后关头，我们当然只有牺牲，只有抗战！但我们的态度只是应战，而不是求战。应战，是应付最后关头，逼不得已的办法。……至于战争既开之后，则因为我们是弱国，再没有妥协的机会，如果放弃尺寸土地与主权，便是中华民族的千古罪人！那时便只有拼民族的生命，求我们最后的胜利。""如果战端一开，那就是地无分南北，年无分老幼，无论何人，皆有守土抗战之责任，皆应抱定牺牲一切之决心。"

①《毛泽东选集》第2卷，人民出版社1991年版，第344页。

当蒋介石在7月19日获悉日本驻华武官喜多诚一谒见何应钦时，提出要中国新调集进入河北的军队撤退的消息后，非常愤慨，遂决定将7月17日庐山谈话稿公开发表，蒋介石日记云："政府对和战表示决心，此其时矣！人以为危，我以为安。立意既定，无论安危成败，在所不计。对倭最后之方剂，唯此一着耳！书告既发，只有一意应战，不再作回旋之想矣！"①这表明，"庐山谈话"对蒋介石最后下决心全面抗战是多么重要。

第三，阐明了对日外交方针和提出实现和平的底线（即最低限度条件）。"和平未到根本绝望时期，决不放弃和平，牺牲未到最后关头，决不轻言牺牲。""（一）任何解决，不得侵害中国主权与领土之完整；（二）冀察行政组织，不容任何不合法之改变；（三）中央政府所派地方官吏，如冀察政务委员会委员长宋哲元等，不能任人要求撤换；（四）第二十九军现在所驻地区，不能受任何的约束。"

第四，蒋介石的"庐山谈话"，极大地振奋了民心，鼓舞了士气，起到了将全国民众从思想上舆论上凝聚到实行全国抗战的巨大作用。"庐山谈话"于19日发表后，各地纷纷举行集会、游行，发出通电，表示拥护国民政府的抗日方针，决心与日寇血战到底。此时还在苏州监狱的著名爱国领袖沈钧儒等7人，于7月21日致电蒋介石说："……义正严辞。不胜感奋，深信在此伟大号召之下，必能使全国人心，团结愈固，朝野步骤，齐一无间，同在钧座领导之下，以趋赴空前之国难。"②国外舆论也充分肯定蒋介石的"庐山谈话"，认为是"蒋委员长可钦之文告"，代表了"南京政府坚强之立场"。

蒋介石的"庐山谈话"是国民党政府自九一八事变以来的第一次态度强硬、立场明确的政策宣示，表明了作为执政党最高领导人捍卫国家领土

---

① 刘维开：《蒋中正在庐山谈话会讲话的新资料》，《近代中国》1997年4月第118期，第159页。
② 周天度编：《沈钧儒文集》，人民出版社1994年版，第328页，转引自《"庐山与全面抗战的形成"学术研讨会论文集》，中央党史出版社2010年版，第210页。

主权，抵抗外敌侵略的鲜明立场，同时也表明国民党由九一八事变以后的对日"不抵抗主义"的妥协，走上了七七事变以后的实行抗战的道路，标志着国民党军事战略方针和外交政策的重大转变，这是国民党在政治上的明显进步。蒋介石也因此大大提高了自己的个人威望，这是蒋介石一生中最为闪光的亮点，为抵抗日寇侵略，促成全国抗战做了一件大有益的好事，值得充分肯定。

第五，蒋介石的"庐山谈话"，对促进抗日民族统一战线的建立起了积极的推动作用。九一八事变以来，蒋介石国民党顽固坚持"攘外必先安内"的内战政策，不遗余力地"围剿"中国共产党领导的工农红军和对付地方实力派，而对日本侵占东北，步步进逼华北的不断扩大侵华战争的行径则采取"不抵抗主义"的妥协方针，遭到全国人民的唾弃和国民党内抗战派人士的反对与批评。因此，蒋介石的声望跌到了最低点，内外交困，进退维谷，被迫于1931年12月15日通电全国，宣布辞去国民政府主席、行政院院长、陆海空军总司令等职务，离开南京，返回浙江奉化故里。这是蒋介石政治生涯里的第二次下野。

由于日本侵华的不断扩大，民族矛盾的加剧，中国共产党逐渐改变政策，由原来的"抗日反蒋"调整为"逼蒋抗日"，再到"联蒋抗日"，提出了停止内战，一致抗日，建立抗日民族统一战线的正确主张。卢沟桥事变的爆发及蒋介石的"庐山谈话"，有力地推动了第二次国共合作，抗日民族统一战线的建立。随着八一三抗战的爆发，蒋介石抗战的方针又有了进一步的转变，最终下定接受中国共产党倡导的合作抗日的决心，于8月18日就陕甘宁辖区人事、红军改编和设立总指挥部以及在若干城市设立办事机构、出版《新华日报》等问题达成协议。9月中旬，国共两党代表在南京再次举行会谈，就发表中共中央的国共合作宣言问题取得一致意见。9月22日，国民党终于通过中央通讯社发表了《中共中央为公布国共合作宣言》。

23日，蒋介石发表《对中国共产党宣言的谈话》，指出团结御侮的必要，认为"此次中国共产党发表之宣言，即为民族意识胜过一切之例证"，事实上承认了中国共产党在全国的合法地位，这标志着以国共合作为基础的抗日民族统一战线的正式形成。应该说，这是与蒋介石的"庐山谈话"、国民党方针政策的转变分不开的。

四、和战抉择：蒋介石的"以备事态扩大"与"最后关头"

卢沟桥事变的第二天，即7月8日，蒋介石电令宋哲元："宛平城应固守勿退，并须全体动员，以备事态扩大。"7月17日蒋介石在庐山的谈话中提出："卢沟桥事变的推演，是关系中国国家整个的问题，此事能否结束，就是最后关头的境界。"可见，蒋介石把卢沟桥事变是结束还是继续扩大，以卢沟桥为军事界标，作为他是否下决心全面抗战的最后一条红线，即所谓"最后关头"。前后10天的时间，中间经历了一个短暂的决策过程。

因为卢沟桥事变之初，北平的军事形势还不明朗，中日关系究竟向哪个方向发展，一时还难以作出准确的判断。不管是宋哲元，还是国民党政府，他们最希望的结局是事变不要扩大化，能就地解决，日军退回到七七事变以前驻地的状态，他们对和平解决卢沟桥事变抱有很大的希望。如7月10日，国民政府外交部照会日本驻华使馆，要求其迅速转电华北日军当局："严令肇事日军撤回原防，恢复该处事变以前状态，静候合理解决。"①此后，国民政府外交部多次照会日本驻华使馆，要求日方立即停止增派来华日军，"并将肇事日军撤回原防，恢复事件以前之状态，静候合法解决"②。可以说，这既是国民政府解决卢沟桥事变的一个前提条件，也是后

---

① 《国民政府外交部照会之节略》（1937年7月10日、15日），中共中央党校中共党史资料室编：《卢沟桥事变和平津抗战（资料选编）》，1986年版。

② 《国民政府外交部照会之节略》（1937年7月10日、15日），中共中央党校中共党史资料室编：《卢沟桥事变和平津抗战（资料选编）》，1986年版。

来蒋介石在7月17日庐山讲话中所说的"最后关头",换句话说,就是一条底线。

7月7日夜至8日晚,中日双方在宛平城和卢沟桥地区多次冲突,意想不到的是9日又告停火,甚至商妥同时退兵,日军退回丰台,宛平县城交中方保安队接防。但日军回撤后,次日再度向卢沟桥进攻,第29军被迫再次反击,双方重新交火。此后几天,中日双方一直打打停停。11日晚,宋哲元与日方签订了《卢沟桥事件现地协定》,承诺向日方道歉,处分责任者;撤换卢沟桥及其周围的驻军,改由保安队维持;取缔共产党及其他抗日团体;等等。

当蒋介石了解到日本不断增兵,企图侵占平津冀察地区,且宋哲元已与日方签订停战协定后,即于7月13日致电宋哲元:"中央已决心运用全力抗战,宁为玉碎,毋为瓦全,以保持我国家之人格。"电文中暗含警告之意:"此次胜败全在兄与中央共同一致,无论和战,万勿单独进行,不稍与敌方以各个击破之隙,则最后胜算必为我方所操。请兄坚持到底,处处固守,时时严防,毫无退让余地。今日对倭之道唯在团结内部,激励军心,绝对与中央一致,勿受敌欺则胜矣。"①这说明,蒋介石在7月13日已经基本上下了坚决抗日的决心——他担心华北变成第二个"满洲国"。为此,国民政府很快发布了军队动员令和军事征用令,全国军队统一配置,分别调集陕、豫、鄂、皖、苏各省有关部队,向陇海、平汉路集结,并提出要在石家庄设置行营,在保定设置前线总指挥部,做好大战的准备。

至7月26日,除第29军在平津外,国民政府军事委员会已集中沧(州)、保(定)线5个师,并下令向德(州)石(家庄)线输送5个师,同时以德、石线为主力集中地,以沧保线为集中掩护线,并准备将沧、保部队

---

① 《蒋介石致宋哲元电》(1937年7月13日),中共中央党校中共党史资料室编:《卢沟桥事变和平津抗战(资料选编)》,1986年版。

推至永定河岸，以支援北平。此外，还将汤恩伯师调往张家口，增援策应。

然而，正如蒋介石所说，中国是弱国，全国性抗日战争的准备工作还远远不到位。七七事变前，中日两国国力悬殊，其中工业总产值，日本年均60亿美元，中国只有13.6亿美元；钢铁，日本年产量580万吨，中国只有4万吨；石油，日本年产量169万吨，中国只有1.31万吨；铜，日本年产量8.7万吨，中国只有700吨。日本年产飞机1580架、大口径火炮744门、坦克330辆、汽车9500辆、造船能力47.32万吨、造舰能力52422吨[①]，而中国还不能制造重型武器装备，全部依赖进口。据南京国民政府有关部门的报告，国民党政府只储存有可供20个师作战用3个月的弹药，可供50万人、10万匹马用一个月的粮秣，各要塞的大炮尚未全部安装就绪，虽然有200架飞机可以用于作战，但大部分性能较差，而且备件不足，且北方无论燃料、炸弹，还是机场，均少有准备。这就是蒋介石在"庐山谈话"中所说的"在和平根本绝望之前一秒钟，我们还是希望和平的，希望由和平的外交方法，求得卢事的解决"，而这也是国民党政府被迫"应战，而不求战"的根本原因。这是可以理解的。

7月11日—8月12日，受蒋介石之命，国民党政府军政要员在军政部部长何应钦的主持下，在南京举行筹划抗敌事宜的会议，研讨抗日时局与对策，先后开了33次会议。起初，面对日本全面侵华的严重形势，国民政府军事委员会内部曾出现过分歧意见，对日妥协与对日主战，各执一词，各有其理。

军委会办公厅主任徐永昌说："现在我们准备未周，开战难操胜算，若日方真的如其宣传那样，不欲事态扩大，则我似应抓住其意向，表示可以

---

① 刘庭华：《中国抗日战争与第二次世界大战统计》，解放军出版社2012年版，第173页。

妥协。最好中央给予宋哲元妥协的标准，使其便于商谈。"①

参谋总长程潜在发言中赞同徐永昌的意见："现在缓兵最合我意，这样可以完成我方之准备。一旦准备完成，则无论实行持久战或歼灭战，都有把握。当然，眼下也还是要加紧军队的动员工作，以防万一。"②

何应钦也同意缓兵的意见，他说："中国至少还需要两个月的时间来准备应战，否则抗战将难以持久。"而徐永昌则进一步论证说，抗战准备："最少限尚须一年或半年之准备。此时以努力忍耐为宜。今日之事，似宜小屈求大伸"。他还直接向蒋介石进言，并托人转告外交部部长王宠惠："对日如能容忍，总以努力容忍为是，因为两国强弱太过明显，我方准备太过欠缺，一旦开战，中国有陷于分崩离析不可收拾的危险。"③

训练总监唐生智对缓战主和的意见提出了异议，因为宋哲元没有请示国民党中央政府私自与日方签订《卢沟桥事件现地协定》一直是讨论的焦点问题。唐生智说："宋哲元已经在中央允许之外从事妥协活动，如中央再授予他和平妥协的意图，则前途将不可测。现在中央仍应表示强硬态度，军事准备绝对不可中止。至于宋哲元现在的妥协活动，中央可以听任其发展，既不明确支持也不反对，就装着不知道。如结果不超出中央期望，则可追认之，否则可否认之。"④

唐生智对卢沟桥事变后的和与战的看法，比较符合蒋介石的意图。一方面，国民党政府担心宋哲元对日"缓和"的做法，会造成"和战皆陷于绝境，不得不作城下之盟"的危险，因此要求宋哲元"一面不放弃和平；

① 《徐永昌对卢沟桥事件主张屈辱求和致何应钦函》（1937年7月），中共中央党校中共党史资料室编：《卢沟桥事变和平津抗战（资料选编）》，1986年版。
② 何虎生：《蒋介石大传》（上），华文出版社2007年版，第319页。
③ 何虎生：《蒋介石大传》（上），华文出版社2007年版，第320页。
④ 何虎生：《蒋介石大传》（上），华文出版社2007年版，第320页。

一面应暗作军事准备，尤其防止敌军袭击北平及南苑，更须妥定计划"①；另一方面，原则上又不反对宋哲元与日暂时妥协，希望卢沟桥事变不扩大化，能就地解决为上策。所以，当蒋介石得知《卢沟桥事件现地协定》签订后，蒋介石并没有批评宋哲元，反而致电表示同意，说"倘见已签字，中央尚可同意，与兄共负其责"②，希望将七七事变作地区性问题解决。

在解决卢沟桥事变的过程中，蒋介石的首选方案是一而再，再而三地希望"不扩大事态与和平解决"，即便他已经下了全面抗战的决心，但还是寄希望于英美等列强的干涉。7月21日，蒋介石会见英国驻华大使许阁森，促英美两国共同表示一坚决明确的态度，以制止日本侵略。27日，蒋介石接见德、意、法三国驻华大使，声明中国为自卫生存而战，希望国际主持公道。但是，日本不顾中国的警告和国际舆论的指责，不断增兵华北，从7月25日后又进一步扩大战争事态，于7月底侵占平津后，继续向南口、张家口一带进攻。

平津失陷后，国民政府进一步调整军事部署，为全面抗战作准备。将骑兵第3、第7师合编为骑兵军，由何柱国任军长，使用于察北地区；骑兵第6师集中于大同，骑兵第10师，使用于津浦路以东，作掩护。将第77师调回，保卫武汉。由第84师、第21师合编为第17军，高桂滋任军长，与刘汝明部合编为察省守备军团，以刘汝明为总指挥，负责收复绥东察北。汤恩伯第13军向宣化、怀来集结，为预备军。命令第30师开往保定，第47师开往石家庄，第56师开往蚌埠，第2师开往上海。

何应钦还对中国共产党领导的红军抗日部队的运用问题提出建议："为使对于第一、第二战区之作战直接发生影响，而予敌人侧方以威胁，并顾

---

① 《何应钦致宋哲元等密电》（1937年7月17日），中共中央党校中共党史资料室编：《卢沟桥事变和平津抗战（资料选编）》，1986年版。

② 《蒋介石致宋哲元电》（1937年7月23日），中共中央党校中共党史资料室编：《卢沟桥事变和平津抗战（资料选编）》，1986年版。

虑给养关系起见，拟以察东龙关为根据，经赤城向丰宁、承德方面活动。令其开绥东出察北，向热河挺进。"①

面对日军的全面进攻，8月上中旬，国民政府军事委员会将全国划分为5个战区：

第一战区：司令长官蒋介石兼任（10月25日程潜接任），辖区为河北省和山东省北部地区；

第二战区：司令长官阎锡山，辖区为山西、察哈尔、绥远省；

第三战区：司令长官冯玉祥（10月4日蒋介石兼任），辖区为苏南和浙江省；

第四战区：司令长官何应钦，辖区为福建、广东省；

第五战区：司令长官蒋介石兼任（9月19日李宗仁接任），辖区为苏北和山东省（鲁北地区除外）。

第一预备军，司令长官李宗仁；第二预备军，司令长官刘湘；第三预备军，司令长官龙云；第四预备军，司令长官何成浚；海军，总司令陈绍宽；空军，总司令蒋介石兼任。

其中，第一、第二战区和第五战区一部担任主战场华北防御作战任务，总兵力约70万人。

同时，国民政府国防最高国防会议决定，抽调各省兵力，以全力对日宣战，计广西出4个师，广东先调2个师，并先成立5个预备师，四川出10个师，云南出2个师，宁夏出1个师，青海出1～2个师。湖南、河南、云南、贵州等省迅速筹办补充若干个师，以备征用。

北平沦陷后，蒋介石于7月29日在南京接见新闻记者，发表谈话："军事一时之挫折，不得认为失败。而且平津之役，不过其侵略战争之开始，

---

① 《何应钦关于红军抗日部队运用问题的建议》（1937年7月），中共中央党校中共党史资料室编：《卢沟桥事变和平津抗战（资料选编）》，1986年版。

而绝非战争之结局。国民只有一致决心，共赴国难。……政府有保卫领土、主权与人民之责任，惟有发动整个计划，领导全国一致奋斗，为捍卫国家利益而牺牲到底，此后决无局部问题解决之可能。"①天津失陷后，蒋介石于7月31日发表《告抗战全体将士书》，在回顾了自九一八事变以来，他为了"先安内"而对日妥协，"……使民众受了痛苦，国家失了土地……这几年来的忍让，骂了不还口，打了不还手，我们为了什么？实在为的要安定内部，完成统一，充实国力，到了'最后关头'来抗战雪耻。现在，和平既然绝望，只有抗战到底。那就不惜牺牲来和倭寇死拼。我们大家都是许身革命的黄帝子孙，只有齐心努力杀贼，有进无退来驱逐万恶的倭寇，复兴我们的民族"②。

从以上措辞中，我们可以看出，卢沟桥事变的扩大化至北平、天津的失陷，就是蒋介石所讲的抗战的"最后关头"。

八一三抗战爆发后，国民政府外交部发表《自卫抗战声明书》，谴责日本蓄意制造事端，扩大侵略战争，严正指出："……凡此种种，均属侵略我国领土主权与违反各种国际条约，我国处此环境之下，忍无可忍，除抵抗暴力实行自卫外，实无其他途径，今后事态之演变，其一切责任，应完全由日方负之。"③国民政府的外交活动、声明和蒋介石的谈话等，对于揭露日本帝国主义扩大侵略中国，配合军事斗争和政治斗争，起了积极的推动作用；而国民政府、蒋介石在七七事变后坚持"和谈"与"备战"的两手方针，及时调整军事部署，进行战争动员，采取相应的对策，为全国抗战的展开、粉碎侵华日军"速战速决"的战略企图创造了有利的条件，奠定

---

① 《中央日报》，1937年7月30日，转引自王俯民：《蒋介石详传》（下册），中国广播电视出版社1993年版，第728页。

② 王德胜编：《蒋总统年表》，台北世界书局1982年版，第222页，见王俯民：《蒋介石详传》（下册），中国广播电视出版社1993年版，第729页。

③ 刘庭华：《中国抗日战争与第二次世界大战系年要录·统计荟萃》（1931—1945），海潮出版社1995年版，第97页。

了坚实的基础。

五、蒋介石抗战的"最后关头"与"恢复卢沟桥事变前原状"

历史事实表明，蒋介石抗战的"最后关头"与"恢复卢沟桥事变前原状"，是同一意义的两种说法。前者是指日军侵华必须止于卢沟桥，卢沟桥就是"最后关头"，如果日军的进攻不止于卢沟桥，继续向前进犯，中国政府必然抵抗；后者则是指日军全面侵华后，如果要中国停止抗战，与日本"议和"，就必须把侵华日军全部退到七七事变以前的状态，这是中日和谈的前提条件。

如上所述，七七事变后，对日是和还是战，在国民政府军事委员会高层内部，存在严重的意见分歧，而且主和派占了多数，如徐永昌、何应钦、程潜等，他们最希望的结局是事变不要扩大化，能就地解决，日军退到七七事变以前驻地的状态，他们对和平解决卢沟桥事变抱有很大的希望。如7月10日，国民政府外交部照会日本驻华使馆，要求其迅速转电华北日军当局，"严令肇事日军撤回原防，恢复该处事变以前状态，静候合理解决"①。此后，国民政府外交部多次照会日本驻华使馆，要求日方立即停止增派来华日军，"并将肇事日军撤回原防，恢复事件以前之状态，静候合法解决"②。可以说，这既是国民政府解决卢沟桥事变的一个前提条件，也是后来蒋介石在7月17日庐山讲话中所说的"最后关头"。换句话说，就是一条对日和谈的红线。直至1941年12月太平洋战争爆发后，国民政府才正式宣布对日宣战，废除中日之间历史上所有一切不平等条约、协定，当然包括《马关条约》在内，这才是真正的抗战到底。此前蒋介石说的抗战到底，仅

---

① 《国民政府外交部照会之节略》（1937年7月10日、15日），中共中央党校中共党史资料室编：《卢沟桥事变和平津抗战（资料选编）》，1986年版。

② 《国民政府外交部照会之节略》（1937年7月10日、7月15日），中共中央党校中共党史资料室编：《卢沟桥事变和平津抗战（资料选编）》，1986年版。

仅是"假若能够恢复卢沟桥以前的状态，可以开始谈判，以外交的方法解决东北问题"①。

九一八事变以来，在蒋介石对日"隐忍不抵抗"政策的影响下，国民党从上到下患有严重的恐日症，国民党高层内部对日妥协派就占有很大的比重。卢沟桥事变后，时任国民党政府行政院副院长孔祥熙在伦敦致电蒋介石，他在分析美国、英国、苏联三国的对华态度后，反对立即对日抗战，电称："中日事件，如非确有把握，似宜从长考虑。……应付日本，仍须以自身能力为标准。"7月21日，蒋介石复电："情势日急，战不能免。"②8月3日，孔祥熙再次致电蒋介石，"以我军处处失利"为由，意在规劝蒋介石趁早停止抗战。蒋介石则复电充满信心表示："战事果起，弟确有把握，请勿念，一时之得失不足计较也。"③

1937年7月29日和8月4日，国民党中央政治委员会主席汪精卫顺着蒋介石"庐山谈话"的内容，分别发表了《最后关头》和《大家要说老实话，大家要负责任》的演说。这两次演说都阐述对日实行妥协的重要，散布所谓"抵抗就是牺牲，抵抗就有亡国"的危险的失败主义论调，等等。8月5日，胡适和陶希圣联名给蒋介石写信，主张放弃东三省，承认"满洲国"，以此换取日本让步，从根本上调整中日两国关系。④蒋介石当即回应：日本没有信义，"以为局部的解决，就可以永久相安无事，是绝不可能，绝对做不到的"⑤。这是平津失陷刚刚几天后，蒋介石在"最后关头"的清醒认识。蒋介石因在九一八事变中对日采取"隐忍不抵抗"政策而下野过一次。如果今日七七事变再采取九一八事变时的对日妥协政策，签订新的丧权辱国

---

① 蒋介石：《关于外交形势与抗战前途》（1939年1月26日，在国民党五届五中全会上的讲话），见吕芳上主编：《中国抗日战争史新编·和战抉择》，台湾"国史馆"2015年版，第21页。

②《蒋中正日记（1937—1945）》（光盘），1937年7月21日，台湾"国史馆"2015年版。

③《蒋中正日记（1937—1945）》（光盘），1937年8月3日，台湾"国史馆"2015年版。

④《蒋中正日记（1937—1945）》（光盘），1937年8月5日，台湾"国史馆"2015年版。

⑤《蒋中正日记（1937—1945）》（光盘），1937年8月5日，台湾"国史馆"2015年版。

条约，他必将受到全国人民包括国民党内许多人的强烈反对，必将遭到全国人民唾弃，卖国贼的帽子必将戴在他的头上，他本人也必将再次下台。

1937年11月5日，德国驻华大使陶德曼作为中日战争的中间"调停人"，在会见蒋介石和孔祥熙时，首先转达了日本外相广田提出的和谈7个条件[1]：

（1）内蒙古建立自治政府。

（2）华北建立非军事区，华北行政权仍交给南京政府，但须派亲日分子为首领；矿产开发，仍继续办理。

（3）上海非军事区须扩大，由国际警察管制，其他不变更。

（4）停止排日，履行1935年日本所提的要求。

（5）共同防共。

（6）降低日货关税。

（7）尊重在中国的外侨权利。

蒋介石拒绝了日本方面所提的"和谈"条件，他说：如果他同意了这些要求，"中国政府是会被舆论的浪潮冲倒的，中国会发生革命。……中国政府倾倒了，那么惟一的结果就是中国共产党将会在中国占优势。但是这意味着日本不可能与中国议和，因为中国共产党是从来不投降的"[2]。于是，蒋介石还要求陶德曼严守他们谈话的秘密。其后，日本不断施放诱降国民党政府的烟幕，但最终都被蒋介石拒绝了，由七七事变后的"最后关头"奋起抗战，一直坚持8年到最后胜利。

这表明，蒋介石在抗战时期有时也积极反共，如制造皖南事变，但从

① 李新等主编：《中国新民主主义革命时期通史》第3卷，人民出版社1961年版，第31页。
② 李新等主编：《中国新民主主义革命时期通史》第3卷，人民出版社1961年版，第32页。

主体而言还是将民族利益摆在第一位的，一是说明他认识到民心、民意不可违的历史规律；二是日本彻底灭亡中国的图谋倒逼他奋起抵抗，毫无妥协退路可言。因而，他对国民党内部高层"主和派"意见，总是给予说服、批评及制止。1937年9月8日，蒋介石在日记中提醒自己："主和派意见应竭力制止。时至今日，只有抗战到底一法。"①10月31日，蒋介石认为："与其坐以待亡，致辱招侮，何如死中求生，保全国格，留待后人之起而复兴。"②12月6日，汪精卫在汉口主持召开国防最高会议第54次常委会议，打算接受陶德曼调停，实现中日"和平"。因南京危在旦夕，参会者失败情绪颇浓，主和派占多数，蒋介石因一直坚持抗战，还受到于右任等人的讥笑。③28日，蒋介石与汪精卫、孔祥熙、张群等人谈话，批评"主和派"说："国民党革命精神与三民主义，只有为中国求自由、平等，而不能降服于敌，订立各种不堪忍受之条件，以增加我国家与民族永远之束缚。"④29日，蒋介石与于右任及另一位"主和派"国民党元老居正谈话，暗含严厉批评："抗战方针，不可变更。此种大难大节所关之事，必须以主义与本党立场为前提也。"⑤

这说明，蒋介石在对待日本全面侵华战争是和还是战的大是大非问题上，比其他国民党领导人具有更高的认知水平。他能从国民党建党宗旨的理论高度，从中华民族兴亡的大历史观的视野，来看待这一问题。因此，他虽然也抱有和平幻想，但都以"恢复卢沟桥事变前之状态"作为前提条件，从来不允许跨越这条红线。可见，蒋介石的抗战决心和信心比较坚定，是有其理智渊源的。

---

① 《蒋中正日记（1937—1945）》（光盘），1937年9月8日，台湾"国史馆"2015年版。
② 《蒋中正日记（1937—1945）》（光盘），1937年10月31日，台湾"国史馆"2015年版。
③ 《蒋中正日记（1937—1945）》（光盘），1937年12月6日，台湾"国史馆"2015年版。
④ 《蒋中正日记（1937—1945）》（光盘），1937年12月28日，台湾"国史馆"2015年版。
⑤ 《蒋中正日记（1937—1945）》（光盘），1937年12月29日，台湾"国史馆"2015年版。

1937年12月底陶德曼调停失败后，日本政府对国民党政府强烈不满，并视蒋介石为对华"和谈""诱降"的最大障碍。日本近卫内阁于1938年1月16日发表"不以国民政府为谈判对手"的政府声明，扬言要另外扶植伪政权来"调整两国邦交"，意为以蒋介石下台作为中日"和谈"的先决条件。在这种情况下，国民政府于1月18日发表宣言，声明维护中国领土主权之完整，不承认一切伪政权、伪组织。上述史实，从敌方反证了蒋介石抗战到底的决心和信心。

1938年1月，国民党政府首都南京陷落，中国抗战进入最困难之时，蒋介石仍然还比较有信心地坚持抗战，认为："不患国际形势不生变化，而患我国无持久抗战之决心。"①1938年12月，汪精卫从重庆出逃至越南河内而叛国，于1939年8月在上海召开伪国民党第六次代表大会，9月成立伪中央党部。国民党政府随即声讨展开对汪精卫"卖身降敌，罪恶昭著"的批判，更加坚定抗战的决心和信心，表示他与汪精卫的根本区别，以争取民心民意的支持。

---

①《蒋中正日记（1937—1945）》（光盘），1938年1月10日，台湾"国史馆"2015年版。

国民政府军事委员会在战略防御阶段战争指导的得失

毛泽东曾指出，在战略防御阶段国民党"抗战是比较努力的，同我党的关系也比较好"。从七七事变到武汉失守的近一年半时间里，蒋介石和国民政府军事委员会先后组织了淞沪、太原、徐州、武汉等大会战，粉碎了日本军国主义三个月灭亡中国的速战速决的战略图谋，迫使侵华日军停止战略进攻，改取战略持久作战，从而为中国坚持持久抗战、积蓄力量，争取抗日战争的最后胜利取得了良好的开局，奠定了坚实的基础。

由于国民政府军事委员会在战役上消极防御、死守一线阵地的呆板硬拼消耗战术，加上武器装备大大落后于日本，缺乏攻坚重装备，以致造成重大伤亡。淞沪战役时，国民政府还期望国际干预，不但错失战机，且贻误撤退时机而导致溃败。南京保卫战则是在战略和战役上都是失败的作战。徐州、武汉会战在战役指导上有明显进步，没有再打那种死拼硬打、只进不退的呆板阵地战，从而取得了台儿庄大捷的胜利，并实行了保存军力的撤退。

1938年10月12—14日，毛泽东在中共扩大的六届六中全会上所作《论新阶段》的政治报告中，指出："去年七月七日卢沟桥事变发生之后，全中国就在民族领袖与最高统帅蒋委员长的统一领导之下，发出了神圣的正义的炮声，全中国形成了一个空前的抗日大团结，形成了伟大的抗日民族统一战线。"① "抗日战争的进行与抗日民族统一战线的组成中，国民党居于领导与基干的地位。"② 1944年4月12日毛泽东在延安高级干部会议所作《学习与时局》的讲演中指出："在一九三七年和一九三八年，日本军阀重视国民党，轻视共产党，故用其主要力量向国民党战线进攻，对它采取以军事打击为主、以政治诱降为辅的政策……国民党在一九三七年和一九三八年内，抗战是比较努力的，同我党的关系也比较好。"③ 毛泽东在1945年4月24日中共七大上所作的《论联合政府》政治报告中，再次充分肯定了"从一九三七年七月七日卢沟桥事变到一九三八年十月武汉失守这一个时期内，国民党政府的对日作战是比较努力的。在这个时期内，日本侵略者的大举进攻和全国人民民族义愤的高涨，使得国民党政府政策的重点还放在反对日本侵略者身上，这样就比较顺利地形成了全国军民抗日战争的高潮，一时出现了生气蓬勃的新气象"④。

作为"居于领导与基干的地位"的第一大党国民党及其一把手蒋介石，在抗日战争的战略防御阶段，揭开了全国性抗战的序幕，组织指挥淞沪会战和南京保卫战，指导太原、徐州会战和武汉保卫战，从而开辟了世界上第一个大规模反法西斯战争战场，歼灭日军21万余人，击毁日机200余架、军舰100余艘，消耗了日军大量武器、弹药与军用资材，予日军沉重打击，彻底粉碎了日本妄想三个月灭亡中国，迫使国民政府投降的速战速决的战略图谋，迫使日本停止战略进攻，改取战略持久作战，从而为中国坚持持久抗战、积蓄力量，争取抗日战争的最后胜利取得了良好的开局，奠定了坚实的基础。

① 中国人民解放军政治学院党史教研室编：《中共党史参考资料》（八），人民出版社1979年版，第179页。
② 《毛泽东军事文集》第2卷，军事科学出版社、中央文献出版社1993年版，第401页。
③ 《毛泽东选集》第3卷，人民出版社1991年版，第941页。
④ 《毛泽东选集》第3卷，人民出版社1991年版，第1037页。

一、蒋介石接受中国共产党关于停止内战、一致抗日的主张，实行全国抗战

1937年七七事变爆发后，全国人民群情激愤，愤怒声讨日本侵略军。7月8日，中国共产党中央委员会通电全国，号召全民族抗战，实现国共合作，抵抗日寇进攻。同日，中国工农红军将领毛泽东、朱德、彭德怀、贺龙、林彪、徐向前联名致电国民政府军事委员会委员长蒋介石，表示："日寇进攻卢沟桥，实施其武装攫取华北之既定步骤，闻讯之下，悲愤莫名！平津为华北重镇，万不容再有疏失。敬恳严令二十九军奋勇抵抗，并本三中全会御侮抗战之旨，实行全国总动员，保卫平津，保卫华北，收复失地。红军将士，咸愿在委员长领导之下，为国效命，与敌周旋，以达保土卫国之目的。"①同日，蒋介石电令第29军军长宋哲元：宛平城应固守勿退，并须全体动员，以备事态扩大。9日，国民政府军事委员会电令全国备战，并令第26路军孙连仲等部4个师归宋哲元指挥，开赴保定、石家庄，支援第29军作战，并决定设立石家庄行营，以徐永昌为主任，督察冀察军事行动。

为加快国共合作，早日实现抗日民族统一战线，中共中央派周恩来、秦邦宪、林伯渠等二上庐山，与蒋介石、张冲、邵力子举行谈判。7月15日，中共代表团向蒋介石提交了《中共中央为公布国共合作宣言》，提出了"发动全民族抗战，以收复失地和恢复领土主权完整；实行民权政治，召开国民大会以制定宪法与规定救国方针和切实救济灾荒，安定民生，发展国防经济，解除人民痛苦与改善人民生活"等三项政治主张，作为国共合作的总纲领和全国人民的共同奋斗目标。同时，中国共产党向全国郑重声明：愿为彻底实现孙中山的三民主义而奋斗；取消一切推翻国民党政权的

---

① 《毛泽东军事文集》第2卷，军事科学出版社、中央文献出版社1993年版，第1页。

暴动政策及赤化运动，停止以暴力没收地主土地的政策；取消苏维埃政府，实行民权政治，改称特区政府；取消红军名义及番号，改编为国民革命军，受国民政府军事委员会之统辖，并待命出动，担任抗日前线之职责。[①]这个宣言，再次显示了中国共产党以民族利益为重，促成国共两党正式合作抗日的诚意。

7月17日，蒋介石在庐山发表第二次谈话，认为"万一真到了无可避免的最后关头，我们当然只有牺牲，只有抗战！……再没有妥协的机会，如果放弃尺寸土地与主权，便是中华民族的千古罪人"[②]，并提出了解决卢沟桥事变的四项原则或者说最低条件：

一、任何解决，不得侵害中国主权与领土之完整。

二、冀察行政组织，不容有任何不合法之改变。

三、中央政府所派地方官吏，如冀察政务委员会委员长宋哲元等，不能任人要求撤换。

四、第二十九军现在所驻地区，不能受任何的约束。

蒋介石的第二次庐山谈话，表明了国民党政府决心抵抗日本侵略的决心，实行全民族抗战的信心，因而受到全国人民的极大欢迎。毛泽东曾经给予很高的评价："这个谈话，确定了准备抗战的方针，为国民党多年以来在对外问题上的第一次正确的宣言，因此，受到了我们和全国同胞的欢迎。"[③]

然而，蒋介石依赖外力、和平解决事变的幻想并未完全泯灭。7月

① 《中共中央为公布国共合作宣言》（1937年7月15日），见《周恩来选集》上卷，人民出版社1980年版，第76—77页。

② 张其昀：《先总统蒋公全集》（一），台北中国文化大学出版部1984年版，第1064页。

③ 《毛泽东选集》第2卷，人民出版社1991年版，第344页。

21—26日，蒋介石分别会见了英、美、德、法驻华大使，希望通过外交活动阻止日本侵华，但毫无结果。蒋介石虽然确定了"不屈服、不扩大"和"不求战，必抗战"的方针，但又急于与日本政府直接交涉或"由地方当局，与日军代表折冲，期事件之早日和平解决"①。蒋介石还呼吁："在和平根本绝望之前一秒钟，我们还是希望和平的，希望由和平的外交方法，求得卢事的和平解决。"②

蒋介石对日本侵华是连一分钟的和平希望都不肯放过，而对红军的改编等问题却是连一分钟也不愿意停止削弱或消灭。因而，在谈判中，蒋介石把《中共中央为公布国共合作宣言》搁在一边，别有用心地另提了一套方案：红军改编后不设统一的指挥机关，三个师的管理教育直属国民党西安行营，而且三个师的参谋长均由国民党派遣，改各级政治部为政训处，只管联络，无权指挥部队。由于蒋介石企图通过改编达到消灭或削弱红军的目的，致使谈判未果。

1937年7月底，平、津失陷后，国民党政府坚决抗战的决心逐渐坚定。蒋介石在8月7日的国防联席会议上发表讲话："现在这回中日战争，实在是我们国家生死存亡的关头……许多人说，冀察问题、华北问题，如果能予解决，中国能安全五十年。否则，今天虽能把他们打退，明天又另有事件发生。有人说将满洲、冀察明白的划个疆界，使不致再肆侵略。划定疆界可以，如果能以长城为界，长城以内的资源，日本不得有丝毫侵占之行为，这我敢做。可以以长城划为疆界。要知道，日本是没有信义的，他就是要中国的国际地位扫地，以达到他为所欲为的野心。所以，我想如果以为局部的解决，就可以永久平安无事，是绝不可能，绝对做不到的。"③会

---

① 《国民政府外交部发言人声明》（1937年7月12日）。
② 张其昀：《先总统蒋公全集》（一），台北中国文化大学出版部1984年版，第1063页。
③ 国民政府国防联席会议记录（1937年8月7日），军事科学院图书馆馆藏。

议决定，在未正式对日宣战前，与日本进行交涉，仍不轻易放弃和平。这说明，蒋介石仍然未放弃以妥协求得和平的幻想，并表示可以以长城划分疆界，表现了他实行抗战和对日妥协的两面性，或者说抗战的不彻底性。

八一三事变爆发后，看到日军进攻的矛头直指中国的经济中心上海和国民政府首都南京，此时的蒋介石才最终下决心接受中国共产党倡导合作抗日的主张，从而使国民党蒋介石的抗战方针和政策发生根本转变。8月14日，国民政府外交部发表《自卫抗战声明》："中国为日本无止境之侵略所逼迫，兹已不得不实行自卫。"在此形势下，蒋介石急于调动红军开赴抗日前线，适时放弃了一些不合理的要求，因而国共双方于8月18日就陕甘宁边区人事、红军改编和设立总指挥部，以及在若干城市设办事机构、出版《新华日报》等问题达成协议。9月中旬，国共两党代表在南京再次举行谈判，就发表中共中央的国共合作宣言问题取得一致意见。9月22日，国民党终于通过中央通讯社发表了《中共中央为公布国共合作宣言》。23日，蒋介石发表《对中国共产党宣言的谈话》，指出团结御侮的必要性，认为"此次中国共产党发表之宣言，即为民族意识胜过一切之例证"。事实上承认了中国共产党在全国的合法地位。这标志着以国共合作为基础的抗日民族统一战线的正式形成。

以国共合作为基础的，有全国各族人民、各民主党派、各爱国军队、各阶层爱国人士以及海外华侨参加的抗日民族统一战线的建立，对打败日本帝国主义起了决定性的作用。这首先是中国共产党顺应历史潮流采取正确政策的结果，同时也是与蒋介石国民党及时调整转变政策分不开的，因而受到全国人民的极大欢迎。毛泽东曾给予高度评价，认为"共产党的这个宣言和蒋介石氏的这个谈话，宣布了两党合作的成立，对于两党联合救国的伟大事业，建立了必要的基础。共产党的宣言，不但将成为两党团结的方针，而且将成为全国人民大团结的根本方针。蒋氏的谈话，承认了共产党在全国的合法地位，指出了团结救国的必要，这是很好的；但是还没有抛弃国民党的自大精神，还没有必要的自我批评，这是我们所不能满意的。但是不论如何，两党的统一战线是宣告成立了。这在中国革命史上开辟了一个新纪元。这将给予中国革命以广大的深刻的影响，将对于打倒日本帝国主义发生决定的作用"[1]。

《中共中央为公布国共合作宣言》和蒋介石9月23日的谈话，正式开启了中华民族团结御侮、不畏强暴，与日寇血战到底的全国性抗战的序幕。

日军仅使用少量兵力，在不到一个月的时间内就轻而易举地占领了华北的政治、军事、经济、文化中心北平和天津，由此更加刺激了日本统帅部多数军政要员侵华的野心。日军挑起卢沟桥事变后，日本陆相杉山元曾向裕仁天皇夸口说："中国事变一个月就可解决。"[2]7月11日上午，日本内阁五相会议通过了杉山元提出的派兵方案，并把卢沟桥事变改称"华北事变"。同时，日本天皇钦命教育总监部部长香月清司中将为中国驻屯军司令官，以接替重病的田代一郎。香月清司于7月12日抵达天津，立即下令所属"做好适应全面对华作战的准备"。7月15—17日，日军参谋部又相继制定了《对华作战纲要》《在华使用兵力时对华战争指导纲要》，认为："迅速收拾时局下最大决心的时机已经到来。"[3]"准备在两个月内讨伐第29军，如发展为全面战争，预定在三四个月内消灭中央政权。"[4]8月5日，日本参谋本部决定进行华北会战，其战略企图是：迅速对河北省内的中国军队给予打击，随后占领华北要地，以期解决华北问题，并决定"在会战结束以前，对华不进行任何外交交涉，并排除第三国干涉，要使南京政府在失败

① 《毛泽东选集》第2卷，人民出版社1991年版，第363—364页。
② 秦郁彦：《日中战争史》，原书房发行所1979年版，第246页。
③ 日本防卫厅防卫研究所战史室：《中国事变陆军作战史》(1)，朝云新闻社1969年版，第166页。
④ 日本防卫厅防卫研究所战史室：《中国事变陆军作战史》(1)，朝云新闻社1969年版，第194页。

感下不得已而屈服，并由此造成结束战局的机会"①。

自此，日本侵华援军不断扩大规模，源源不断增援侵华兵力。至8月上、中旬，日本增派第5、第6、第10师团和野战炮兵第1旅团、第2旅团，独立攻城重炮兵第1、第2大队，战车（坦克）第1、第2大队，以及独立重机枪第4大队，独立工兵第4、第6联队，铁道兵第2联队等，先后到达平、津地区，分别集结于丰台、廊坊，以及天津附近地区。

8月31日，日军华北方面军正式编成，由寺内寿一大将任司令官，辖两个军及直属部队：第一军，司令官香月清司中将，下辖第6、第14、第20师团；第二军，司令官西尾寿造中将，下辖第10、第16、第108师团；方面军直辖部队为第5、第109师团，临时航空兵团等部。另有关东军察哈尔派遣兵团（后称驻蒙兵团）的2个独立混成旅团主力和2个混成旅团等。日军在华北地区的兵力共约37万人，决心进行华北会战，企图对河北省内的中国军队以沉重打击，随后占领华北要地，以期根本解决华北问题，并图谋调整中日关系。

二、国民政府军事委员会对日作战的军事战略方针

北平、天津失陷后，国民政府军事当局和蒋介石判断日军必将向中国内地发动大规模进攻。为适应全面抗战的新形势，国民政府迅速组建了新的统帅机构，划分战区，调整部署，制订作战计划。

8月12日，国民政府召开国防最高会议及党政联席会议，决定成立大本营。大本营是国家战时体制，集军事、政治、经济等大权于一身，实行国家总体战。以军事委员会委员长蒋介石为陆、海、空军大元帅，行使三军最高统帅权，以军事委员会为最高统帅部。后因未对日宣战，成立大本

---

① 日本防卫厅防卫研究所战史室：《中国事变陆军作战史》（1），朝云新闻社1969年版，第231页。

营一事未对外公开。至南京保卫战开始前、统帅部迁至武汉后，正式取消了统帅部，而改组了军事委员会，扩大其职责，实际上仍以军事委员会作为最高统帅部领导抗战。

8月15日，为应对日军的全面进攻蒋介石下达了全国总动员令，国民政府军事委员会将全国划分为4个战区（8月20日颁布时又增为5个战区），国民政府军事委员会委员长蒋介石，参谋总长程潜，辖4个战区和5个预备军[①]：

第一战区，司令长官蒋介石兼任（10月25日程潜接任），辖区为河北省和山东省北部地区。

第二战区，司令长官阎锡山，辖区为山西、察哈尔、绥远省。

第三战区，司令长官冯玉祥（10月4日蒋介石兼任），辖区为苏南、浙江省。

第四战区，司令长官何应钦，辖区为福建、广东省。

第五战区，司令长官蒋介石兼任（9月19日李宗仁接任），辖区为苏北和山东省（鲁北地区除外）。

第一预备军，司令长官李宗仁；第二预备军，司令长官刘湘；第三预备军，司令长官龙云；第四预备军，司令长官何成浚。

海军，总司令陈绍宽。

空军，总司令蒋介石兼任。

同时，会议决定抽调各省兵力，以全力对日宣战。其中，计划广西出4个师，广东先调2个师，并先成立5个预备师，四川出10个师，云南出2个师，宁夏出1个师，青海出1～2个师，湖南、河南、云南、贵州等省迅速筹办补充若干个师。

---

① 中国第二历史档案馆编：《抗日战争正面战场》上，江苏古籍出版社1987年版，第12页。

其中，第一、第二战区和第五战区一部担任主战场华北防御作战任务，总兵力约达70万人。除个别集团军于八九月间编成外，全国各战区从10月上旬开始陆续编成集团军。

8月20日，蒋介石颁布《国军战争指导方案》《国防作战指导计划》[①]，判断日军进攻的重点和主要方向是华北，"主战场之正面在第一战区，主战场之侧背在第二战区"。这个判断完全准确。《国军战争指导方案》指出：

一、敌国为使现在平津一带敌军之作战便利起见，将以有力之一部先进占平绥各要点（张家口、南口等处），而后或深入山西，以威胁我第一战区之侧背；或转进于正定、保定方面，以直接协力于其在平津部队之攻击。

二、敌国为牵制我国军兵力之转用，及从政略上威胁我国军根据地起见，将以一部攻我淞沪，窥伺我首都。

三、敌国为其平津方面之部队进展容易起见，将以一部队攻我胶东，进出历城。

因此，《国军作战指导计划》明确规定，第一战区的作战任务是"近迫该当面之敌，实行柔性攻击，以吸引其主力，俾我第二、第三战区之作战，得以从容展布。但如敌军企图以真面目与我决战时，则应毅然尽全力以防制之"；第二战区的作战任务是"打破敌军惯用包围行动之企图使其对我第一战区不敢放胆施行正面攻击，同时牵制热河以东之敌军，使其对青岛、淞沪之作战不能转用兵力"；第三战区的作战任务是"对于侵入淞沪之敌，应迅速将其扫荡，以确保京沪政治经济重心"。[②]应该说，国民政府军事委员

---

① 《国防作战指导计划》中有关作战指导方略、军队运用、战区划分等内容，与《国军战争指导方案》完全一致，有所不同的是，只对各战区的作战任务又作了明确、具体的规定。因当时判断日军进攻的重点和主要方向是华北，所以对第一、第二战区的作战任务作了详细区分规定。

② 中国第二历史档案馆编：《抗日战争正面战场》上，江苏古籍出版社1987年版，第3—5页。

会制定的《国防作战指导计划》既指出了日军进攻的重点方向，又比较准确地估计到了下一步日军进攻的战略企图和方向。

所以，中国统帅部把防御的重点放在华北地区，指出：第二战区是华北唯一的屏障，务须永久固守，以为中国军队进出之轴心，而对平绥线的防御则是重中之重，认为平绥铁路的防御"为第二战区之生命线，亦中苏联络之生命线，更为我国军旋回作战之能实施与否之中枢线，应以南口附近为旋回之轴，以万全、张北、康保等地方为外翼。要固守南口、万全，中国军队作战方有生机"，"对山西东北方面，必须厚积兵力，以期固守"①。至8月中旬，中国各部队按统帅部的部署计划已基本就绪。

《国军战争指导方案》第3条明确规定："大本营对于战争指导，以达成持久战为基本主旨。"②如何达成"持久战"这一基本主旨呢？就是实行"全面抗战，采取持久消耗战略"③。蒋介石国民党视"持久消耗战略"为抗战最高指导方略。1937年8月18日，蒋介石发表《敌人战略政略的实际情况和我军抗战获胜的要道》的讲演，详细地阐述了国民政府对日作战的战略战术原则，或者说，明确地论述了"持久消耗战略"的具体运用问题。

蒋介石说："倭寇要求速战速决，我们就要持久战、消耗战。"如何实行"持久消耗战略"呢？蒋介石提出了4个战术原则："一是以逸待劳，以拙制动，以坚毅持久的抗战，来消灭他们的力量；二是以实击虚，以静制动，抵死拼战，来挫伤他的士气；三是要以主待客，镇静防护；四是要固守阵地，坚忍不退。"总而言之，"我们要切实加强纵深的配备，要多筑工事，层层布防，处处据守。敌人的利器是飞机、大炮、战车，我们的利器

---

① 中国第二历史档案馆编：《抗日战争正面战场》上，江苏古籍出版社1987年版，第4—5页。

② 郭汝瑰、黄玉章主编：《中国抗日战争正面战场作战记》上册，江苏人民出版社2005年版，第357页。

③《中日战争史略》上册，台北正中书局1968年版，第169页。

是深沟、高垒、厚壁。敌人蛮冲突攻，我们镇静固守"①，以此达成持久抗战之目的。

蒋介石后来把"持久消耗战略"归纳为三句话："以空间换时间，积小胜为大胜，变敌后为敌前。"蒋介石在8月18日的演讲中认为，运用"持久消耗战略"对日作战，中国必胜，日本必败，其主要依据是中国有地大物博、人口众多这两个最主要的条件，只要中国坚持抗战，日本就无法灭亡中国。他强调说：

中国广大的土地和众多的人民两个条件，就是我们现在抗战必胜的最大武器。……我们有了四千万平方公里的国土，如此广阔辽远的山河，如此绵亘浩荡的幅员，不仅一个日本倾他所有全部的力量，也不能全部占领，就是两三个日本以两三倍于现在的日本的力量，也不能侵占我们全国的土地。就这一点来说，就可以证明日本无论怎样处心积虑，怎样凶横强暴，也不能灭亡我们国家！所以我们广大的土地，就是我们战胜敌人第一个最大的条件。……我们这次抗战，是以广大的土地来和敌人争胜负，以众多的人口来和敌人争生死，本来的抗战的胜败，就是决定空间与时间，我们有了敌人一时无法全部占领的广大土地，就此空间的条件，已足以制侵略的敌人。②

战争指导方针正确与否，必须从敌我双方的国力（经济、科技力）、军力（武器装备、训练、兵力构成）等方面来考察。

当时，日本是一个小而强的现代化工业国家，中国则是一个大而弱的半封建半殖民地农业国家。由于近代日本屡屡侵略中国而发了战争横财，

① 张其昀主编：《先总统蒋公全集》第1册，台北中国文化大学出版部1984年版，第1071—1073页。
② 张其昀主编：《先总统蒋公全集》第1册，台北中国文化大学出版部1984年版，第1131—1132页。

利用晚清政府的巨额赔款建立起了许多机械制造重工业，在亚洲最先成为工业化国家。1931—1937年，日本工业增长的平均速度达9.9%，是资本主义大国中发展速度最快的国家。1937年，日本钢产量580万吨、生铁239万吨、石油169万吨、水泥611万吨，发电量303万千瓦，工业总产值60亿美元，占国民经济总产值的80%，成为工业强国。日本武器装备生产能力达到了年产飞机1580架、大口径火炮744门、坦克330辆、汽车9500余辆的水平，造船能力为40余万吨，造舰能力为5万余吨。轻型武器的年生产量，更是完全可以满足发动大规模侵略战争的需要。①

中国虽然是一个地大物博的大国，拥有约4.6亿人口和1142万平方公里的领土，但由于近百年来受到帝国主义列强的反复侵略掠夺，已经国力衰弱，工业基础薄弱，交通落后，手工业占多数，仍是一个农业大国，农业人口占全国人口的85%以上。七七事变前，现代工业在国民经济总产值中只占10%，工业总产值只有13.6亿美元。到1937年时，中国仅能生产步兵轻武器和小口径火炮，大口径火炮、坦克、汽车、飞机、舰艇均不能制造。总之，七七事变前，中国的经济力和军事力与日本相比，悬殊太大，处于绝对的劣势。

中日两国的经济力、军事力相差悬殊甚大，大而弱的中国要战胜小而强的日本，只能采取长时间内线战役战斗的进攻速决战，消灭敌人有生力量，迟滞或挫败日军的战略进攻，达成外线的"持久消耗"战略，从而实现"持久战"的主旨，最终打败日本侵略者。

客观地讲，国民党政府的对日作战"持久消耗战略"，是达成"持久战"的有效指导方略。蒋介石阐述的"持久消耗战略"的依据，也是符合中国当时的国情的。因此，对日作战采取"持久消耗战略"这个指导方略，

---

① 刘庭华：《中国抗日战争与第二次世界大战统计》，解放军出版社2012年版，第173页。

从宏观上和整体上说，是科学的、正确的。历史证明，从1937年七七事变爆发到1938年10月武汉广州沦陷的战略防御阶段，正面战场对日本全面侵华采取"持久消耗战略"的指导方针，彻底粉碎了日本军国主义在2～3个月灭亡中国的图谋。虽然在战役指导上存在许多缺陷、失误，如主张死拼硬打的单纯阵地防御战，企图用战役战斗的持久消耗战，达成战略上的持久，等等，因而导致正面战场的110余万人的重大伤亡，这无疑是蒋介石在战争指导方面的重大失误。同时，也必须指出，蒋介石提出的实现"持久消耗战略"主旨的4个战役战术原则，如"多筑工事，层层布防，处处据守。固守阵地，坚忍不退"等，则是一套完全的消极防御作战思想。这与他1934年7月在庐山军官训练团的讲话如出一辙，没有什么大的变化。或者说，蒋介石1937年8月18日的演讲是1934年7月庐山军官训练团讲话的翻版。蒋介石说："我们除了统一意志集中力量之外，还有一个救国的要诀，就是古人讲的要步步为营，处处设防，随时随地准备抵抗。现在抵抗日本并没有什么大的新技术，而主要采取步步为营，处处设防，到一个地方就先要挖好极深的战壕，修好极固工事，然后在深沟高垒中'固守不退……稳扎稳打'。"

蒋介石反复强调，用人海战术实行单纯阵地防御的"层层布防，处处据守。固守阵地，坚忍不退"的战术原则的重大作用和意义。他说：

我们现在既不能讲国防，就要讲营防，我们每一营一连所驻扎的地方，一定要将工事做好，我们的军队每到一个地方，必须步步为营，处处严防，我们的营防，就是我们的国防。我们的生命，军队的生命，既随时随地在日本掌握之中，我们就得每到一个地方，要扎一个营要挖一道沟，古人所谓深沟高垒，虽不能守到两三年，至少也要固守一两个月，不能守一两个月，至少总要死守一个星期。我们虽无十分战胜的把握，然而一定要作最顽强的抵抗，我们虽未必可以打败敌人，但是被敌人打败的时候，一定要使他受最大的牺牲，一定从敌人手里取得最大的代价，这是我们一定做得到的。我们要拿一分力量，来抵抗敌人十分力量，我们就是要拿自己的人力来抵抗敌人的机器。我们要有这样的一个牺牲的准备，和这样一种革命的精神，我们每营讲营防，每团讲团防，每师讲师防，拿我们的血肉来代替我们的国防，拿我们的血肉来抵挡敌人的枪炮。如此，虽然绪战失败，我相信到最后必能得到一战成功。因为用这种革命战术，他要占领我们一省，至少时间就是一个月，如其统计起来，他们要占领我们十八省，至少要费十八月，这十八月时间，那国际形势的变化还了得？何况他一个月，必不能迅速占领我们一省呢？所以我们各个人如果有觉悟，随时随地作防御工作，随时随地准备牺牲抵抗，如此，不仅不怕日本人有三千架飞机，就是他再加三万架飞机，对我也无可奈何。不仅不怕他有一百二十万吨海军，就是他有二百万吨也没用。不仅不怕他这三百五十万陆军，就是他有六百万，也不能灭亡中国。所以我们革命军人，要觉悟，要自信，要有革命的精神和牺牲的决心！决不能坐以待毙。[1]

蒋介石的上述讲话，与其说是对日作战的战略战术讲演，不如说更像是一篇对日作战的鼓舞士气的动员令，军事学术成分太少，政治动员味实足。一是充分反映了蒋介石保守落后的军事思想，所谓"步步为营，处处严防""拿我们的血肉来抵挡敌人的枪炮"等，完全是冷兵器时代的战术，忽视了中国抗日战争所处20世纪30年代的时代特征和机械化战争的特点，单靠政府和军队的力量，不懂得依靠和发动广大人民群众进行人民战争的伟大作用。二是所谓"层层布防，处处据守。固守阵地，坚忍不退"。这是

---

[1] 蒋介石：《抗日御侮与民族复兴》，见秦孝仪主编：《中华民国重要史料初编——对日抗战时期》绪编，"中央"文物供应社1981年版，第123—124页。

典型的内线固守，分兵把口的单纯阵地防御，一点灵活机动的战略战术也没有。三是蒋介石强调"层层布防，处处据守"的所谓"革命战术"，其本意是通过单纯阵地防御战而拖延时日，以待国际形势的有利变化，寄希望于列强大国的干涉或外国援助。如他所说："……他们要占领我们十八省，至少时间要费十八个月，这十八个月时间，那国际形势的变化还了得？"1934年秋，由蒋介石口授，陈布雷执笔写成，以徐道邻的笔名发表在1934年12月《外交评论》杂志上的长文《敌乎？友乎？——中日关系的检讨》则更加乐观地认为："日本灭亡中国的时间，如果用三个月或半年的时间，则美或俄必不能坐待日本之从容对付中国，而将迫日本以速战。"

历史已经证明，通过单纯防御以拖延时间，希望列强干涉而制止日本侵华，只是蒋介石的一厢情愿。中国的全国性抗战从七七事变到1941年12月8日太平洋战争爆发的4年以后，美、英等西方大国才真正开始援助中国。此前，除苏联援助中国抗战外，美、英等均采取所谓"不干涉"的绥靖政策。

三、组织指挥淞沪、太原、徐州、武汉四大会战，粉碎侵华日军速战速决的战略企图

七七事变后，日本为了迫使中国政府屈服，决定进行华北会战。自8月初到12月，日军以平、津为进攻出发地，沿平绥、平汉、津浦三大铁路展开战略进攻，实施华北会战。中国军队先后在平绥路东段的南口、天镇和阳高，平汉路的涿县、保定地区和津浦路北段地区，进行防御作战。广大中下级官兵发扬守土抗战和不怕牺牲的精神，与日军浴血奋战，给予日军以相当沉重的打击。比如，自8月8日开始，历时半个月的南口战役，中国第13、第19军与日军反复争夺长城要隘居庸关、八达岭一线主阵地，共歼日军2600余人，自身伤亡26736人，其英勇顽强、不怕牺牲的精神十分

值得称赞。又如，平汉路孙连仲部在永定河、固安、房山、涿县及其附近地区依托既设阵地和日军进行了激战；关麟徵部在保定附近对日军的南犯，进行了短暂的坚决抵抗，毙日军1448人，重伤日军4000余人。

但是，由于国民党军执行单纯阵地防御，加上派系繁多，指挥不统一，心存防备戒心，有的还想保存实力，个别指挥官怯懦怕战，未战先逃，导致影响军心士气，防御阵地一点被日军突破，随之则全线溃败不止。比如，负责平汉线方面的最高指挥官第2集团军总司令刘峙懦弱畏战，保定作战时未战先逃，影响极坏。国民政府监察院张华澜等人在1937年10月26日提出弹劾案，指出"豫皖绥靖主任（原职）刘峙惧怯畏死，未经激战，遂下令总撤退，致使全冀皆失，而豫晋两省，交受其祸……旬日之间，败退达千里。自古至今，丧师失地未有如是之速者矣"①。最为典型的是国民党山东省主席兼第3集团军总司令韩复榘拥兵自重，抗不遵命。当平汉、津浦两线日军深入时，国民政府军事委员会曾命令他及时机动兵力，支援津浦线作战，以牵制日军对平绥、平汉线的进攻，韩却按兵不动，因而失去战机，影响战局。最后韩复榘被处决，纯属咎由自取，罪有应得。

（一）淞沪会战——开辟华东战场，改变日军进攻华北的主攻方向，达成以空间换时间的持久战略

淞沪地区位于长江下游黄浦江与吴淞江汇合处，扼长江和首都南京的门户。上海是中国最大的工商业城市和进出口贸易港口，也是东方的金融贸易中心。优良的港口，京沪、沪杭甬铁路的交会，又使上海成为通往内地和国外的枢纽。

卢沟桥事变后，日本在向华北不断增兵的同时，也积极策划侵占上海。驻上海日军海军第3舰队司令长官长谷川清声称："为制中国于死命，以控

① 郭汝瑰、黄玉章主编：《中国抗日战争正面战场作战记》上册，江苏人民出版社2005年版，第401页。

制上海、南京为最重要。"①日军参谋本部认为，侵占上海就能使中国"丧失经济中心的机能"②。8月9日，日本驻上海海军陆战队第1中队中队长大山勇夫及士兵斋藤要藏驱车闯入虹桥机场挑衅，被机场的中国保安队击毙。

平、津沦陷后，华北要地不断失守，迫使蒋介石和国民政府军事委员会重新研究日本全面侵华的战略企图，探讨应对方略。如何运用"持久消耗战略"，实现"以空间换时间"的目的，达成持久战战略意图，一直是蒋介石苦苦思考的一个重大问题。为防患于未然和配合华北地区的作战，牵制、分散日军的兵力，争取战争主动权，以利于长期抗战，蒋介石和国民政府决定开辟华东战场，采取先发制人的战术，派军主动扫荡上海日军及其长江内河的舰艇，决不允许日军以上海作为进攻华东的作战基地。因而，开辟华东战场，是将侵华日军的进攻重点方向由北向南扭转，以分散日军的兵力，达成以空间换时间的战略目的，由此引发了淞沪会战。

1. 蒋介石开辟华东战场的战略构想

将侵华日军的进攻方向由北向南扭转，开辟华东战场以分散日军兵力，诱敌于长江流域的战略构想，蒋介石在1937年8月初已经基本决定下来了。8月初，蒋介石从庐山回到南京，曾与熊式辉、陈诚谈了自己的想法。蒋介石说：

上海失守，南京固难守住，这是显而易见的事。不过我们要把眼光看远一些，应从全盘战局着想。敌人侵华，早已处心积虑，熟读了中国战史，对中国历代兴亡之道无不了然。今天，我最担心的是敌人如由河北打到山西，渡过黄河，由陕西南下四川而进攻云南、贵州，这是效法元朝忽必烈亡宋之路，再由西南向东席卷。到那时，我们纵使保有沿海各省，敌人可

---

① 《现代史资料9·日中战争2》，美铃书房1964年版，第186页。
② 日本防卫厅防卫研究所战史室：《中国事变陆军作战史》（1），朝云新闻社1969年版，第284页。

用海军封锁海口，形成数面包围夹攻，我们还有生路吗？为彻底摧毁敌人这一奸计，我们唯一的办法，就是在上海开辟战场，迫使他们力量分散，在沿海各省陷入泥沼中而不能自拔。至于我们的军力，不妨逐渐西移，迁都重庆，诱敌沿长江西上，就变成敌人难攻而我们易守了。只要我们能坚持抗战到底，未有不把敌人拖垮的。[1]

1938年1月11日，蒋介石在开封军事会议上也曾谈到开辟华东战场问题。他说："我们为什么要在上海作战呢？就是要打破敌人的战略，使他们不能按照原计划，集中兵力侵略我们华北。他（日本）预定的计划，就是以少数的兵力，在最短的时间，一举而消灭我们军队，迫使中国屈服，然后回过头来，应付世界大战。"[2]

蒋介石在1938年11月25日的《第一次南岳军事会议开会训词》中，又一次阐述了他的诱敌于长江流域的战略构想。

关于蒋介石这个对日作战的大战略构想，后来蒋纬国曾经对日本人古屋奎二做过比较详细的介绍：

当时料想到日本在作战方面能给予中国的最大危害是沿平汉铁路南下，首先迅即攻占武汉，对长沙、醴陵（浙赣路要冲）一带形成威胁。如果日军控制了中央地区之后，对留在东边的中国主力加以压迫，则中国军队便只有背海决战。同时在中国东南地区最具有战略价值的人力和物资就要落入日军的掌握，而使中国军队处于决定性的劣势。

父亲（指蒋介石）为了避开这样危险的趋向，所以采取能够相机立于有利态势的持久战略。这个持久战略构想的要点如下：

① 王俯民：《蒋介石详传》（下册），中国广播电视出版社1993年版，第737—738页。
② 张其昀：《先总统蒋公全集》（二），台北中国文化大学出版部1984年版，第1086页。

以中国军队一部对华北之敌持久，确保山西，相机集中主力于华东，对上海之敌取攻势，以迫诱日军转变其作战线，为沿长江由东向西。中国军队基于此一构想，先调集有力部队在察绥晋方面，向将由华北南下的日军右侧发动攻势，并确保山西，以牵制或退滞日军南下。继而借八一三事件集中精锐部队于华东方面。主动向淞沪之敌猛攻，迫诱日军大本营自东北基地、日本本土以及华北原主战方面相继增援淞沪，其侵华之作战线，遂形成沿长江处自东向西。

此一战略指导，获得了下列战略效果：

第一，日军仅能压迫中国军队沿通往大后方之补给线撤退，无法迫其决战，因而日军"速战速决"战略被否定。

第二，使中国军队不仅能确保其补给线之安全，且获得余裕时间，将东南地区之人力与物力迁移于大后方，从事整备建设。因而为后来的转移攻势奠定基础。

第三，使日军补给线延长，且无法发挥其优势，增大其作战之困难。[①]

以上是蒋介石当时对日作战的基本战略构想。他的主要目的是引诱日军改变以华北为主要进攻方向，转移到华东方向，自上海开始，沿长江西上，而以阎锡山晋军确保山西，阻敌南下。然后，将国民政府首都迁到重庆，并将东南沿海工业内迁到四川。而国民党主力军队则尽驻大西北和平汉、粤汉线以西，以及江西、浙江地区，将日军主力包围于长江和粤汉线地区，使日军深入中国腹地而又不能置中国军队于绝境，决战与否，完全可以由中国军队决定，从而实现持久战战略，等待或促进国际形势的变化。待美、英等卷入世界大战后，再择机转守为攻。这个战略也是"以空间换

① 古屋奎二：《蒋总统秘录》第11册，台北"中央"日报社1976年版，第62—63页。

时间"的战略。

诱引日军将进攻的重点方向由华北转向华东，这是具有重大战略意义的一招。因此，1937年7月下旬，蒋介石和国民政府军事委员会批准了京沪警备司令张治中在战术上"先发制人"的作战预案方针，决心在战争发生时"先以充分兵力进驻淞沪，向敌猛攻，予以重创，争取一举破敌"①，并听从了陈诚关于"敌对南口在所必攻，同时亦为我所必守，是则华北战事扩大，已无可避免。敌如在华北得手，必将利用其快速部队，沿平汉路南犯，直趋武汉；如武汉不守，则中国战场纵断为二，于我大为不利。不如扩大淞沪战事，诱敌至淞沪作战，以达成二十五年所预定之战略"的建议，决心"一定打"②，并重新部署了兵力，连夜制定出《第三战区作战指导计划》，以大本营"令字第4号"训令颁发。

2. 淞沪会战的阶段划分

淞沪会战开始时，中日双方的兵力均不多，但为了达到各自的战略目的，双方一再增兵，日军先后投入22余万人，中国军队投入70余万人，自身伤亡25万余人，作战规模不断扩大，最终发展成为一场历时三个月的空前激烈的大会战。淞沪战役迟滞、牵制和抗击日军进攻步伐达三个月之久，予日军以沉重打击，毙、伤日军9万余人（日军自己统计为伤亡4万余人），使日军被迫转移战略主攻方向，打破了日本企图三个月灭亡中国的迷梦，极大地激发了中国军民的抗战热忱，并为国家转入战时体制和沿海工业的内迁赢得了宝贵的时间。淞沪会战可分为3个阶段。

第一阶段（8月13日—9月11日），中国军队的攻势作战。

首先，是第9集团军和中国空军的反击作战。1937年8月10日，日海军第3舰队司令长官长谷川清在吴淞一带集结大小舰艇30余艘，驶入黄浦

---

① 《张治中回忆录》，中国文史出版社1985年版，第115页。
② 《陈诚私人回忆录》，见《民国档案》1987年第1期，第14页。

江示威，并急调在日本佐世保待机的舰艇和陆战队开赴上海。11日，蒋介石和国民政府军事委员会密令京沪警备司令张治中率第87、第88师到上海杨树浦及虹口以北布防，同时令海军阻塞江阴航道，令空军主力由华北向上海方向转场。13日，日本海军陆战队首先由虹口向天通庵车站至横浜路段开枪挑衅，再以一部向宝山路、八字桥、天通庵路进攻，被第88师击退。

八一三战争开始后，蒋介石和国民政府军事委员会即下令张治中部对日军发起总攻。蒋介石在当天的日记中记载："对倭寇作战，应以战术补武器之不足，以战略弥武力之缺点，使敌处处陷于被动地位。"[①]同一天，蒋介石在国民党高级将领会议上，再一次表明他的抗战决心是迫不得已的和为什么决心抗战。他说："我们最初以为日本是要满洲的，但是给予满洲后，又要华北，我们给了华北，现在又要上海和广东。日本的要求如果只限于满洲和华北，则我能负责与日本提携，然而日本的要求，彻头彻尾是没有限度的。"[②]

由上可知，蒋介石的抗战决心，确实是日本全面侵华所逼迫的，只要日本有限度地侵华，他甚至连"满洲和华北"都可以不要，即"则我能负责与日本提携"。这说明，蒋介石的民族主义是很不彻底的。但不管如何，蒋介石总算彻底下决心抗日了。

8月13日，蒋介石和国民政府军事委员会下令将张治中部改编为第9集团军，仍由张治中任总司令，下辖第87师、第88师、第56师和独立第2旅、第57师第169旅、保安总团，炮兵第3、第8、第10团等。

将苏浙边区公署改编为第8集团军，由张发奎任总司令，下辖第61师、第55师、第57师、第62师、独立第45旅、炮兵第2旅（欠第3团），并划

---

① 《蒋中正日记（1937—1945）》（光盘），台湾"国史馆"2015年版。
② 《鹰犬将军：宋希濂自述》，中国文史出版社1986年版，第115页。

定第8、第9集团军的作战地域以苏州河至南站之线为界，以北为第9集团军，以南为第8集团军。

从14日拂晓起，蒋介石命令陆军对日发起反击，同时命令空军协同地面部队作战，担任要地防空。中国空军于上午10时发起攻击，轰炸日本海军陆战队司令部和其装卸货物地点——汇山码头，并炸伤日本海军第3舰队的旗舰"出云号"。中国空军第4驱逐机大队长高志航率本队击落袭击杭州笕桥机场的日机3架，击伤1架，而中国空军则无一损伤。蒋介石得知后极为高兴，他在日记中写道："倭寇空军技术之劣，于此可以寒其胆矣。"①战后日本防卫厅防卫研究所战史室编著的书中也承认，说中国军队"攻击极为英猛，屡陷敌于危境"②。此次空战，是中国空军抗击日军空军袭击的第一次作战。首战告捷，给日军以沉重打击，极大地鼓舞了中国军民的抗日斗志，增强了战胜日本侵略者的信心。为纪念首次空战胜利，国民政府将8月14日定为"空军节"。

15日，日军统帅部组建上海派遣军，任命松井石根为司令官，增派第3、第11师团到上海。15—16日，中国空军在京沪杭上空共击落日机40余架。第9集团军从15日起，向日军发起多次进攻，第87师攻占日本海军俱乐部，第88师冲入日本坟山阵地，后受阻。19日，从西安调来的第36师投入战斗，于21日攻入汇山码头，严重威胁日本海军陆战队。22日，上海派遣军先头部队开始在杨树浦附近登陆。第9集团军侧翼受到威胁，反击作战遂告终止。

接着是第三战区的抗击日军的登陆作战。蒋介石和国民政府军事委员会陆续向上海附近增兵，8月20日成立第三战区，冯玉祥任司令长官，顾祝同任副司令长官，陈诚任前敌总指挥，随即调整部署：以第9集团军（张

---

① 《蒋中正日记（1937—1945）》（光盘），台湾"国史馆"2015年版。
② 防卫厅防卫研究所战史室编：《中国方面海军作战》下，朝云新闻社1976年版，第329页。

治中部）组成淞沪围攻区围攻驻沪日军，第8集团军（张发奎部）组成杭州湾北岸守备区，第10集团军（刘建绪部）组成浙东守备区，第54军组成长江南岸守备区，第111师组成长江北岸守备区。

以上4个守备区负责封锁压制日军登陆部队。

8月23日，日军第3、第11师团在长江南岸的吴淞、张华浜等地强行登陆。第三战区临时将长江南岸守备区扩编为第15集团军，由陈诚兼任总司令，同时又抽调3个军予以加强。

日军第3师团第一梯队在张华浜附近登陆时，遭到张治中部警察总队顽强抵抗。日军第3师团主力登陆后，警察部队不支，撤至南泗塘河西岸据守，张治中组织第87、第36师反击，挫败了日军的进攻，双方于8月25日隔河对峙。日军第11师团第一梯队23日在川沙口和石洞口地段登陆，此时第15集团军刚编成，部队尚未到达指定位置，日军迅即攻占狮子林炮台、月浦和罗店，并继续分别向浏河、宝山进攻。下午，陈诚所部先后赶到，第18军协同第54军实施反击，当晚收复罗店，次日收复宝山、狮子林和月浦。25日，日军第11师团后续梯队登陆，第15集团军反击受阻。双方于狮子林、月浦、新镇、罗店至浏河一线形成对峙。

松井石根为连接和扩大两个师的登陆场，于9月1日以第11、第3师团各一部从狮子林和吴淞两面夹击宝山。守备宝山的第18军姚子青营击退日军多次进攻，顽强坚守至9月7日，日军以战车堵击城门，集中海空火力轰击，全城燃起烈火，该营官兵全部壮烈牺牲。战至9月10日，日军将两块登陆场连成一片。第15集团军予敌重大杀伤，部队严重减员，13日奉命撤出月浦、杨行、新镇等阵地；第9集团军则奉命放弃宁沪铁路（南京—上海）以东的大部地区。至9月17日，中国军队撤至北站、江湾、庙行、罗店、浏河一线，与日军对峙。

第二阶段（9月12日—11月4日），中国军队的纵深防御守势作战。

日军继续增兵上海。在淞沪战场相持不下之际，日本参谋本部派员到上海阵地视察，认为中国军队"在江河交错的地区，构筑数道坚固的阵地，对上海派遣军的攻击，进行反复顽强的抵抗，并继续从后方调来兵力，势不可侮。……派遣军后方接济不上，两个师团陷于严重的苦战中"[①]。据此，日本天皇接受军令部关于增兵上海的报告。9月6日，日本参谋本部决定再向上海增派3个师团。9月11日，日本参谋本部下达命令，派第9、第13、第101师团，野战重炮兵第5旅团，独立野战重炮兵第15联队，独立工兵第12联队，攻城重炮兵第1联队第1大队，迫击炮第1大队及第3飞行团增援上海。至9月中下旬，上述部队先后加入上海派遣军战斗序列。

由于日军不断增兵淞沪地区，中国第三战区部队的对日作战进入更加激烈艰苦的阶段。9月，蒋介石亲自兼任第三战区司令长官。21日，他下令再次调整部署：以第9集团军为中央军，朱绍良任总司令，位于北站、江湾、庙行一线及其以西地区；以第8、第10集团军为右翼军，张发奎任总司令，位于苏州河以南至杭州湾北岸地区；以第15、19集团军为左翼军，陈诚任总司令，位于蕴藻浜以北的万桥、罗店、广福地区。

9月12—30日，日本增援部队主力尚未到达，战斗主要在第15集团军作战地境内的罗店以南地区进行，双方均无显著进展，形成对峙的胶着状态。10月1—27日，是淞沪会战中最为激烈的阶段。此时，日军增援的3个师团先后到达上海，便开始发起猛烈进攻，战斗主要在蕴藻浜南岸阵地，第三战区曾组织大规模反击，但未能成功，大场镇失守。10月1日，日海军、航空兵协同地面部队向中国军队发起新的攻击。北路以第11师团指向广福、陈家行；南路集中第3、第9、第13、第101师团强渡蕴藻浜，向大场、南翔进攻，中国守军顽强抗击。15日，日军突破蕴藻浜，蒋介石急调

① 日本防卫厅防卫研究所战史室：《中国事变陆军作战史》第1卷第2分册，中华书局1979年版，第27页。

第21集团军10个师加入中央军序列，以其3个师从大场附近向南路日军反击，另以左翼军4个团在广福南侧向北路日军反击，均未突破日军阵地。

10月22日，日军集中第3、第13、第101三个师团进攻第21集团军，在庙行和陈家行之间突破中国守军阵地，26日攻占庙行和大场。苏州河北岸的中央军腹背受敌，节节抵抗后，遂于27日放弃北站、江湾阵地，向苏州河南岸转移。第88师第524团团副谢晋元率第1营官兵继续坚守苏州河北岸的四行仓库，孤军奋战四昼夜，于31日奉命退入公共租界。

第三阶段（11月5—12日），日军从杭州湾登陆，中国军队遂撤离淞沪战场。

当日军增兵3个师团到上海而战局仍毫无进展时，日本参谋本部对全面侵华战争的进攻方向作了深入研究："是把华北方面的作战扩大，进行山东作战，还是适可而止，把华北作战停止在一定地带，而把兵团调到上海方面？"研究的结果是"上海方面就那样让它下去，是无法取得结束战局的结果的，紧急任务是在这方面积极行动，以便获得预期的结果"。于是决定从华北调兵，把主要作战方向转移到上海方面，以期"攻击敌人主力，谋求结束战争"①。10月9日，日本参谋本部决定以第18师团（已列入关东军序列，正在九州待命）、第6师团（正在河北正定以南作战）、国崎支队（第5师团的步兵第9旅团）及第114师团（由日本国内动员组建）为基干，组建第10军，增派上海方面。10月17日，日本参谋本部又决定从华北再调第16师团加入上海派遣军战斗序列，与第10军登陆作战进行配合。10月20日，日第10军战斗序列正式编成。日军将第10军投入淞沪战场后，上海方面的日军为2个军9个师团，计30余万人，而华北方面的日军为2个军7个师团，计20余万人。显然，日军进攻的主要方向已经由华北转移到华东。

---

① 日本防卫厅防卫研究所战史室：《中国事变陆军作战史》第1卷第2分册，中华书局1979年版，第84页。

11月5日，日军第10军司令官柳川平助率第6、第18、第114师团及国崎支队等，在日本海军第4舰队护卫下乘坐约100艘大型舰船，突然在杭州湾的全公亭、金山卫间登陆，这里海岸线平直，近岸有10米以上的水深，是淞沪地区最好的登陆场，它位于上海南侧，日军登陆后如占领松江城，即可切断沪杭甬铁路，与北面的上海派遣军相策应配合，实施对中国军队迂回包围。至7日，第10军登陆成功。

此时，杭州湾北岸的中国守军大部已调去支援上海市区作战，只有第63师的少数部队守备。中国大本营遵照蒋介石的指令，不但把全军战斗序列中第一线兵团的主要部队调到淞沪战场，而且也已将预备军中的主要部队调至淞沪战场，甚至连长江南岸守备区和杭州湾北岸守备区防备日军登陆的主要侧方保障部队也调到上海战场。此前，顾祝同、陈诚等人曾经向蒋介石建议：应按照持久消耗战的战略方针，迅速将上海战场的主力部队有计划地撤至吴福线及锡澄线两条国防工事线上进行整补。起初，蒋介石也同意，并已开始实施，但到10月底，蒋介石又突然改变决心，所谓"从政略角度出发"，又命令第三战区部队继续留在上海与日军主力进行阵地消耗战。11月1日晚，蒋介石在南翔附近的一所小学校里召集淞沪会战部队师长以上将领开会，他说："九国公约会议将于11月3日在比利时首都开会，这次会议对国家命运关系甚大。我要求你们作更大努力，在上海战场再坚持一个时期，至少十天到两个星期，以便在国际上获得有力的同情和支持……上海是政府的一个很重要的经济基地，如果过早放弃，也会使政府的财政和物资受到很大影响……"[1]于是，中国军队在明知处于强弩之末的危险形势下，仍继续在上海与增派了10余万数量的日军拼消耗。

11月7日，日军在杭州湾登陆成功。为统一指挥，日本参谋本部下达

①《鹰犬将军：宋希濂自述》，中国文史出版社1986年版，第121页。

"临参命"第138号令，将上海派遣军和第10军临时组成"华中方面军"，由松井石根任司令官（仍兼任上海派遣军司令官），并分别向中国军队发起进攻。11月8日，中国统帅部发现淞沪战场的中国军队已处于即将被包围的危险境地，战局急转直下，蒋介石才急忙下令从上海全线撤退。第三战区副司令长官顾祝同按照蒋介石的指示，于当夜下达了撤退的命令。由于撤退的时机太晚，而命令下达的手段又落后，命令到达右翼军总司令手中时已是9日。张发奎"接到命令时，部队已陷于极端紊乱状态，各级司令部亦很难掌握其部队了。有的部队未接到撤退的命令，只是看到友军撤退因而也撤退，……形成各自溃退的局面"①。因左翼作战军（陈诚兼任总司令）受到的压力较小，所以第三战区下达命令时要求左翼军各部仍固守原阵地以掩护右翼作战军撤退。至11月10日12时30分，下达了左翼作战军撤退的命令（但11日下午2时各集团军总司令才接到）。当第三战区各部队撤退时，日海军陆战队及上海派遣军即乘势占领上海市区。至11月12日，上海沦陷，淞沪会战结束。

　　3. 淞沪会战的意义、经验与教训

　　淞沪会战历时3个月，迫使日军不得不向上海不断增兵，被迫将原先确定的进攻重点方向由华北转向华东。这不但极大地分散了日军的兵力，使其不能集中主要兵力用于地形开阔、利于机械化部队作战的华北战场，而且彻底粉碎了日军速战速决、以局部战争侵占华北并迫使中国政府屈服的图谋，从而使日军陷入中国全面、持久抗战的"泥潭"之中而无法自拔，并使日本陆、海、空军遭到自七七事变以来从未受到过的沉重打击和损失。

　　淞沪会战中的中国广大官兵浴血奋战、顽强战斗、不怕牺牲的爱国主

---

①《张发奎回忆录》第三章，载香港《大成》1976年第9期，转引自郭汝瑰、黄玉章主编：《中国抗日战争正面战场作战记》上册，江苏人民出版社2005年版，第575页。

义精神和不畏强暴、敢于同敌人血战到底的民族英雄气概，永远值得学习和颂扬。他们的英勇业绩极大地激发了中国军民的抗战热情，获得了全国人民群众和各党派的热烈拥护和支援，从而使中华民族的觉醒和团结达到了空前的程度，为全民族的持久抗战奠定了广大而牢固的群众基础，给所谓日本"三个月灭亡中国"和"抗战必亡"观点的人以有力回击。

淞沪会战也为中国沿海工业的内迁、保存经济实力赢得了宝贵时间。

淞沪会战，从战争全局上说，中国军队以"持久消耗战略"抗击日军的战略进攻，是完全正确的，也是符合中国抗战实际的。但是，在达成这一战略目的的过程中，蒋介石在指导整个淞沪会战中却有诸多失误和教训。

一是战役指导上实行消极防御（或专守防御），死守各自防区一线阵地，硬拼消耗。国民政府军事委员会根据蒋介石的指示，"乃策定持久消耗战略为最高战略"，把战略上的持久寄托在战役上的持久，把消耗敌人建立在消耗自己的基础上。蒋介石在抗战前后曾反复强调，"处处设防""固守不退"是所谓"对日作战战法的救国要诀"。1937年8月18日，蒋介石在《敌人战略政略的实况和我军抗战获胜的要诀》讲演中说："敌人的利器是飞机、大炮、战车，我们的利器是深沟、高垒、厚壁。我们要多筑工事，层层布防，处处据守。我们要固守阵地，这是我们抗战胜利的惟一要诀。"①正是在这种消极防御作战思想的指导下，第三战区部队在第二阶段的纵深防御守势作战中，在宝山、罗店、大场、蕴藻浜、苏州河等各次战斗中，都是死守在各自防区一线阵地上，同日军进行战斗。日军的武器装备、火力配备强度大大优于中国军队，中国军队既缺乏远射的重炮兵火力，又没有与正面相配合的侧射、斜射火力，少量的重机关枪也很快被日军发

---

① 郭汝瑰、黄玉章主编：《中国抗日战争正面战场作战记》上册，江苏人民出版社2005年版，第590页。

现而加以压制。因此，在日军重炮、坦克及海、空军联合火力的压制下，中国军队多处于被动挨打的地位，伤亡极大，防御阵地容易被突破。比如，守势作战前期，在罗店、蕴藻浜地区作战的第15、第21集团军等部，一个师一般只能坚守一个星期，后撤不到一公里，但人员伤亡却已过半，于是接着换上一个师接防，再守六七天。要命的是，这种以轮番硬拼消耗以达到战役持久的笨拙战术，在淞沪战役三个月中始终未变，从而导致中国军队25万余人的重大伤亡，日军才伤亡4万余人。第72军司令长官兼第88师师长孙元良对蒋介石的这一战法也多有非议，他说："国军的兵力虽为日军的三倍，但从未能以多打少，攒击日军或形成包围圈，而是使用如小说上说的'车轮战法'，又好像《封神演义》里众神仙攻打三霄娘娘的黄河阵，神仙们是个别进阵去的，不是集体进入的。各神仙个别的在黄河阵里吃着混元金斗的亏。或先或后，削去了顶上的三花……在上海战场上实行的办法，就是当前线某一阵地的部队消耗到不能支持了，然后将调到战场不久的新部队替换上去。"[1]1938年11月26日，蒋介石在第一次南岳军事会议上也承认："一线式阵地之不能改正，乃我们官长指挥能力缺乏，而为我军自抗战以来战术上失败最大的一个耻辱。"[2]

二是注重正面防御，忽视侧翼安全。国民政府军事委员会在淞沪会战的指导方案中，曾有防止日军从上海迂回后在杭州湾登陆实施包围的预案，如8月20日颁布的《国军战争指导方案》中规定"对于浙江沿海敌可登陆之地区，迅速构成据点式之阵地，阻止敌人登陆，或乘机歼灭之"，并成立了杭州湾北岸守备区，以张发奎任守备区总司令，部署有4个师加1个旅。

① 孙元良：《亿万光年的一瞬》，转引自李敖：《蒋介石研究》第三集，华文出版社1988年版，第195页，见郭汝瑰、黄玉章主编：《中国抗日战争正面战场作战记》上册，江苏人民出版社2005年版，第592页。
② 秦孝仪主编：《中华民国重要史料初编——对日抗战时期》第二编，"中央"文物供应社1981年版，第14页。

但随着淞沪战场一线防守的吃紧，蒋介石置侧翼安全于不顾，先后将各师抽调到淞沪战场正面一线去加强防御，仅留第63师少量部队及地方团队防卫几十公里的海岸线。结果日第10军三个多师团轻而易举地便从金山卫附近登陆，并迅速占领了金山、松江等要点，使淞沪战场正面的中国军队陷于腹背受敌的危境，不得不全线撤退。蒋介石后来也承认自己的这一重大失误，认为这是"抗战以来我军最大的挫失。……上海开战以来，我忠勇将士在淞沪阵地正予敌人以绝大打击的时候，敌人以计不得逞，遂乘虚在杭州湾金山卫登陆，这是由于我们对侧背的疏忽，且太轻视敌军，所以将该方面布防部队全面抽调到正面来，以致整个计划受了打击，国家受了很大的损失，这是我统帅应负最大的责任，实在对不起国家"①。

三是寄希望于国际干预，不但错失战机，而且贻误撤退时机而导致溃败。如前所述，蒋介石在预想开辟华东战场时，就已经有"以促进和等待国际形势变化，待英、美卷入战争旋涡后，便可以转守为攻。因为中国战场和英美战场是互相依存、互相推动的"②想法。因此，蒋介石在整个淞沪会战中仍不忘希望国际干预，他的这种一厢情愿的想法在九一八事变、七七事变时多次出现而一再碰壁，却不汲取历史教训，到淞沪会战时这一老毛病又犯了。如在第一阶段攻势作战时，正当张治中指挥部队向日海军陆战队实施进攻时，因中国政府8月18日收到美、英、法三国政府提出的将上海作为"中立区"的建议，蒋介石不作冷静分析，就立即下令张治中部停止攻击，以致给处于劣势的日军以喘息待援的时间。特别是当日第10军三个师团在11月5日日军在杭州湾突然登陆，淞沪战场的中国军队已经处于被包围的险境，蒋介石仍然顽固坚持己见，命令正面前线部队不撤退，

---

① 秦孝仪主编：《中华民国重要史料初编——对日抗战时期》第二编，"中央"文物供应社1981年版，第177页。
② 王俯民：《蒋介石详传》（下册），中国广播电视出版社1993年版，第740页。

否定白崇禧要其下令后撤的建议，而希望九国公约会议（11月3日召开会议）能 "对日本采取一种如年前国际联盟对意侵略阿比西尼亚一样的惩罚行动"①，故 "蒋先生坚持不允，前线官兵又勉强支持一二日，时我军阵营已乱，白氏知事急，乃向委员长报告说：前线指挥官已无法掌握部队，委员长不叫撤退也不行了，因为事实上前线已溃了。统帅部下令撤退，面子上似好看点罢了。委员长才于11月8日下令兵分两路：一向杭州，一向南京，全线撤退"②。后来，顾祝同、陈诚和白崇禧等国民党高级将领从各自不同的角度，指出了淞沪战场因贻误撤退时机而造成的重大伤亡。蒋介石也承认淞沪战场撤退时 "任令秩序纷扰，自相践踏拥挤。……我们上海的失败，不是作战的失败，乃是退却的失败"③。

四是蒋介石随意越级调兵遣将及军纪腐败。蒋介石喜欢随意越级调兵遣将，造成下级指挥官无所适从，如在攻势作战阶段，他头脑一发热就调走正面前线一炮连，连张发奎也不告知，使前线指挥官无法指挥。第三战区前线许多防御工程承包给商人修造，大多不合格，里面还有水，实为豆腐渣工程，严重影响作战。另外，据冯玉祥目睹，前线士兵经常没有饭吃，饿着肚子打仗。对于战场上下来的伤病员，蒋介石又派特务监视，不允许绅商、学界进行慰问。结果，各界送来的慰问品大都被特务们掠夺一空，伤兵什么也见不到。有几个受伤的连长，爬上火车到达南京下关车站，六天六夜都未喝一口水，便大骂蒋介石。

五是缺乏攻坚武器装备。如上所述，国民党军一个师与日本一个师团比较，武器装备远远落后于日军，不但没有坦克、汽车、自动货车，而且

---

① 程思远：《政坛回忆》，广西人民出版社1992年版，第111页。

② 广西壮族自治区委员会文史资料研究委员会编：《李宗仁回忆录》，广西日报1980年版，第696页，转引自郭汝瑰、黄玉章主编：《中国抗日战争正面战场作战记》上册，江苏人民出版社2005年版，第594页。

③ 秦孝仪主编：《中华民国重要史料初编——对日抗战时期》第二编，"中央"文物供应社1981年版，第70页。

重机枪、轻机枪、掷弹筒等装备还不到日军的二分之一。野山榴弹炮、团营炮等，只有日军的四分之一和三分之一。因此，国民党军的攻坚能力非常弱。作为淞沪会战的第一线指挥官，第8集团军司令长官张发奎曾说过："经过数日的战斗，因为没有摧毁坚固防卫工事的火器，同时又缺乏街市战的熟练经验，我左翼的军队虽曾一度进出汇山码头，但不能摧毁敌人的整个防卫组织。"[①]第9集团军司令长官张治中当时还向国民政府军事委员会报告："最初目的原求遇隙突入，不在攻坚，但因每一通路皆为敌军坚固障碍物阻塞，并以坦克为活动堡垒，终至不得不对各点目标施行强攻。"[②]后来，张自忠在回忆录中说，击灭日军，"一定要有空军和炮兵的配合，而自开战以后，因为这一个条件的缺乏，以致未能达到占领全沪的目的"[③]。

（二）南京保卫战——战略和战役上都是失败的作战

1. 日军进攻南京的决策与部署

11月7日，日军第10军三个师团从杭州湾登陆，对上海地区的中国军队进行侧翼包围。第三战区为避免上海作战的部队两面受敌和巩固首都南京，下令该区域中国军队一部向南京外围即既设阵地转移。11月12日，上海失守。为加强对侵华战争的战略指导，日本当局设立了直接受命于天皇的最高统帅部——日军大本营。随后，设立大本营与政府首脑联席会议。11月24日，日本大本营召开第一次御前会议，最终同意侵华日军当局提出的意见："利用上海周围的胜利成果，不失时机地果敢进行追击。……利用目前的形势攻占南京，当在华中方面结束作战。为了要解决事变，攻占首都南京具有最大价值。"[④]日军即乘胜西进，企图一举攻占南京，以迫使中

---

① 《张发奎回忆录》第三章，载香港《大成》1976年第9期。

② 《张自忠回忆录》，中国文史出版社1985年版，第124页。

③ 《张自忠回忆录》，中国文史出版社1985年版，第133页。

④ 日本防卫厅防卫研究所战史室：《中国事变陆军作战史》第1卷第2分册，中华书局1979年版，第107—108页。

国政府屈服。南京保卫战自此开始。

12月1日,日本大本营正式下达华中方面军战斗序列,下辖上海派遣军(辖第9、第16、第13师团和第10旅团)、第10军(辖第6、第114、第18师团和第9旅团),即由华中方面军指挥上海派遣军和第10军,同时下达"大陆第8号命令",令"华中方面军司令官与海军协同,攻占敌国首都南京"①。此时,日军华中方面军司令官松井石根乘淞沪会战中国军队仓促撤退之机,指挥其6个师团又2个旅团的兵力沿京沪铁路、京沪公路及宁杭线,直逼南京。

2. 国民党政府对是否固守南京举棋不定

国民党政府对首都南京是固守还是放弃,一直看法不一,举棋不定。到了淞沪会战结束之后的11月中旬,蒋介石在南京连续召开三次高级幕僚会议,与是否迁都一同进行讨论。

关于迁都重庆问题 11月12日,蒋介石先与国民政府主席林森进行了会商。15日,国防最高会议主席决定:"国民政府及中央党部迁重庆,军事委员会迁移地点,由委员长酌定;其他各机关或迁重庆,或随军事委员会设办事处,或设于长沙以南之地点。"16日晚,国防最高会议在铁道部防空室内举行,蒋介石作了《国府迁渝与抗战前途》的讲话,着重讲了迁都重庆的理由。首先,他从弱国对强国作战来考虑,强调要有根据地的观点,这是具有战略远见的。他指出,中国迁都重庆,首先粉碎了日军妄图胁迫中国政府在南京签订城下之盟,以达到其速战速决以屈服中国的迷梦,同时也表明了中国虽在华北和淞沪失利,但仍决心移师再战,抗战到底,鼓舞了全国军民的士气与民气。其次,蒋介石还特别告知与会者:"国府迁渝并非此时才决定的,而是三年前奠定四川根据地时早已预定的,不过今天

---

① 日本防卫厅防卫研究所战史室:《中国事变陆军作战史》第1卷第2分册,中华书局1979年版,第109页。

实现而已。"今后，中国将逐步建立巩固的后方基地，展开全国范围的持久抗战大战略格局，即以四川为抗战基地的核心，以陕甘为左翼、云贵为右翼，基本扼守"三阳"（洛阳、襄阳和衡阳）一线阵地，决战在平汉、粤汉铁路以东地区，组织全国国力坚持长期抗战。这是蒋介石汲取蒋百里抗日思想的结果。作为民国时期著名军事家和战略家，蒋百里早在20世纪20年代就预见了中日之间必然要发生一场大战，而中国抗战的阵地，"应以长江以南与平汉路以西地区为主要阵地，以洛阳、襄阳、荆州、宜昌、常德为最后阵线，而以四川、贵州、陕西三省为核心，甘肃、云南为后方"。会议当晚，林森率随从10余人，由南京登中山舰，17日起锚溯江西上，19日抵达汉口，于26日下午抵重庆，国民政府府址设在曾家岩原重庆高级中学内。12月1日，国民政府正式在重庆开始办公。

关于是否固守南京问题　11月13日，蒋介石召开军事委员会有关负责人何应钦（军政部部长）、白崇禧（副参谋总长）、徐永昌（军令部部长，也称第一部）等人第一次专门研究南京是否固守问题。军令部第一厅（作战厅）厅长刘斐首先发言，他提出，为贯彻持久抗战方针，应避免在南京进行决战，只进行象征性的适当抵抗，然后立即主动撤退。其理由是：（1）日军利用它在淞沪会战后的有利形势，必然以优势的海、陆、空军和重装备沿长江和沪宁线、京杭国道等有利的水陆交通线西进。南京位于长江弯曲部，地形上背水，敌人可以由江面用海军封锁和炮击南京。（2）从陆上也可以从芜湖截断我后方交通线，然后海、陆、空协同攻击，则南京处于立体包围形势下，不易防守。（3）中国参加淞沪会战的部队损失都很大，不经过相当时期的补充整训，也难以恢复战斗力。因此，中国在南京只作象征性的适当抵抗，然后主动撤退，使用兵力不超过13个团。[1]

---

① 刘斐：《抗战初期的南京保卫战》，见中国人民政治协商会议全国委员会文史资料研究委员会主编：《南京保卫战》，中国文史出版社1987年版，第8—9页。

白崇禧首先表示支持，主张应主动放弃南京，何应钦、徐永昌亦表示同意。此前，当蒋介石决定淞沪会战部队撤退时，曾电召陈诚到南京面商是否防守南京的问题。陈诚认为不应该守，并从军事上说了不能守的诸多理由。但陈诚又说，就纯军事角度而言，避免在南京决战是正确的，但从政治角度上看，首都为国际观瞻所系，还是要守一守的。这使蒋介石犹豫不决，没有作最后决定。

　　11月17日，蒋介石又召开第二次会议研讨南京固守还是弃守。这次会议增加了李宗仁、训练总监唐生智等。一开始，蒋介石首先问李宗仁："敌人很快就要进攻南京了，德邻兄对南京守城有什么意见？"

　　李宗仁回答："我不主张守南京。我的理由是：在战术上，南京是个绝地，敌人可以三面合围，而北面又阻于长江，无路可退。以新受挫折的部队来坐困孤城，实难望久守。……而敌人则夺标在望，士气正盛，南京必被攻破。与其如此，倒不如我们自己宣布南京为不设防城市，以免敌人借口烧杀平民……而我们可将大军撤往长江两岸，一面可以阻止敌人向津浦线北进，同时可拒止敌人的西上，让他徒得南京，对战争大局无关宏旨。"①

　　蒋介石问白崇禧，白说非常同意李的主张，应该主动放弃南京。此时蒋介石又故作姿态地说不同意李宗仁、白崇禧两人的意见，认为南京是国府所在地，又是国父孙中山的陵寝地，断不能不战而退，应当死守。其实，蒋介石从抗战一开始就已经决定不死守一城一地，对于南京不过是摆一下死守的样子而已。接着，蒋介石又问何应钦、徐永昌，何、徐二人因为在第一次会议上已经谈了自己的意见，知道蒋介石心里想的是什么，所以表示：服从总裁的意见。这时，唐生智忽然起立，慷慨激昂地说："现在敌人迫近首都，首都是国父陵寝所在地，值此大乱当前，在南京如不牺牲一二

---

① 《李宗仁回忆录》下，广西人民出版社1986年版，第697页。

员大将，我们不但特别对不起总理在天之灵，更对不起我们的最高统帅。本人主张死守南京，和敌人拼到底！"①唐生智的一番高调表态，算是看透并找准了蒋介石的内心世界，借固守南京表现一下自己对蒋介石的无限忠诚，又可借机抓住部分兵权。李宗仁对唐氏的讲话很不以为然，认为是张睢阳嚼齿流血之慨而已，实无真心抗战之责。

11月18日，蒋介石召开第三次会议，讨论南京弃守问题。当时，从11月初到本月下旬，国联正在布鲁塞尔召开九国公约会议，讨论日本侵华问题，以及德国驻华大使陶德曼正在为中日战争的"和平"解决进行秘密调停。因此，蒋介石对此还抱有一线希望，后因布鲁塞尔会议没有对日本采取任何具体制裁，便草草收场。日本的所谓"谈和"条件，更是强迫中国政府投降的最后通牒，而后被中国政府拒绝。唐生智的建议正好符合蒋介石的思想，于是，当晚蒋介石明确表示同意唐生智的意见，决定"短期固守"南京，预期守一至二个月。蒋介石随即任命唐生智为南京卫戍司令长官（蒋原先拟令顾祝同守南京并曾告知顾，后因唐生智自告奋勇，遂令唐任之），罗卓英、刘兴任副司令长官，周澜任参谋长。下辖第72军孙元良部（第88师）、第78军宋希濂部（第36师）、首都警备军谷正伦部（桂永清教导总队第103师、第112师，宪兵部队3个团）、江宁要塞部队及其他特种部队等。②12月初，又从第三战区转移的部队留下9个师和第七战区调来2个师，共计约14个师11万余人③。其部署为：以第36、第87、第88师和教导总队、宪兵团等，防守市区及幕府山、紫金山、狮子山、雨花台等近郊阵地；以第2军团，第74、第66、第83军各2个师，防守乌龙山、淳化镇、牛首山、龙潭等外围阵地；以第103、第112师防守镇江。

①《李宗仁回忆录》下，广西人民出版社1986年版，第697页。
② 中国第二历史档案馆编：《抗日战争正面战场》，江苏古籍出版社1987年版，第400页。
③《中国军事百科全书·中国近代战争史分册》，军事科学出版社1994年版，第172页。

3. 南京防御保卫战的简要经过

12月1日，日军华中方面军接到大本营攻占南京的命令后，当即命令上海派遣军、第10军分路向南京进击。中国守军进入外围阵地的战斗。至12月4日，双方开始小部队接触。6日，各路日军抵近栖霞山、汤山、淳化镇，对南京形成三面包围。

7日，日军对南京发起全面进攻，经两天战斗突破外围阵地，中国守军退守近郊阵地，镇江亦弃守。9日，日军第16师团攻占麒麟门、白水桥，击退守军教导总队，直插中山门、太平门、和平门；日军第6师团攻占牛首山，在上河镇遭中国第74军猛烈抗击。

南京外围阵地被突破后，中国守军仓促撤退，日军乘势追击，中国守军进入守卫复廓阵地及城垣的战斗。10日，日军第9师团突破光华门，第87师与教导总队将日军突击歼灭，当晚恢复原有阵地。此时，日军第18师团攻占芜湖，切断中国守军西撤退路。

12日，日军第9师团攻占雨花台，遭到守军第88师顽强抵抗，继而突入光华门激战；日军第16师团攻占紫金山，继又攻入中山门，突入城内；日军第13师团向乌龙山要塞猛攻，另以第9旅团横渡长江，企图夺占浦口，切断中国守军唯一北撤退路。守城官兵浴血奋战，第88师第262旅旅长朱赤、第264旅旅长高致嵩，第87师第259旅旅长易安华等阵亡，表现出视死如归、宁死不屈的民族气节。

12月12日下午5时，唐生智根据蒋介石"如情势不能持久时，可相机撤退"的电令，布置撤退行动。除第66、第83军当夜由紫金山北麓和栖霞山附近突围外，其他各部10万守军在日军的猛烈阻击下，顷刻失控，大多涌向下关争船抢渡，突围行动混乱、拥堵不堪，损失惨重。南京宪兵部队代理司令萧山令、第159师代理师长罗策群、第160师参谋长司徒非等在指挥部队突围中牺牲。12月13日，南京陷落后，日军连日屠杀中国军民达30

余万人，史称"南京大屠杀"。

4. 南京保卫战的历史教训

南京保卫战，是中国军队在淞沪会战遭受重大损失后匆忙而仓促进行的一次防御作战，从政治上虽然表示了中国政府的抗战决心，就其结果而言，则不论在战略上还是战役上，都是失败的作战。一句话，结果是得不偿失，弊大于利。

其一，蒋介石在战略上举棋不定，犹豫不决，是南京保卫战损失过大的主要原因。淞沪会战结束后，日军自太湖南北同时西进，南京已处于危险之中。11月13日，蒋介石决计迁都重庆，准备长期抗战。但是，对南京是战还是守，国民政府高层意见不一。如前所述，高级将领中大多数人反对"固守"，只作象征性的防守，适当抵抗后即主动撤退。为此，蒋介石先后主持召开过三次会议讨论，一直犹豫不决，徘徊于守与撤之间，拿不定主意。到11月18日第三次会议由于唐生智主动请缨，才最后确定"短期固守……两周以上"[①]。11月17日，蒋介石还曾考虑过请美、英两国出面调停，也曾考虑请英美促进苏联参战，在南京固守还是放弃之间"踌躇再四"[②]。蒋介石为什么不听从绝大多数将领关于不要固守南京的意见？作为国民政府党政军的一把手，他主要还是从所谓"政略"（政治）上考虑，担心别人事后批评他轻易放弃首都的"错误"。11月26日，蒋介石拜谒中山陵及将士公墓时叹息："南京城不能守，然不能不守，对上、对下，对国、对民无以为怀矣。"[③]这正是蒋介石犹豫、徘徊矛盾心态的真实写照。

然而，不顾敌强我弱的客观形势而决心固守，违背了"持久消耗战略"的战略总方针，没有达到消耗敌人、保存自己战斗力的要求，以空间换取

---

① 1937年11月22日电报，《抗战纪实》第1册，1946年版，转引自郭汝瑰、黄玉章主编：《中国抗日战争正面战场作战记》上册，江苏人民出版社2005年版，第643页。
②《蒋中正日记（1937—1945）》（光盘），1937年11月17日，台湾"国史馆"2015年版。
③《蒋中正日记（1937—1945）》（光盘），1937年11月26日，台湾"国史馆"2015年版。

时间，在逐次抗击中不断消耗敌人，以获得持久战的最后胜利。蒋介石曾多次阐明这一战略的本质思想："敌人的战略是速战速决，我们的战略是以持久抗战消耗敌人的力量，争取最后的胜利。""我国此次抗战，其要旨在于始终保持我军之战斗力，而尽量消耗敌人的力量，使我军达到持久抗战之目的。"① 相反，南京保卫战，不但没有尽量消耗敌人、保存自己，反而使自己的军事力量消耗过大，损失过大。

其二，战役上的准备计划不足和指挥上的优柔寡断，是南京保卫战损失过大的重要原因。按照阵地防御战的一般规律，正确选择和确定主要防御方向和防御重点，是阵地防御战指挥者考虑的首要任务。而南京卫戍司令部的兵力部署，既没有主要防御方向的兵力部署，也没有防御重点的兵力部署，全部的兵力部署都摆在一线部队的防守正面。如从大胜关到龙潭大约50公里的弧形外围主阵地，由于正面过宽（每团5公里，前沿阵地每连1200余米），左翼第74军和中央军第66军各为20公里，基本上是一线平均部署兵力的配置。② 加之，整个南京防御战，从一线阵地到城郭防御，根本没有一定数量的战役预备队，没有一点反突击的拳头力量。因此，当日军突破一点后，整个防御体系立即全线崩溃。

原先准备抗击日军的吴（县）福（山）线、澄（江阴）（无）锡与沪杭各线阵地的许多永久性工事，如步兵掩体、指挥所、交通壕、障碍物、阵地交通路等，因材料缺乏或变更修筑单位等，大多没有完工。特别可笑的是，此前将这些打开国防工事的钥匙分交给各地的保长保管，而这些掌握钥匙的保长在战役开始前大多逃走，致使从淞沪会战撤退下来的许多部队在吴福线和锡澄线阵地上，找不到向导，或找到了工事又进不去，而无法迅速

① 张其昀：《蒋总统全集》第2册，台湾中国文化大学出版社1984年版，第2048、2324页。
② 郭汝瑰、黄玉章主编：《中国抗日战争正面战场作战记》上册，江苏人民出版社2005年版，第641页。

部署，组织防御。

其三，寄希望于国际干预和朝令夕改的命令，是南京保卫战撤退变溃败的直接原因。蒋介石之所以要坚持"固守南京"，首先是怕失去他最高领袖的"政治体面"，其次是他对苏联出兵也有所期待。1937年8月21日，中苏签订互不侵犯条约，苏联成为当时国际列强中唯一支援中国抗战的国家。9月1日，蒋介石在国防最高会议上预言，苏联终将参加对日战争。然而，苏联当时面临东西两面作战的危险，苏联最担心的是德国的入侵，最大的危险是西方的德国法西斯，对日本还远没有发展到干戈相见的地步。所以，在整个八年抗战中，除了抗战后期苏联出兵中国东北直接歼灭日本关东军外，其他时间一直没有出动地面部队对日作战。其间，苏联只对中国支援了4.5亿美元的军火武器，也曾先后派出1000多名飞行员对日作战，其战略意图就是避免在东西两面对日、对德同时作战。

11月30日，蒋介石曾致电斯大林，希望苏联能"仗义兴师"[1]，直接出兵对日作战。南京失守前的12月5日，斯大林、伏罗希洛夫回电告知中方：苏联出兵只有在九国公约签字国或其中大部分国家同意"共同应付日本侵略时"，还必须经过苏联最高苏维埃会议批准，该会议将在一个半月或二个月后举行。很明显，斯大林实际上是婉转地表示拒绝了蒋介石的要求。但蒋介石还是再次致电斯大林，提出"尚望贵国苏维埃能予中国以实力援助"[2]，但一直没有下文。12月6日，蒋介石还致电李宗仁、阎锡山称："南京决守城抗战，图挽战局。一月以后，国际形势必大变，中国必可转危为安。"[3]一是蒋介石还寄希望苏联出兵，二是也有可能蒋介石故意用苏联出

---

① 秦孝仪主编：《中华民国重要史料初编——对日抗战时期》第三编，"中央"文物供应社1981年版，第340页。

② 秦孝仪主编：《中华民国重要史料初编——对日抗战时期》第三编，"中央"文物供应社1981年版，第340页。

③《蒋中正日记（1937—1945）》（光盘），1937年12月6日，台湾"国史馆"2015年版。

兵来安抚其他人，以说明他决心"守城抗战"的正确。

12月11日夜，正是南京城郭保卫战激烈正酣之时，蒋介石致电唐生智："如情势不能持久时，可相机撤退，以图整理而反攻。"①12月12日下午5时，唐生智召集卫戍司令部师以上将领，出示蒋介石关于守军相机撤退的电令，布置撤退行动和突围计划，下达撤退命令之后，蒋介石却又于12日的"申时"（下午3—5时）致电唐生智、罗卓英及刘兴等，希望他们能再多坚守半个月以上。蒋介石的电文如下：

限即到。南京唐司令长官，刘、罗副司令长官：据报江浦附近已发现敌军，是敌希图对我四面合围，或威胁我后路，逼我撤退也。五日激战，京城屹立无恙，此全赖吾兄之指挥若定与牺牲精神有以致之。经此激战后，若敌不敢猛攻，则只要我城中无恙，我军仍以在京持久坚守为要。当不惜任何牺牲，以提高我国家与军队之地位与声誉，亦为我革命转败为胜惟一之枢机。如南京能多守一日，即民众多加一层光荣；如能再守半月以上，则内外形势必一大变，而我野战军亦可如期策应，不患敌军之合围矣。遥望京城，想念官兵死伤苦痛，无任系念！进退战守，生死荣辱，惟兄等熟图之。中正手启。十二申。②

南京保卫战的撤退与突围之仓促、混乱无序及其重大损失，与蒋介石的犹豫不决、朝令夕改密切相关，他难辞其咎。后来，蒋介石在南岳会议上也做了检讨。对南京失守，他说："这是我统帅一生无上的耻辱！"③

5. 蒋介石在首都南京沦陷后仍坚持抗战国策

首都南京沦陷后，蒋介石和国民政府都处于极端困难的境地。中国抗

---

① 中国第二历史档案馆编：《抗日战争正面战场》，江苏古籍出版社1987年版，第413页。
② 秦孝仪主编：《中华民国重要史料初编——对日抗战时期》第二编，"中央"文物供应社1981年版，第219—220页。
③ 张其昀：《先总统蒋公全集》（一），台北中国文化大学出版部1984年版，第1189页。

战何去何从？此时的蒋介石，在国民党内部排除"倾向和议"的干扰，在外部拒绝陶德曼调停中日本提出的"和谈"条件，继续坚持既定的抗战国策和庐山讲话精神，说明蒋介石是一个富有比较坚定的爱国主义思想的民族主义者，这是值得充分肯定的。

1937年12月13日南京沦陷后，蒋介石于14日由江西九江抵达武汉。蒋介石于15日在武汉召集国民党政府高级幕僚开会讨论下一步抗战方略问题，会议意见不一，主和主战者各持己见，而且主和者尤多。汪精卫、孔祥熙等都倾向议和。汪精卫从抗战一开始就缺乏信心，现在更为突出，他提出"想以第三者出而组织掩护"①，企图抛开国民政府，自己别树一帜，与日本谋和。17日，蒋介石发表《告全国军民书》，说明中国持久抗战的重心已经由城市转向农村，并坚定抗战到底的决心和信心："……中国持久抗战，其最后决胜之中心，不但不在南京，亦不在各大都市，而寄于全国之乡村，与广大强固之民心。我国同胞诚能晓然于敌人之鲸吞无可幸免，父告其子，兄勉其弟，人人敌忾，步步设防，则四千万方里国土以内，到处皆可造成有形、无形之坚强堡垒，以制敌之死命。……最后胜利必属于我。"②蒋介石以此表明自己抗战决心不动摇。

12月18日，蒋介石日记记载："近日各方人士与重要同志，皆以为军事失败非速求和不可，几乎众口一词。此时若果言和，则无异灭亡，不仅外侮难堪，而且内乱益甚。彼辈只见其危害，而不知敌人之危害甚于我也，不有主见何以撑持此难关耶！"③可见，当时蒋介石顶住了来自国民党内部高层的"求和"压力，也表明蒋介石的战略眼光比其他人高出一筹。此时，陶德曼的调停还在继续。12月22日，日本内阁会议通过日中"和谈"条

① 《蒋中正日记（1937—1945）》（光盘），1937年12月16日，台湾"国史馆"2015年版。
② 王俯民：《蒋介石详传》（下册），中国广播电视出版社1993年版，第773页。
③ 《蒋中正日记（1937—1945）》（光盘），1937年12月26日，台湾"国史馆"2015年版。

件，并由陶德曼交与中方。基本条件是：

（1）中国应放弃容共和抗日、满政策，对日满两国的防共政策给予协助。（2）在必要地区设置非武装地带，并在该地区内各个地方设置特殊机构。（3）在日、满、华三国间，签订密切的经济协定。（4）中国应向帝国作必要的赔款。[1]

另附有口头说明：

（1）中国正式承认满洲国。

（2）中国放弃排日反满政策。

（3）在华北和内蒙古设置非武装地带。

（4）华北在中国的主权之下，为实现日、满、华三国共存共荣，应设置适当的机构，赋予广泛的权限，特别应实现日、满、华的经济合作。

（5）在内蒙古应设立防共自治政府，其国际地位与现在的外蒙古相似。

（6）中国须确定防共政策，对日、满两国的防共政策予以协助。

（7）在华中占领区，设置非武装地带，在上海市区，日华合作负责维持治安和发展经济。

（8）日、满、华三国在资源开发、关税、贸易、航空、通讯等方面应签订必要的协定。

（9）中国应向帝国作必要的赔款。

附记：（1）在华北、内蒙古和华中的一定地区，为了起保证作用，应在必要期间内驻扎日军。（2）在日华间签订有关以上各项协定后，开始签

---

① 外务省编：《日本外交年表并主要文书》下，原书房发行所1978年版，第380—381页，转引自郭汝瑰、黄玉章主编：《中国抗日战争正面战场作战记》上册，江苏人民出版社2005年版，第652—653页。

订停战协定。

蒋介石在12月26日获悉日本最新提出的"议和"条件后，认为这些条件根本不是什么"谈和"条件，而是强迫中国政府投降的最后通牒，决定"置之不理"。28日，蒋介石与汪精卫、孔祥熙、张群谈话，表示要抗战到底，坚决拒和。他说："国民党革命精神与三民主义，只有为中国求自由与平等，而不能降服于敌，订立各种不堪忍受之条件，以增加我国家、民族永远之束缚。"①29日，蒋介石在汉口与于右任、张居正商谈时坚决表示："抗战方针，不可变更。此种大难大节所关，必须以主义与本党立场为前提。日本所提条件，等于灭亡与征服，我国自无考虑余地。……与其屈服而亡，不如战败而亡。"②31日，国民政府举行国防最高会议，改组了行政院人选，蒋介石辞去院长职务，专任军事委员会委员长，专事指挥抗战。孔祥熙继任行政院院长，张群任副院长，决定对日本所提条件"暂不正式答复"。1938年1月4日，蒋介石去开封部署徐州会战事宜，以后对德国的调停问题则由孔祥熙、张群负责处理。

1938年1月16日，日本近卫内阁发表对华政策声明，宣称"帝国政府今后不以国民政府为对手，而期望真能与帝国合作的中国新政权的建立与发展，并将与此新政权调整两国邦交，协助建设复兴的新中国"③，企图以武力迫使国民党政府投降，结束中日战争。18日，国民政府针对日本政府的声明发表声明："中国政府于任何情形下，必竭力以维持中国领土主权与行政之完整，任何恢复和平办法，如不以此原则为基础，绝非中国所能忍受；同时在日军占领区，如有非法组织潜窃政权者，不论对内对外，当然绝对

① 《蒋中正日记（1937—1945）》（光盘），1937年12月28日，台湾"国史馆"2015年版。
② 董显光：《蒋总统传》，台湾中华大典编印会1967年版，第285页。
③ 刘庭华编：《中国抗日战争与第二次世界大战系年要录·统计荟萃》（1931—1945）（修订本），海潮出版社1995年版，第110页。

无效。"①这表明，蒋介石和中国政府抗战到底的决心与信心没有动摇。20日，中国驻日大使许世英及旅日华侨数百人乘船离日返国，中日完全断绝外交关系。

（三）指导太原会战

与此同时，在淞沪会战期间，蒋介石极为关注华北地区的作战，他还对太原会战曾提出过原则性的意见，基本上以阎锡山指挥为主。他要求第二战区司令长官阎锡山：山西抗战关乎全国战局，必须保持山西抗战阵地，坚持时间越长越好，最少要坚持一个半月。为此，中央即派第14集团军（卫立煌部）增援山西。②由于阎锡山在全国抗战前即已经与中国共产党建立了特殊的统一战线关系，因此，在部署太原会战计划时，能够与周恩来、朱德等中共领导人商讨忻口防御作战计划，听取中共方面的意见。所以，它是全国抗战后国民政府与第18集团军在战区统一部署，密切配合下正面坚守与敌后机动作战的一次成功的防御战役。日军参战兵力约合4个半师团计14万人，伤亡近3万人；中国军队参战兵力6个集团军计52个师（旅）共28万人，伤亡10万人以上。是役，大量消耗了日军有生力量，牵制了日军沿平汉铁路南下的作战行动，特别是八路军在会战中有力地配合了正面友军作战。平型关伏击战打破了"日军不可战胜"的神话，严重打击了日军锐气，增强了中国军民抗战必胜的信心。在战略防御阶段的几大会战中，太原会战的计划部署是比较周密、严谨的，有板有眼，撤退也是井然有序。在日军飞机、大炮、坦克、装甲车等装备的绝对优势情况下，中国守军坚守阵地20余天，除有高涨的士气、不怕牺牲外，在作战指导上，认真贯彻了攻势防御作战和正规战与游击战相配合，有力地阻止了日军南下，大量

---

① 刘庭华编：《中国抗日战争与第二次世界大战系年要录·统计荟萃》（1931—1945）（修订本），海潮出版社1995年版，第112页。

② 郭汝瑰、黄玉章主编：《中国抗日战争正面战场作战记》上册，江苏人民出版社2005年版，第431页。

消耗了日军兵力，战略上完全符合"持久消耗"的总方针。何应钦在总结中充分肯定忻口战役的功绩，他说："阵线稳固，且迭次出击，歼敌三四万人，造成华北各战中最有利的战局……我朱德部在敌后方袭击，迭次予敌重创。"① 蒋介石于10月17日致电朱德、彭德怀："贵部林师及张旅，屡建奇功，强寇迭遭重创，深堪嘉慰。"②

不足之处是，唯有在娘子关方面的防御部署，没有认真听取并实行毛泽东关于华北作战的意见："敌占石家庄后，将向西面进攻，故龙泉关、娘子关两点须集结重兵，实行防守，以使主力在太原以北取得胜利。……此役之关键在于下列三点：（1）娘子关、龙泉关之坚守。（2）正面忻口地区之守备与出击（出击是主要的）。（3）敌后方之破坏。"③ 而对晋东方面则疏于防范，日军乘虚而突破娘子关，致会战失利。

（四）汲取淞沪会战、南京保卫战的经验教训，灵活指导徐州、武汉会战

在指导徐州、武汉会战中，蒋介石的军事思想与淞沪、南京会战相比，有了明显进步。他比较注意保存军力，不再作无谓的消耗了，不再像淞沪、南京会战时，要求部队一味死守硬拼，一个师拼消耗光了，再换上另一个师顶上去，而是及时地组织防御部队主动弃守，从而保存实力，以利再战。1938年2月，蒋介石在谈及徐州会战时曾作《抗战必胜的条件与敌人打仗》的讲话，强调了时间、空间与消耗敌人的关系。他说："我们现在与敌人打仗，就要争时间。我们就是要以长久的时间来固守广大的空间，要以广大的空间，来延长抗战的时间，来消耗敌人的实力，争取抗战的胜利！"7月下旬，蒋介石在指导武汉会战时则更加明确"决不作无谓牺牲"的重要意

---

① 何应钦：《八年抗战之经过》，转引自浙江省中国国民党历史研究组编：《抗日战争时期国民党战场史料选编》（1985年）第一册，第52页。

②《民国档案》1985年第2期，第34页。

③ 毛泽东：《关于华北作战的补充意见》（1937年10月6日），《毛泽东军事文集》第2卷，军事科学出版社、中央文献出版社1993年版，第76—77页。

义，"观察敌势，再直接溯江而上，仅占要塞、据点，而不作野战，以期先占武汉，为惟一目的。余对防守武汉，决不作无谓牺牲，必须保持相当兵力，待机应用，以作最后胜利之基础"①。

武汉弃守前的10月22日，蒋介石在日记中阐述其弃守城市与保存军力的重要性："此时武汉地位已失重要性，如勉强保持，最后必失。不如决心自动放弃，保全若干力量，以为持久战与最后胜利的根基。"②具体部署应为："节节抵抗，拖延时间，消耗敌人。沿江配备相当兵力，与之节节抵抗，使之无法直入。总之，此次保卫武汉战略，当取韧性，无论攻守进退，皆可立于主动地位，而决不致陷于被动形势也。"③这说明蒋介石汲取了淞沪会战、南京保卫战这种消极防御、死打硬拼的阵地防御战，无疑是一大进步。因而，在徐州会战和武汉会战中，国民党军均没有造成重大的兵力损失。当然，也与他插手较少有关。

1937年10月16日，蒋介石因要集中精力指挥淞沪会战，任命李宗仁为第五战区司令长官，放手让李宗仁指挥1938年1—6月的徐州会战。李宗仁采取积极防御、攻防结合、灵活机动的战法，以第2集团军孙连仲部固守台儿庄地区，担任内线防御，以第20军团汤恩伯部率部让开津浦铁路正面，转入兰陵及其西北云谷山区之外线，诱敌深入，待机破敌，故取得台儿庄战役大捷，歼灭日军1万余人的胜利。李宗仁认为，蒋介石无军事指挥才能，对他不以为然，很不佩服，说蒋介石这个人既不能将将，也不能将兵，好逞匹夫之勇。

蒋介石在指导1938年6—10月的武汉会战时，自己亲任总指挥，具体作战则由长江南、北两个战区的司令长官负责，令第九战区司令长官陈诚

① 《蒋中正日记（1937—1945）》（光盘），1938年7月29日，台湾"国史馆"2015年版。
② 王俯民：《蒋介石详传》（下册），中国广播出版社1993年版，第812页。
③ 《蒋中正日记（1937—1945）》（光盘），1938年7月26日，台湾"国史馆"2015年版。

指挥60个师负责江南防务，由第五战区司令长官李宗仁（7月中旬—9月中旬由白崇禧代理）指挥50个师负责江北防务，先后经长江南岸地区作战（10月7日取得歼日军1万余人的万家岭大捷）、长江北岸地区作战和大别山北麓地区作战，历时4个半月，是防御阶段规模最大的一次战略性战役。中国军队不怕牺牲，英勇作战，大大消耗了日军的有生力量，毙伤日军近4万人，打破了日军速战速决的战略企图。武汉会战成为中国抗日战争进入相持阶段的转折点。10月24日，蒋介石和国民政府军事委员会鉴于武汉已经被日军包围及广州失陷的形势，为保存军力以利长期抗战，遂下令放弃武汉。蒋介石于当晚离开武昌飞往衡阳。25日，中国军队撤离市区。27日，日军占领武汉三镇，武汉会战结束。

蒋介石在指导武汉会战的军事部署中，从大的方面讲，汲取了淞沪会战和南京保卫战的经验教训，没有再打那种死拼硬打、只进不退的呆板阵地战，因而没有出现那种伤亡重大、无谓牺牲的战役战斗，保存了军力，这是一大进步。但在他"持久消耗战略"的总方针影响下，中国军队单纯防御的作战思想仍然相当严重，其部署还是处处设防，分兵把守，不掌握强有力的战役预备队（万家岭大捷除外），加之没有充分发动群众，破坏日军后方交通线，因而没有更多地重创日军。说到底，是其"持久消耗战略"思想的束缚。殊不知，进攻是最好的防御，没有进攻的防御计划，就是单纯消极防御。10月31日，蒋介石发表《为国军退出武汉告全国军民书》中，解释了武汉会战的目的主要是迟滞敌人，保存实力，以空间争取时间。他说：

……保卫武汉之军事，其主要意义原在于阻滞敌军西进，消耗敌人实力，准备后方交通，运积必要武器，迁移我东南与中部之工业，以进行西北、西南之建设。今者，我中部工业及东南人力、物力多已移植西南诸省，西部之开发与交通建设已达初步基础。此后抗战乃可实施全面战争，而不争区区之点线。故我守卫武汉之任务已毕，目的已达。……吾同胞应知此次兵力之转移，不仅为我国积极进步，转守为攻之转机，且为彻底抗战，转败为胜之枢纽。①

对于蒋介石决定主动放弃武汉以保存军力的作战指导方针，毛泽东在1938年10月12日召开的扩大的六届六中全会上所作《论新阶段》报告中曾给予充分肯定：

保卫武汉斗争的目的，一方面在于消耗敌人，又一方面在于争取时间便于我全国工作之进步，而不是死守据点。到了战况确实证明不利于我而放弃则反为有利之时，应以放弃地方保存军力为原则，因此必须避免大的不利决战。战略决战，在一、二两阶段中都是不应有的，都足以妨碍抗战的坚持与反攻的准备，因此必须避免。避免战略决战而力争有利条件下的战役与战斗的决战，应是持久战的方针之一。于必要时机与一定条件下放弃某些无可再守的城市，不但是被迫的不得已的，而且是诱敌深入、分散、消耗与疲惫敌人的积极的政策。在坚持抗战而非妥协投降的大前提下，必要时机放弃某些据点，是持久战方针内所许可的，并无为之震惊的必要。②

总之，在1937年7月七七事变至1938年10月武汉失守的战略防御阶段，中国军队不但抗击和牵制日本陆军100余万人，而且歼灭日军21万余人，彻底粉碎了日本速战速决的战略图谋，侵华日军被迫停止了战略进攻。1938年11月3日，日本首相近卫发表《东亚新秩序》声明，改变以前"不

①《中央日报》（1938年11月1日），转引自王俯民：《蒋介石详传》（下册），中国广播电视出版社1993年版，第813页。
②《毛泽东军事文集》第2卷，军事科学出版社、中央文献出版社1993年版，第392页。

以国民政府为对手"的立场，声称："帝国所希求者即建立确保东亚永久和平的秩序。此次征战的最终目的即在于此。……如果国民政府抛弃以往的一贯政策，更换人事组织，取得新生的成果，参加新秩序的建设，我方并不予以拒绝。"①这表明，日本已经把军事进攻为主的方针改变为政治诱降为主、军事进攻为辅的新策略了，企图以承认国民政府为条件，利用并扩大中国的内部矛盾，迫使蒋介石国民党放弃抗战立场，实行对日妥协，把处于相持僵局的中日战争引向政治解决的路途方向上。这无疑是中国人民实行全国性抗战取得的伟大胜利。

---

① 外务省编：《日本外交年表并主要文书》下，原书房发行所1965年版，第401页。

正面战场与八年抗战

在1937年7月—1938年10月的战略防御阶段，国民党正面战场是中国抗战的主战场，它对粉碎侵华日军"速战速决"的战略企图起了决定性作用。1938年11月—1940年12月，虽然日本的侵华政策有了变化，但其军事进攻的重点仍然放在正面战场，因而正面战场仍是中国抗战的主战场。1941年后太平洋战争爆发，侵华日军对中国采取巩固占领区的方针，敌后战场逐渐上升为中国抗战的主战场；正面战场则由于蒋介石顽固坚持反共立场，对"如何处理中共问题，蒋中正几无日不思考，苦无良方……尤其在敌后沦陷区，无论竞争力与斗争力……均非共产党对手。可依恃者惟有中央执政、国际地位及优势"①，仍然一心苦思如何"剿共"。1944年的豫湘桂战役又导致正面战场的大溃败，从而严重动摇了国民党政府的执政地位。随着中国敌后战场的局部反攻作战逐渐向全面大反攻过渡，正面战场也展开了对日大反攻。

中国抗日战争，是在抗日民族统一战线的旗帜下，以第二次国共两党合作为基础的条件下进行的。作为第一大党且又处于执政的国民党在"抗日战争的进行与抗日民族战线的组成中，国民党居于领导与基干的地位"②。

---

① 《郝柏村解读蒋公八年抗战日记》（1937—1945），台北远见天下文化出版有限公司2013年版，第1189页。

② 《毛泽东军事文集》第2卷，军事科学出版社、中央文献出版社1993年版，第401页。

在反对日本法西斯侵略的统一战略目标下形成的正面与敌后两个战场，各自独立而又相互配合相互依存。国民党正面战场为争取抗日战争的胜利作出了重大贡献，但由于国民党最高当局的错误指导，使其发挥的作用与其执政党地位和拥有200多万人的军队又很不相称。下面对国民党正面战场的作战过程作一初步探讨。

一、1937年7月—1938年10月，中国战场的军事形势是日军展开战略进攻，中国军队进行战略防御。在此阶段，由于日军企图迅速击破国民党军主力，以迫使国民党政府投降，因而这一阶段国民党正面战场是中国抗战的主战场

毛泽东曾肯定地指出："国民党在一九三七年和一九三八年内，抗战是比较努力的，同我党的关系也比较好。对于人民抗日运动虽有许多限制，但也允许有较多的自由。"[①]在战略防御阶段，国民党正面战场先后进行了淞沪、太原、徐州和武汉4次大规模的战略性防御战役，这对于打破日本帝国主义"三个月灭亡中国"的"速战速决"战略企图，消耗日军兵力和战争资财，迫使日军由战略进攻转为战略防御起了决定性的作用。

七七事变后，国民党蒋介石曾幻想就地"和平解决"，但日本侵略军轻而易举地攻占了平、津地区，取得了进一步扩大侵略战争的前进阵地，随即又陆续调集30万兵力，沿平绥、平汉、津浦铁路展开战略进攻，企图迅速夺取冀、察、晋、绥、鲁五省，控制黄河以北广大地区。1937年8月13日，日军又在上海发动大规模登陆作战，企图速占上海，威胁南京，迫使国民党政府就范，以求在2～3个月内灭亡中国。日本陆相杉山元在给天皇的报告中宣称，战争可以在两个月内结束[②]；日本陆海军制定的作战目标是

---

①《毛泽东选集》第3卷，人民出版社1991年版，第941页。

② 转引自井上清：《天皇战争责任》，商务印书馆1981年版，第86页。

"覆灭排日抗日的根源的中央政府","通过全面战争，以期根本解决日中间的问题"，计划在三四个月内结束战争。日本决心集中兵力在华北的石家庄、德州一线与中国军队进行决战，消灭中国军队，防止战争局势走向扩大或进入胶着状态，"极力避免对华中及华南使用兵力"①。

由于国民党政府对和平解决中日战争的希望破灭，蒋介石赖以起家的江浙财阀基地及整个一党独裁专政统治受到严重威胁，全国人民的民族义愤不断高涨，终于使国民党政府采取了对日逐渐强硬的态度。1937年8月14日，国民党外交部发表了《自卫抗战声明书》，表示"中国之领土主权，已横遭日本侵略，中国决不放弃领土之任何部分，遇有侵略，惟有实行天赋自卫权以应之"②。8月15日，国民党政府下达总动员令，8月18日，蒋介石正式宣布"倭寇要求速战速决，我们要持久战、消耗战。因为倭寇所恃的是他的强横的兵力，我们要以逸待劳，以拙制巧，以坚毅持久的抗战，来消灭他的力量"③。8月20日，国民党军事当局颁发《战争指导方针》，正式确定"以持久战为基本主旨，以空间换时间，逐次消耗敌人"的战略方针，以转换优劣形势，争取抗战胜利。为此，遂决定在平汉、津浦两线设立三道防线，以阵地战阻击日军进攻；并同时在上海开辟战场，迫使日军改变作战方向，避免侵华日军集中主力在华北与我决战。

1937年10月中旬的太原战役，国民党第二战区集中了第2、第6、第7、第14、第22等5个集团军，34个师另13个旅，共约28万人的兵力，在八路军的密切配合下，依托山地有利地形，与日军作战，歼敌2万余人，迟滞了日军沿同蒲路南犯，造成了华北的有利局势。淞沪抗战期间，国民党先后调集64个师70余万人的重兵，在人民群众的大力支援下，顽强坚守

① 井上清：《天皇战争责任》，商务印书馆1981年版，第86页，见日本防卫厅防卫研究所战史室：《中国事变陆军作战》（1），朝云新闻社1978年版，第178页。
② 刘庭华：《中国抗日战争与第二次世界大战系年要录·统计荟萃》，海潮出版社1988年版，第97页。
③《总统蒋公思想言论总集》第14卷，台北国民党中央党史委员会1984年版，第608页。

阵地，抗击日军22万余人对上海的进攻。战役初始，国民党军对日军各据点发动多次围攻；战役中期，坚决抗击日军以重兵切断宁沪铁路，从西南方向封闭上海的企图，并以6个师（旅）对日军实施了大规模的反击。作战中，涌现出许多国民党爱国将领和广大士兵与敌浴血奋战的英勇事迹，如在上海市苏州河北岸担任掩护任务的第88师第524团800余人，在副团长谢晋元的指挥下，坚守四行仓库，连续抗击日军四昼夜的猛攻。毛泽东曾高度赞誉"八百壮士"，将其与平型关、台儿庄的勇士同列为"民族革命典型"。淞沪抗战前后阻击日军达3个月之久，毙伤日军6万余人，给日军以沉重打击，粉碎了日本法西斯速战速决的战略企图。

太原、上海沦陷后，中日战争的主战场转移到以徐州为中心的黄淮地区。到1938年2月，国民党第五战区的防御地域，已缩小到以徐州为中心，南北与日军对峙的纵深仅200余公里。国民党第五战区司令长官李宗仁采纳周恩来提出的阵地战与运动战相结合、守点打援、各个击破敌人的作战指导方针，采取"北攻南守"的战役部署，集中67个师（旅）计45万余人的兵力，从2月12日起，以两个集团军分别攻击济宁、邹县日军，歼敌数千人。3月中旬，日军第十师团沿津浦路南下，逼近台儿庄，企图从东北越过运河袭占徐州。国民党军一部在台儿庄拼死抵抗，随后组织7个师对当面之敌进行反击，歼灭日军2万余人，迫使日军放弃对台儿庄的攻击。4月中旬，徐州南北之日军采取南北对进、侧翼迂回的战法，对徐州展开猛攻。国民党军进行了顽强的抗击，在伤亡近20万人，力量不济的情况下，最后放弃了徐州，但也歼灭日军3万多人。

1938年6月18日，日军大本营下达了"以初秋为期攻占武汉"的预备命令，同时集中了11个师团25万余人的兵力及大量飞机、舰艇，发动了对当时国民党军指挥中心——武汉的进攻，企图逼迫国民政府投降，尽快结束战争。为保卫武汉这个华中腹地及其水陆交通枢纽的大城市，国民党军以第五战区李宗仁，第九战区陈诚的部队约14个集团军共124个步兵师、49余艘舰艇、700余架飞机，并在苏联援华志愿飞行大队的支援下，进行了武汉保卫战。国民党军在武汉地区坚守3个多月，毙伤日军2万余人。

从七七事变到武汉失守，历时一年零四个月，国民党军共毙、伤、俘日军25万余人，牵制日军70万人以上，付出了重大牺牲，其正规军损失达104.4万余人。应该看到，战略防御阶段，在正面战场作战的广大官兵不怕牺牲、英勇杀敌，涌现出许多可歌可泣的爱国主义事迹，为粉碎日本军国主义3个月内灭亡中国的侵略计划尽了最大的努力，作出了重大贡献。他们不仅使侵华日军兵力分散、战线延长，为战略相持阶段的到来起了决定性的作用，而且为八路军、新四军等抗日武装挺进敌后、开辟抗日根据地创造了条件。可以想见，如果没有国民党正面战场广大爱国官兵与日军英勇作战，中国的大好河山就可能会很快全部被敌占领。在第二次世界大战中，法国在开战不到40天的时间里就向德国投降；苏联在战争头5个月中失地千里，未能组织有效抵抗。而中国不仅没有投降，并有效地组织了淞沪、太原、徐州和武汉4次大会战，重创日军，粉碎了日本法西斯速战速决的战略企图，达到了以空间换时间的战略目的。战争历史表明，国民政府军事委员会和蒋介石在抗日战争战略防御阶段的战略指导方略基本方面是成功的，其主导方面是应该肯定的。

另外，我们也应该指出，由于国民党军执行"持久消耗战略"，因而在战役指导上采取消极的单纯防御方针，主要实行线式的防御阵地战，按照蒋介石的要求"多筑工事，层层布防，处处据守"，否定运动战和游击战，作战样式呆板；战前没有进行充分的战争准备，加之内部派系倾轧等各种利害关系的制约，从而使几次大的防御战役都最后被日军击破，尤其对日军向河北、山东、晋南、豫北和南京、广州等地的进攻，未能组织有效抵抗，出现大溃败局面，国民党中央政府被迫迁都退守重庆，致使日军长驱直入，在15个月内侵占华北、华中大片国土和华南要地，占领中国大中小城市340余座，13个省的100多万平方公里土地。国民党军正面战场防线，由中国沿海向内地后退约700公里。对国民党正面战场的极大失利，蒋介石战略指导的失误难辞其咎。

二、1938年11月—1940年12月，中国战场的军事形势是由战略防御转向战略相持的过渡阶段，还不是完全的相持阶段。虽然日本的侵华政策有了变化，但其军事进攻的重点仍然放在国民党正面战场，因而正面战场仍是中国抗战的主战场，国民党军在整体上抗战仍还比较积极努力

在以往的党史、军战史著作中，几乎都认为，1938年10月武汉失守以后国民党积极反共，消极抗日，敌后战场已上升为主战场了，正面战场降到次要地位。马克思主义唯物史观告诉我们，历史研究必须立足历史事实。"马克思的方法首先考虑具体时间、具体环境里的历史过程的客观内容。"①那么，国民党军队在1938年10月—1940年12月这两年里，其"客观内容"是什么呢？

中共中央在1939年7月23日关于"目前战略形势的指示"中指出：

（一）敌在占领武汉广州后的政策，即以引诱中国投降为主，而以其军事行动配合其政治阴谋。……（二）因为敌在正面进攻比较沉静，而得出中日战争已经进入相持阶段的结论是错误的。不仅中国的进步和力量的增加，还不足以抵御与停止敌人的前进……日寇继续用军事进攻中国正面（西南、西北）与敌后不仅是可能的而且是必然的。（三）认为敌后抗战已经进入相持阶段的主张，同样是没有根据的。……战役上的相持是可能的，也是有

---

① 《列宁全集》第21卷，人民出版社1962年版，第121页。

过的，但仅仅是暂时的、局部的，即战役的相持，而不是全般中日战争的战略相持阶段，也不是全般敌后抗战的战略相持阶段。（四）目前抗战的战略形势，仍旧是由第一阶段过渡到第二阶段的过渡时期……①

周恩来在8月4日中央政治局会议上的报告提纲中也指出："目前的局势已经不完全是战争中敌之进攻，我之防御阶段，但也还不是有利于我之相持阶段的到来，而是由第一阶段进入第二阶段的过渡时期。"②

在此阶段，日本侵略中国的策略确实发生了较大变化。1938年11—12月，日本近卫内阁连续发表声明，改变过去"不以国民政府为谈判对手"的立场，转而采取以政治诱降促其屈服，军事上实行有限度的军事进攻或打击，促其崩溃的两手政策。但由于国民党政府仍继续坚持抗战，因此，侵华日军进攻的重点仍然放在国民党正面战场，还没有转移主要兵力到敌后战场上来。在1939—1940年的两年间，正面战场先后进行了7次大的战役：南昌会战（1939年3—5月）、随枣会战（1939年5月）、第一次长沙会战（1939年9—10月）、1939年冬季攻势（1939年11月—1940年3月）、桂南会战（1939年11月—1940年11月）、绥西作战（1939年12月—1940年4月）和枣宜会战（1940年5—6月）。这7次战役的规模都相当大，地域涵盖华东、华北、华中和西南广大地区，每次战役日军投入的兵力均在8万～10万人，中国军队投入的兵力至少在20万。特别是1939年冬季攻势和绥西作战，都是国民党军主动对日军发起的进攻。国民党军统帅部先后调动10个战区的132个师、9个独立旅，共100多万人投入对日作战；国民党军在枣宜会战中先后调集第五战区的55个师40万人，抗击日军第11军8个师团10万余人的进攻，它接近战略防御阶段四次大会战的规模。

---

① 中央档案馆编：《中共中央文件选集》第12册，中共中央党校出版社1991年版，第145—146页。
② 转引自军事科学院战史研究部编：《中国人民解放军抗日战争史料选编》，第11辑（内部本）。

我们还可以华中战场为例来说明。当时日本华中派遣军总兵力有11个师团另4个旅团，计第11军7个师团和1个独立旅团负责武汉地区和九江附近的作战任务①，另有中国派遣军直辖4个师团和3个独立旅团，负责长江中下游、宁沪杭广大地区的"治安"。日军第11军除以鄂豫边部分兵力对付我新四军鄂豫纵队外，其大部兵力仍继续对正面战场国民党军作战。对华中敌后新四军抗日根据地，约用5个师团的兵力，占其华中战场总兵力的38％。由此可见，从1938年11月到1940年下半年，日军华中派遣军还没有集中主要兵力对新四军敌后各抗日根据地作战，这是新四军等抗日武装能够大发展的客观条件。

国民党在武汉失守后，其政策亦发生了变化。在政治上，国民党加强了反共，如1939年1月国民党五届五中全会通过《限制异党活动办法》，秘密颁发《共党问题处置办法》等。但由于日军进攻的重点仍然对准正面战场，因而国民党的积极反共还无力并难以付诸军事行动，这在客观上逼迫国民党仍须用主要力量抵抗日军的进攻。在军事上，国民党在1938年底和1939年初，先后在湖南南岳、陕西武功两地召集军事会议，决定要"发动有限度之攻势与反击，以牵制消耗敌人"，"转守为攻，转败为胜"。这是国民党军抗日还比较积极的表现。由于八路军和山西新军的发展造成阎锡山的恐慌，阎军遂于1939年12月向山西新军和八路军发动进攻，由此引发了"第一次反共高潮"。从全国范围看，这次反共高潮只局限于晋西南、晋东南地区，其规模也不大；从时间上说，也比较短，到1940年2月基本结束。

从作战效果、战绩来看，正面战场也有不凡的表现，国民党军对日军的这些进攻，大多进行了较坚决抵抗。如1939年5月初，日军第11军以3

---

① 日本防卫厅防卫研究所战史室：《支那事变·陆军作战》（2），朝云新闻社1983年版，第299—304页。

个师团以上的兵力，分由钟祥、京山间及应山、信阳间两个方向，向随县、枣阳一带发起进攻。国民党军调集 26 个师的兵力，于 5 月 13 日开始反攻，毙伤日军 1.3 万余人，迫敌仓皇溃退。9 月，日军为巩固武汉，扩展外围，由赣北、鄂南、湖北三路进犯长沙，于 9 月底进至金井长寿街等地。国民党第九战区集中 20 余万兵力，在 10 月初对日军发动反攻，毙伤日军 4.2 万余人，终于打退了日军对长沙的第一次进攻。1939 年 11 月，国民党军委会下令动用位于桂林以北的战略预备队，对广西南宁以北昆仑关的日军实施反攻。从 12 月 18 日起，国民党以 5 个集团军 25 个师共 15 万余人的兵力，在空军掩护下，分三路向南宁发动反攻，置主力 14 个师于南宁东北昆仑关方向。经 10 余日激战，国民党军于 12 月 31 日收复昆仑关。至 1940 年 2 月，国民党军再度向增援之日军发起攻击。日军终因战力不支，全部撤返南宁及邕江以南地区。11 月，日军沿桂越公路侵占越南北方，全部退出了桂南。

1940 年 5 月，华中日军为防止豫南、鄂北之国民党军攻击武汉，调集 5 个师团约 10 万人的兵力，分由信阳、随县、钟祥等地出动，向枣阳地区实施合击。6 月初，日军又以 2 个师团由襄阳转兵南下，以另一师团由钟祥以南强渡汉水，两路相互策应向宜昌发动进攻。国民党军随即先后发起反击，第六战区部队曾一度攻入宜昌，先后克复襄阳（国民党军第 33 集团军总司令张自忠在指挥战役中壮烈牺牲），进至荆门、当阳、钟祥一带与日军形成对峙。枣宜战役，国民党军共毙伤日军 4.5 万余人。1939 年冬季攻势作战，中国军队共毙伤日军 1 万余人，给予日军一定打击。

总之，正面战场在 1939—1940 年的两年里，对日军的进攻仍进行了较为坚决的抵抗，因而给日军较大打击，共毙俘日军 26.3 万余人，同时也付出了 101.9 万余人的重大伤亡[①]，与 1937—1938 年这两年的伤亡人数大体相

---

① 蒋纬国总编：《抗日御侮》第 10 卷，台北黎明文化出版公司 1978 年版，第 44—45 页。

等，这也是国民党在这一阶段抗战较为积极的一个突出表现。

三、1941—1943年，是中国战场完全的战略相持阶段，其特点是军事上相持。日军作战重心逐渐由中国战场转移到南太平洋战场，对中国战场采取巩固占领区和"以华制华""以战养战"的策略方针，频繁对敌后抗日根据地实施大规模"扫荡""清乡"。敌后战场特别是晋、冀、鲁、热诸省开始独立承担抗击日军的重任，正面战场的地位开始下降

1941年6月22日，德国进攻苏联。苏联为避免两线作战，继续支援中国抗战，美、英为利用中国抗战遏制日本南进，转为支持中国抗战，德、意为利用日本在亚洲、太平洋地区钳制美、英，则力促日本"南进"，并力劝国民党政府对日妥协和加入德意日军事同盟。在新的形势下，国民党蒋介石在日本诱降、德国劝降，苏、美、英支持中国抗战的形势下，执行既抗战又反共的两面政策。太平洋战争爆发后，蒋介石则完全采取"保存实力，等待胜利"的方针，把中国抗战的胜利寄托在美英盟军身上，对抗日非常消极。这一阶段正面战场对日军的作战基本上采取"避战""应付"的态度，即敌来我挡、敌退我停，很少主动出击。

1941—1943年，正面战场进行的主要作战有豫南战役（1941年1—2月）、上高战役（1941年3—4月）、中条山战役（1941年5—6月）、第二次长沙战役（1941年9—10月）、第三次长沙战役（1941年12月—1942年1月）、浙赣会战（1942年5—9月）、鄂西战役（1943年5—6月）和常德战役（1943年11—12月）。这几次战役，是侵华日军为配合东南亚方面作战，切断中国东南交通线，摧毁美军在中国的空军基地，防止中国军队南下支援香港、缅甸的英军而发动的局部进攻。虽然上高战役（歼敌1.5万余人）和第三次长沙会战（歼敌6000余人）打得比较好，但没有一次是主动对日作战的，只是在对日军"避战"无奈的情况下，才进行有限抵抗。国民党

军1941—1943年的三年伤亡总数（共计60.8万人）不及1940年一年多（共计67.3万余人）。这一事实也清楚地说明国民党蒋介石对抗战的消极趋势。相反，他们在"反共"方面却很积极：1941年1月，国民党军第三战区调集7个多师8万余人的兵力，发动围歼新四军军部的皖南事变，掀起第二次反共高潮；1943年3月10日，蒋介石发表《中国之命运》一书，首先从思想和舆论上掀起了反共逆流，并从6月开始先后调集第八战区5个集团军近50万人，扩大对陕甘宁边区的封锁，准备分九路闪击延安。只是由于中国共产党的及时揭露和军事上的充分准备，才粉碎了国民党蒋介石的反共战争阴谋。

此外，日本急于尽快结束对华战争，对国民党蒋介石采取一打一拉的策略，以促成蒋介石、汪精卫合流，达到"以华治华"的企图。在蒋介石积极反共、消极抗日的影响下，国民党内的"曲线救国"投降理论甚嚣尘上，导致国民党军先后有78万人（其中将级军官67名）投敌，充当伪军，配合日军进攻八路军、新四军。

特别是在世界反法西斯战争转入战略反攻，中国战场之敌后战场也已在华北、华中广大地区对日军实施大规模局部反攻的1944年，国民党军在日军打通大陆交通线作战（也称"一号作战"，国民党军称"豫湘桂会战"）中，除在衡阳抵抗了一个多月外，其余都迅即溃败。在此次持续8个月之久的战役中，国民党军丢失了豫、湘、桂等省的大部和洛阳、长沙、桂林等146个大小城市。这是国民党蒋介石消极抗日，优先反共政策的结果。这样的大溃退按理是不应出现的，因为1944年日军在太平洋战场节节失利，已由战略进攻转入战略防御，并不断从中国战场抽调兵力去增援，侵华日军在中国战场的兵力已大大削弱，而共产党领导的敌后战场已向日军转为普遍的局部反攻。

不过，国民政府为保证盟国援华军用物资的安全顺利入境，曾于

1942年2—6月以3个军组成"中国远征军"入缅援英作战，在极其艰苦的环境下救出被困英军7000余人。1943年11月—1945年3月，又先后以8个军共22个师的兵力，在滇西、缅北地区与美军共同对日实施战略反攻作战，歼灭了日军第18、第56师团大部，击溃另两个师团各一部，毙伤日军4.8万余人，并收复了缅北的中心城市密支那，解放缅甸领土8万余平方公里，收复滇西失地8.3万平方公里。缅北、滇西反攻作战，重新打通了中印、滇缅公路，打破了日军大本营妄想从西南封锁和进攻中国大后方的企图，弘扬了中国人民的国际合作精神和民族牺牲精神，提高了中国的国际声望，这是正面战场在此阶段中唯一引以为荣、扬威异域的对日作战，应该充分肯定，但在全国其他地区则没有出现正面战场反攻作战的行动。

综上所述，从1941年进入完全相持阶段后，国民党军除滇西、缅北的反攻作战与美军配合比较积极外，在正面战场上基本上没有对日军采取主动的作战行动，而反共的军事摩擦却呈上升、扩大趋势，先后发动2次反共高潮，尤以1941年1月的皖南事变为甚，蒋介石调集7个师8万余人的兵力"围剿"皖南新四军军部，使新四军伤亡9000余人。因此，从1941年以后，国民党军队的伤亡人数就逐年减少。1941年国民党军伤亡人数为28.2万余人，1942年为20.1万余人，1943年为12.5万余人，1944年为20.6万余人，1945年为14.3万余人。[1]国民党军在1941—1945年的伤亡总数（计853603人），不仅不及1937—1938年的伤亡数（1084379人），也比1939—1940年这两年的伤亡数（1019911人）少。这个下降趋势，从一个侧面表明了国民党在1941年后确实消极抗日的事实。

---

① 中华民国国防部史政局编：《抗战简史》上册，1948年，第288页。

四、1943年秋至1945年8月，中国共产党在敌后战场举行时间上先后不一，地域上此起彼伏，规模上由局部反攻向全面反攻过渡，作战形式上集运动战、阵地战和游击战于一体这一独具中国特色的战略反攻形态。但国民党正面战场在豫湘桂会战中大溃败，反攻作战阶段更是缺乏主动性，只局限于西南一隅

从1943年秋起，美国空军可以从中国的机场直接飞抵日本本土实施轰炸，为了确保日本本土所需的重工资源，日本军部决定在1944年春夏之间发动"一号作战"，企图打通平汉、粤汉、湘桂黔铁路。日本展开的大规模豫湘桂战役，可以说，完全出乎蒋介石的意料之外。日军在这次作战中，共出动了50万余人，规模之大超过抗日战争初期战略防御阶段的任何一次。1944年5月，日军首先调集20余万兵力，不仅重新掌握空中优势，而且出动了中国战场从来未见过的坦克师团和骑兵旅团，渡过新黄河，攻占平汉铁路两侧大中城市，如郑州。然后，日军分兵两路，一路从东南向西北大迁回，沿汝河河谷两侧前进；另一路从东到西直攻，顺着陇海路攻打洛阳古城，就连训练5年的胡宗南部队也在灵宝战役中溃败。战后，蒋介石以临阵脱逃罪名，枪毙了胡宗南部的正副师长。日军直接威胁西大门的潼关，几乎有进攻西安之势，所幸日军本无攻占西安的企图。日军只是根据既定的作战计划，另在长江中游地区发动对湖南长沙的攻击。不到一个星期的时间，长沙即失陷。衡阳在坚守了48天后，还是无法阻挡日军的攻势，日军乘势沿湘桂黔铁路进入广西，蒋介石的嫡系中央军则焚烧囤积的辎重、弹药、粮食等大批物资，不战而舍弃边界的险要防敌。桂系部队也大多望风而逃，日军先头部队突入贵州南部，导致陪都重庆一片恐慌。豫湘桂战役，又使国民党丢失大中城市146个。知识分子和许多有识之士，公开批评蒋介石及其政府，如西南联大教授闻一多和立法院院长孙科便质

疑蒋介石的军事领导能力，要求对中国共产党及党外人士实行民主，开放政权，甚至有以共产党取代国民党的构想。①1944年6月，美国副总统华莱士来华访问，重庆到处弥漫着蒋介石及蒋经国父子的婚外情的传言，从而严重动摇了蒋介石及其国民党政府统治的合法性。

其实，早在1943年秋，蒋介石观察国际形势认为，同盟国已经扭转世界战局，无论是美国在太平洋战场、英国在北非战场还是苏联在东欧战场，都相继先后取得决定性的胜利，所以预料日本和德国不出一年都将战败。虽然日本对中国的威胁仍未解除，但军事压力已经减轻大半，从武汉失守到1943年，侵华日军再也没有发动过一次真正意义上的战略进攻行动。由于日本战败只是迟早的时间问题，他真正担心的反倒是中共在敌后的武装日益"坐大"。所以，蒋介石曾一再提醒自己："一切问题皆应集中于'剿共'。"②他在1945年3月30日的日记中写道，中共"以俄国为其主子，张大其声势，威胁国人与国际。同时则否认受俄国之统辖，希望其接济武器"③。这正如郝柏村所解读蒋介石日记所说："如何处理中共问题，蒋中正几无日不思考，苦无良方……尤其在敌后沦陷区，无论竞争力与斗争力……均非共产党对手。"④

蒋介石已十分清楚地认识到，不论是对日军的反攻，还是抗战胜利后"剿灭共军"，大力整顿和利用美国的帮助装备国民党军，都是当务之急。所以，蒋介石在1944年后，主要集中精力进行"换装整军"，当时，蒋介石已经把344个师整编成253个师，并计划进一步整编成120个师。除了从1944年底开始以美国提供的武器装备其中36个师（不包括驻印军3个师）

① 《蒋中正日记（1937—1945）》（光盘），1944年4月30日，台湾"国史馆"2015年版。
② 《蒋中正日记（1937—1945）》（光盘），1943年8月31日，台湾"国史馆"2015年版。
③ 《蒋中正日记（1937—1945）》（光盘），1945年3月30日，台湾"国史馆"2015年版。
④ 《郝柏村解读蒋公八年抗战日记》（1937—1945），台北远见天下文化出版股份有限公司2013年版，第1189页。

外，另外以国产武器重新装备80个师。国械装备部分30个师进展顺利，美械部分则因空运限制，到1945年8月只装备了18个师，即便是到了1945年底，也只装备了21个师，而且取得的美械轻兵器只有80%，重兵器只有55%。①

从上可见，此时的国民党政府已经把如何在抗战胜利后消灭共产党摆上重要的议事日程上了，对抗日确实已十分消极。

1945年5月8日德国法西斯无条件投降，欧洲反法西斯战争胜利结束，日本法西斯已处于孤立无援的困境。太平洋战场上的盟军步步逼近日本本土。日本帝国主义为坚持所谓"本土决战"，在中国战场上，不得不开始采取以对美英盟军作战为主、对国民党军队作战为从的战略收缩：放弃湘桂线及粤汉线大部，将在南方的作战主力向华中地区集中，再准备转用于上海、山东半岛、朝鲜沿海及用于确保华北和东北；在上海以南沿海，除在广州、香港留置少数日军兵力外，其他日军部队亦同时北调。日军这次战略态势的调整，是日本自发动侵华战争以来，由战略进攻转到战略保守，再由战略保守转为战略收缩的又一次军事战略大转变。

中国战场之正面战场自1944年豫湘桂战役后，大片国土沦陷，全国上下怨声载道，国民政府面临政治、经济危机。为适应整个战争形势的发展变化，1944年底，国民政府在昆明成立陆军总司令部，将机动兵力编成4个新的作战兵团，至1945年春，国民党军装备的美械部队已达35个师，并陆续得到外援，新编兵团也已在西南省份编组和部署完毕。但是，国民党军并未适时向日军发动战略大反攻作战，而是准备在日本投降时迅速派军队先行抢占上海、大沽、广州、青岛、汉口等要地。直到1945年4月后，广西日军沿湘桂线向湖南撤退，国民党军仍不敢追击。至5月后，国民党

---

① 吕芳上主编：《中国抗日战争史新编·全民抗战》，台湾"国史馆"2015年版，第192页。

才以第三、第四方面军主力尾追日军，但仍避免与日军交战。5月下旬，国民党军收复南宁，6月下旬收复柳州，7月下旬收复桂林。8月上旬，撤至全县附近的日军，以两个师团向国民党军实施以攻为守的反击，双方伤亡严重。至17日，国民党军收复全县，而日本政府已于15日宣布投降。此外，国民党军第5战区于1945年3—5月在豫西鄂北地区，4—6月在湖南省的宁乡、益阳、武冈、新化等地开展的对日作战，均有反攻的性质，并给日军以沉重打击，而在进入广西后制订的向广州方面的反攻计划，则因日本投降而未及实施。

上述史实表明，1941年12月8日太平洋战争爆发后，蒋介石更加坚定以拖待变（或苦撑待变）的"持久消耗战略"方针，加重了把主要希望寄托在美英等国对日作战的胜利上，在代号为"白培计划"的所谓中国战区总反攻计划中，也没有国民党军于中国战场独自、主动地向日军进行全国性战略反攻的内容。

中国战场战略大反攻的重任历史地落在中国敌后解放区战场上。敌后战场从1943年8月的林南、卫南战役起就揭开了局部反攻的序幕，且在苏联红军实施远东战役的同时，即已将持续一年半之久的局部攻势作战发展成全面反攻，为彻底打败日本侵略者进行了"最后一战"，取得了歼敌39.8万余人、收复县以上城市250多座的重大胜利。然而，正面战场国民党军在蒋介石的指令下，加速从西南大后方空运至华北、华中和华南抢占战略要地，对八路军、新四军和华南抗日游击队的对日大反攻不但不予协同配合，反而采取无理阻挠和破坏，甚至与日伪军暗中勾结，进攻八路军、新四军，致使敌后解放区军民的大反攻作战在9月2日日本于投降书上签字后，仍持续到1945年底。国民党蒋介石在美国帮助下垄断了受降权，日军侵占的重要战略地点，除东北及张家口、承德、赤峰、多伦、古北口为八路军解放外，其余大多为国民党军抢占。

整个八年抗战，国民党正面战场先后进行大战役22次、重要战斗3117次、小战斗3.89万余次，毙伤日军85.9万余人，自己付出322万余人的重大伤亡。[①]特别值得肯定的是国民党军队的广大爱国官兵，他们从挽救民族危亡、争取民族独立的大义出发，曾经在前线与日本侵略者奋勇作战，不怕流血牺牲，表现了强烈的爱国主义精神，涌现出佟麟阁、赵登禹、张自忠、郝梦龄、戴安澜等许多为国捐躯的高级将领。一切与日本侵略者浴血奋战的爱国官兵，都为中国抗日战争的胜利贡献了力量，同样都是值得全民族尊敬与纪念的。

---

① 国民党军总参谋部编：《八年抗战经过概要》，1948年，第285页。

皖南事变及其历史教训

皖南事变的发生绝不是偶然的，它是蒋介石国民党"溶共、防共、限共"政策发展的必然结果，是蒋介石国民党顽固派制造的军事反共事件，是第二次反共高潮的标志。国共两党经过皖南事变的较量，蒋介石国民党的政治地位下降并走向被动、孤立，而共产党的声望、地位则大为提高，赢得了民心。皖南新四军在军事上失败的教训：一是没有正确选择北移路线而没有按规定的时间撤离，又为国民党军制造了借口；二是不恰当地采取了屡次行军式的分兵齐头并进的部署；三是战场指挥犹豫不决，优柔寡断；四是作战方法单一，缺乏灵活应变的措施；五是在客观上也有不利的因素，如天气阴雨等。

1940年9月21日，蒋介石密令国民党第三战区总司令顾祝同："对拒绝如期北撤的新四军，准备剿灭行动。"9月30日又令："若共军拒绝把黄河以南部队调到以北，则进行攻击。"[①]11月4日，当蒋介石获悉苏北的韩德勤部在10月初的黄桥战役中被新四军歼灭1.1万余人，其中被俘3800余人时，十分恼怒，随即密令："如果对新四军动手，要派优良部队。"[②]

周恩来在总结抗日战争时期国共两党关系时指出，从1939年国民党五届五中全会到1945年春的国共两党参政会的谈判期间，国共两党斗争的中

---

① 吕芳上主编：《中国抗日战争史新编·全民抗战》，台湾"国史馆"2015年版，第151页。
②《蒋中正日记（1937—1945）》（光盘），台湾"国史馆"2015年版。

心问题是，共产党要坚持抗战、团结、进步，而国民党是要妥协、分裂、倒退。共产党主张积极抗战，求进步，靠自己，在敌后创造了19个解放区，发展了人民抗日武装，到1945年4月中国共产党召开第七次全国代表大会时，正规部队已有90多万，推动了全国的民主运动，这才支持了国民党的正面战场。而国民党呢？则是消极抗战，积极反共，表现为靠外国帮助，等待胜利，勾结日伪军来制造摩擦，出现三次反共高潮。[①]

1941年1月，国民党顽固派调集7个师8万余人的兵力，围攻我奉命北移的皖南新四军军部等9000余人。新四军广大指战员与敌奋战八昼夜，终因寡不敌众，弹尽粮绝，未能打破围攻，除2000余人突出重围外，其余6000余人一部被俘，大部壮烈牺牲。这就是在八年全国抗战时期以蒋介石为首的国民党顽固派一手制造的震惊中外的皖南事变。在国共两党一致抗日进行了4年之久后，又爆发了这场规模不大也不小的国共内战，蒋介石国民党的所作所为，不但遭到共产党的严厉谴责，还遭到各民主党派和广大人民群众的反对，并引起美国、苏联的高度关注以至批评。皖南事变的成因以及涉及的一些人和事比较复杂，史学界尚有不同看法。皖南事变是三次反共高潮之最，富有典型意义。这里就这次事变的经过以及我军在军事方面失利的教训，作一粗浅的探讨。

一、皖南事变的发生绝不是偶然的，而是蒋介石国民党"溶共、防共、限共"政策发展的必然结果

1938年10月武汉、广州失守后，日军被迫停止对中国的战略进攻，中国抗日战争进入相持阶段。日本调整对华政策，一是改变过去单靠武力征服中国的速战速决的方针；二是减少对正面战场的兵力进攻，集中力量巩

---

①《周恩来选集》上卷，人民出版社1980年版，第198—199页。

固占领区，准备长期持久作战；三是对国民党政府采取诱降策略，诱使国民党政府对日妥协投降。

抗战之初，国共合作抗日，关系比较密切。红军改编为八路军后，蒋介石每月提供法币50万元、米津10万元、河防经费1.4万元，总计61.4万元法币。^①国民党政府也随之调整对内对外政策，已经不像抗战初期那样积极抗战，而是既抗战又对日妥协，对共产党和国内进步力量实行限制和打击的政策。1939年1月21—30日，国民党召开五届五中全会，会议涉及军事、政治、经济、外交等各个方面，其中主要议题是抗战问题和自身党务问题与国共关系问题。关于国共关系，会议研究了"如何与共产党作积极之斗争"的议题。蒋介石在会上作了《唤醒党魂，发扬党德与巩固党基》和《整顿党务之要点》的讲话。他说："对中国共产党是要斗争的，不要怕它。……我们对中共不要像十五六年前那样，而应采取不打它，但也不迁就它，现在对它要严正—管束—教训—保育。现在要溶共，不是容共。它如能取消共产主义。我们就容纳它。"他号召要加强国民党内的思想统治，即所谓"力求革命理论之指导"，以及对全体国民党员，尤其是中下层组织的严格控制，以达防范中共之目的。^②会议秘密通过整理党务决议案，规定国民党此后以防共、反共为中心任务。

在国内政治和国共关系问题上，国民党对共产党领导的抗日武装深入敌后广泛开展抗日游击战争，建立广大的敌后抗日根据地，感到十分恐慌。到1938年10月武汉失守后，中共领导的抗日武装正规军从4万多人发展到18万余人，另外有40余万人的民兵、自卫队等抗日游击队。蒋介石在国民党五届五中全会上提出，上层联共，下层反共；中央联共，地方反共。蒋认为，国共上层的关系必须维持，避免针锋相对，不要撕破脸皮。国共冲

---

① 吕芳上主编：《中国抗日战争史新编·全民抗战》，台湾"国史馆"2015年版，第116页。
② 刘健清、王家典、徐梁伯主编：《中国国民党史》，江苏古籍出版社1992年版，第488页。

突限制在地方层次或处理。①为了防止共产党"坐大",会议决议设立"防共委员会",确定了"溶共、防共、限共"的方针。②随后,国民党组织部、训练部、中央执行委员会调查统计局(中统)等部门先后制定了《限制异党活动办法》《异党问题处理办法》《处理异党实施方案》等一系列秘密文件。蒋介石命令国民党军政各部门"加紧努力,切实执行"③。

1939年11月12—20日,国民党召开五届六中全会。会议通过了以军事限共为主、政治限共为辅的新方针,在反共问题上又向前迈了一步。在这个方针指导下,国民党发布了《处置共党问题的新办法》和《剿办冒称抗日军的命令》,决定动用国民党的主力部队来对付八路军和新四军,同时在政治上也发动向共产党的进攻,声称"共产主义不适合中国国情",叫嚷着要取消共产党。

国民党政策的转变,给战略相持阶段到来后的中国抗战事业带来严重损害。国民党五届五中全会结束后,国民党顽固派在各地不断制造反共摩擦事件,而且愈演愈烈。

1939年3月,张荫梧策动由杂色武装改编的八路军冀中军区第2支队柴恩波部在河北雄县发表反共宣言,接受鹿钟麟指挥,并杀害第2支队中的中共党员和政工人员。不久,柴恩波叛国投敌。与此同时,张荫梧还在河北各地捕杀八路军干部、战士和中共地方工作人员及其家属。6月11日,当冀中八路军对日军进行艰苦的反"扫荡"作战时,张荫梧却率河北民军3个旅突然袭击冀中深县八路军后方机关,制造了惨杀八路军400余人的"深县惨案"。八路军第120师和冀中军区被迫予以反击。

---

① 《蒋中正日记(1937—1945)》(光盘),1938年10月30日,2015年版,转引自吕芳上主编:《中国抗日战争史新编·全民抗战》,台湾"国史馆"2015年版,第135页。
② 荣孟源主编:《中国国民党历次代表大会及中央全会资料》(下册),光明日报出版社1985年版,第526、550—552页。
③ 国民党中央党部档案,中国第二历史档案馆藏。

在山东，鲁苏战区游击副总司令兼山东省主席沈鸿烈在鲁东南各县区不断制造反共摩擦事件。1939年3月30日，国民党复兴社山东头目、别动队司令秦启荣，指使其第5纵队在博山东部的太河镇伏击八路军山东纵队第3支队护送的南下干部，造成干部、战士400余人惨遭杀害或被囚禁的"博山惨案"。

1939年6月，蒋介石国民党的反共分裂活动日趋猖獗。国民政府军委会根据蒋介石的密令制定《共党问题处置办法》，蓄意取消八路军的名称，阴谋取消陕甘宁辖区和晋察冀边区，取消"民族解放先锋队"等各类抗日救亡群众团体，不准中国共产党宣传共产主义思想，禁止中国共产党领导的一切报社、书店和印刷出版厂，发行各种报纸刊物。6月上旬，蒋介石在重庆约见中共代表周恩来和叶剑英，要求中共服从政府命令，解决各地纠纷。

此后，国民党顽固派极力扩大在各地的反共摩擦活动。特别是蒋介石亲自部署制造惨杀、活埋新四军的"平江惨案"。1939年6月初，蒋介石密令军政部部长徐永昌："据报中共在平江嘉义岭一带，大肆活动，其负责人为黄耀南、涂正坤，以游击为号召……且密藏多量军火，其活动范围即在该乡西郊汤口，专以平江为根据地等情……函请查核办理。"[1]蒋介石密电第九战区司令长官陈诚、薛岳速将黄、涂一一解决。6月12日下午3时许，国民党驻湘鄂边第27集团军杨森部奉命派特务营等部，将新四军平江嘉义留守通讯处包围缴械，当场枪毙该处主任涂正坤及职员贺众2人。此后，又将通讯处罗梓铭、曹汉声2人及新四军家属6人活埋于黄金洞内。其后，"更在秘密继续逮捕大批共产党员，以图扩大事态"[2]。11月11日，在河南制造惨杀新四军留守处伤残病员、家属及当地民众200余人的"确山惨案"。

① 刘健清等主编：《中国国民党史》，江苏古籍出版社1992年版，第495页。
② 周恩来、叶剑英：《关于平江惨案致陈诚电》（1939年7月2日）。

蒋介石还调兵遣将，部署兵力，构筑了西起宁夏、南沿泾水、东迄黄河，绵亘数省的封锁线，企图封锁所有运往敌后解放区的粮、油、棉、布、药品等物资，阴谋从经济上困死边区，同时还公然对解放区发动军事进攻。1939年12月—1940年3月，国民党军先后袭击了陕甘宁边区、山西新军，以及晋冀鲁豫等敌后抗日根据地。胡宗南部在陕甘宁边区制造了反共摩擦事件124起，其中64起是武装进攻，于1939年12月制造"陇东事件"，占据旬邑、淳化、正宁、宁县、镇原5座县城。阎锡山于1939年12月在山西首先充当了第一次反共高潮的急先锋，他佯称对日军发动"冬季攻势"，调集2个军又4个师（旅）的兵力，围攻山西隰县孝义地区的八路军和山西青年抗敌敢死队第二纵队，明令"搜索残逆，务跟踪穷追，期收歼灭之果"①。阎锡山遂命令山西旧军向山西新军发动全面进攻，这就是震动全国的"十二月事变"。

1940年2月22日，蒋介石密令鹿钟麟，重申："对中共部队在华北之行动，应本既定方针，善为处理，毋须一一请示，致失良机。"②3月9日，蒋介石在日记中写道："军事如常，无变化，惟共党作祟为可恨耳。"③在蒋介石眼里，中国共产党是他的心腹大患，必欲消灭之而后快。在蒋介石一手谋划下，从同年1月下旬起，石友三军在冀南向八路军东进纵队2个连、青年纵队1个排发动武装进攻，继而又围攻八路军东进纵队第3团和清江、清河两个县大队抗日武装。接着，国民党军庞炳勋部、张荫梧部、朱怀冰部，由磁县、武安一线向太行山区八路军发起进攻，矛头直指八路军总部。

对于国民党顽固派发起的一系列摩擦事件和军事进攻，中国共产党采取了"又团结又斗争，以斗争求团结"的方针和"有理、有利、有节"的

---

① 国民政府军事机关档案，中国第二历史档案馆藏。
② 国民政府军令部档案，中国第二历史档案馆藏，转引自刘健清等主编：《中国国民党史》，江苏古籍出版社1992年版，第497页。
③《蒋中正日记（1937—1945）》（光盘），1940年3月9日，台湾"国史馆"2015年版。

斗争策略，在军事上，集中冀中、冀南、冀鲁豫八路军部队共17个团的兵力，分别对进攻之敌实施了有力反击，大部歼灭了进攻的国民党军。同时，在政治上以极大的诚意晓以大义，重新恢复国共合作的局面，维护了抗日民族统一战线。比如，在山西，为了争取阎锡山继续合作抗日，中共中央于1940年2月25日派萧劲光、王若飞携毛泽东的亲笔信抵达秋林镇，向阎锡山面陈中国共产党关于新、旧军团结拥护阎锡山抗日的主张，并提出解决冲突的具体建议：（1）双方停止军事行动和敌对宣传；（2）新军仍然属晋绥军序列，不接受蒋介石方面的改编；（3）恢复电台联络和人员往来。此时，阎锡山在军事反共失败和蒋介石势力乘虚而入的形势下，已经别无出路，表示愿意接受中共的主张。经过谈判，双方决定以汾阳经离石至军渡的公路为晋西北与晋西南的分界线，晋西北为八路军和新军的活动区域，晋西南为阎锡山晋绥军旧军的活动区域。

二、皖南事变是蒋介石国民党顽固派制造的军事反共事件

蒋介石国民党在山西、河北等地发动的第一次反共高潮被打退后，遂将反共重心由华北转向华中地区。1940年4月22日，国民政府军令部发出通令："限令新四军开回（南）京芜（湖）地区作战。"6月22日，陈诚致各省党政军高级长官的密令称："八路军新四军之军政军令必须统一于中央，旧八路军之番号即应饬令取消。……正规军只有驻地，并无防区，八路军、新四军自应服从上级司令部指挥调遣，不得要求划给区域。……共党在各地不得有任何公开或秘密组织，否则，一经发现，即以战时非法活动论罪。"①

1940年7月，国民党召开五届七中全会，提出限制中国共产党抗日武

---

① 国民政府军令部档案，中国第二历史档案馆藏，转引自刘健清等主编：《中国国民党史》，江苏古籍出版社1992年版，第498页。

装发展的方案，16日即向中国共产党提出所谓"中央提示案"的要求文件：

（一）划定陕甘宁边区范围，并改称陕北行政区，暂隶行政院，但归陕西省政府指导。

（二）取消冀察战区，所隶河北、察哈尔两省及山东省黄河以北地区并入第二战区，仍以阎锡山为司令长官，朱德为副司令长官，秉承军事委员会命令，指挥作战。

（三）八路军及新四军奉令一个月内限期全部开赴前条规定地区之内。

（四）八路军准编为3个军6个师3个补充团，另再增2个补充团；新四军准编为2个师。其余所有纵队、支队及其他一切游击队，一律限期收缩，不准自由成立抗日部队，不得在原驻地设立留守处、办事处、通讯处及其他一切类似机关，也不得留置部队或武器弹药在原地，更不得在敌后组织秘密的抗日民众武装。[①]

这个方案的核心就是把中共领导的八路军、新四军隔绝并封堵在黄河以北和陕北地区[②]，这理所当然地遭到中共的坚决反对。"中央提示案"还规定，八路军、新四军整编后的师是整编师编制，每一个整编师为2旅4团建制。如果按照国民党"中央提示案"的规定，当时50多万人的八路军和新四军将被缩编成8个整编师，仅10万人，并全部被赶到黄河以北狭小的冀察地区。这不仅是对中国共产党及其抗日武装的限制和压缩，而且是对八路军、新四军敌后抗战成果的严重摧残。

对于蒋介石国民党顽固派的反共阴谋，中共中央适时给予国民党严正回击。7月27日，周恩来返回延安。中共中央立即举行一系列会议，听取

① 蒋介石：《苏俄在中国》，"中央"文物供应社1956年版，第94页。
② 吕芳上主编：《中国抗日战争史新编·全民抗战》，台湾"国史馆"2015年版，第147页。

他的专题报告并讨论应对措施。8月25日,周恩来回到重庆。从28日起,他先后与蒋介石、白崇禧和何应钦会谈。虽然周恩来表示愿意稍作让步,但蒋介石、白崇禧却寸步不让,仍要求八路军、新四军一律开赴旧黄河以北,游击队留在当地由战区司令长官指挥。周恩来只得加以拒绝。9月间,周恩来向国民党提出关于调整作战区域及游击部队的三项办法:(1)扩大第二战区至山东全省及绥远一部;(2)按八路军、新四军及各地游击队全数发饷;(3)各游击队留在各战区划定作战界线,分头击敌。[①]这些提议仍被国民党方面搁置起来。

中共中央立即于1940年9月10日向全党发出《关于时局趋向的指示》,强调指出:对于顽固派在暗藏的投降派策动下的分裂投降危险,必须在思想上、组织上、政治上、军事上提高警惕。总之,一方面准备迎接时局好转,另一方面又准备对付投降派的突然事变。

1940年10月19日,蒋介石指使何应钦、白崇禧以国民政府军事委员会正副参谋总长的名义,致电(史称"皓电")八路军朱德总司令、彭德怀副总司令和新四军军长叶挺、副军长项英,诬蔑八路军、新四军"一、不守战区范围,自由行动;二、不遵编制数量,自由扩充;三、不服从中央命令,破坏行政系统;四、不打敌人,专事吞并友好"[②],并限令在一个月内全部开赴黄河以北地区。

与此同时,蒋介石又命令国民党军第31集团军总司令率10万兵力向皖东北抗日根据地进攻,第21集团军总司令李品仙率5万兵力向皖东进攻,妄图置八路军、新四军于日军和国民党军的夹击之中。

面对内战危险空前严重的局面,中共中央以抗战大局为重,及时提出了挽救危局的方针和对策。10月25日,毛泽东指出,对国民党顽固派正在

---

①《周恩来传》上,中央文献出版社1998年版,第583页。
②《皖南事变》,中共党史出版社1990年版,第82页。

发动的反共高潮，我们在政治上要强调团结抗日，在军事上要采取防卫立场，同时要准备最黑暗的局面。11月7日，中共中央发出党内指示，要求"积极加紧统一战线工作……响亮地提出反对投降、反对内战的口号。制止内战爆发"①。11月9日（佳日）中国共产党以朱德、彭德怀、叶挺、项英名义复电何应钦、白崇禧，对他们的"皓电"进行了有力的驳斥，坚决拒绝了蒋介石国民党要八路军、新四军限期撤退到黄河以北的无理命令，但是，为了顾全团结抗战的大局，又采取了适当的让步政策，表示同意将皖南新四军部队移至长江以北地区。

但是，蒋介石企图消灭新四军的阴谋并不改变。他指令国民党军事部门在1940年11月14日拟订的"黄河以南剿灭共军作战计划"，其中规定国民党军第三、第五战区主力集中力量分期迫使八路军、新四军撤至黄河以北，同时，又秘密命令第三战区顾祝同部从浙赣前线抽调兵力，迅速部署"肃清"皖南新四军军部及所属部队。12月8日（齐日），何应钦、白崇禧对共产党又发出"齐电"，继续坚持原来的无理要求。12月9日，蒋介石发出"着八路军、新四军放弃原有阵地，限期北移"的手令：限令黄河以南的八路军、新四军于1940年12月31日以前撤到黄河以北；长江以南的新四军于12月31日以前撤到长江以北，并于1941年1月底以前撤到黄河以北。12月10日，蒋介石又秘密命令顾祝同对江南新四军："……至限期（本年12月31日）该军仍不遵令北渡，应立即将其解决，勿再宽容。"②

国民党军第三战区司令长官顾祝同根据蒋介石的指令，对围歼皖南新四军作出了周密计划部署：以其第40师、第144师、新编第7师等部组成左翼军，展开于安徽皖南的弯滩、茂林、钱家桥一线，向云岭、何家湾、沙土角各点之新四军进攻，而后与其右翼军协同，向旧县铺、坝埂头追击；以其第

① 中央档案馆编：《中共中央文件选集》第12册，中共中央党校出版社1991年版，第553—554页。
②《皖南事变》，中共党史出版社1990年版，第95页。

52师、第108师等部组成右翼军，展开于皖南的南陵、泾县、丁家渡一线，向戴家会、三里店、汀潭进攻，而后向繁昌县方向追击；以其第79师于太平和石埭、第62师于榔桥河镇和三溪间占领阵地，阻止新四军向南。

对于蒋介石国民党顽固派策划皖南事变的阴谋企图，中共中央、中央军委是早有察觉和防范的。早在1940年3月，中央军委鉴于国民党军有可能利用其优势兵力向新四军军部地区进攻，致电项英说："军部及皖南部队应预先有所准备，以免遭到袭击。万不得已时，可向苏南陈（毅）支队靠拢，再向苏北转移。"4月，中央军委又提出："皖南军部以速移苏南为宜。"此后，在半年多的时间里，直到皖南事变爆发前，中共中央、中央军委和毛泽东曾经20多次专门为新四军北移事宜，电示项英等新四军领导人，总的方针策略是：必须认真准备北移，要有应付国民党军突然袭击的充分准备。然而，项英却总是以各种理由拖延执行这些指示。比如，新四军"……军部在皖南足足两年半……极短期内无法开动，反不如暂留皖南为好"①；"北移容易暴露企图，遭敌顽夹击"，"坚持皖南阵地有极大作用"；国民党"不发饷弹，即不开动"；等等。

11月2—6日，毛泽东、朱德、王稼祥又先后分别致电周恩来、刘少奇、彭德怀、叶挺、项英等，明确指示新四军应加紧进行对付反共军事进攻的各项准备；皖南方面拟采取缓和态度，决定让步，答应北移，以期延缓反共战争爆发时间。11月15日，毛泽东向党内发出《关于击退蒋介石反共高潮的措施》，明确提出："对于蒋介石此次反共进攻，决对皖南取让步政策（即北移），对华中取自卫政策，而在全国则发动大规模反投降反内战运动，用以争取中间势力，打击何应钦亲日派的阴谋挑衅，缓和蒋介石之反共进军，拖延抗日与国共合作时间，争取我在全国之有理有利地位。"②

---

① 《皖南事变》，中共党史出版社1990年版，第68页。
② 中央档案馆编：《皖南事变》（资料选辑），中共中央党校出版社1982年版，第99页。

中共中央、毛泽东十分关注皖南新四军军部及所属部队的安危，自"佳电"（11月9日电报）发出后，多次连续电示叶挺、项英，指出形势的严重性，明确指出国民党顽固派已决心要"剿灭"新四军，要求皖南部队务必于12月底以前全部北移，并提高警惕，做好充分的自卫准备。同时，中央也指示在重庆的周恩来、叶剑英向蒋介石交涉新四军皖南部队北移问题，要求延缓北移时间，解决给养和弹药问题，并指示新四军驻苏南和江北的部队积极做好接应皖南部队的准备工作。新四军皖南部队遵照中央的指示，也进行了一些必要的北移准备，但由于项英的迟疑不决，北移的准备工作进展缓慢且拖延。

1940年12月24日，中共中央连续两次发出电报给项英，以命令式的语气强调：必须立即分批移动，并限令在12月底全部北移完毕。但是，项英对皖南新四军面临的严峻形势仍然认识不足，他回电中央说"顾祝同不敢进攻军部"，依旧按兵不动，并且从12月23—25日连续数电致电中共中央请求所谓"行动方针"。12月26日，毛泽东代表党中央在复电中对项英作了非常严厉的批评，指出：

你们在困难面前屡次来电请示方针，但中央还在一年以前即将方针给了你们，即向北发展，向敌后发展，你们却始终借故不执行。……全国没有任何一个地方有你们这样迟疑犹豫无办法无决心的。在移动中如遇国民党向你们攻击，你们要有自卫的准备与决心，这个方针也早已指示你们了。我们不明了你们要我们指示何项方针，究竟你们自己有没有方针？现在又提出拖或走的问题，究竟你们自己主张的是什么？主张拖还是主张走？似此毫无定见，毫无方向，将来你们要吃大亏的。①

---

① 《皖南事变》，中共党史出版社1990年版，第79页。

至此，项英才于12月28日召开新四军军分会会议，讨论驻皖南地区新四军军部机关和部队的北移行动问题。会议最后决定的行动路线是：由驻地向南，经茂林、三溪、旌德，沿天目山附近的宁国、郎溪到溧阳，再待机北渡。

1941年1月1日，项英将皖南新四军军部及皖南部队转移苏南的决心电告了中共中央，但对向苏南转移的具体路线却未加说明。关于皖南新四军北移路线问题，中共中央曾明确指示过：一条是由铜陵、繁昌地区直接北渡到无为；另一条是从新四军军部驻地向东，由苏南再辗转北渡。这两条路线都是新四军活动的地区，情况明、路程近，便于取得支援。舍此两条路线不走，这就埋下了遭敌围歼的祸根。

三、皖南事变的简要经过

新四军驻皖南部队共9000余人，除军部直属机关外，北移时编成3个纵队。

第一纵队约3000人，由傅秋涛任司令员兼政委，赵凌波为副司令员（后被捕叛变），赵希仲为参谋长（后被捕叛变），江渭清为政治部主任。

第二纵队约2000人，由周桂生任司令员（皖南事变中牺牲），黄火星任政治委员，冯达飞任副司令员，谢忠良任参谋长，钟德胜任政治部主任。

第三纵队约2000人，张正坤任司令员（被捕后遭杀害），胡荣任政治委员，黄序周任参谋长，吴奚如任政治部主任。

新四军军部直属机关八大处、战地服务团和教导总队，共计1000多人，随第二纵队前进。

1941年1月4日晚，新四军各纵队以突然动作，兵分三路，从云岭出发。至5日下午3时许，各纵队先后到达大康王、凤村、铜山等地，因遭遇大雨，项英遂下令部队就地休息。6日晨7时许，第二纵队侦察连的一个便衣侦察班在里屯仓与国民党军第144师第120团的一个连遭遇，新四军侦察班击退了顽军的进攻。9时许，新四军特务团先头部队两个连在大麻岭与国民党军第40师第119团的一个排遭遇，激战约一个小时将顽军打退。

在击退国民党军小部队袭击后，新四军主力继续向旌德方向前进。1月7日，毛泽东、朱德获悉新四军军部决定在茂林就地休息一天时，立即致电叶挺、项英："你们在茂林不宜久留，只要宣城、宁国一带情况明了后，即宜东进，乘顽军布置未就，突过其包围线为有利。"同日，新四军先头部队在星潭附近遭到国民党军阻击，新四军遂对星潭展开攻击。当时，侦悉到顽军只有2个营的兵力，突破后，即可冲出包围圈。然而，作为新四军军分会书记（实际为最高负责人）的项英却在此时召开讨论所谓"行动方向"问题的会议，而且讨论达7个小时之久，这无疑给国民党军缩小包围圈提供了充足的时间；项英并且在会上还否定了叶挺军长提出的迅速攻占星潭，坚决突围的正确主张。从而导致新四军部队重新由原路折回，改向西南方向突围，决定经高岭，出太平进入黄山。项英的这一错误决定完全打乱了新四军原定的行动计划，增加了突围的困难。

1月8日上午，新四军部队刚一行动出发，就被国民党军第79师拦阻，不能前进。同时，国民党军第40、第144师也加紧向新四军突围部队左右两翼进攻，云岭、茂林等新四军出发地，也已被国民党军新编第7师和第144师占领，切断了新四军的退路。这时，项英又决定转向西北茂林方向突围，伺机从铜陵、繁昌地区渡江到无为。8日晚，当新四军进至高坦（茂林东南10余里）时，又遭到国民党军第144师的阻击。

1月9日凌晨，国民党军不断紧缩包围圈，新四军突围部队处境危殆。项英、袁国平、周子昆等几位领导带领少数武装人员，私自离开新四军军部指挥岗位，放弃指挥，单独行动，企图绕小道突出包围圈。叶挺军长与当时任中共东南局副书记的饶漱石，立即致电中共中原局书记刘少奇，报告了这一情况，并还表示将全力与敌激战，拟于9日晚分批突围北进。

刘少奇接叶挺、饶漱石来电后，立即复电叶、饶："望你们极力支持，挽救危局，全力突围赴苏南，已直令二支队接应。"与此同时，刘少奇把叶挺、饶漱石的急电内容报告了党中央和毛泽东，并且提议党中央明令撤销项英职务，改由饶漱石在政治上负责，叶挺在军事上负责。

为了挽救危局，叶挺军长挺身而出亲自给部队进行了新的动员，并指挥部队奋战一昼夜，开始将国民党军击退。接着，叶挺率领突围部队转进到石井坑（茂林以东10余里）进行整顿，待机继续突围。

项英、袁国平、周子昆等人在被国民党军重重包围的情况下，企图寻找小道突出包围圈的想法没有实现，至1月10日晚又重新折回石井坑新四军军部。接着，项英致电党中央报告了自己擅自离队的经过，他在电报中说："今日已归队。前大突围被阻，部队被围于大蠡山中，有被消灭极大可能，临时动摇，企图带小队穿插绕小道而出。因时间快要天亮，曾派人（请）希夷（即叶挺）来商计，他在前线未来，故临时只找着国平、□□及□□同志（□□未同我走）。至9日即感觉不对……此次行动甚坏，以候中央处罚。"最后，项英在电报中要求党中央给予自己处罚，并同时表示坚决与部队共存亡。

1月11日，叶挺、饶漱石向党中央报告了国民党军合围的态势情况，同时，他提出新四军突围部队下一步的行动方针："缩短防线，加强工事，以少数钳制多数，控制一个团以上兵力，选择弱点，俟机突击，给以大打击后，再做第二步，能突破当更好。"毛泽东、朱德、王稼祥代表中共中央和中央军委在复电中指示："望全党全军服从叶、饶指挥，执行北移任务。"并说："你们的环境虽困难，但用游击方式保存骨干，达到苏南是可

— 276 —

能的。"12日，中共中央书记处最后下决心作出决定："中央决定一切军事、政治行动均由叶军长、饶漱石二人负总责，一切行动决心由叶军长下，项英同志随军行动北上。"同日，中共中央书记处致电周恩来、叶剑英，指出："新四军全军东进，行至太平、泾县间之茂林，被国民党军队重重包围已六天，突不出去，据云尚可固守七天。望向国民党提出严重交涉，即日撤围，放我东进北上，并向各方面呼吁，证明国民党有意破裂，促国民党改变方针，否则有全军覆灭危险。"①周恩来立即向蒋介石、何应钦、白崇禧、顾祝同等分别提出严正抗议。在给蒋介石的信中，周恩来要蒋介石立即下令国民党部队撤围，给北上的新四军让路。蒋介石表面上虽然答应下令查处，但他在背地里却督令顾祝同加紧围攻，务求"一网打尽，生擒叶项"。

此时，新四军皖南部队全体指战员在叶挺军长的指挥下，继续与国民党顽军作殊死搏斗，不断地打退顽军的进攻。但是，因敌我兵力悬殊太大，新四军皖南部队寡不敌众，弹尽粮绝。战至1941年1月13日凌晨，新四军皖南部队的阵地完全被国民党军占领。项英、袁国平、周子昆等少数战斗部队及精干人员，分两路突围。叶挺、饶漱石等率部突围至大康王的西坑时，因谷口已被国民党军第108师堵截，走不出去，叶挺经饶漱石多次逼促，出于挽救仅存的新四军官兵的心态，同意于1月14日下山，与国民党军谈判，后则被国民党军扣押。袁国平在身负重伤的情况下，为不拖累他人而自杀。项英、周子昆等突围到皖南山区的濂坑后，隐蔽于赤坑山蜜蜂洞中，在3月13日深夜，被叛徒刘厚总杀害。

四、皖南事变的历史教训

政治上，蒋介石国民党走向被动、孤立地位；共产党地位大为提高，

---

① 中央档案馆编：《皖南事变》（资料选辑），中共中央党校出版社1982年版，第137页。

赢得了民心。皖南事变爆发后，国内外一片震惊。蒋介石竟于1941年1月17日晚令国民党通讯社发布国民政府军事委员会的通电和发言人谈话，反诬新四军"危害民族，为敌作伥，丧心病狂，莫此为甚"，悍然宣布新四军"抗命叛变"，着该军番号撤销，军长叶挺革职，"交军法审判，依法惩治"①，从而把第二次反共高潮推到顶点。蒋介石国民党顽固派的军事反共行径，遭到全国人民的谴责。

中共中央面对抗战以来的严重分裂危机，明确地提出：我党在政治上取攻势、在军事上取守势，坚决击退国民党顽固派发动的第二次反共高潮，中共中央南方局书记周恩来在重庆同国民党顽固派进行了坚决的斗争。1941年1月17日，周恩来得知皖南事变后，立即向国民党方面提出质问和抗议，他打电话怒斥何应钦说："你们的行为，使亲者痛，仇者快，你们做了日寇想做而做不到的事。"当《新华日报》有关揭露皖南事变真相的报道和社论被国民党当局扣押后，周恩来立即题写"为江南死国难者志哀！""千古奇冤，江南一叶；同室操戈，相煎何急?！"，登在拟发表的被扣稿件的位置上，对国民党顽固派进行了有力的声讨。1月18日，中共中央发言人发表谈话，全面揭露国民党顽固派制造皖南事变、摧残抗日力量的罪行。1月20日，中共中央军委发布重建新四军的命令，任命陈毅为代理新四军军长，刘少奇为政治委员，张云逸为副军长，赖传珠为参谋长，邓子恢为政治部主任，并号召新四军全体指战员继续高举团结抗战的旗帜，坚持大江南北的抗日阵地，坚持抗战。同日，毛泽东以中共中央军委发言人的名义对新华社发表谈话，提出了要求国民党当局悬崖勒马、停止挑衅，取消1月17日的反动命令并承认错误、惩办祸首、恢复叶挺自由、抚恤皖南新四军全体伤亡将士、废止一党专政、实行民主政治等12条要求。23

---

① 《皖南事变》，中共党史出版社1990年版，第124页。

日，新四军代军长陈毅、政委刘少奇等发表就职通电，呼吁全国人民"拒绝内战，一致对敌"。

毛泽东曾要求苏联立即"停止接济重庆武器"，并立即准备公开接济中国共产党，特别是援助八路军夺取兰州，接通苏联，一度准备对国民党军实行军事报复。共产国际于1941年1月25日致电中共中央，要求应利用日蒋矛盾，将火力打击中国亲日派，不要另起炉灶，不要主动破裂与国民党的关系，以免上亲日派的当。[①]苏联共产党也坚决反对国共两党分裂打内战，认为对世界反法西斯战争不利。中国共产党坚持把解决民族矛盾放在第一位，以抗战大局为重，正确处理皖南事变的立场和主张，获得了全国人民、各民主党派、海外侨胞的广泛同情和支持。国民党中央委员宋庆龄、何香凝、柳亚子等在香港发起抗议运动，先后三次写信给蒋介石，极力反对"围剿"新四军，要求撤销"剿共"军事部署，解决联共方案，保障各民主党派。各民主党派著名人士黄炎培、左舜生、章伯钧、沈钧儒、邹韬奋、张君劢等与周恩来叙谈，对蒋介石大失所望，痛感必须反对内战，坚持团结抗日，并准备发起成立民主联合运动，抵抗国民党的压迫。在军界，第一战区司令长官卫立煌，多次表示不愿内战，愿意推动时局好转。海外侨胞联合会及著名人士陈嘉庚、司徒美堂等分别通电全国，谴责蒋介石倒行逆施，要求制止内战，反对枪口对内。美国纽约《华侨日报》、苏联《真理报》、菲律宾马尼拉《建国报》、印尼《民报》和香港《南华日报》等国内外报刊纷纷发表社评，强烈呼吁蒋介石"以善其后"，大声疾呼："枪口一致对外！"

同时，苏联、美国、英国出于对中国可能爆发内战，造成有利于日本的局面表示担心，纷纷向国民党当局施压。1月25日，苏联驻华大使潘友

---

① 《毛泽东关于询崔可夫公开援助致周恩来电》1941年1月25日，见杨奎松：《毛泽东与莫斯科的恩恩怨怨》，江西人民出版社1999年版，第109页。

新会见蒋介石时表示，进攻新四军有利于日本侵略者，对中国来说，内战将意味着灭亡。同时，苏联政府通知国民政府，预备再增加战斗机250架和大炮200门的军事援助。[①]英、美两国也坚决反对蒋介石发动反共内战。英国驻华大使卡尔转告蒋介石，英国政府认为，内战只会加强日军的攻击，劝蒋介石停止国内冲突。美国总统罗斯福的代表居里于2月14日在重庆会见周恩来表示：美国赞成中国统一，反对日本；如果中国分裂，美国很难赞助，因为在皖南事变爆发前，美国刚宣布给国民党政府提供1亿美元的贷款。随后，居里向蒋介石正式声明：在国共纠纷未解决之前，美国无法大量援华，中美间的经济、财政等各问题不可能有任何进展。

为了摆脱内外交困、空前孤立的境地，蒋介石于1941年1月27日在重庆纪念周的演说中宣称，皖南事变"纯然是为了整饬军纪，除此以外，并无其他丝毫政治或任何党派的性质夹杂其中"[②]，企图用执行个别、局部的军纪问题来缩小事变的严重性，掩盖国民党顽固派破坏团结、破坏抗战的罪责，以欺骗中外舆论和广大人民群众。第二届国民参政会将在3月初召开，蒋介石为了摆脱政治上孤立的困境，千方百计要求中国共产党参政员出席会议。中共中央根据周恩来的建议，决定以共产党员毛泽东、陈绍禹、秦邦宪、林祖涵、吴玉章、董必武、邓颖超7人的名义致函国民参政会，将中共中央军委发言人1月20日谈话中提出的"善后办法十二条"正式送上，要求讨论，"以期恢复国共团结，重整抗日阵营，坚持对敌抗战"。否则，中共参政员将不出席参政会。这一招，不仅极大地扩大了"善后办法十二条"在全国范围的政治影响，而且进一步表明了中国共产党力求团结抗日的立场，从而大大赢得了民心。

3月8日，蒋介石在第二届国民参政会（中共参政员拒绝出席）上发表

---

① 《蒋中正日记（1937—1945）》（光盘），1941年1月11日、13日，台湾"国史馆"2015年版。
② 《皖南事变》，中共党史出版社1990年版，第239页。

演说，表示："决不忍再见所谓'剿共'的军事，更不忍以后再闻有此种'剿共'之不祥名词留于中国历史之中。以后亦决无'剿共'的军事，这是本人可负责声明而向贵会保证的。"[1]参政会还选举董必武为参政会常驻委员。这实际上是蒋介石自找台阶下，结束第二次反共高潮的退兵一招。至此，国民党顽固派发动的第二次反共高潮被打退。

中国共产党坚持抗战、团结、进步的方针和有理、有利、有节的斗争策略，正确处理民族矛盾与阶级矛盾的关系，维护了抗日民族统一战线的大局，政治地位和威信大大提高。相反，蒋介石国民党却因为发动皖南事变，虽然在军事上打击了中共抗日力量，而民心上，则威信大大下降，反而搬起石头砸了自己的脚，在政治上处于被动地位，蒋介石国民党当局越来越走向孤立。

军事上，皖南新四军大部被歼的教训是极其沉痛而深刻的，也是多方面的，仅从军事角度上看，主要有以下几点。

一是没有选择正确的北移路线。如果皖南新四军各部由驻地往北，直接渡江北移，或者由驻地往东，经苏南北移，都比较合适。因为这两条路线都是向日寇占领区的后方行动，在政治上有利；在军事上，则可以避开国民党军重兵堵截的主要方向，对新四军也较为有利。例如，1940年12月初，新四军军部1000多名后方人员及物资一部，就是经苏南北渡成功的，如果能当机立断地选择这两条行动路线，虽然有一定的危险，但正如陈毅所说："都没有全军覆灭的可能。"此外，在选择北移的时间上也存在问题，国民党军事当局规定皖南新四军部队必须在1940年12月底以前离开皖南。中共中央、毛泽东等中央领导一再催促项英必须在12月底前渡江北移，宜早不宜迟，但由于项英领导不力，导致北移行动一再拖延，迟至1941年1

---

①《皖南事变》，中共党史出版社1990年版，第251页。

月4日才出发，这无疑给国民党军"围剿"制造了借口。

二是不恰当地采取了屡次行军式的分兵齐头并进的部署，分散了力量。新四军皖南部队转移时，分成三路纵队，分别走三条山冲，在遭到国民党军重兵阻击后，因有高山阻隔，不能相互策应，联络又经常中断，很难顺利地实施有效指挥。因此，新四军每路纵队只能处处以劣势兵力与优势的敌人作战，虽然在某一点上取得了一些胜利，但在整个战役上则处于劣势，无力给敌以重创，取得决定性胜利。陈毅在总结皖南事变教训时指出，皖南我军既然要集中起来北移，"就应该三个团走在前面，三个团走在中间，辎重走后面，集中力量打开一条路才对"。

三是战场指挥犹豫不决，优柔寡断。本来叶挺军长负有作战指挥权，他又是北伐名将，军事行家，但项英却专擅独揽，主观主义严重，完全个人说了算。正如刘少奇所批评项英的："自己不能指挥，又不听叶挺指挥。"项英在红军时期一直从事工人运动，他在军事上可以说完全是一个外行。皖南新四军突围部队在他的命令下，突围方向时而从东南改向西南，时而又从西南改向西北，把部队拉来拉去，辗转反复于国民党军的重兵包围之中，以致丧失了突出重围的有利时机。项英动摇离队后，等到党中央明确指示由叶挺军长全权负责军事指挥时，已经为时已晚，谁也难有回天之术，已难以挽回败局。从作战指导的决策上看，授权叶挺全权负责皖南新四军转移的军事指挥权，时间太晚了，这也不能不说是一个失误。在两军生死较量的战场上，让外行领导内行，最后的结果不是全军覆灭，就是溃败无遗。

四是作战方法单一，缺乏灵活应变的措施方案。叶挺军长接受全权负责皖南新四军转移指挥权后，曾致电中共中央表示："死守硬拼到最后一个人。"这种誓言与敌人战斗到底的大无畏精神无疑是可贵的，但作为高级军事指挥员，着眼点应该放在指挥部队突围上。在具体的战法上，如果能按党中央的指示，将突围部队化整为零，分成数百个小游击队，指定目标，不限时间，以突出重围安全到达为目的，而不与敌人死打硬拼，则皖南新四军有可能保存更多实力，也可以减少不必要的牺牲伤亡。

五是地形、天气等客观上也有许多不利因素。如皖南新四军转移时，选择的时间正值月令下旬，天黑无光，给大部队行军带来极大不便。部队行进在皖南山区的崇山峻岭之中，隘路坑谷多、山势陡、丛林密，加上数月阴雨连绵，道路泥泞，这些都限制了我军难以有效地发挥夜战的特长。

毛泽东在《关于打退第二次反共高潮的总结》一文中指出，虽然第二次反共高潮被打退了，"以及由此产生的国民党政治地位的降低和共产党政治地位的提高"，但"为了团结全国人民坚持抗日，并继续有效地克服大地主大资产阶级的投降危险和反共逆流起见，研究和学习我党在英勇地胜利地反对这次反共高潮的斗争中所获得的教训，是完全必要的"[1]。皖南事变有多方面的历史教训，值得我们去研究总结和借鉴。

---

[1]《毛泽东选集》第2卷，人民出版社1991年版，第781页。

蒋介石国民政府在抗战期间维护国家主权和领土完整的外交努力

蒋介石在抗战期间坚定地维护国家主权和领土完整，他利用太平洋战争爆发后中国进入"四强"的有利国际地位，适时地提出并推动废除鸦片战争以来帝国主义列强强加在中国人民头上的一系列不平等条约，坚持收复台湾、澎湖列岛和东北三省等中国领土主权的决心不动摇，采取恩威并重的策略手段，力阻了英国染指西藏的阴谋，阻止了新疆的分裂，实现了国民政府对西藏和新疆在政治上的统一管辖的目标。

全国八年抗日战争时期，是蒋介石一生中最为辉煌的时期。1937年7月全国抗战开始后不久，蒋介石以国民党总裁、国民政府军事委员会委员长和行政院院长的身份，集党政军最高权力于一身，不但许多地方实力派军阀服从他的指挥，就连进行了十年内战的最大反对党——中国共产党也表示愿意在他的领导下共同抗日、救国图存。此时的中国实现了形式上的统一。1941年12月太平洋战争爆发后，作为独立抗击日本法西斯10年多的中国抗日战场，成为世界反法西斯战争的重要组成部分，受到全世界人民的高度赞誉，中国自此拥有了"四强"之一的大国地位。美、英、苏、中等26国签署《联合国家宣言》后，蒋介石出任中国战区最高统帅。他抓住近百年来中国这一难得的历史机遇，适时提出废除鸦片战争以来帝国主义列强强加在中国人民头上的一系列不平等条约，坚持收复台湾、澎湖列岛和东北等中国领土的决心不动摇，采取恩威并重的策略手段，力阻了英国染指西藏的阴谋，阻止了新疆的分裂，这是蒋介石在抗战时期的重要功绩。应该说，蒋介石在八年抗战中坚定地维护了国家的主权和领土完整，这是应该充分肯定的。

一、废除不平等条约，重订平等新约

（一）废除不平等条约的艰难历程

废除不平等条约，是近代以来中国各阶层爱国力量所迫切希望解决的问题，但列强一直不愿意放弃在华特权。中国人民在独立抗击日本法西斯的浴血奋战中，赢得了世界人民的尊敬，国际地位极大提高，这为废除对中国的不平等条约创造了前提条件。"废除不平等条约，重订平等新约"，是国民政府维护国家主权与尊严的重要标志，也是蒋介石执政后苦苦追求的一个重要目标。蒋介石追求国家民族的平等思想理念有着深厚的历史渊源，与他出身低微、历经艰辛有着密切的关系。

蒋介石倔强的性格、坚定的意志，从他少年时代起一直到他成为国民党最高领导人，始终如一。他对不平等的境遇始终强烈地不满。蒋介石9岁时丧父，与寡母王采玉"过着孤苦伶仃的凄凉生活"。据蒋介石回忆，他母亲"受到过很多委屈，饮泣无声，无可申诉"①，甚至于田产被夺，还被诬告于公庭，备受屈辱，而"乡里既无正论，戚族亦多旁观"②。不久，蒋介石的弟弟蒋瑞青、妹妹蒋瑞菊又不幸先后夭折，只有长子蒋介石、长女蒋瑞莲与王采玉相依为命。可想而知，孤儿寡母的蒋介石母子真是含愤茹痛，苦不堪言。王采玉自幼刚强聪明，幼读诗书，颇知文字，也算是农村中有文化的"才女"了。她在逆境中锻炼出一种自强不息、力图振兴家业的顽

---

① 蒋介石：《在中国国民党六全大会晚餐会演讲》（1945年5月）。
② 王俯民：《蒋介石详传》上册，中国广播电视出版社1993年版，第11页。

强性格，自然对长子蒋介石产生了深刻的影响，并把父母的一切希望都寄托在蒋介石身上，对他竭尽全力教导，要其努力学习，刻苦自强，长大成人以后能为蒋家光宗耀祖。因此，当幼小的蒋介石放学回家以后，王采玉就会查看蒋介石的作业，看他学得如何。蒋介石完成作业后，王采玉则要蒋介石帮助家里干家务劳动，如打扫庭院，烧饭、劈柴、叠被，护理蚕事等。同时，王采玉还教他早上起床后用冷水洗脸，以增强体质。蒋介石顽皮不听话或者闯祸时，不但会受到母亲的严厉批评，有时还会挨母亲的痛打。蒋介石称之为："夏楚频施，不稍姑息。"[①]可见，蒋介石的母亲对他要求相当严格。据蒋经国回忆，蒋介石每当提及童年生活时都会感慨万千。蒋经国称："家父在一生奋斗中，不但在精神上始终抱着孤臣孽子的襟怀，而且在实际生活上，更深深地体味了孤臣孽子的艰苦。九岁丧父，情似孽子；国父逝世，更类孤臣；而在革命过程中，又不知遇到了多少困难和危险，受到了多少敌人的围攻和打击，其间更有凄楚惨痛之情。"但蒋介石坚信："在万事中都能自足，不论如何痛苦耻辱和险恶环境里，毫不沮丧，亦不失望。"[②]曾有"孤臣孽子"经历的蒋介石尤为珍视自强与平等。

1924年1月孙中山主持召开国民党第一次全国代表大会，通过了"废除不平等条约"条款：

一、一切不平等条约，如外人租借地、领事裁判权、外人管理关税权以及外人在中国境内行使一切政治的权力侵害中国主权者，皆当取消，重订双方平等、互尊主权之条约。

二、凡自愿放弃一切特权之国家，及愿废止破坏中国主权之条约者，中国皆将认为最惠国。

① 王俯民：《蒋介石详传》上册，中国广播电视出版社1993年版，第11页。
② "中华民国"史料研究中心编：《先总统蒋公有关论述与史料》，1979年，第23页。

三、中国与列强所订其他条约有损中国之利益者，须重新审定，务以不害双方主权为原则。

四、中国所借外债，当在使中国政治上、实业上不受损失之范围内，保证并偿还之。

五、庚子赔款，当完全划作教育经费。

六、中国境内不负责任之政府，如贿选、僭窃之北京政府，其所借外债，非以增进人民之幸福，乃为维持军阀之地位，俾得行使贿买，侵吞盗用。此等债款，中国人民不负偿还之责任。

七、召集各省职业团体银行界、商会等、社会团体教育机关等组织会议，筹备偿还外债之方法，以求脱离因困顿于债务而陷于国际的半殖民地之地位。①

11月10日，孙中山发表"北上宣言"，重申反对帝国主义、打倒军阀、废除一切不平等条约以及召开国民会议，谋求实现全国统一的主张，成为当时全国上下振臂一呼的壮举。

孙中山废除不平等条约的主张，在蒋介石当政时期得到了延续。蒋介石虽然背弃了孙中山联俄、联共、扶助农工的方针，但他还是坚定地执行了"废除不平等条约"的主张。1927年1月，蒋介石率国民革命军北伐，强行收回了汉口和九江的英国租界。1928年第二次北伐结束后，6月15日发表要求修改不平等条约的对外宣言。12月10日，蒋介石在国民党中央党部作《北伐成功后最紧要工作》的演讲时强调："北伐完成后，我们最紧要的工作是在外交。我们的革命有两个对象：一个是封建的制度，就是国内的军阀，一个就是外交。……我们最后的革命，能否成功，就全看我们第

---

① 程道德、郑月明等编：《中华民国外交史料选编》（1919—1931），北京大学出版社1985年版，第288页。

二个对象如何对付，就是全看外交上的难关能否打破。这个目的能否达到，就在不平等条约能否取消。"①显然，蒋介石把废除不平等条约看成关系国家主权和平等地位问题来看待。

1937年7月17日，蒋介石在庐山发表谈话，明确提出解决卢沟桥事变根本方针是中国的主权和领土完整不能受到损害：

（一）任何解决，不得侵害中国主权与领土之完整；（二）冀察行政组织，不容任何不合法之改变；（三）中央政府所派地方官吏，如冀察政务委员会委员长宋哲元等，不能任人要求撤换；（四）第二十九军现在所驻地区，不能受任何的约束。②

毛泽东在1937年7月23日发表的《反对日本进攻的方针、办法和前途》一文中，充分赞誉并肯定了蒋介石七一七讲话中主张坚决抗战、反对妥协退让的方针。③

1938年4月1日国民党临时全国代表大会通过的《抗战建国纲领》提出，在外交上要"本独立自主之精神，联合世界上同情于我之国家及民族，为世界之和平与正义共同奋斗""联合一切反对日本帝国主义侵略之势力，制止日本侵略，树立并保障东亚之永久和平"④，实质为靠独立自主精神抗击日本侵略，求得中华民族的独立与解放，取得与世界大国的平等地位。

1939年11月12日，蒋介石在国民党五届六中全会上发表关于国民政府国策的讲话，提出在四个原则条件下与美、英、苏等国"平等"相处共

---

① 《总裁外交言论选辑》，黄埔出版社1941年版，第1—2页，见张其昀主编：《蒋总统集》第1册，台湾"国防研究院"1968年版，第165页。

② 张其昀：《先总统蒋公全集》（一），台北中国文化大学出版部1984年版，第1063—1064页。

③ 《毛泽东选集》第2卷，人民出版社1991年版，第344—345页。

④ 荣孟源主编：《中国国民党历次代表大会及中央全会资料》（下册），光明日报出版社1985年版，第485页。

存，即："（一）反对日本侵略以保障我国领土行政的完整。（二）遵守国际公约尤其是九国公约、国际联盟公约与非战公约。（三）不参加防共协定。（四）外交完全自立自主，不受任何拘束。"[1]

由上可见，国民政府蒋介石一直把废除西方列强强加给中国的一系列不平等条约作为国民革命的一个重要目标。

太平洋战争爆发后，中国抗日战场的战略地位迅速上升。

1941年12月8日上午7时55分（东京时间，夏威夷时间为7日6时），日本飞机183架（40架鱼雷机、51架俯冲轰炸机、49架水平轰炸机和43架战斗机）奉日本联合舰队总司令山本五十六之命，对美军太平洋上的主要海军基地珍珠港实施突然攻击。8时55分，日军第二拨飞机171架（54架水平轰炸机、81架俯冲轰炸机和36架战斗机）接着对珍珠港攻击。在日军飞机轮番约2个小时的突然袭击下，美军太平洋舰队遭受重创，几乎全军覆灭。日军以损失飞机29架、潜艇1艘和特种潜艇5艘的微小代价，击毁击伤美国太平洋舰队停泊在港的全部8艘战列舰和10余艘其他主要舰只，击毁美机232架，毙伤美军3681人。[2]

同日，蓄谋已久的日本法西斯在亚洲大陆同时发动"南进"的强劲攻势，迅速侵占泰国，直逼马来亚。英国最新式的"威尔士亲王号"战舰和"却敌号"巡洋舰也被日军击沉于马来亚近海。对于英、美在中国天津、广州、上海等地的租界，侵华日军也一一强占。自1937年7月中国全国性抗战爆发以来，一直采取观望、妥协政策的美、英等国，此时才清醒过来，罗斯福总统发表讲话，誓要领导全国人民报仇雪恨，与日本法西斯战斗到底。英国首相更是激动万分，高喊"我们从此不会单独作战了"，与美国同

---

① 朱子爽：《中国国民党外交政策》，国民图书出版社1942年版，第38页。
② 中国人民解放军军事科学院主编：《中国军事百科全书·世界战争史分册》（中），军事科学出版社1995年版，第543—544页。

时对日宣战。太平洋战争终于爆发了！12月8—10日，澳大利亚、加拿大、荷兰、古巴、巴拿马、危地马拉等国分别向日本和德、意宣战。11日，德意两国对美国宣战，同日，美国向德、意宣战。至此，第二次世界大战侵略阵线与反侵略阵线，双方营垒分明。

太平洋战争爆发后，美国一改4年多来对中日战争的暧昧态度，转而积极支持中国抗战，希望中国军队能不断向日军发动攻势，最大限度地牵制和打击日军，防止侵华日军从中国战场抽调兵力到太平洋战场，以减轻美军在太平洋战场上的压力。

蒋介石早就希望出现的这一天终于到来，他也早就看到了日军"南进"扩大战事的战略企图，并多次声明中国抗战是世界反法西斯战争的一个重要组成部分。1939年9月1日希特勒德国进攻波兰，第二次世界大战在欧洲展开后，英、法也对德宣战，欧洲战事的扩大给中国抗战带来有利的转机。蒋介石在9月18日国民参政会昭告中外的演讲中强调："中国之作战力量，不独远优于一年以前，中国对于欧洲问题，尚恪尽其国联会员国一分子之义务，而尤其愿负责者，则为加强东亚侵略之阴谋暴行，不但击破其侵略中国之计划，并阻塞其操纵国际、压迫各国之野心。我军民须知中国之国际地位与信任，已因两年英雄自卫之结果而不断提高，而中国具有世界四分之一人口，实为世界和平一大支柱，尤其东亚未来之治乱兴衰，全以中国为其枢纽。同时深望英、美、法、苏各国，当认识中日问题实为世界之中心问题，而中国国民深信中国抗战建国之完成，乃世界和平与进步之最重要因素也，无论国际形势如何转变，我中华民国所努力负荷道德上之责任，始终不易其趋，此则可以公告于世界者。"①蒋介石把中国抗战说成是国际的"枢纽"作用，虽然有点高抬中国，但其目的是想告诉世人为此引

① 台北"国防部"史政编译局编：《抗战史料丛编初辑》（第一册），1974年版，第154页。

起盟国援助中国抗战的高度重视，因为中国的抗战关系世界之存亡与进步。

12月8日上午8时，蒋介石在国民政府军事委员会办公室召开国民党中央常委会，对太平洋战争爆发后的形势和对策进行商讨研究，他在发言时指出："太平洋战争爆发后，我们中国的地位特别重要。我国军事能力虽不能说有左右战局之势，但被侵略各友邦今后对日态度能否一致，我国实可操决定性之影响。"①会议最后决定并通过三项国策：

一、太平洋反侵略各国，应立即成立正式同盟，由美国领导，并推举同盟国联军总司令。

二、要求英、美、苏与我国一致实行对德、意、日宣战。

三、联盟各国应相互约定，在太平洋战争结束以前，不对日本单独媾和。

12月9日晚7时，国民政府正式发表对日宣战布告：

日本军阀夙以征服亚洲，并独霸太平洋为其国策。数年以来，中国不顾一切牺牲，继续抗战，其目的不仅在保卫中国之独立生存，实欲打破日本之侵略野心，维护国际公法、正义及人类福利与世界和平，此中国政府屡经声明者也。

中国为酷爱和平之民族，过去四年余之神圣抗战，原期侵略者之日本于遭受实际之惩创后，终能反省。在此时期，各友邦亦极端忍耐，冀其悔祸，俾全太平洋之和平，得以维持。不料强暴成性之日本，执迷不悟，且更悍然向我英、美诸友邦开衅，扩大其战争侵略行动，甘为破坏全人类和

---

① 台北"国防部"史政编译局编：《抗战史料丛编初辑》（第二册），1974年版，第296页。

平与正义之戎首，逞其侵略无厌之野心。举凡尊重信义之国家，咸属忍无可忍。兹特正式对日宣战，昭告中外，所有一切条约、协定、合同，有涉及中、日间之关系者，一律废止，特此布告。[①]

9日，蒋介石致电罗斯福、丘吉尔和斯大林，建议在反轴心各国间组织某种联合军事会议，协调作战。10日和11日，蒋介石分别接见了英、美、苏三国驻华大使和武官，面交关于建立中、美、英、苏等国军事同盟的建议书，表达了中国将对日本、德国和意大利宣战的决心，并建议美国对于德意日与苏联对日本皆请同时宣战；还建议成立中、美、英、荷、澳五国军事同盟，由美国总统罗斯福在华盛顿主持；并强调各国要协调对日作战，不能单独对日媾和。

与此同时，国民政府也于9日向德、意法西斯两国宣战。1937年七七事变后，中国与日本实际上已经处于战争状态，但是两国都没有正式宣战。为什么会出现这一怪现象呢？其背后有其各自的战略考量。日本担心正式对华宣战会刺激在中国有巨大利益的美国和英国，所以单方面把七七事变叫作"中国事变"，随后又改叫为"支那事变"，妄想以"事变"来替代"战争"而实现日本建立所谓"大东亚共荣圈"的迷梦，以此来排除欧美在亚太的势力。

而中国呢，鉴于日本没有正式宣战，特别是美国、英国等对日本全面侵华后采取隔岸观火的妥协、退让政策，使蒋介石甚为不满，恨之为"卑鄙已极"。由此，他总结"我国唯有力求自强方不致受人轻侮"的历史经验，犹如此前他在1939年11月18日关于中国抗战与国际形势的演讲中所说，即中国"要独立抗战，自力更生，绝不存有任何依赖之想。……绝不

---

① 台北"国防部"史政编译局编：《抗战史料丛编初辑》（第二册），1974年版，第298页。

能存一种什么依赖友邦的心理，而且世界各国，莫不为他自己的利益打算，我们也不能以友邦的援助与否，动摇我们的根本国策"①。1940年8月20日，蒋介石观察英、美对日本侵华采取妥协、暧昧态度后有感而发："英、美政府最近心理与其处置，可谓卑鄙已极，其对倭寇不使其南进攻泰国，亦不许其北进攻西伯利亚，而仅希望其能维持现状，换言之，亦就是欲控倭寇既不南进，又不北进，而专打中国。窥其用心，彼辈甚至闻倭攻中国则喜，不攻中国则忧。因为倭攻中国，始无力南进与北进也，以免倭在太平洋生事，易言之，亦即以为倭打中国就可以安然无事，就可以维持现状即等于和平。无论英、美与俄，其对华心理与政策根本皆无二致，彼等不仅以华为壑，而且贱视有色人种，必视之自相残杀以达其白人永久称霸世界而已，何怪日耳曼民族之不安，夫任何民族未有不能自强而受人重视者也，所以我国唯有力求自强方不致受人轻侮也。"②这既是蒋介石在抗战中的切身体会，也是他作为最高领导者的经验之谈。

因此，蒋介石认为，如果中国一开始就正式对日宣战，就会给日本用武力迫使中国签订和约的机会，使它能够合法地占用武装侵略得到的一切。所以，蒋介石在七一七庐山谈话时一直强调："我们希望和平，而不求苟安；准备应战，而决不求战。"一句话，蒋介石还是担心仅凭中国一国的力量难以战胜日本。因此，他在武汉失守后提出"苦撑待变"的战略。太平洋战争爆发后，蒋介石再也没有孤军奋战、前途渺茫的担心了。蒋介石充分认识到此时中国抗日战场的重要战略地位，已经与英美等国的利益紧密地联系在一起，一定能够得到英美的支持和援助，这对提高中国的大国地位、废除不平等条约具有重大的历史意义。

1941年12月16日，罗斯福很快接受了蒋介石的提议，电复蒋介石，表

---

① 台北"国防部"史政编译局编：《抗战史料丛编初辑》（第二册），1974年版，第176页。
② 张祖翼：《蒋介石与战时外交研究（1931—1945）》，浙江大学出版社2013年版，第171—172页。

示对他提出的几项建议甚为赞同,"立即发动步骤,准备一致行动,以抵御共同敌人,应视为异常重要之举。为达成此项目的起见,本人敬建议,由麾下最迟于12月17日,在重庆召集联合军事会议,交换情报,并讨论在东亚战区最有效之陆海军行动,以击败日本及其同盟国。本人并建议,参加该会者应为英、中、荷、苏及美国之代表"①。此时的罗斯福,已经充分认识到中国抗日战场的不可或缺的巨大作用,"在将来,一个仍然不可战胜的中国将不仅在东亚,而且在全世界要为维护和平、繁荣发挥它应有的作用"②。所以,罗斯福确立两个目标:一是同中国有效地共同对日作战;二是在战时和战后,为筹建国际组织以及东亚的和平稳定与繁荣,承认把中国建成一个跟美国、英国、俄国三大盟国具有同等地位的大国。罗斯福当下最为紧迫的任务是,为了实现"先欧后亚"的全球战略,美国迫切需要中国积极行动,在远东担负起继续抗击阻止日军的重担。美国陆军部部长史汀生一语道破了美国的战略企图:

在英美战略中,对德作战居第一位,位居第二的是横跨太平洋对日本岛国的大规模"陆海空"行动。中印缅战区处于可怜的第三位。但是,就其战略和政治意义而言,世界的这一地区是极其重要的……它持续不断地提供异常低廉的代价取得惊人的军事和政治的可能性……从战略性讲,美国在这一地区的政策的目的是使中国继续作战,因此要加强它,使它能够使日本入侵者付出不断提高的代价。③

同时,罗斯福也十分关心缅甸的安全,因为在美英的全球战略中,有

① 秦孝仪主编:《中华民国重要史料初编——对日抗战时期》第三编,"中央"文物供应社1981年版,第66页。
② 何虎生:《蒋介石大传》上,华文出版社2007年版,第435页。
③ 赫伯特·菲斯:《中国的纠葛》,北京大学出版社1989年版,第16页。

一个包括中国在内的防止日本进一步侵略扩张的防线：最南端的支撑点在澳大利亚，另一端的支撑点则设在印度和缅甸。所以，罗斯福希望蒋介石尽快召开联合军事会议，促成议而未决的中英军事同盟，支持并力促中国派兵入缅作战。连被蒋介石称为"帝国主义楷模国家"的老奸巨猾的英国首相丘吉尔也在下院的演讲中盛赞中国军队的骁勇善战，并认为"作为一个战略目标，我认为使滇缅公路畅通无阻要比保持新加坡更为重要"[1]。

12月23日，蒋介石随即遵照罗斯福的意见，在重庆召集由中、美、英三国代表参加的联合军事会议，出席会议的有美国代表勃兰特及格鲁德两位将军，英国代表为驻印度军总司令魏菲尔，苏联因不愿激怒日本，担心面临东西两线作战，以对德作战紧张不能分散兵力为由而拒绝参加。中国参加的有何应钦、徐永昌等，商定在重庆设立中、美、英、苏、荷五国联合作战军事机构，由美国代表主持，以协调共同保卫新加坡、中国香港、缅甸、荷属东印度（今印度尼西亚）的具体计划，以及对越南、泰国的军事外交方针。蒋介石希望盟国能够集中主要兵力于东亚，击败日本。然而，令蒋介石生气的是，英国代表魏菲尔只言如何保卫缅甸，对支持中国战场只字不提，只关心如何保护自己的殖民地。此前，英方已公开将缅甸境内的一批美国援助中国的物资占为己有，蒋介石对此十分不满，他让何应钦发表声明：中国愿将所有在缅甸的租借物资全部退还美国，停止中、英、缅合作。由于美国代表支持中国赞同蒋介石的主张，双方最后达成了美国支援中国的租借器材按比例分配给中英的协议。

中英代表在会上就出兵缅甸问题发生了严重的分歧。鉴于中缅交通线已经成为中国与美英盟国连通的唯一通途，蒋介石十分关心缅甸的防卫，主动提出中国愿意派出8万人的部队入缅作战，但却遭到了魏菲尔的拒绝。

---

① 温斯顿·丘吉尔：《第二次世界大战回忆录》第4卷第1分册，商务印书馆1975年版，第74页。

魏菲尔说，如果缅甸由中国军队解放，实在是大英帝国的耻辱云云。日薄西山的大英帝国还打肿脸充胖子，做着昔日"日不落"的美梦，其背后的实质是英国担心中国国际地位的提高而危及它在亚洲的殖民利益。由于美国代表的协调，特别是日本法西斯的疯狂南进，会议最后还是通过了《中英共同防御滇缅路协定》《远东联合军事行动初步计划》等决议案，取得了初步成果，但并没有就亚太战场总体战略达成协议。这与蒋介石的期盼有很大差距，远不如蒋介石的心意。

罗斯福为了最大限度地利用中国抗击日本，在征得英国、荷兰政府同意后，于1941年12月30日致电蒋介石，建议成立中国战区以"达成我等共同抗敌力量之联系与合作"，由蒋介石"指挥现在或将来在中国、安南（今越南）及泰国境内的联合国家军队"，并在蒋介石的领导下，由中美英三国政府代表组织一个联合计划作战参谋部。1942年1月3日，蒋介石被"联合国家"正式推举为中国战区盟军最高统帅，蒋介石当即要求罗斯福选派一位"亲信之高级将领为参谋长"常驻中国。罗斯福及美国政府经过精心挑选，派遣"极富才华的高级将领史迪威"为中国战区参谋长。蒋介石成为中国战区盟军最高统帅，这无疑是罗斯福总统的良苦用心——把蒋介石推上世界大国领袖之列。

1942年元旦，由美、苏、英、中领衔的26国共同在华盛顿签署并发表《联合国家宣言》，各国共同约定："加盟诸国应各尽其兵力资源打击共同之敌人，且不得与任何敌人单独媾和。"这标志着世界反法西斯统一战线的正式形成。正是中国人民自1937年七七事变以来4年多的浴血奋战，才使中国的国际地位飞速上升，而以蒋介石为首的国民政府则抓住了这一历史机遇，才使中国在《联合国家宣言》签名序列中荣列领衔的前四位。宋子文代表中国正式签字后，罗斯福特向他表示，欢迎中国列为"四强"之一。从此，中国以"四强"的大国身份出现在国际舞台上。

中国成为"四强"之一，这是任何一个有民族自尊心的中国人都会感到高兴、激动和感叹的大事。自鸦片战争以来，西方列强大大小小的帝国主义国家几乎都侵略过中国，迫使腐败无能的清政府签订了一系列丧权辱国、割地赔款的不平等条约，如今得以与美国、英国、苏联并列齐名，这是多少代中国仁人志士用生命和鲜血换来的！作为国民政府最高领导人的蒋介石掩盖不住内心的喜悦，他早年追随孙中山参加"中华革命党"，推翻清政府，打倒北洋军阀，不就是为了这一天的到来吗？他在1942年1月3日的日记中表达了深感殊荣的心境："我国签字于共同宣言，罗斯福特别对子文表示：欢迎中国列为四强之一。此言闻之，但有惶愧而已。"他又于这个月的《反省录》中特别言之："二十六年（1937年）国共共同宣言发表后，中美英苏已成为反侵略之中心，于是我国遂列为四强之一。再自我允任中国战区最高统帅之后，越南泰国亦列入本区内。国家之声誉及地位，实为有史以来空前未有之提高。甚恐受虚名之害，能不戒惧乎哉。"①此时的蒋介石似乎有点飘飘然，但这完全是一个错觉。罗斯福给他的"中国战区最高统帅"称谓实为虚职，越南、泰国被日本侵略，哪里来的盟国军队？美国是希望中国付出更大的牺牲而已。如美国陆军部部长史汀生所言："美国在这一地区的政策的目的是使中国继续作战，因此要加强它，使它能够使日本入侵者付出不断提高的代价。"②不久，美国向中国提供了5亿美元的信用贷款。

　　（二）太平洋战争爆发后，蒋介石抓住中国抗战地位上升的历史机遇，适时提出废除不平等条约，签订新的平等条约

　　中国列入世界"四强"之一，给中国废除不平等条约带来了契机，创

---

① 《蒋介石1942年1月反省录》，见古屋奎二：《蒋总统秘录》第13册，台北"中央"日报社1977年版，第15页；又见《蒋中正日记（1937—1945）》（光盘），1942年1月3日，台湾"国史馆"2015年版。
② 赫伯特·菲斯：《中国的纠葛》，北京大学出版社1989年版，第16页。

造了有利的历史条件，也为中国签订新的平等条约奠定了基础。蒋介石借助全国军民抗战的功绩、声誉和威力，遂把废除不平等条约提上议事日程。

早在1941年4月，国民政府电令回国就任外交部部长的驻英大使郭泰祺顺道访问美国，向美国政府提请缔结中美平等条约，废除现有不平等条约，并建议"实行之期，不妨俟诸中日战事结束之后。用意在壮吾人今日之声势，而增高他日之国际地位"①。郭泰祺抵美后，曾与美国国务卿赫尔交涉"订立中美平等新约"问题，并商谈过数次，而美国方面则表示愿意："中国主权及早恢复。"5月26日，郭泰祺再次致函赫尔，声明中、美在国际关系上所持立场相同，要求战后恢复和平之日，即实现"美方所主张对国际贸易机会均等与不歧视待遇之原则和美国及其他各国因有关治外法权之条约，以及其相关之惯例在中国所仍享有之若干特殊性质之权利，予以放弃"②之时。5月31日，中美以换文的形式达成协议，中方表示"忠实遵守国际信约"，美方承诺通过谈判"迅速地做到取消一切有特殊性质的权利"。美国欲与中国签订新的平等条约的表态，引起了连锁反应。7月4日，英国驻华大使卡尔奉英国外相之命，亦发表类似声明，称英国政府将在恢复远东和平后，与中国政府商讨取消治外法权、交还租界，并根据平等互惠原则修改条约。

然而，真正要完全废除美、英等不平等条约的谈判，并不是一帆风顺。起初，英、美两国只同意到战后再进行协商，其目的是企图在战后换取在华更大的利益，其内部皆有声音不赞成立即废约。如提出可以延缓废约以增加美国在战后谈判的筹码，如双方一齐废约，在解决实际问题上就存在困难；现在宣布放弃，将被日本视为软弱的表示；战争还在继续，其间会发生许多难以预见的变化，现在订立协定也许战后不适用；等等。但是，

---

① 郭泰祺致胡适电，1941年4月20日。
② 台北国民党党史馆馆藏档案：《外交部与英美商定平等条约换文》，档案号：国防0031712。

日本"南进"侵略步伐的加快，美国内部多数人认为，如果因废约问题与中国发生分歧而导致盟国不和，则极有可能使英、美腹背受敌。1942年3月27日，美国国务院远东司司长汉密尔顿在"远东司备忘录"中提案成立专属部门起草与中国修订新约。因而，废除不平等条约与修订新约的行动正式同步进行。至此，签订新约有了一个良好的开端。

蒋介石对英、美允诺要在战后废除在华治外法权的表态十分不满，他要求美、英率先放弃在华特权，废除历史上的不平等条约。当《联合国家宣言》签署后，蒋介石就曾致电罗斯福，指出英国的殖民政策与盟国的共同作战目标相悖，亚洲各国当地民众"久受帝国之统治，统治者与被统治者间，经济、社会与政治，皆无平等可言"，建议采用某种形式以独立为目标的国际托管来治理这些领土，直到它们具备自治条件时为止。曾任国民政府外交部部长，后任蒋介石的外交顾问的王宠惠还建议用三条普遍原则来补充《大西洋宪章》，即一是关于解除各侵略国武装及各国民族自决等原则应适用于世界；二是日本的领土应以1894年甲午战争以前范围为准；三是各民族、各种族一律平等。以上这些建议，对此后对日、德法西斯的处置和组建联合国的平等原则起了积极的影响作用。

在蒋介石的推动下，中国的新闻界开始抨击英国的殖民主义，要求立即废除不平等条约。宋美龄奉蒋介石之命，于1942年4月23日在美国《纽约时报》发表《如是我观》的政论文章，明确提出取消外国在华的种种特权，并严厉批评谴责英国在远东作战不力，如英国控制的香港是它在远东的重要金融、经济和军事基地之一，不敌日军半个月的攻势就被迫投降；英军在马来亚、新加坡驻有10余万人，飞机150多架，包括新式战列舰"威尔斯亲王号"等组成的特混舰队12艘，太平洋战争爆发后只一个半月的时间，舰队司令菲利普斯海军上将阵亡，英军在新加坡抵抗仅一周，就于1942年2月15日被迫投降，英军死伤9000余人，被俘10万余人。但是，已经成为日本阶下囚的英国却继续以帝国主义的态度对待中国。宋美龄在文章中要求那些以抗战名义到中国的英国驻华大使馆的一些"大班"滚回英国……宋美龄的言论在美国引起巨大反响。

1. "提高民气，继续抗战"——中美新约的签订

1942年9月5日，在罗斯福的授意下，美国照会英国，阐明此时废除在华特权可以达到多重目的：（1）具体地协助中国，以增强中国对日作战的效能。（2）洗刷中美关系上现存的所有非正常事项。（3）正式规定美英人民在中国完全享有他们在其他友邦一样的一般权利。而中国政府在对外关系上态度主动，目前很有可能就是"采取确切行动"的最佳时机。9月18日，英国复照美国表示同意。①几日后，中国派政治资历丰富的魏道明接替胡适成为新任驻美大使，此举已让美国意识到中国政府对"废除旧约，签订新约"的决心。

10月4日，美国共和党领袖威尔基访问重庆，蒋介石借此机会以溢美之词向美国提出实质性要求："中国人民视美国为诚意愿使各民族取得平等地位之唯一国家，故愿受美国之领导，此亦为远东一切弱小民族之期待，想望美国之援手甚殷。更有足令阁下骇怪者，中国今日尚未能取得国际上平等之地位，故深盼美国民众能了解中国，欲其援助被压迫民族争取平等，应先其本身获得平等地位始。"②国民政府立即通过新闻媒介公开向美国提出废除不平等条约的诉求。

1942年10月10日，美国政府发表声明，同意废除对中国的不平等条约以及其他所有治外法权、特权和租界。英国也于同一天发表声明，将"废除英国人民迄今仍在华享受之治外法权"。接着，加拿大、荷兰、巴西等国，相继表示了同样的态度。

---

① 林泉：《抗战期间废除不平等条约史料》，台北正中出版社1983年版，第585页。

② 林泉：《抗战期间废除不平等条约史料》，台北正中出版社1983年版，第595页。

美、英两国发表声明宣布废除在华不平等条约，恰在中华民国国庆31周年之际，这不是一种巧合，而是蒋介石用心良苦的有意安排。美英在发表声明的前一天，即10月9日，预先通知了中国国民政府。在10月10日中华民国三十一周年国庆纪念大典上，蒋介石向全国宣布了美英放弃在华特权的消息。就在这一天，美国费城独立厅的自由钟敲响31下，以此向开始走上独立解放之路的中华民国三十一周年国庆节表示祝贺！蒋介石还特别致电感谢罗斯福总统："美国在我国庆三十一周年纪念之际表示自动放弃在华特权，此有其裨于敝国继续抗战民气之提高，实胜于其他任何之力量。此一壮举所感动，实无适当言词足以表达余欣慰之感情。"

在美英正式宣布废除不平等条约之后，接下来的是中美、中英改签平等新约的谈判。蒋介石最关心的是新约所包括的范围，他随即向外交部颁布训令，要求各机关在废除不平等条约之后，立即"调整对外关系之要点，并继续进行废除其他不平等条约"[①]。1942年10月11日，蒋介石召集王世杰、王宠惠、吴国桢等人商讨此事。王世杰认为："此次英美废弃特权之举，必不以领事裁判权为限，而将涉及租界、租借地、内河航权及在华驻兵权等等。我当力求诸事解决之彻底。租界问题彼等容或提出若干之保障，我宜早定对。"[②]蒋介石要求外交部在收到英、美两国的草案之前必须拟定中国自己的方案。国民政府组织有关部门拟定的"新约"草案中明确提出，要求所有外国放弃不平等条约中在华享受的种种特权，包括"领事裁判权""片面最惠国条款"等，以及取消在不平等条约中划分势力范围、驻扎军队、修筑铁路、开采矿产等。一并被废除的，还有"海关税务管理权""沿海贸易"等不平等且带有经济压榨性质的专权。[③]

① 张祖翼：《蒋介石与战时外交研究（1931—1945）》，浙江大学出版社2013年版，第380页。
② 何虎生：《蒋介石大传》下，华文出版社2007年版，第522页。
③ 刘达人等：《中华民国外交行政史略》，台北"国史馆"2000年版，第134—135页。

1942年10月24日，美国国务卿赫尔将美方起草的中美新约草案递交中方。宋子文奉蒋介石之命由美回国主持新约的修订工作。中美双方分歧主要集中在废除美国在华沿海贸易、内河航行特权问题上。美国虽然同意废除在华各种特权，但仍希望能保留在华沿海贸易和内河航行的特权，随即遭到中方的强硬态度的反对，经过双方艰苦的谈判，最终于1943年1月11日，由中国驻美大使魏道明与美国国务卿赫尔分别代表两国在华盛顿签订了《中美关于取消美国在华治外法权及处理有关问题条约暨换文》。同年12月17日，经罗斯福特别提请并签署了一份，经美国国会参政两院大多数通过的法案，废止为时已久的立法上对中国人的歧视，该法案废止排华的法律，议定每年的中国移民数额，并使合法进入美国的华侨归化为美国公民。以上说明，美国不仅视中国为反法西斯战争的盟友，而且将视中国为战后和平时期的伙伴。

2. "颇费心神"，仍留遗恨——中英新约的签订

1942年10月，中、英两国就废除不平等条约、签订新约举行谈判。英国驻华大使薛穆此前已经估计到，以中国人的立场来看，所谓废除所有不平等条约，当然包括放弃租借地（如九龙），还可能包括归还香港。而他本人对中国的要求持抱同情态度。① 他赞同威尔基的看法：世界反法西斯战争必定意味着帝国主义国家统治其他国家的终结。例如，从现在起，中国的每一寸土地都只能由那里的人民治理，而归还日期也许不用再拖到战后。10月29日，薛穆向中国政府外交部次长傅秉常呈递了中英新约的草案。中英双方谈判的一大难点问题就是香港问题。国民政府外交部经过认真研究后，对该草案提出了若干修改意见，其中最主要的问题便是香港问题，如"1898年6月9日在北京签订之中英展拓香港界址专条应予废止"以及"英

---

① 李世安：《1943年中英废除不平等条约谈判和香港问题》，载《历史研究》1993年第5期。

方在九龙租借地之行政与管理权，连同其官有资产与官有债务，应移交中华民国"①。考虑到执行的难度，该修改意见中并未提及1842年《南京条约》中的香港本岛及1860年中英《北京条约》中英国占据的九龙半岛。"意见书"还明确提出：英方在草案中认为条约所适用英国之领土应包括香港。对于这一点，中国不能同意；九龙作为租借地，应在订约时收回。

11月7日，外交部部长宋子文将《中英新约修正草案》连同"中英新约草案审查意见书"一同呈送蒋介石，修正案提出了中方拟增加、修改的内容。这完全符合蒋介石的想法，因为蒋介石曾多次表示，中英改订的新约如果不载明中国收回九龙，他就不同意签订。然而，英国政府借口九龙租借地不在新约谈判的范围，拒绝交还九龙。11月11日，英国首相丘吉尔在伦敦市政厅发表演说时，称"凡属于英国者，我必须保护之。我当大英帝国国王的首席大臣并不是为了主持清算大英帝国，我决不会放弃任何一块大英帝国的领地，如果中国有这种事发生，请另找他人办理"②。11月20日，英国外交部拒绝了驻华大使薛穆提出的关于"……或许可以考虑接受中国要求（即租借地和租界一样都属于有损中国主权的不平等条约的范围）"的建议，坚持"新界和英国领土是互相依存的，中国试图将英国一步一步挤出香港"，因此必须坚决抵制中国的这一建议。③

11月30日，英国外交大臣艾登在英国战时内阁会议上正式建议"拒绝放弃我们在九龙（包括新界）的地位"。会议在丘吉尔的主持下通过战时内阁162（42）号决议，赞同艾登所建议的方针。英国对九龙的政策基本确定。

① 秦孝仪主编：《中华民国重要史料初编——对日抗战时期》第三编，台北国民党中央委员会党史委员会1981年版，第766页。
② 《英国外交部档案》，档案号371/31663，转引自张祖龑：《蒋介石战时外交研究（1931—1945）》，浙江大学出版社2013年版，第361页。
③ 《克拉克（英外交部远东司长）备忘录》（1942年11月20日），见章伯锋、庄建平：《中国近代史资料丛刊——抗日战争：抗战时期外交》，四川大学出版社1997年版，第1316页。

面对英国的强硬态度，蒋介石决意针锋相对，他在日记中写道："美英废除不平等条约之方案，前面已送出；照英大使函意测之，则九龙租借地尚不肯放弃；而西藏之特权，当更不愿提及矣。然余决使其同时撤销也。"①12月14日，宋子文与薛穆就中英新约问题在重庆进行正式谈判。宋子文首先亮明中方的立场：中国的民众早已把租借地和租界都视为一类问题，而且国民参政会上也提出了解决九龙租借地的问题，并非英国所说的区分对待。对英方拒谈此事，宋子文代表中国政府声明：英国如果不能保证在即将签订的新约中解决这一问题，那么，两国由此产生的误会根源将永远无法消除。②中方始终坚持英国应将香港在抗战结束后的归属问题列入中英新约，否则两国谈判就失去了它应有的现实意义。然而，薛穆却明确告诉宋子文："英国不会屈从中国，更不会在香港问题上发生动摇或妥协。"③12月21日，丘吉尔在英国内阁会议上再次表示，当前不可能考虑领土调整问题，必须把它留到战后讨论。23日、24日，丘吉尔两次指示薛穆，称新界未来问题不属于新约的范围，但如果中方愿意，英国可以在战后考虑租借地的期限。薛穆于25日上午向宋子文转达了英方的立场。

蒋介石仍然态度强硬，表示必须坚持原来的立场，即如果新约不包括收复香港，他就不同意签约。中英谈判陷入僵局。

12月25日下午，宋子文立即召集国防最高委员会秘书长王宠惠，外交部次长吴国桢，刚从英国返回的外交元老、驻英大使顾维钧以及外交部条法司司长王化成等人进行商讨，议题是：如不缔结条约，英国将会如何？条约谈判失败在美国又会产生什么影响？顾维钧分析认为：英国很有可能发表一项声明，称他们原本提议是废除治外法权及其有关权利，而且已就

---

① 何虎生：《蒋介石大传》下，华文出版社2007年版，第524页。
② 张祖龑：《蒋介石与战时外交研究（1931—1945）》，浙江大学出版社2013年版，第358页。
③《顾维钧回忆录》第5册，中华书局1985年版，第17页。

此草案拟了条约并达成了协议，但中国提出并一再坚持归还九龙，并要求以废除九龙租借权为签署条约的条件。这样，英国就会占有绝大多数的主动权，比如他们会说，现在九龙不在英国手上，因此要到战后来讨论，英国就会把谈判破裂的责任推到中国头上。而美国也会同意英国的说法，认为当务之急是协同对日作战，而不是讨论仍在敌人占领下的领土问题。最后，顾维钧提出，不赞成因九龙问题而引发更大的外交事件，弄不好最终可能会导致中方鸡飞蛋打、一无所获。①

而宋子文则提出，为了避免中英谈判恶化，可以通过正式的外交途径"要求英国不发表任何声明"，但实际上不具有任何可行性。经过反复磋商，多数与会者认为，如果中国有朝一日与苏联对峙，那么与英国的合作就显得至关重要。但王宠惠提出，蒋介石对九龙租借地问题决意坚持，态度强硬，如不尽力说服蒋介石，中英谈判有可能破裂，于是由王宠惠负责起草方案呈报给蒋介石。该方案要求英国声明归还九龙租借地的意愿，并限定战后6个月之内中英即刻开始谈判。蒋介石看后同意了这一方案，并强调英方必须宣布愿意归还九龙租借地。②

12月27日，宋子文将蒋介石批准的这一方案，转告薛穆并强调中方的立场，即中国政府不反对在新约之外解决九龙租借地的问题，也不反对战后进行各种实际安排，但英国现在必须明确声明有意愿将该租借地归还中国。如果这样的妥协办法英国也不能接受，中国政府则不签订条约。薛穆得知后表示，他已经尽力提出"折中"方案，谈判破裂不是英国的过错。③眼看谈判就要破裂，心急如焚的宋子文请顾维钧去劝说蒋介石不要坚持将九龙租借地权纳入条约。27日晚，顾维钧觐见蒋介石，建议先行缔结新约，

① 张祖囊：《蒋介石与战时外交研究（1931—1945）》，浙江大学出版社2013年版，第359页。
②《顾维钧回忆录》（第5册），中华书局1985年版，第171页。
③《顾维钧回忆录》（第5册），中华书局1985年版，第173页。

同时在先签新约的基础上，再公开讲明希望英国战后归还九龙租借地。但是，蒋介石没有接受顾维钧的劝说，并嘱咐宋子文转告薛穆：九龙租借地解决后才能缔结新约，此举"旨在促使英国能进一步作出有利于我方的努力"①。蒋介石还提出用两个方法处理：一是"拒绝签署条约"；二是"目前根本不提九龙问题，以后用中国的军队收复它"②。蒋介石还是坚持要全盘考虑后再作决定。

此后，顾维钧、宋子文等人认为，目前可操作的最佳途径是"先签约，然后声明保留随时再次提出九龙问题的权利"。这样，既可向公众澄清政府的立场，同时又可确保中国对英国的法律地位。

12月28日，宋子文与薛穆再次会谈。宋子文表示：英国政府应重新考虑在新界问题上的立场，做好归还新界的准备。此时，薛穆顿感事态的严重，担心英国如果不发表中方所要求的声明，中国真有可能拒绝签订新约。中国在与美国签订新约后，有权单方面宣布废除治外法权，这可能导致英国陷入窘境，或使中英两国关系后退。英方最初只肯交还上海、厦门的公共租界以及在天津、广州的英租界，而对香港问题仍维持原意，称"香港为割让地不谈"，而"九龙问题亦不愿谈"③。英国战时内阁曾两次开会讨论，认为战时不能谈判，如战时作出让步，会另生其他问题，要求中国方面照会："说明在获得战事胜利后，再行谈判九龙问题。"④这与中国的要求相去甚远。同日，英国外交大臣艾登向内阁报告了中英谈判情况，表示不能接受中方的要求，内阁会议同意这一立场。会后，艾登电示薛穆，除26日电示可将"租借地的期限"中的"期限"一词删去或改成"租借地问题"外，英国不再作任何让步。

---

① 《顾维钧回忆录》（第5册），中华书局1985年版，第174页。
② 《顾维钧回忆录》（第5册），中华书局1985年版，第177页。
③ 张祖翼：《蒋介石与战时外交研究（1931—1945）》，浙江大学出版社2013年版，第360页。
④ 张祖翼：《蒋介石与战时外交研究（1931—1945）》，浙江大学出版社2013年版，第360页。

蒋介石甚至认为，中方所期待的是英国单方面放弃在香港的特权，而不是玩弄文字游戏。英国将中国的"归还"说成是"谈判"，既然是谈判，其结果则可以归还，也可以不归还。所以，蒋介石坚持不愿在新约上签字。

12月29日，面对中国的强硬立场，狡猾老练的艾登紧急致函美国驻英临时代办，向他解释英方立场，急于拉拢美国来向中国施压。虽然美国政要及公众舆论对英国殖民主义有非议，但英国在美国的战略地位毕竟比中国更高一筹。因而，美国国务院随即通过美国驻英大使怀南特于31日先指责中国在这个问题上"节外生枝"，进而称：美国关心中英两国的租借地问题，并威胁中国说，如继续坚持可能影响顺利解决治外法权问题。

至此，蒋介石不得不改变原来的想法。美国是他最为依赖、值得依靠的，美国的态度使他担心："中英谈判之搁浅以致影响中美之谈判，更恐影响其他有关各国之态度（除顾虑过去中英关系之裂痕外，更恐我国将来外交无复选择余地）。"[1]为此，蒋介石心中充满了愤恨、不满、痛苦和无奈，他在12月30日的日记中写道：

晨五时醒后考虑与英国订新约事。我虽不要求其对九龙问题作任何保留之约言，而彼反要求声明九龙不在平等条约之内，否则彼竟拒绝签订新约。果尔，我政府惟有发表废除不平等条约之声明，以不承认英国在华固有之权利。一俟战后用军事力量由日军手中收回，则彼虽狡猾亦必无可奈何，此乃为最后手段。如彼无所要求，则待我签字以后，别用书面对彼说明交还九龙问题暂作保留，以待将来继续谈判，为日后交涉之根据。……对英外交，颇费心神，以九龙交还问题英坚持不愿在新约内同时解决，余暂忍之。此实对英政策与技术一大改变也。[2]

① 张祖爨：《蒋介石与战时外交研究（1931—1945）》，浙江大学出版社2013年版，第362页。
② 古屋奎二：《蒋总统秘录》第13册，台北"中央"日报社1977年版，第40页。

在屡弱的国力情势下，蒋介石为了维护香港、九龙的主权地位费尽心思，最后也只能心有余而力不足，委曲求全。但是，蒋介石仍然想在战后用军事手段解决，足以证明他在维护国家主权和领土完整这种涉及国家核心利益问题上，其立场是坚定不移的。

12月31日上午，蒋介石最终被迫于"因英美态度一致之关系"①，不得已而批准同意签署条约。

就在中国准备为了盟国团结、共同协力对日作战而作出重大让步的时候，美英却向中方提出要延期签约，这使蒋介石甚为不满。然而，一段小插曲的出现又促使了中美、中英新约的签订。1943年1月9日上午，汪伪政权向英美两国宣战，在此后不到2个小时，汪精卫代表伪南京政府与日本政府代表重光葵，于上午11时在南京签订了《中日共同宣言》，同时双方签订了归还租界及废除日本在华治外法权的协定。日伪签署的所谓"废除在华治外法权的协定"，本来是一出滑稽的闹剧，但客观上却对美英增加了压力。他们担心蒋介石政府暗中与日本有某种瓜葛，反而迫使美英在改订新约的谈判中，作出加快步伐的姿态。

1943年1月11日，"中美平等新约"由驻美大使魏道明与美国国务卿赫尔在华盛顿签订；"中英平等新约"由宋子文与英国驻华大使薛穆在重庆签订。1月12日，蒋介石发表《告全国军民书》，声称从此中国已经完全独立自主，与美英并列世界强国。重庆还举行了7万人的大游行，以庆祝"平等条约"的签订，各省也举行了盛大的庆祝活动。

与此同时，因九龙租借地问题未能解决，蒋介石也并不掩饰对美国的满意和对英国的不满。他在《告全国军民书》中指出，中美、中英平等新约的告成，"实是在英美的政府和人民最光明最正大的举动。尤其是美国，

---

① 张祖龑：《蒋介石与战时外交研究（1931—1945）》，浙江大学出版社2013年版，第362页。

对我政府的希望完全一致，并无一点保留，更为欣慰"，委婉地表达了对英国的不满和谴责。

随后，中国先后与比利时、挪威、加拿大、瑞典、荷兰、法国、瑞士、丹麦、葡萄牙等国签订了类似的条约。自此，一百多年来西方帝国主义列强强加在中国人民头上的一系列不平等条约，基本上被废除。"废除不平等条约"使中国在法理上能以主权独立国家的身份与各国平等相处，初步达到了自孙中山时代提出的国策的外交目标。在当时的形势下，无疑是中国外交史上的一个重大胜利，是值得赞扬和庆贺的大事。

需要指出的是，在太平洋战争爆发后不久，废除帝国主义列强在华不平等条约之所以能够实现，既不是美、英等国的善意恩赐，也不是国民政府外交部或蒋介石个人具有如何高超的外交技巧，而是中国亿万军民5年多与日本法西斯浴血奋战，用生命和鲜血换来的结果。一句话，是中国人民打出来的。当然，作为国民政府的最高领导人蒋介石抓住了这一历史机遇，也是功不可没。

二、坚持收复东北、台湾与澎湖列岛等领土的决心不动摇

（一）"恢复高（丽）台（湾），巩固中华"

抗日战争时期，蒋介石和国民政府在收复台湾的问题上，旗帜鲜明，立场坚定，态度积极。全国抗战爆发后不久，国民政府就提出并坚持要在抗战胜利后收复台湾，最后实现了这一目标，这是对中华民族的一大历史贡献。

中国近代以来不知有多少爱国仁人志士一直铭记着甲午战争的奇耻大辱，渴望早日收复被日本强行割让的宝岛台湾，并为之展开了不屈不挠的英勇斗争。全国抗战爆发后，全国各党派、各阶层民众纷纷要求收复台湾。1938年4月1日，蒋介石在国民党临时代表大会上发表演讲，他在解释孙中

山关于"恢复高台，巩固中华"的遗志时说："因为高丽（朝鲜）原来是我们的属国，台湾是我们中国的领土，在地势上说，都是我们中国安危存亡所关的生命线，中国要讲求真正的国防，要维护东亚永久的和平，断不能让高丽和台湾掌握在日本帝国主义者之手。中国几千年来是东亚领袖的国家，保障东亚民族、树立东亚和平是中国义不容辞的责任。为要达成我们革命的使命，遏止野心国家扰乱东亚的企图，必须针对日本积极侵略的阴谋，以解放高丽、台湾的人民为我们的职志。"[1]1940年4月，国民参政会参政员董必武、张澜、宋渊源等人联名向国民政府提议：立即宣布《马关条约》无效，以"收复台湾""解放朝鲜"为口号，激发中国台湾、朝鲜民众的抗日斗志，共同对敌。在有关方面的号召、组织下，1941年2月10日，台湾革命同盟会成立，形成了大陆与台湾同胞共同抗日的联合阵线。太平洋战争爆发后，中国抗日战争与世界反法西斯战争融为一体，蒋介石和国民政府乘机把收复台湾的立场昭告世界。1941年12月9日，国民政府正式对日宣战，郑重宣布："所有一切条约协定合同，有涉及中日间之关系者，一律废止。"4月，陪都重庆掀起了一个声势浩大的光复台湾宣传运动，国民政府军政要员孙科、陈立夫、冯玉祥等人，或发表广播演说，或出席宣传集会，或撰写纪念文章，阐述历史上台湾对中国的隶属关系和收复台湾的重大意义。

与此同时，针对1942年8月美国《幸福》《时代》《生活》3个杂志印发的题为《太平洋关系》的小册子，提出所谓战后要对台湾实行"国际共管"的谬论，蒋介石指示外交部部长宋子文立即给予回击，尽快明确对反法西斯同盟国家阐明立场，防止同盟国内的某些大国阴谋在战后秩序安排上损害中国的权益。1942年11月3日，宋子文在重庆举行记者招待会，代

---

[1] 中国国民党中央委员会党史委员会编印：《蒋介石：对日抗战与本党前途》，见《先总统蒋公思想言论总集》第15卷，"中央"文物供应社1984年版，第187页。

表中国政府严正表示："中国应收回东北四省、台湾及琉球，朝鲜必须独立。"他再次声明了国民政府否定包括《马关条约》在内的中日间一切条约，在领土方面要恢复至甲午战争之前的状态的立场，也要彻底清算日本从中国攫取的一切侵略权益的立场。同日，国民党《中央日报》、《扫荡报》联合版还发表了国民政府立法院院长孙科《关于战后世界改造之危险思想》一文，严正批评同盟国内某些人关于战后世界秩序安排的错误主张，指出："盖台湾本为中国领土，甲午之后，始被日军占据，中国抗战胜利，应当清算甲午以来日寇对我侵略历时半世纪之所有血债。台湾为中国重要失地之一，应由中国收复，世人并无异辞。设使抗战胜利后，中国失去五十年之台湾，仍不能收复，则在中国之立场言，绝不能承认其为公平与合理。"[①]

中国的宣传舆论攻势为外交斗争赢得了有利的国际环境和舆论阵地。美国高度关注中国政府在台湾归属问题上的坚决态度。为了争取中国继续坚持抗战，1943年2月，罗斯福向中国驻美大使魏道明表示支持中国收回台湾，美国的立场在11月下旬召开的开罗会议上得到正式确认。

开罗会议是中国独立抗战，打出亚洲，走向世界，加入同盟国进入"四强"的第一个大国首脑高峰会，是第二次世界大战中同盟国首脑会议中唯一有中国首脑参加的会议，它标志着中国在世界地位的上升。

早在筹备莫斯科会议和开罗会议的时间、地点等问题时，罗斯福为此颇费了许多心思。因为罗斯福既想使中国成为美国战时的军事盟友，又想使中国成为美国战后远东战略格局中的盟友，因而他曾多次强调应把中国列为"四强"之一，罗斯福更希望中国能以"四强"的身份参加首脑会议，以便讨论远东问题。但是，斯大林不同意，他表示坚决不参加有中国参加的首脑会晤，只要蒋介石参加，他就不参加，或者说，有斯大林参加的首

① 何虎生：《蒋介石大传》下，华文出版社2007年版，第538页。

脑会晤，就不要蒋介石参加。

由于各种复杂的因素，中国最终没能出席莫斯科会议，但在美国的力劝下，苏联最终还是同意中国成为宣言的签字国，即成为"四强"之一。1943年10月18—30日，美、英、苏三国外长（赫尔利、艾登、莫洛托夫）会议在莫斯科举行。在赫尔提出关于美国、英国、苏联、中国四国共同签署战争目标和维护和平的宣言问题时，莫洛托夫表示，苏联政府"非常同意宣言提出的原则"，但坚决反对把中国包括在"四强"之内。赫尔坚持认为应该包括中国在内，他说："如果一个正在为战争作出重大贡献的伟大国家被排除在外，那将对联合国家的团结在心理造成极坏的影响。在我看来，将中国从四国宣言中排除是不可思议的。"[1]艾登表示同意赫尔的意见，莫洛托夫也就勉强同意。10月30日，美国、英国、苏联三国外长和中国驻苏联大使傅秉常代表各自政府签署了《关于普遍安全宣言》。宣言声明，四国将合作把反侵略战争进行到底，并将在今后为缔造、维护和平与安全而继续合作；根据平等的原则建立一个普遍性的国际组织，以维护国际和平安全；四国将以协商而不是以诉诸武力的方式解决争端；通过协商与合作的方式就战后军备控制达成切实可行的协议。这实际上是为战后的安排和未来联合国的活动规定了一些基本原则。11月2日，蒋介石致电罗斯福表示对他的感谢："此次四国宣言之签订，全由阁下坚持正义团结之精神所感召，实为一伟大之成功。此举对于未来世界之和平与安全，必有莫大之贡献。……对赫尔利在会议中的努力深所感慰。"[2]

鉴于斯大林拒绝参加有蒋介石参加的国际会议，罗斯福和丘吉尔只好商定把本来美、英、苏、中四国可以一次召开的会议分为两次来举行：蒋

---

① 科德尔·赫尔：《赫尔回忆录》第2卷，纽约1948年版，第1281页，转引自军事科学院军事历史研究部著，彭训厚、刘庭华主编：《第二次世界大战史》第四卷，军事科学出版社1998年版，第34页。

② 秦孝仪主编：《中华民国重要史料初编——对日抗战时期》第三编，"中央"文物供应社1981年版，第496页。

介石参加的开罗会议，斯大林不参加；斯大林参加的德黑兰会议，蒋介石不能参加。

1943年10月28日、11月1日和11月9日，罗斯福先后三次致电蒋介石，商讨并建议在埃及的开罗召开中、美、英三国首脑会议。紧接着，11月12日，赫尔利以罗斯福特使的身份来到重庆，与中方就开罗会议预先交换意见。赫尔利向蒋介石解释了罗斯福的构想并强调，关于亚洲问题，如果中英两国有分歧，罗斯福可以第三者的身份从中调解。

蒋介石为参加开罗会议作了比较充分的准备，他命令军事委员会参事室负责准备开罗会议的草案，希望一次性解决日本问题。最后，中方提出了一个出席开罗会议关于"参会国家应在事前商定休战及议和相关条款"的原则预案，内容包括：

第一，反攻缅甸海陆军同时出动之总计划，成立中、美、英三国联合参谋会议。

第二，收复1894年以来日本侵占中国之领土，如东北四省与台湾、澎湖应归还中国，保证朝鲜战后独立，保证泰国独立及中南半岛各国与华侨之地位。

第三，筹建战后有力的国际和平机构。

第四，对日本投降后处置的方案，包括日本无条件投降时应接受的条款，如日本一切陆军武器、海军军舰与商船、飞机、军器以及作战物资应立即听候联合国处置，其中一部分交还中国，等等。

第五，中、美经济合作的提议。

第六，对美租借物资的提案。

11月18日，蒋介石在宋美龄的陪同下，组成阵容强大、人数众多的中国代表团，其成员有王宠惠（国防委员会秘书长）、商震（军事委员会办公厅主任）、林蔚（侍从室第一处主任）、周至柔（军事委员会航空委员会主任）、董显光（宣传部副部长）、杨宣诚（军令部第二厅厅长）、郭斌佳（外交部参事）、俞济时（侍卫长）、蔡文治（驻美军事代表团团员）、黄仁霖（军事委员会战地服务团总干事）、陈希会（侍从室组长）、陈平阶（侍从武官）、俞国华（侍从秘书）、左维明（随从医官）、陈随美（蒋夫人英文秘书）等16人。代表团自重庆乘飞机启程，飞往开罗，途经阿格拉、卡拉奇各留宿一夜后，于21日（星期日）上午抵达开罗郊外的培因机场，随后住进开罗市西南15公里尼罗河西岸的米纳饭店。米纳饭店为开罗会议会场，中、美、英与会人员分别住在该饭店及周围的别墅之中。蒋介石夫妇住一号别墅。同日下午3时30分，丘吉尔抵达开罗。下午6时30分，蒋介石往访丘吉尔。

11月22日上午，罗斯福抵达开罗，住美国驻埃及公使柯克的别墅。正午12时，丘吉尔来访蒋介石。当日下午5时，蒋介石夫妇拜访罗斯福。

在中国代表团抵达开罗的当天，美方即派出陈纳德及美国第9航空队军官若干人接引蒋介石夫妇抵达开会地点。11月21日下午，霍普金斯已先于丘吉尔拜访了蒋介石夫妇。开罗会议正式开始前，商震已和蒙巴顿、马歇尔等人先后接触，就缅甸作战及美国对华军事援助事项进行了磋商；中方已多次和英美两国同级人员进行数次交谈，讨论一些问题的细节，而最后确定则要等到三国首脑会议后再作决定。

11月23日上午11时，开罗会议第一次全体会议在罗斯福住处正式开幕。会议的主题是关于远东战略问题。虽然美英中三国首脑参会的大方向是一致的，均要求把反法西斯侵略战争进行到底，但具体目标则大不相同。罗斯福凭借美国世界第一强国的国力，希望美国在战后成为世界"领袖"。罗斯福在临行前曾对他的次子埃利奥特·罗斯福谈到对世界局势的看法：

……美国将不得不出面领导，领导并运用我们的斡旋进行调解，帮助解决其他国家之间必将产生的分歧：俄国和英国在欧洲，英帝国与中国、中国与俄国在远东，我们有能力做到这一点，因为我们是大国，是强国，而且我们不妄求。英国在走下坡路，中国仍在18世纪之中，俄国猜疑我们，而且使得我们也猜疑它。美国是能在世局中缔造和平的惟一大国。这是一项巨大的职责，我们实现它的惟一办法是面对面地与这样的人会谈。①

丘吉尔最关心的是欧洲战局，其次是希望不要让日本进入英属印度，以及收复新加坡这块沦陷的英国殖民地，企图在战后仍然保持英国在亚洲的殖民利益。

蒋介石则是抱着所谓"余此去罗（斯福）、丘（吉尔）会谈，本'无所求，无所予'之精神，与之开诚交换军事、政治、经济之各种意见。勿存一毫得失之见，则几矣"②的态度参会的。他一是要求英国协助进行缅甸反攻，二是争取美国更多的军援和贷款，三是收回被日本侵占的东北、台湾及澎湖列岛等。

首先，会谈讨论在亚洲的军事行动问题，亦即缅甸反攻作战问题。对此，三国产生了严重的分歧。罗斯福致开幕词后，继由蒙巴顿报告缅甸反攻计划。蒋介石首先提出，反攻缅甸需要英国出动海军于孟加拉湾从南缅登陆，以配合中国军队的陆上行动。蒋介石认为，反攻缅甸作战能否胜利的关键是海军与陆军的配合作战，因此海军和陆军应同时发动，即采取海陆两栖作战，"盖如此，则吾人在海上可获得制海权，以断绝敌人由海上增援与补给，再加我空军对敌后方交通不断破坏，则国际上之进展，始能容易而确定。否则敌军则由海上转运，源源增加，补给自如，我军胜利殊

① 伊利奥·罗斯福：《罗斯福见闻秘录》，新群出版社1951年版，第132页。
②《蒋中正日记（1937—1945）》（光盘），1943年11月13日，台湾"国史馆"2015年版。

无把握。此点必须特别注意。余之意见，如海军未集中，则陆军虽已集中，仍少胜算把握。吾人须知敌人决不轻易放弃缅甸，必经一番苦战。盖缅甸如失败，则彼在华南、华中则不能守，所以敌对缅甸作战，必将尽其可能使用全力。……希望罗总统、丘首相特别注意，敌陆军作战，其生死关头有三：一为缅甸，二为华北，三为东北四省，由此可见缅甸反攻之重要。质言之，陆军集中，必须海军同时集中；亦可说陆军集中之日，由海军集中之日而定"[①]。这也是史迪威建议书的内容。具体而言，就是英国动用海军攻占缅甸的安达曼群岛，并登陆攻取仰光，在钦敦江上建立桥头堡，派空降部队占领英都，控制通往密支那的铁路，以便配合中国军队从云南方向进攻缅甸，对日军形成南北夹击之势，以收复缅甸全境，恢复滇缅公路，确保中国的补给线。这个反攻缅甸作战计划的代号为"海盗"。马歇尔认为蒋介石同意从云南出兵，打通缅北交通就有了保障，因此也支持这一计划。

但是，英国方面从欧洲中心论出发，坚决反对中国方面提出的缅甸反攻计划，只要求中国单独在缅北孤军作战，牵制住日军不向英属印度进攻就可以了。所以，在蒋介石和罗斯福问到丘吉尔何时出动海军配合中国方面时，后者以所谓"海军集中，事关机密"为由，含糊其词，迟迟不作承诺。一直到开罗会议结束时，丘吉尔还坚持在缅甸反攻作战英国不承担任何义务。虽然罗斯福对丘吉尔的态度也非常不满，但他还是极力说服蒋介石尽快出兵缅甸，援华物资也尽量供应。

11月23日晚7时30分—10时30分，罗斯福单独宴请蒋介石夫妇，王宠惠陪同，罗斯福的特别助理霍普金斯与会，共5人，进行了轻松、坦诚和内容广泛的会谈。

关于领土问题。罗斯福同意，日本攫取中国之土地应归还中国，包括

[①]《开罗会议日志》，见秦孝仪主编：《中华民国重要史料初编——对日抗战时期》第三编，"中央"文物供应社1981年版，第537页。

东北四省、台湾及澎湖列岛。对于被日本吞并的中国明朝、清朝的藩属国琉球，罗斯福一再询问："中国是否要琉球群岛？"首先提出应交还中国。但蒋介石回答说，中国愿由中美两国共同占领，最后由国际机构委托中美共管。蒋介石的用意是这样可以让美国放心，以免将来发生争议时处于孤立地位。对于香港问题，罗斯福提议"可由中国先行收回，然后即宣布与九龙合并，成为全世界的自由港"。蒋介石深知丘吉尔是一个"帝国主义的楷模分子"，故希望美国从中疏通调停，但遭到丘吉尔的断然拒绝。

关于战后中国的国际地位问题。罗斯福希望在战后保持中国的大国地位，与美、英、苏共同承担维护世界和平的责任。蒋介石欣然应允。

罗斯福问到关于日本天皇制在战后是否应予废除，蒋介石说，这涉及日本政体问题，除了必须根本削除日本军阀不能再让其来过问日本政治以外，至于日本国体如何，最好待日本新进的觉悟分子自己来解决。

关于中国周边国家朝鲜、印度支那和泰国的独立问题。蒋介石从中国长期受帝国主义压迫的民族主义出发，提议让这些国家取得独立。蒋介石支持流亡在中国的李承晚临时政府，但罗斯福认为这种海外组织与其国内人民联系较少，不便给予支持，还要考虑到苏联的态度，因此罗斯福只同意朝鲜独立的原则，对支持临时政府未明确表态。丘吉尔同意罗斯福的意见。苏联在此后的德黑兰会议上也同意支持朝鲜独立，但由谁来组成独立后的朝鲜政府问题上，美、英、苏、中四国的目标并不一致。

对于越南，蒋介石积极扶植越南革命同盟，支持越南国民党的"亲华、反法、抗日"运动，鼓吹越南独立，但对胡志明领导的越南独立同盟却不予以支持。后在英法的坚决反对下，蒋介石不再提让越南独立，而是由国际托管，由中美两国尽力帮助越南在战后独立。

关于中国国内及其内政问题。罗斯福要求蒋介石以政治手段解决中共问题，在战争尚在继续进行时，应与延安方面握手言和，组织一个联合政府。罗斯福希望战后有一个稳定的合作的大国作为美国在远东的战略伙伴，发挥更大的作用，以遏制日本、对抗苏联，参加对原殖民地的国际托管，以加强美国在远东的地位。他曾对英国外相艾登说过："中国既不会侵略，也不会成为帝国主义，而可成为抵消苏联力量有用的平衡力量。"所以，他不希望中国打内战。

11月24日下午3时30分，美方约请王宠惠等参加讨论由霍普金斯起草，中方已经同意的但经英方修改后的开罗宣言草案。与会人员有美国驻苏联大使哈里曼、英国外交大臣艾登、英国外交次长贾德干。原案明确无误地写明：

……三国之宗旨，在剥夺日本自一九一四年第一次世界大战开始后在太平洋上所夺得或占领之一切岛屿；使日本所窃取于中国之领土，特别是包括满洲和台湾等，归还中国；其他日本以武力或贪欲所攫取之土地，亦务将日本驱逐出境；我三大盟国稔知朝鲜人民所受之奴隶待遇，决定在相当时期，使朝鲜自由与独立。[1]

但在英方所作修改的开罗宣言草案中，有两点内容作了重要修改：（1）将原草案"使日本所窃取于中国之领土，特别是包括满洲和台湾等，归还中国"改为"使日本所窃取于中国之领土，特别是包括满洲和台湾等，当然必须由日本放弃"。（2）将原草案"我三大盟国……使朝鲜自由与独立"改为"我三大盟国……使朝鲜脱离日本之统治"。英方还附注称：如果此修改中美不能接受，则英方愿意将有关朝鲜的全部文字删去。

英方在文字上的偷换概念，表面上的意图是将中国主权模糊化，其本

---

[1] 刘庭华：《中国抗日战争与第二次世界大战统计》，解放军出版社2012年版，第339页。

质的图谋是有意抹杀中国对自己领土的主权归属。这当即遭到中方的坚决反对。王宠惠发言指出，英方这一修改，"不但中国不赞成，世界各国亦将发生怀疑。世界人士均知此次大战，是由于日本侵略中国东北而起，而我们作战之目的，亦即在贯彻反侵略主义。苟其如此含糊，则中国人民乃至世界人民皆疑惑不解。故中国方面对此段修改文字，碍难接受。如不明言归还中国，则吾联合国共同作战，反对侵略之目标，太不明显"①。

英国外交次长贾德干还狡辩答复，把责任推卸到英国国会身上，诡称什么英国议会将质询英政府："为何其他被日本占领地区并没有说明归还何国，唯独满洲、台湾等，则要特别声明归还中国？"既然上述各地固属中国，就不必明言。

王宠惠再度反驳，称"'归还中国'不等于'由日本放弃'，措辞如此含糊，会议公报将毫无意义，且将完全丧失其价值"，但英方加以否决。然而，令中方感到振奋鼓舞的是，美国代表哈里曼完全赞成王宠惠的主张。他在发言中强调"我们如措辞含糊，则世界各国对我联合国一向倡导的原则，将不置信"②。这样，开罗宣言草案才得以维持修改前的原状。

对于英方所作的第二点修改，王宠惠也表示不赞成。他指出，朝鲜原由日本侵略吞并，而日本大陆政策即由吞并朝鲜开始，仅说"脱离日本之统治，而不言其他，则只为将来留一重大问题，宜于此时决定其将来自由独立之地位，这对中国和远东看来，甚为重要"③。贾德干说，英国内阁并未讨论过朝鲜问题。英国是内阁制，若未经内阁讨论而在此决定，殊为不宜，且苏联对此问题的态度与反响，事前没有接洽，无从知悉，似宜顾及。哈

---

① 秦孝仪主编：《中华民国重要史料初编——对日抗战时期》第三编，"中央"文物供应社1981年版，第530页。

② 秦孝仪主编：《中华民国重要史料初编——对日抗战时期》第三编，"中央"文物供应社1981年版，第531页。

③ 秦孝仪主编：《中华民国重要史料初编——对日抗战时期》第三编，"中央"文物供应社1981年版，第531页。

里曼反驳说，根据罗斯福总统的意见，这一问题与苏联无甚关系，不必与苏联商量。

由于美方支持中方的意见，因此讨论结果是，否定了英方上述两点修改文字，仍维持原草案。最后，王宠惠将"使日本所窃取于中国之领土，特别是包括满洲和台湾等，归还中国"改为"使日本所窃取于中国之领土，例如东北四省、台湾与澎湖列岛等，归还中国"①，遂以此为最后定稿。

11月26日下午3时至5时，开罗宣言草案送请正在会谈的罗斯福、丘吉尔、蒋介石三国首脑审阅，得到一致赞成。会议最后定稿的公报于1943年12月1日发表，宣称：

三国军事方面人员关于今后对日作战计划，已获得一致意见，我三大盟国决心以不松弛之压力从海陆空各方面加诸残暴之敌人，此项压力已经在增长之中。

我三大盟国此次进行战争之目的，在于制止及惩罚日本之侵略，三国决不为自己图利，亦无拓展领土之意思。

三国之宗旨，在剥夺日本自一九一四年第一次世界大战开始后在太平洋上所夺得或占领之一切岛屿；使日本所窃取于中国之领土，例如东北四省、台湾、澎湖列岛等，归还中国；其他日本以武力或贪欲所攫取之土地，亦务将日本驱逐出境；我三大盟国稔知朝鲜人民所受之奴隶待遇，决定在相当时期，使朝鲜自由与独立。

根据以上所认定之各项目标，并与其他对日作战之联合国目标相一致，我三大盟国将坚忍进行其重大而长期之战争，以获得日本之无条件投降。②

---

① 秦孝仪主编：《中华民国重要史料初编——对日抗战时期》第三编，"中央"文物供应社1981年版，第532页。

② 刘庭华：《中国抗日战争与第二次世界大战统计》，解放军出版社2012年版，第339页。

11月27日晨，罗斯福、丘吉尔分别乘飞机前往伊朗参加德黑兰会议。晚11时许，蒋介石夫妇乘机飞离开罗，途经印度兰伽训练基地检阅中国驻印军，12月1日早晨返抵重庆。

按照中美英三国同时在格林尼治标准时间12月1日夜11时30分公布宣言的约定，在华盛顿、伦敦、重庆公布的时间应该分别为1943年12月1日晚7时30分、12月2日0时30分、12月2日6时30分。由于通信联络方面的问题，中国晚了12个小时。1943年12月3日，国民党《中央日报》第二版发表《开罗宣言》，并刊登社论《论三国开罗会议》。同日，中国共产党在重庆公开出版发行的《新华日报》第二版以《蒋主席由开罗回渝和罗丘曾有会议》为题报道开罗会议，刊登《开罗宣言》。蒋介石对开罗会议的成果颇感满意，他在1943年12月4日的日记中称："昨日发表开罗会议公报以后，中外舆论无不称颂为中国外交史上之空前胜利。"①

应该说，这是中国外交斗争的重大胜利，是中国人民对日作战付出重大牺牲换来的胜利成果。蒋介石为此在1944年元旦发表的《告全国军民同胞书》，其兴奋自豪之情表露无遗：

在这次开罗会议中，英、美两国和我们中国一致同意，要剥夺日本第一次世界大战后所夺得或占领的太平洋上一切岛屿，要将日寇逐出于其以武力贪欲所攫取的土地，要归还东北四省和台湾、澎湖等岛屿与我们中华民国，要使朝鲜独立。……这不但使热望归还祖国怀抱的台湾、澎湖同胞闻而高兴，使我们沦亡十二年以上的东北同胞鼓舞奋发，使不堪日寇奴辱的朝鲜国民闻风兴起，而且也使亚洲所有被日寇欺凌压迫的海上、陆上一切民族，都感到解放之有期，共同为消灭敌人而奋斗。这样一个重大而有力的共同决

---

① 古屋奎二：《蒋总统秘录》第13册，台北"中央"日报社1977年版，第119页。

议，可以说在十年以前我们只是一个志愿，而到了今天已成为事实了。[①]

总而言之，开罗会议是第二次世界大战期间，同盟国家之间举行的首脑会议中，唯一有中国参加的一次。它显示了国际反法西斯力量团结一致，加快打败日本法西斯的决心和意志。《开罗宣言》严厉谴责了日本法西斯对中国和东南亚其他弱小民族的野蛮侵略，明确具体地肯定了中国收复失地的神圣权利。战后，《开罗宣言》成为处理日本问题的重要法律依据。

（二）阻止英国霸占香港的外交斗争

香港地区包括香港岛、九龙和新界。英国通过鸦片战争强迫清政府于1842年割让了香港岛。在1860年的第二次鸦片战争中，英国又强行割占了九龙。1898年，英国又逼迫清政府签订《展拓香港界址专条》，把位于深圳河以南、九龙半岛界限街以北附近岛屿的中国领土（即"新界"）租借给英国，为期99年。自此，香港地区共包括九龙及其附近300多个大小岛屿，总面积1061.8平方公里的中国领土被英国侵占。

1943年1月11日，国民政府外交部部长宋子文与英国驻华大使薛穆在重庆签订"中英平等新约"，其内容包括废除1901年的《辛丑条约》、撤销英国政府及其人民或公司在华享有的种种特权等八条，但英方拒绝在"新约"中写明他们强占的香港等中国领土的归还问题。宋子文在签约的同时，还向英国提交了一份照会，声明关于九龙租借地问题"保留日后提出讨论之权"。21日，薛穆复照称，业已将此通知转达本国政府，英国没有通过换文承担任何义务，作出任何承诺。[②]

实际上，英国根本就不同意把香港归还中国，这无疑给蒋介石、国民

---

① 中国国民党中央委员会党史委员会编印：《先总统蒋公思想言论总集》第32卷，"中央"文物供应社1984年版，第50—51页。

② 秦孝仪主编：《中华民国重要史料初编——对日抗战时期》第三编，"中央"文物供应社1981年版，第781页。

政府留下了遗恨。中英新约签订之后，蒋介石仍不忘力争让英国归还香港。他曾设想在日本投降之际用武力收回的第二套方案，但毕竟风险大，没有下这个决心。他最希望的还是由美国来主持公道，劝说英国改变立场。宋美龄1943年2月对美国的访问明确地表达了中国对香港的立场。5月，宋子文在美国相继与罗斯福、霍普金斯甚至英国外交大臣艾登数次见面或会谈，转达了蒋介石对香港问题的立场。然而，罗斯福虽然侃侃而谈"美国各方人士对丘吉尔演说轻视中国，甚为反对"[1]，但对香港问题却含糊其词，一方面要求中国"可得英国之同意"，另一方面又要求中国在英国宣布同意后一两个星期内"自动宣布自由港"。美国批评英国是假心假意，庇护英国，而美国自己对香港这个明珠的觊觎之心则暴露无遗。

1943年11月23日晚，参加开罗会议的蒋介石与罗斯福单独会谈，主要讨论中国领土的归还问题。蒋介石向罗斯福提出战后香港主权应由中国收回。蒋介石鉴于中英新约签订时曾遭遇的种种挫折，知道丘吉尔是一个难以对付的老谋深算之人。因此，蒋介石提出先请美国与英国商讨[2]，试探一下英国人的态度。罗斯福表示支持蒋介石的这一要求。罗斯福还认为，香港问题已经表明英国人早先那套帝国主义的做法不仅已经过时，而且也没有必要了，因此建议英国在战后将香港交还中国，使之成为中国控制下的国际自由港。这一建议由于遭到丘吉尔的极力反对，使得香港、九龙问题没有写入《开罗宣言》。曾经随蒋介石出席开罗会议的王宠惠，亲身见证了这一情景："在开罗会议上，罗斯福就敦促过丘吉尔把香港归还给中国，并且说，那里的居民百分之九十以上都是中国人，加之又十分靠近广州。丘吉尔愤然回复说，只要他还是首相，他就不想使大英帝国解体。"[3]英国根

① 张祖䘵：《蒋介石与战时外交研究（1931—1945）》，浙江大学出版社2013年版，第364页。
② 梁敬锌：《开罗会议》，台湾商务印书馆1974年版，第41页。
③《顾维钧回忆录》（第5册），中华书局1985年版，第14页。

本无意将香港归还中国，而且英国在参加开罗会议的日程讨论时，就不准备讨论中国的地位问题，甚至包括中国提案。[①]在随后于11月28日—12月1日召开的德黑兰会议期间，罗斯福再次向丘吉尔提出香港归还中国的可能性问题，丘吉尔干脆拒绝讨论，不留半点余地。

从1944年起，英国就正式培训接管香港的行政人员，早已做好不交还中国的各项准备。10月底，丘吉尔向内阁成员明确表示，绝对有必要向苏联"提供"远东的战争目标，其中包括中国的旅顺、大连，作为交换条件，苏联提出的任何牺牲中国利益的战争赔偿要求，都有利于英国"解决"香港问题。因此，英国不会对俄国恢复其在远东的地位表现任何敌意。

1945年4月，美国驻华大使赫尔利受罗斯福之命与丘吉尔商讨香港战后的命运问题，在途经伦敦时谒见丘吉尔，丘吉尔直截了当地表达了英国的立场，他将为香港斗争到底，"除非踩过我的尸体，否则休想把香港从大英帝国版图上除掉。大英帝国将不要求什么，也不放弃什么。我不能当清算大英帝国的英国首相。我们决不会放弃大英帝国旗帜下的一尺领土"[②]。

蒋介石闻讯后也觉无奈，叹息道："丘吉尔对香港交还中国问题，谓'誓死不愿'，又谓'美国对中国政策为一大幻想'云。——其蔑视我国盖如此也！"所谓用军队力量解决香港问题，也只是说说而已，毕竟军事实力不如英国啊！1945年8月，日本投降在即，中国本来完全可以乘机派兵进驻香港，然后再与英国谈判，但是蒋介石并没有这样做。当英国政府声明要派兵重占香港时，蒋介石反而表示中国无意派兵占领香港。蒋介石于8月14日下午召见了英国驻华大使薛穆，声称"中国政府承认英国在香港的权利"，只是希望最终能解决香港问题。在随后的受降权问题上，蒋介石虽然坚持由他授权的中国代表在香港受降，但在美国纵容并支持英国在香港

---

① 吴东之主编：《中国外交史》，河南人民出版社1990年版，第556页。
②《顾维钧回忆录》（第5册），中华书局1985年版，第25页。

受降的大背景下，蒋介石只好一让再让，除了给自己找一个下台的面子外，别的什么也没有得到。

1945年8月14日，英国驻华大使薛穆会见中国外交部次长吴国桢，表示英国将在香港受降，因为香港是英国海外的领地，英国对它拥有主权，可以不受战区的限制。同时，英国政府一方面命令太平洋舰队司令哈科特少将，率领以"不屈号"航空母舰为首的一支舰队急速驶往香港，以图在军事上占据先机；另一方面又在外交上采取主动，要求美国总统杜鲁门指示远东盟军最高统帅麦克阿瑟，命令香港日军向英国投降。8月17日，远东盟军最高统帅麦克阿瑟发布第一号受降令：凡在中华民国、台湾、越南北纬16°以北地区的日军，均应向蒋介石委员长投降。香港位于北纬16°以北，本来是中国的领土，所以驻香港日军理应向中国军队投降。8月18日，中国战区最高统帅部也发布了16个地区国民党军受降主官的姓名，广东方面的受降主官为张发奎，其下属第13军准备接收港九地区。蒋介石虽然曾经有过用武力解决香港问题的第二方案，但此时他毕竟不敢走出这一步，只能寄希望于美国出来帮助他一把。此前的8月16日，国民政府外交部次长吴国桢便向美国驻华大使赫尔利转交了一封蒋介石致杜鲁门的信，请求美国政府提请英国遵守盟军受降的协定。

此时的美国正欲与英国、苏联划分势力范围，急欲确立在第二次世界大战后的主导地位，故须得到英国的支持。因此，杜鲁门在与英方商谈后，突然转变为支持、偏袒英国，并于8月23日宣布，麦克阿瑟已经向日本大本营发出命令，香港日军向英军投降。同时，他还警告蒋介石，英国在香港的主权没有任何疑问，倘若为投降仪式造成麻烦，将抵偿不了其恶劣影响。①同日，蒋介石无奈之下，只好复电杜鲁门，同意授权一位英国军官赴

---

① 张祖龑：《蒋介石与战时外交研究（1931—1945）》，浙江大学出版社2013年版，第366页。

港接受日军投降，并派中、美军官各一人出席受降仪式。蒋介石不得已作出了实质性的让步，但仍要维持自己所谓"中国战区最高统帅"的面子。尤其可笑的是，明明是因为国力太弱而无力收回香港，蒋介石却要自欺欺人，用阿Q精神来瞒骗世人。8月24日，蒋介石在国民党中常委、国防最高委员会联席会上称："中国决不借受降的机会，忽视国际合作的盟邦主权。关于香港的地位，以前是以中英两国条约为依据，今后亦当以两国友好的关系协商而变更。"①8月30日，英国太平洋舰队司令哈科特率领的舰队驶入香港水域。次日，英军宣布在香港成立临时军政府，重新占领了香港。

国民党政府试图解决香港问题的曲折历史告诉世人，国力的强大是解决国家领土主权问题的前提和基础。美国从一开始同意中国收回香港的主张，到后来的变卦转向站在英国一边，其中不变的规律都是把本国利益最大化，摆在第一位。一句话，国际政治的较量最后还是实力说了算。

（三）收回东北主权的外交努力

1. 雅尔塔会议与《雅尔塔秘密协定》——苏联在远东的领土要求

"实际上，俄国人等于是受贿去做一件他们本来非常想做的事。一旦粉碎德国后，俄国进攻四面楚歌的日本根本不冒任何风险，也不用流多少血和花费多少物资。此外，战利品——特别是占领满洲——要比从西方赢得的秘密保证具有大得多的引诱力，使它要加入攻击。"②

《开罗宣言》虽然明确宣布，"三国之宗旨，在剥夺日本自一九一四年第一次世界大战开始后在太平洋上所夺得或占领之一切岛屿；使日本所窃取于中国之领土，例如东北四省、台湾、澎湖列岛等，归还中国"，但要使纸上的"诺言"变为现实，却要看实力的较量或者形势变化的走向。

---

① 中国国民党中央委员会党史委员会编印：《先总统蒋公思想言论总集》（第21卷），"中央"文物供应社1984年版，第174页。
② 约翰·托兰：《日本帝国的衰亡》下，新华出版社1982年版，第838页。

进入 1945 年初，同盟国的反法西斯战争出现了空前有利的形势，德、日法西斯已日暮途穷。在欧洲战场，苏联红军经过 1944 年连续对德军发动 10 次歼灭性打击，歼敌近 200 万人，将德军全部逐出苏联国土。1945 年 1 月，苏军从维斯拉河一线向奥得河一线德军发动强大攻势。在西欧开辟第二战场的美、英联军，从 1945 年 2 月下旬起以渡过莱茵河为目标开始进攻，迅速占领了德国的西南部地区。德国法西斯的灭亡指日可待。因此，如何处置战败的德国和处理战后的欧洲事务，已经摆到苏、美、英等同盟国的议事日程上。

在亚洲太平洋战场，日军虽然已经遭到毁灭性打击，但日本法西斯还在继续顽抗，日本在中国战场和国内还拥有 200 余万的陆军。美国军方估计，要最后消灭日本军事力量和占领日本本土，尚需大约一年半的时间及付出 100 余万人的伤亡代价。因此，美国特别希望在德国法西斯投降后，苏联早日参加对日作战，以加速日本法西斯的灭亡。

虽然斯大林多次表示，一旦欧战结束，苏联将会立即参加对日作战，但是却没有通过召开正式的会议决定及文字依据。因此，美、英、苏三国首脑及其外长在克里米亚半岛的雅尔塔举行会议，着重讨论欧洲战后处理和对日作战问题。

然而，雅尔塔会议最终成了美、英、苏三强牺牲中国权益的交易会。在雅尔塔会议召开前夕，蒋介石曾致电罗斯福："如果能安排我与斯大林会谈并与苏联达成协议，我将非常高兴。如果讨论中国的战事而不让中国战区的司令官也即这个国家的元首参加，我将感到十分遗憾和无比的愤慨。"另外，他还致电罗斯福，恳请坚决制止苏联出兵远东。因为，1941 年 4 月 13 日苏联与日本签订的《苏日互不侵犯条约》曾声明："日本尊重'蒙古人民共和国'领土之完整与不可侵犯性，苏联尊重'满洲国'领土之完整与不可侵犯性。"这一严重损害中国主权和领土完整的行为，至今仍在蒋介石心目中留下了伤痕，中苏关系也因苏日条约而急骤冷却。

罗斯福对蒋介石不置理会，也有其中的原因。1944年4月—1945年2月，日军发动打通大陆交通线的"一号作战"，国民党军在豫湘桂战役中大溃败。日军从进攻河南、渡过黄河开始至当年12月占领贵州独山，8个月内，日军长驱2000余公里，占领中国20多万平方公里国土，国民党军丢失146个大小城市。罗斯福看到，蒋介石的军队当时还没有能力完全击溃日军，而美国自己在太平洋战场已经付出了惨重的牺牲，为了减少伤亡，只有依赖苏联红军。

对斯大林而言，中国东北自沙俄时代以来就是其盘中的一块肥肉，特别是1905年的日俄战争的失败，使斯大林找到了报一箭之仇的难得机会，何况还有美、英同盟国的"合法"支持呢！

对丘吉尔来说，只要能保存大英帝国在远东的利益特别是香港的权益，俄国人要什么，他丘吉尔都不会反对。连罗斯福也对丘吉尔大为不满，认为大英帝国主义是"不道德"的。罗斯福曾对他的儿子埃利奥特私下批评丘吉尔大英帝国的殖民政策：

> 殖民制度意味着战争。剥削印度、缅甸、爪哇的资源，拿走那些国家的财富，但从未送还他们任何东西，例如教育、过得去的生活水平、最低限度的保健需要等等——你的所作所为否定了在和平开始以前为和平提供某种组织结构的价值。[1]

1945年2月4—11日，苏、美、英三国首脑斯大林、罗斯福、丘吉尔及其外长在苏联克里米亚半岛的雅尔塔正式举行会议。对德国投降、解散纳

---

[1] 约翰·托兰：《日本帝国的衰亡》下，新华出版社1982年版，第834页。

粹党和德国国防军，以及苏、美、英、法四国对德国进行分区管辖、惩处战犯、赔款和成立联合国安理会等问题，很快就于2月7日达成协议。从2月8日起主要是讨论远东对日作战问题，特别是苏联决定对日作战的条件及采取步骤问题。

2月8日，罗斯福及哈里曼与斯大林及莫洛托夫，专门讨论了"苏联参加对日作战的政治条件"。斯大林开门见山地将苏联参加对日作战的政治条件和盘托出，而罗斯福的态度也基本同意，打算全部接受，满足斯大林的要求。当斯大林提出要得到萨哈林岛的南半部和千岛群岛作为"报酬"的问题时，罗斯福回答说："那是没有问题的。"斯大林提出要在远东给苏联提供一个不冻港，要从中国人那里租借大连、旅顺或者把它变成自由港，还要使用满洲的铁路，等等。罗斯福回答说"您这个要求没有什么恶意"，并建议租给俄国或者成立一个俄中委员会联合经营管理。这使斯大林感到满意。最后，斯大林还带着一点威胁的口吻说："如果这些条件得不到满足，我和莫洛托夫就很难向苏联人民解释俄国为什么要加入对日作战，因为苏联人民同日本没有多大纠纷。"①罗斯福婉转地回答："我还没有机会同蒋介石元帅谈。"其潜台词是，关乎中国的领土主权问题，还是应该同中国领导人商量。而斯大林认为，暂时没有必要同中国谈。

2月10日下午，哈里曼与莫洛托夫会谈，并拿到了苏联参加对日作战的政治条件的英文译本：

外蒙现状必须维持。1904—1905年日本夺占的地方——主要是萨哈林岛南部，旅顺和大连——必须归还俄国。斯大林还要求控制满洲的铁路和千岛群岛。作为报答，俄国除了对日宣战外，还将与蒋介石缔结友好同盟条约。

---

① 约翰·托兰：《日本帝国的衰亡》下，新华出版社1982年版，第835页。

哈里曼把斯大林的提议案连同他自己所作的修改呈交给罗斯福，罗斯福提出，希望作三点修改后再接受，一是大连和旅顺应是自由港，二是满洲的铁路应由一个中苏联合委员会经营管理，三是要征得蒋介石委员长的同意。对此，斯大林只好作出一点让步，他对哈里曼说："我完全同意把大连港变成国际控制下的自由港，但旅顺港不同。俄国要把它作为海军基地，因此需要租用。"① 罗斯福最后完全同意斯大林的立场。至于何时把这个秘密协议的内容告诉蒋介石，罗斯福征询斯大林的意见：是斯大林与在莫斯科的宋子文谈，还是让罗斯福与蒋介石直接谈？斯大林回答说："我是有利害关系的一方，还是由（罗斯福）总统去谈好些。"

2月11日早晨，丘吉尔才得知罗斯福与斯大林商讨的这个秘密协定，正在等着他签字。在读完此协定后感到吃惊的艾登把丘吉尔拦住，示意丘吉尔不要签字。艾登当着斯大林和罗斯福的面称，这个协定是雅尔塔"会议的不体面的副产品"②。但丘吉尔认为，如果他要接受艾登的劝告不签字，那么英国在东方的威信就会下降，所以丘吉尔以蔑视的态度在秘密协定上签了字。至此，雅尔塔会议宣告结束。《雅尔塔秘密协定》全文如下：

苏美英三大国领袖同意，在德国投降及欧洲战争结束两个月或三个月内，苏联将参加同盟国方面对日作战，其条件为：

1. 外蒙古的现状必须予以维持。

2. 由日本1904年背信弃义进攻所破坏的俄国以前权益须予恢复。

A. 库页岛南部及邻近一切岛屿须交还苏联。

B. 大连商业港须国际化，苏联在该港的优越权益须予保证，苏联之租用旅顺港之海军基地须予以恢复。

---

① 约翰·托兰:《日本帝国的衰亡》下，新华出版社1982年版，第837页。
② 约翰·托兰:《日本帝国的衰亡》下，新华出版社1982年版，第837页。

C. 对担任通往中东铁路及通往大连之南满铁路——应由中苏双方合办之公司共同经营。苏联的优越权益须予保证，而中国须保持在满洲的全部主权。

3. 千岛群岛须交予苏联。

经谅解，有关外蒙古及上述港口铁路的协定尚须征得蒋介石委员长的同意。根据斯大林元帅的提议，美国总统将采取步骤以取得该项同意。

三大国领袖同意，苏联之此项要求须在击败日本后毫无问题地予以实现。苏联本身表示准备和中国国民政府签订一项苏中友好同盟协定，俾以其武力协助中国达成自日本枷锁下解放中国之目的。[①]

应该说，雅尔塔会议的召开，有效地协调了苏、美、英三大国最后打败德日法西斯的战略计划，对尽早结束反法西斯战争起了重要的推动作用。但是，《雅尔塔秘密协定》的签订，以苏联参加对日作战为由攫取在华权益，除了南库页岛及千岛群岛的规定外，其他的都严重损害中国的主权利益，而且是在没有中国代表参加的情况下签订的有损中国主权和利益的协定，直到6月4日美国才通知中国政府。显然，这是少数大国帝国主宰世界、推行强权政治和大国沙文主义的表现，它为战后形成美苏争霸的"冷战"格局埋下了祸根。正如我国台湾学者王永祥所说："《雅尔塔秘密协定》是美国从自身利益出发，为实现远东构想妥协的结果，也是苏联利用美国有求于它的机会，乘参加对日作战之机，夺取沙俄在华特权并与美国争夺东亚控制权的必然结果。"[②]

2月21日，当驻英国大使顾维钧、驻苏联大使傅秉常密电蒋介石有雅尔塔密约但内容不详时，蒋介石深感不安，其日记云："国势之危已极，不

---

① 《国际条约集》（1945—1947），世界知识出版社1959年版，第8页。
② 王永祥：《雅尔塔密约与中苏日苏关系》，台北东大图书公司2003年版，第2页。

知何日有济？"①3月15日，驻美国大使魏道明将《雅尔塔秘密协定》的详细内容电告蒋介石后，蒋介石异常愤慨，日记云："阅此，但有痛愤与自反而已。雅尔塔果已卖华乎？惟如何可以断定，此次黑海会议，俄国对日作战已有成议。果而，则此次抗日战争之理想，恐成梦幻矣！"②此时的蒋介石真是气愤难已，遂打算和日本单独媾和、联日反共，阻止苏联出兵东北。南京伪立法院副院长缪斌受托赴东京联系"愿为日华和平谈判尽力"。缪斌对日本小石几国昭内阁传话："重庆不愿意看到日本完全被摧毁，因为中国的自保依赖日本的继续存在。日本是中国的防波堤。如果现在缔结和平，我们也能阻止苏联出兵。"③不过，该计划最终因日本朝野坚决不同意放弃汪伪政权和伪满洲国而夭折。

2.《中苏友好同盟条约》的签订——倔强的抗争与无奈的让步及代价

1945年2月底，驻华大使赫尔利返回美国述职。当得知《雅尔塔秘密协定》后，他用询问的口吻提醒罗斯福："美国是否有权割让另一个国家的一部分领土？是否破坏了美国参加第二次世界大战所宣告的一切原则和目标？是不是否定了总统自己三月一日在国会的演说？……"④罗斯福向赫尔利承认自己有错，并指示他返回中国途经伦敦、莫斯科时想办法补救。赫尔利于4月5日在伦敦拜见丘吉尔，告请英国要遵守《大西洋宪章》，将香港交还中国，使苏联不致有租借旅顺港之借口。而丘吉尔则干脆说香港与《大西洋宪章》无关，予以拒绝。4月15日，赫尔利又访问苏联拜见斯大林，斯大林更是一口回绝。

蒋介石对斯大林凭借强权占领中国东北领土表示强烈不满，他决心决

---

①《蒋中正日记（1937—1945）》（光盘），1945年2月21日，台湾"国史馆"2015年版。

②《蒋中正日记（1937—1945）》（光盘），1945年3月15日，台湾"国史馆"2015年版。

③ 蒋宪基：《汉奸缪斌之死》，见中国人民政治协商会议江苏省委员会文史资料研究委员会编：《江苏文史资料选辑》第12辑，江苏人民出版社1983年版，第200页。

④ 古屋奎二：《蒋总统秘录》第13册，台北"中央"日报社1977年版。

不签订"以租借名义承认其权利"的"丧辱卖身契约",情愿让其占领,好留给"将来子孙后代"来完成领土主权的统一。他在4月5日的日记中写道:

关于旅顺问题,宁可被俄国强权占领,而决不能以租借名义承认其权利。此不仅旅顺如此,无论外蒙、新疆或东三省被其武力占领不退,则我亦惟有以不承认、不签字以应之。盖弱国革命之过程中,既无实力,又无外援,不得不以信义与法纪为基础,而不能稍予以法律之根据。如此则我民族之大,凭借之厚,今日虽不能由余手而收复,深信将来后世子孙亦必有完成其领土、行政、主权之一日。要在吾人此时坚定革命信心,勿为外物胁诱,签订丧辱卖身契约,以贻害于民族,而得保留我国家独立、自主之光荣也。①

可见,蒋介石在维护国家主权和领土完整的问题上,是具有相当的战略远见和政治眼光的,这是值得充分肯定的。国民党政府至今仍不承认外蒙古,均皆出于此因。

对于与斯大林做交易的罗斯福,蒋介石也指斥其"卖华""侮华","畏强欺弱,以我中国为牺牲品之政策,实为其一生政治难涤之污点"②。罗斯福于4月12日逝世后,蒋介石则评价罗斯福是"姑息俄国,袒护中共;但不是强权主义之霸者。其对外政策也是自主而不受外人操纵"③。因此,蒋介石担心美国政府在罗斯福死后政策大变,受英国操纵。他在4月12日的日记中写道:"中、俄关系,因罗之死,更应审慎处之。"

---

①《蒋中正日记(1937—1945)》(光盘),1945年4月5日,台湾"国史馆"2015年版。
②《蒋中正日记(1937—1945)》(光盘),1945年4月5日,台湾"国史馆"2015年版。
③ 王俯民:《蒋介石详传》下册,中国广播电视出版社1993年版,第985页。

4月24日，赫尔利从苏联返回重庆，随即向蒋介石报告了一切。一方面，蒋介石感谢赫尔利的一片"好心"；另一方面，又感到中国的事情要请英、俄等外国同意，这是一种"耻辱"。他在4月25日的日记中写道：

赫尔利此次访英、俄征询其对华统一政策之同意，形式上虽皆赞成，而事实等于徒劳也。赫尔利用意甚美，且出于助我国之精诚，故为之深谅。但中国之独立统一、自由民主政治之建立，而烦友邦劳心，且征求英、俄同意，殊为我国耻辱。国不自主，人不自强，宇宙之大，其尚有为我民族生存之地耶？能不戒惧乎哉？

丘吉尔对香港交还中国问题，谓："誓死不愿"；又谓："美国对中国之政策，为一大幻想"云。——其蔑视我国盖如此也。①

从上可以看出，蒋介石有极强的民族主义精神。他深感大而弱的中国仍然受着美、英、苏等强权大国的欺凌，这无疑是国耻之辱，但他仍不妥协，仍以他固有的倔强性格和意志在这种"耻辱"中抗争，争取最好的前途。5月23日，蒋介石致电在美国的代理行政院院长宋子文，转告美国新任总统杜鲁门，要求其向斯大林说明："美国必须坚持其对远东一贯政策，使中国之领土、主权与行政完整不受损害，凡在华领土之内，不能有任何特权之设置也。"②

与此同时，蒋介石也利用《雅尔塔秘密协定》中关于"有关外蒙及上述港口铁路的协定尚须征得蒋介石委员长的同意。……苏联本身表示准备和中国国民政府签订一项中苏友好同盟协定"的条文，乘机向苏、美两国

---

① 王俯民：《蒋介石详传》下册，中国广播电视出版社1993年版，第985—986页。
② 秦孝仪主编：《中华民国重要史料初编——对日抗战时期》第三编，"中央"文物供应社1981年版，第547页。

发动外交攻势，企图扭转被动局面。

6月3日，蒋介石在重庆接见苏联驻华大使彼得洛夫，专门向他说明："本人希望苏联早日参加对日作战，希望苏联能帮助中国独立、行政与领土之完整，希望恢复东三省领土主权与行政独立。"[①]蒋介石向彼得洛夫表示，如果苏联帮助中国恢复东三省领土，中国将在东三省的铁路、商港等方面，给予苏联便利，苏方如有军港需要，亦可与苏方共用。但是，蒋介石也明确表示："我全国人民咸认不平等条约、领事裁判权及租界等事为国家的耻辱，一致痛恨，吾人为革命党人，自应注意人民之心理与要求，而期其要求之实现。"[②]蒋介石实际上是在给苏联一个明确的警示信号，苏联绝不要将新的不平等条约强加给中国。

6月6日，蒋介石指示宋子文，旅顺至少限度必须中俄共同使用，"若俄提归其独占，则我必须反对到底，决不许可也"。11日，蒋介石两电致宋子文，表示可以同意与苏联共同使用旅顺，但"租借"的名称"为我国之历史耻辱，今后不能再有此污点之发现。此点非坚持不可，否则所谓东北领土主权与行政仍不完整，仍非独立也"[③]。

6月12日，苏联驻华大使彼得洛夫会见蒋介石时，在通报了雅尔塔协定的有关内容后，并提出了缔结《中苏友好同盟条约》的五项前提条件：（1）恢复旅顺港的租借，建立苏联海军基地。（2）大连商港国际化，保障苏联原优越权利。（3）中东铁路和南满铁路由中苏合办，共同使用。（4）蒙古现状予以保持，蒙古人民共和国成为独立国家。（5）关于日本领土问题。

蒋介石坚决反对，但中国又没有这个力量，于是他寄希望于把美国、

---

① 秦孝仪主编：《中华民国重要史料初编——对日抗战时期》第三编，"中央"文物供应社1981年版，第549页。

② 秦孝仪主编：《中华民国重要史料初编——对日抗战时期》第三编，"中央"文物供应社1981年版，第550页。

③ 秦孝仪主编：《中华民国重要史料初编——对日抗战时期》第三编，"中央"文物供应社1981年版，第558页。

英国拉进来以遏制苏联,于是提出把旅顺成为中、苏、美、英四国共同使用的海军基地,并希望美、英也加入中苏谈判之中。

中苏签订《中苏友好同盟条约》的谈判,前后共分两个阶段进行,第一阶段是1945年6月30日开始,至7月13日结束,第二阶段是1945年8月7—14日。

6月27日,宋子文(行政院院长兼外交部部长)、蒋经国(陆军中将、青年军政治部主任和蒋介石委员长的私人代表)及外交部亚洲司司长卜道明等人赴莫斯科进行谈判。蒋介石之所以派蒋经国赴苏谈判,是对斯大林一种亲善友好的姿态,毕竟蒋经国不仅是蒋介石的长子,而且有在苏联工作学习10年的经历,精通俄文,比较了解苏联的风土人情。抵苏后,斯大林很快会见了宋子文、蒋经国等人,并明确宣称,中苏谈判必须以《雅尔塔协定》为根据,这是罗斯福总统签过字的。7月2日,中苏进入实质性谈判。苏联方面毫无顾忌地要求在满蒙享有利益和特权。宋子文无法说服斯大林,于是致电蒋介石请求指示。蒋介石于7月3日回电,表示反对,并指示蒋经国以私人身份去拜见斯大林,以转达自己的立场。

7月4日,蒋经国单独拜晤了斯大林,还是在克里姆林宫那个老办公室,一切如旧,略微有些变化的是"从前斯大林的书桌背后,是挂一张列宁站在坦克车上面,号召人民暴动的油画",现在则换上了彼得大帝的画像——斯大林想当彼得大帝的心境表露无遗!因为是第二次见面(1931年蒋经国曾经会晤过),稍作寒暄后,蒋经国直奔主题,坚决要求维护中国的主权,不同意外蒙古独立出去:

斯大林同志,您应当谅解,我们中国七年抗战,就是为了把失土收回来,今天日本还没有赶走,东北、台湾还没有收回,一切土地都在敌人手中,反而把这样大的一块土地割让出去,岂不失却了抗战的本意?我们的国民一定不会原谅我们，会说我们"出卖了国土"。在这样情形下，国民一定会起来反对政府，那我们就无法支持抗战，所以我们不同意外蒙古归并给苏联。①

斯大林听后，毫不客气地回敬道："你这段话很有道理，我不是不知道。不过，你要晓得，今天并不是我求你来帮忙，而是你要我来帮忙，倘使你本国有力量，自己可以打日本，我自然不会提出要求。今天，你没有这个力量，还要讲这些话，就等于废话！"

蒋经国追问："您为什么一定要坚持外蒙'独立'？"

斯大林直言不讳地回答："老实告诉你，我之所以要外蒙，完全是站在军事的战略观点而要这块地方的。"接着，斯大林拿出一张地图，指着说："倘使有一个军事力量从外蒙古向苏联进攻，西伯利亚铁路一被切断，俄国就完了。"

蒋经国反驳说："日本打败之后，它不会再起来；它再也不会有力量占领外蒙古，作为侵略苏联的根据地。你所顾虑从外蒙古进攻苏联的，日本以外，只有一个中国；但中国和你订立'友好条约'，三十年内，中国也不会打你们；即使中国要想攻击你们，也没有这个力量，你是明白的。"

斯大林立即批驳说："你这话说得不对。第一，你说日本打败后，就不会再来占领外蒙古打俄国，一时可能如此，但不会永久如此；尤其是像日本这个民族，更不会消灭。日本有可能5年以后就会起来。我非要把外蒙古拿过来不可！"②

此外，斯大林还对蒋经国说，中国如果统一起来了，比任何国家发展

---

① 蒋经国：《风雨中的宁静》，台北黎明文化事业股份有限公司1984年版，见江南：《蒋经国传》，中国友谊出版公司1984年版，第133页。

② 蒋经国：《风雨中的宁静》，台北黎明文化事业股份有限公司1984年版，转引自王俯民：《蒋介石详传》下册，中国广播电视出版社1993年版，第987—988页。

得都快，表示了他对中国以后强大的担心。同时，斯大林还认为美国有侵略苏联的野心。

蒋经国讲的是实情、真情，但外交从来就是国力特别是军事力量的较量，谈判从来也不是需要有多高的所谓艺术，关键是背后实力的支撑，所谓"弱国无外交"是也！斯大林讲的更富有战略远见，更是凭借强大军事实力的撑腰，当然有"铁腕"之称。

其间，宋子文抵苏后不久，曾与美国驻苏大使哈里曼交涉，希望美国支持中国而抵制苏联。但哈里曼明确表示："美国对旅顺问题态度，有特殊困难，因美国即拟永久占领日本附近海岛，无法拒绝苏联使用旅顺，故罗斯福总统有此让步，如果中国坚持旅顺管理权属中国，则苏联无从建筑炮台及其他军事设备，不能保障旅顺防卫之安全，彼认为中国提议后，必须让步。"[①] 很明显，美国偏向苏联，美、苏为尽快打败日本，不惜牺牲中国的领土主权利益。

苏联方面的强硬立场与美国的偏向暗中支持苏联，使国民政府陷入进退两难的境地。无奈之下，蒋介石于7月7日两次致电宋子文，拟以"东三省领土、主权及行政之完整"和"苏联今后不再支持中共与新疆匪乱"[②] 为交换条件，同意外蒙古以公民投票方式决定其归属。

7月11日，宋子文再次与斯大林会谈——

宋子文：关于外蒙问题，愿再向斯大林统帅陈述，此问题实为中国所不能解决之问题。

斯大林：何故？

---

① 秦孝仪主编：《中华民国重要史料初编——对日抗战时期》第三编，"中央"文物供应社1981年版，第608页。

② 秦孝仪主编：《中华民国重要史料初编——对日抗战时期》第三编，"中央"文物供应社1981年版，第596页。

宋子文：吾人素向人民宣言维持领土之完整，对于吾人不能向人民宣布之问题，阁下何以不能谅解我？

斯大林：蒙古人民不愿与中国共处，吾人基于同样理由，曾放弃芬兰与波兰，余深知中国之困难，但此种困难必须克服，吾人无法觅得其他途径。旅顺问题吾人业已让步，阁下对此问题亦应让步。[①]

斯大林与宋子文的会谈虽然整体上气氛比较缓和，但其态度一直很强硬。7月12日，宋子文致电蒋介石提出，仍尚有数问题须当面请求，拟在斯大林赴柏林苏美英三国会议期间返国一行，盼能寻求美国对中苏谈判的支持。7月14日，中苏谈判暂时休会，宋子文等启程回国，斯大林赴波茨坦参加会议。宋子文回国后的第一件事就是辞去外长之职，他深知下一步中苏谈判的艰辛，珍惜给他曾经带来荣耀的外长声誉，更担心承担"卖国"的骂名，改由洋博士王世杰接任。

7月19日，蒋介石通过赫尔利致电杜鲁门，并附上他给斯大林的电报全文，电文内容主要有三：

（1）为了中国的行政与军事统一起见，苏联不得给予中国共产党任何精神上或物质上的支援，任何对中国的支援只限于国民政府。

（2）尽可能支持中国平定新疆的叛乱。

（3）绝对尊重中国在东北地区的领土完整和主权。

结果，杜鲁门对此婉言拒绝，并催促蒋介石尽快叫宋子文返回莫斯科谈判，与苏联早日达成协议："……余望阁下设法使宋氏回返莫斯科，继续

---

① 秦孝仪主编：《中华民国重要史料初编——对日抗战时期》第三编，"中央"文物供应社1981年版，第586页。

努力以达到完全谅解。"①

蒋介石于同一天（19日）召见苏联驻华大使彼得洛夫，再次强调："外蒙独立，则于我国牺牲极大，苏联必须同时协助我东三省领土、主权与行政完整及解决国内共产党的问题，和新疆变乱的解决。必须这三点做到，我才可排除一切，解决外蒙问题。"②7月28日，美国国务卿贝尔纳斯又电催国民政府迅速派员赴莫斯科继续谈判，其潜台词是要中国尽快答应斯大林的要求。

8月6日，美国抢在苏联出兵东北之前向广岛投掷了一颗原子弹，这已大大降低了苏联出兵对日作战的作用。斯大林眼看抗日战争的胜利果实可能全部落在美国人手里，于是不等中苏双方因中国主权问题而僵持的《中苏友好同盟条约》谈出结果，便匆忙下令苏联红军出兵中国东北迅速向关东军发起进攻，对日宣战。8月8日下午5时，莫洛托夫召见日本驻苏大使佐藤尚武，交给他一份苏联对日宣战书，宣布参加《波茨坦公告》，并当面宣布，苏联从8月9日起同日本处于战争状态。此前，斯大林一再宣称："苏联出兵的具体日期要视中苏谈判的结果而定。"③而现在呢，谈判结果未出，而苏联的对日作战行动已开始，目的是企图谋取战后的远东利益。

此时，远东的局势完全彻底明朗化。蒋介石和国民政府别无选择，斯大林对重返莫斯科谈判的宋子文柔中带刚，最后还用威胁的口吻对他说："中国政府最好赶快达成协议，要不然，中国共产党的军队就会进入满洲了。"④无奈，8月14日，国民政府外交部部长王世杰与苏联外交人民委员莫洛托夫在莫斯科签订《中苏友好同盟条约》：中国政府承认外蒙古独立（在

---

① 王永祥：《雅尔塔密约与中苏日苏关系》，台北东大图书公司2003年版，第169页。

② 秦孝仪主编：《中华民国重要史料初编——对日抗战时期》第三编，"中央"文物供应社1981年版，第637页。

③ 小查尔斯·米：《在波茨坦的会晤》，生活·读书·新知三联书店1978年版，第216页。

④ 郭荣赵：《美国雅尔塔密约与中国》，台北水牛图书出版事业有限公司1967年版，见江南：《蒋经国传》，中国友谊出版公司1984年版，第131页。

外蒙古举行公民投票选择合还是分）；大连辟为自由港，行政权属于中国，苏联30年无偿租用所有港口工事及设备的一半；旅顺口海军基地共同使用，民事、行政权属于中国旅顺政府，苏联在规定地区内有权驻扎陆海空军；中东铁路和南满铁路合并为中国长春铁路，主权属中国，由中苏两国共同经营；由苏联境内到旅大往返的货物30年免征关税。在《中苏友好同盟条约》所附照会中，苏联政府承认："东三省为中国之一部分，对中国在东三省之充分主权重申尊重，并对其领土与行政之完整重申承认。"[①]在条约中总算避免了如清朝中英条约中出现的且为蒋介石十分忌讳的"租借地"一词。

作为谈判签约的参与者国民政府外交部亚洲司司长卜道明，在后来的回忆录中道出了蒋介石和国民政府的两难选择：如还不签约，"美国将因我拒绝了《雅尔塔协定》，未与苏俄成立条约，对我不予援助；而对苏俄，则因《雅尔塔协定》的存在，反而有支持苏俄实现其全部要求的义务。我国在国际上的孤立，将预定我之交涉失败。不仅如此，苏俄势必利用我之孤立状态，根据《雅尔塔协定》笼统的规定，乘势更进一步的分裂中国领土。在东北、内蒙古、华北及新疆等地建立傀儡政权，因此而造成更混乱的局势，那时中国要驱逐苏军出境，收拾混乱局势，除使用自己武力外，别无其他有效途径。而我在东北当时既无一兵一卒，抗战八年后的中国，亦无力对苏作战，也是明显的事实。反之，我国若与苏俄预先签订一项条约，用条约来限制《雅尔塔协定》的流弊，约束苏俄的侵略行动，并对日后苏俄可能违约的行动预先把握一种提出交涉的政治立场，那时我们不仅进退有所依据，而且美国对中苏间可能发生的纠纷亦不能坐视无睹，而应根据

---

① 秦孝仪主编：《中华民国重要史料初编——对日抗战时期》第三编，"中央"文物供应社1981年版，第656页。

道义与公理的立场予我以声援"①。历史证明，卜道明的"理由"实在是阿Q式的自慰——美国只是想利用国民党政府，不愿失去一个亲美的中国政府以对抗苏联罢了。

蒋介石在八年全国抗战期间收复包括东北、台湾在内的所有失地，都坚持了维护国家主权和领土完整这一基本立场，并为此进行了艰辛的外交努力，只是由于当时的中国还是一个大而弱的国家，中国虽然已跻身于"四强"，但也只是"四强"中的一个小兄弟而已，国力和军力等都无法与美、英、苏三大国相比肩。国民政府自身无力全歼日军，不得不借助盟国的力量，而其结果则是付出了巨大代价。历史一再告诉人们，在国际外交舞台上，从来都是实力说了算，正如拿破仑所说"胜利总是偏向大炮这一边"。真理、正义和一切法律条约等，在大炮面前都显得苍白无力。

三、恩威并重，力阻英国染指西藏，严防新疆分裂

（一）力阻英国染指西藏

西藏历来一直是中国领土不可分割的一部分，地处我国西南边疆、青藏高原西南部。古为羌、戎地，唐、宋时期为吐蕃地，元朝时为宣政院辖地乌思藏、纳里，速古鲁孙等三路宣慰使地，明朝设乌思藏、朵甘二都指挥司，清朝分前藏、后藏、康、阿里四部，总称西藏，总面积120多万平方公里。

进入近代以来，随着英帝国主义对中国侵略的不断加剧，特别是1904年荣赫鹏率军入侵拉萨之后，中国在西藏的主权受到了严重的威胁，英国多次鼓动西藏脱离中国"独立"。辛亥革命后，在中国政府的坚决抵制下，英国的图谋最终未能实现。1927年南京政府成立后，设置了藏蒙委员会，

---

① 江南：《蒋经国传》，中国友谊出版公司1984年版，第131—132页。

第13世达赖喇嘛采取了亲中央政府的政策，英国在西藏的侵略与扩张暂时受挫。

1937年7月全国性抗战爆发后，英国政府利用中国处于全面抗战的困难处境下，出于其老殖民主义利益的需要，再度加紧对西藏的侵略。1940年，国民政府派吴忠信进西藏主持第14世达赖喇嘛坐床典礼，并在拉萨设立国民政府蒙藏委员会驻西藏办事处。然而，英国遂派驻锡金政务长官古德前往拉萨，策动西藏地方政府中的亲英分子对抗以热振为首的爱国人士。亲英分子大肆造谣生事，煽风点火，攻击热振"引进中央势力，将要剥夺贵族的地位利益"等，迫使热振于1941年1月暂时离职，将摄政一职交给亲英的达扎活佛代理，使西藏问题矛盾复杂化，与国民政府的对立进一步加剧。

1940年夏，英国对日的绥靖政策益加严重，迫于日本的压力关闭了中国唯一的国际运输线——滇缅公路，使援助中国抗战的物资供应陷入困境。为此，中国政府计划修筑一条由西藏地方政府控制下的西康—西藏—盐井、察隅—印度东北边城萨地亚的中印公路，用来运送战略物资，以加强中国的抗战。但是，英国政府以所谓"作为事实上独立的缓冲区并且与英国和印度有着密切联系的西藏的地位就会受到损害"为由——说穿了，就是不利于英国策动和支持所谓"西藏独立"，从而坚决反对中国修筑这条公路。

1942年6月，英国就援华物资假道西藏问题，提议中英两国政府联合发表一个所谓"公开尊重西藏自治的声明"，这当即遭到中国的断然拒绝。7月6日，西藏地方政府在英国唆使下公然宣布成立"外交局"，俨然以独立国家自居，公开与国民政府对抗。对此，蒋介石采取了恩威并重的策略：一方面，紧急召见西藏地方政府驻重庆的代表罗桑扎喜，要求其深明大义，不再阻拦康印公路的修筑；另一方面，则加紧调动部署驻青海的马步芳和马步青部、西康的刘文辉部和云南的军队迅速向西藏边境开进，给西藏地方政府以军事威慑。

1943年5月20日，美英中在华盛顿举行太平洋作战会议，英国首相丘吉尔在发言中公然称"西藏是独立国家"，引起与会中国官员的愤慨。外交部部长宋子文当即向丘吉尔严正指出："西藏并非首相所谓独立国家，中英间历次所订条约，皆承认西藏为中国主权所有。"5月22日，当蒋介石获知丘吉尔的发言后即致电宋子文，要求他坚决反对丘吉尔的错误言论，电文称："丘吉尔称西藏为独立国家，将我国领土与主权完全抹杀，侮辱实甚。不料英国竟有如此言论，殊为联合国之羞辱。应向罗总统问其对丘吉尔言论作何感想及如何处置。西藏为中国领土，藏事为中国内政。今丘相如此出言，无异干涉中国内政，是即首先破坏大西洋宪章，中国对此不能视为普通常事，必坚决反对。"[1]5月23日，蒋介石又致电宋子文，要求他向罗斯福总统作"严重表示"。5月24日，蒋介石再致电宋子文称："西藏问题不能轻视……问题严重到如若中国不能得到平等对待，以后和英国的交涉很有可能皆以此为失败的起点。"[2]

蒋介石高度重视西藏问题，非常愤慨丘吉尔关于"西藏是独立国家"的讲话，也因此引起罗斯福的关注，并专门找丘吉尔谈过一次话。

　　罗斯福问丘吉尔："何以提西藏问题？"

　　丘吉尔答："英国并无占领西藏之企图。"

　　罗斯福又问："西藏乃中国帝制时代之一部分，现乃民国一部分与英国无涉。"

　　丘吉尔答："中国政府在西藏无实权。"

---

① 《宋子文驻美时期电报选（1940—1943）》，复旦大学出版社2008年版，第191页，转引自张祖檀：《蒋介石与战时外交研究（1931—1945）》，浙江大学出版社2013年版，第181页。

② 《宋子文驻美时期电报选（1940—1943）》，复旦大学出版社2008年版，第192页，转引自张祖檀：《蒋介石与战时外交研究（1931—1945）》，浙江大学出版社2013年版，第181页。

罗斯福反问："中国政府无实权，与英国何涉？"①

丘吉尔被罗斯福问得无言以对。国民政府在西藏问题上丝毫不作任何让步，宣称："中国方面不接受英方对西藏的任何交涉。"

面对国民政府和蒋介石对西藏主权的坚定立场，英国战时内阁才不得不作出了妥协姿态。1943年7月7日，英国内阁通过《有条件承认中国对西藏宗主权的决议》，但仍然贼心不死，企图用宗主权代替回避主权，声称："假如中国人试图搅乱西藏的自治，我们将会考虑撤销我们对中国宗主权的承认。对中国宗主权的任何无条件承认，都会削弱英国政府保护西藏自治区的立场。"②英国还曾三次企图寻找美国政府的支持，但此时的美国政府急于需要中国政府对其"先欧后亚"大战略的支持，在东方有力地抗击和牵制日军，故明确表示反对英国的殖民政策，声明"美国政府始终考虑到这一事实，即中国政府一直声明对西藏拥有宗主权，中国宪法也把西藏列为中华民国的领土范围之内。对此，美国政府从未提出过疑问"③。自此，英国对西藏侵略的野心也逐渐收敛。

1944年冬，世界反法西斯战争形势出现重大转折，德、日法西斯的灭亡指日可待，中国的国际地位日趋上升。11月7日，国民政府外交部召开"藏案会议"，达成几点共识，包括进一步推动中国内地与西藏的经贸、政治和宗教联系，更积极地在政治、外交和宗教层面上拉拢尼泊尔、不丹和锡金，暗中鼓动这三个国家在战后脱离英帝国的殖民地势力范围，追求真正的独立自主。④随后，蒋介石派侍从官第四秘书沈宗濂为新任驻西藏办事

---

①《宋子文驻美时期电报选（1940—1943）》，复旦大学出版社2008年版，第194—195页，转引自张祖龑：《蒋介石与战时外交研究（1931—1945）》，浙江大学出版社2013年版，第181页。

② 张祖龑：《蒋介石与战时外交研究（1931—1945）》，浙江大学出版社2013年版，第181页。

③《美国务院致英国大使馆备忘录》（1943年5月15日），引自吴景平：《美国外交档案中有关中美英三国交涉西藏问题的史料选择》，见《抗日战争研究》1994年第1期，第163页。

④ 林孝庭：《二战时期中英关系再探讨：以南亚问题为中心》，《近代史研究》2005年第4期，第54页。

处处长，以求西藏地方政府完全归顺中央政府，并明确指示：（1）宣扬中央的实力和统一中国的决心。（2）强调中央政府对藏民的一贯友善和尊重态度，指出只有加强同内地联系并与之结成一体，西藏才有光明的前途。（3）要求西藏方面同意中央派员勘察修筑康藏公路，迅速打开西藏与内地交通隔绝的局面。（4）加强双方间的友好合作。沈宗濂抵达西藏后，采取政治宗教攻心、经济援助和广交朋友的方法，迅速打开了局面。

抗日战争胜利后，国民政府在外交上利用在联合国的"四强"之一地位，支持印度独立，同时与印度签订协定，要其承认西藏是中国的一部分。

1946年春，西藏地方政府派出代表到南京庆祝抗战胜利，至此西藏问题得到较好解决。

（二）严防盛世才分裂新疆

新疆地处中国西北边陲，古代称西域，汉朝属西域都护，唐朝设北庭都护府和安西都护府，元朝设别失八里等行省，清朝置新疆省，面积160多万平方公里，有维吾尔、汉、哈萨克、回、柯尔克孜、蒙古、东乡、塔吉克、锡伯、满、土家、乌孜别克、俄罗斯等民族。

辛亥革命后，新疆在名义上已经"归附民国"，但由于国家政局动荡，长期军阀混战，加之地理遥远，交通阻碍不便，新疆实际上处于半独立状态。1933年四月政变后，盛世才任新疆边防督办，盛世才在苏联军事力量的支持下统一了新疆，公开宣布实行亲苏政策，邀请苏联派一个加强团的兵力驻守新疆东部门户哈密。蒋介石曾试图消除新疆长期以来的半独立状态，废除督办制，改为军事委员会制，但因遭到盛世才的抵制未果。苏联红军驻扎在哈密，名义上是为了保卫苏联中亚加盟共和国的安全，实际上是为了增强盛世才抗拒蒋介石的力量，也是为了加强苏联对新疆的控制。

全面抗战爆发后，苏联是唯一支持中国抗战的大国，美国、英国对中国抗战采取绥靖政策，所以盛世才的亲苏政策得到了蒋介石的允许。1937

年11月，王明、康生等从苏联回国途中路经新疆时，盛世才主动要求加入中国共产党，虽然由于斯大林的反对，盛世才的入党要求没有如愿，但却受到中国共产党人的欢迎。陈潭秋、邓发等中共领导人被安排在新疆省政府中工作，毛泽东的弟弟毛泽民还任盛世才的"私人顾问和助手"，共产党与盛世才的统战关系一时颇为良好。

1938年9月，盛世才访问苏联时秘密加入苏联共产党。盛世才此举进一步表明了自己亲苏疏蒋的内心热情，但其真实的意图是想借苏联这一大靠山，在新疆搞独立王国，并非他真正接受了共产主义信仰。对苏联来说，吸收盛世才入党意味着新疆是其不可侵犯的势力范围。1940年11月26日，盛世才与苏联签订了为期50年的《新疆苏联租借条约》，该条约严重侵犯了中国主权。这是盛世才公开想把新疆独立出去的明确信号。1941年1月，盛世才还向苏联提议：新疆脱离中国，建立苏维埃共和国并加盟苏联。因为，在当时的国际环境下，苏联为防止面临东（日本曾多次侵犯苏联）西（希特勒图谋进攻苏联的形势日趋严重）两线作战的危险，特别需要与中国维持中苏同盟关系，所以没有接受盛世才的提议，但新疆脱离中国的危险却一直存在。

1941年6月22日，希特勒德国进攻苏联，苏德战争爆发。战争之初，德军凭借其突然袭击、武器装备占有优势、军队预先集结并具有较丰富的作战经验等因素，利用苏联判断失误、思想麻痹、戒备不足等弱点，一举突破苏军防御，3个星期即在苏联境内西北方向推进400～450公里，接近列宁格勒。苏军仓促应战，西部防御迅速崩溃，部队节节败退。此时的盛世才非常担心苏联的生死存亡与斯大林将来能否帮助他，遂转向蒋介石的支持，以防万一。蒋介石也一直关注苏德战争的发展进程以及苏联在新疆势力的增长情况。蒋介石抓住苏德战争爆发的契机，于1941年秋派国民政府蒙藏委员会委员长吴忠信赴甘肃、宁夏、青海等省考察，并利用马步芳与马步青兄弟的矛盾，成功地将国民党中央军进驻陇西以控制河西走廊，为进入新疆开辟了通道。

1942年3月，盛世才为了表示自己是衷心拥护蒋介石，不惜制造他弟弟盛世骐被"共产党暗杀的"所谓血案，在新疆掀起反共高潮，以坚决反共的立场向蒋介石效忠。在近半年的时间里，盛世才借此清洗了600多人。中共驻新疆领导人陈潭秋、毛泽民、林基路等共产党人被捕并被杀害。蒋介石在新疆反共的阴谋企图得以实现。随后，蒋介石派人赴迪化向盛世才提出谈判条件，中央政府拟派3个师进驻新疆。5月，第八战区（辖甘、青、宁诸省）司令长官朱绍良等带着蒋介石"不追究盛世才以前联共的过失"的许诺，赴迪化与盛世才谈判，并承诺保证不危及盛世才个人在新疆的权力和地位。8月29日，蒋介石又派宋美龄、朱绍良、吴忠信等携带他的亲笔信飞往迪化，会晤盛世才以"慰问"，并传达蒋介石的三点指示：（1）国民政府委派外交特派员，将外交权收归中央，使苏联在新疆的外交事务步入正轨；（2）肃清新疆的共产党；（3）中央军由兰州进驻安西、玉门，控制哈密的苏军，让后者撤离新疆。10月，盛世才下令要求苏军立即从新疆撤军。与此同时，蒋介石对新疆省党务特派员、教育厅厅长和省政府秘书长等人选作出规定，要求均由国民政府任命。

蒋介石对新疆行政主权回归国民政府统辖颇感自豪。1942年12月31日，蒋介石在一年总结反省中认为："新疆省主席兼督办盛世才于7月间公开反正，归顺中央，河西走廊马步青军队亦完全撤回青海。于是，兰州以西直达伊犁直径3000公里之领土（古代亚欧主要交通路线所经过之地区）全部收复，此为国民政府自成立以来最大之成功，其面积实倍于东北三省也。"[1]1943年秋，盛世才赴重庆面见蒋介石，提出如果能在中国其他地方

① 何虎生：《蒋介石大传》下，华文出版社2007年版，第546页。

任重要职务，他可以离开新疆。为了增加与蒋介石讨价还价的筹码，盛世才于1944年4月、8月先后制造两起将国民党官员投入监狱的事件，并指控乌鲁木齐的国民党官员"阴谋推翻新疆省政府"，云云。蒋介石再次派遣朱绍良进疆，以军事威胁与政治安抚两手，终于说服盛世才离开新疆，接受出任国民政府中央农林部部长的任命。8月29日，国民政府下令撤销新疆边防督办公署，任命吴忠信为新疆省政府主席，所有驻新疆部队归国民政府军事委员会直辖。9月，盛世才赴重庆任国民政府农林部部长一职，从而结束了其在新疆的军阀统治。国民政府实现了对新疆的政治统一目标。

蒋介石与史迪威的恩怨和中美关系的演变

史迪威事件是抗日战争期间中美关系中的一件大事。作为中国战区参谋长,史迪威与中国战区最高统帅蒋介石之间存在职权与任务分工的矛盾;第一次入缅援英作战的失利,就埋下了史迪威与蒋介石的矛盾;蒋介石与史迪威控制美国援华物资分配权十分不满,而史迪威的亲共产党主张(如史迪威提出用援华军事物资武装共产党军队5个师)更加深了蒋介石与史迪威的矛盾和分歧;赫尔利使华后改变了美国由原来的联共抗日转变为扶蒋反共政策,中美关系起了重大变化。

史迪威事件,是抗日战争期间中美关系上的一件大事。它原由史迪威与蒋介石个人之间的矛盾逐渐发展到中美关系的冲突,而后带来的则是美国对华关系的重大转变——从太平洋战争初期的扶蒋联共抗日发展为抗日战争后期的扶蒋反共。研究这一事件的最初起因、演变及其间的激荡风波,非常有助于了解中美关系的历史曲折变化。

一、史迪威来华的职权与任务:战区最高司令与参谋长之间的矛盾

1941年12月8日太平洋战争爆发后,中国抗日战争的地位迅速上升,由原来的独立抗击日本帝国主义变为与美、英、苏盟国共同抗击。1942年元旦,由美、英、苏、中领衔的二十六国共同在华盛顿发表《联合国家宣言》,规定:"加盟诸国应尽其兵力资源以打击共同之敌人,且不得与任何

敌人单独媾和。"这标志着世界反法西斯统一战线的正式形成。自此，中国成为世界"四强"之一。罗斯福提议成立包括越南、泰国在内的中国战区，由蒋介石出任中国战区盟军最高统帅，并在蒋介石的领导下，成立一个由中美英三国政府代表组成的联合计划作战参谋部。

美国在太平洋战争爆发后，对华政策由原先的对日妥协、不干涉政策，迅速调整为积极援助中国抗击日本，其基本方针为："第一是有效地进行战争。第二是为了准备一个战后国际组织以及建立东方的稳定和繁荣，承认并促使中国成为一个与西方三大国俄国、英国和美国具有同等地位的主要大国。"①从这一立场出发，美国执行积极支持中国抗战的政策，希望中国继续坚持抗战，利用中国军队消耗和牵制日本陆军主力，以防日军向太平洋及东南亚进攻，并把中国战场作为将来反攻日本的战略基地，以减轻美国在太平洋战场的压力。为此，罗斯福政府在经济、军事和政治上先后采取了一系列援助中国的措施。1942年2月，美国国会批准向中国政府提供5亿美元的贷款。6月，又根据《租借法案》签订了《中美互助协定》，加大了对中国的军事援助。在滇缅公路被日军截断后，美国又开辟了一条从印度东北飞越喜马拉雅山到昆明的"驼峰"援华运输线。罗斯福向中国保证，不管仰光是否失守，不管从印度经缅甸到中国的陆路运输线能否保持开放，这条空运线一定要维持，以使物资源源不断地运到中国。②

1942年1月3日，蒋介石正式就任中国战区最高统帅。此后，蒋介石随即致电在美国的宋子文，请求罗斯福指定一名高级将领来华担任中国战区统帅部参谋长。1月14日，美军参谋总长马歇尔向罗斯福推荐了史迪威，获得批准。1月29日，美国陆军部发表史迪威为中国战区统帅部参谋长的任命。

①《赫尔回忆录》第2卷，麦克米伦公司1948年版，第1583页。
② 迈克尔·沙勒:《美国十字军在中国(1938—1945)》，商务印书馆1982年版，第99页。

需要指出的是，在挑选中国战区参谋长人选问题上，其间还出现一段小插曲。原先，宋子文曾对美国陆军部建议：派往中国去的参谋长不必是远东问题专家，如果所派的人对中国知道太多，反而会使他不知所措。①美国当局当然明白宋子文的意思：只要美国派一个催促美援、在中国的授意下盖橡皮图章的顾问——蒋介石决不欢迎美国派一个对中国军队有指挥实权的人当他的参谋长。

但是，美国陆军参谋长马歇尔和陆军部部长史汀生却生怕中国大量无谓地消耗美国的资源，他们从美国的国家利益出发，"美国在这一地区的政策的目的是使中国继续对日作战，因此要加强它，使它能够迫使日本入侵者付出不断提高的代价"。对美国的战略利益来说，提供对华援助是"异常低廉的代价"。所以，马歇尔和史汀生一致认为，应该派一个知晓中国、能够有助于中国军事改革的人去当参谋长。结果，他们首先选择了休·德鲁姆中将，但他干脆拒绝。马歇尔又选择了约瑟夫·史迪威中将。

从中国战区参谋长人选一事可以想见，中美不同的战略利益需求，已经埋下了矛盾冲突的种子。

史迪威，1883年出生于加利福尼亚州，比蒋介石大4岁。1904年毕业于西点军校，后参加过第一次世界大战时短暂的欧洲战争。1911年首次来华，1921年任驻华使馆少校随员，在北京学习汉语。1926年在天津驻华美军中服务，1935年7月任美国驻华使馆陆军武官，在抗战初期实地考察过中国抗日战争。1939年8月离任回国，后被任命为美国陆军第3旅旅长。1942年1月，晋升为中将，出任中缅（甸）印（度）战区美军司令，并根据中美协议兼任中国战区最高统帅蒋介石的参谋长。1月14日，史汀生告知史迪威出任中国战区参谋长，要他负责保护滇缅公路和撮合中国各派力量

① 迈克尔·沙勒：《美国十字军在中国（1938—1945）》，商务印书馆1982年版，第99页。

共同抗日，指挥盟军抗击日军入侵缅甸。史迪威则要求自己应该有对美、英、中三国军队的指挥全权。马歇尔则告诉史迪威说：尽可能支持他。

史迪威赴任前夕，美国陆军部对史迪威的职权作了界定：一、办理所有在中国的美军援华事宜。二、在蒋介石统辖下，指挥所有在华之美国军队，以及蒋介石自愿交与指挥某部中国军队，如遇此项军队有在缅甸参加作战之必要时，其作战总计划应受魏菲尔的指示，但实行作战则由美军官指挥。三、代表美国参加在华一切国际军事会议。四、维持及管理中国境内滇缅公路运输。①其中一、三、四条的规定非常明确，但第二条却显得繁杂费解，比如该军官首先要隶属蒋介石的管辖，然后指挥在华所有的美军，又接受蒋介石"自愿交与"的部分中国军队，而在缅甸战场还要向英军此战区最高司令官请示，但实际战斗行动仍由美军军官自行决定。如此烦琐的条文，为今后的史迪威与蒋介石及英军发生矛盾冲突埋下了导火线——除非美国派往中国的这位参谋长唯唯诺诺，毫无主见，一切言听计从。

恰恰相反，史迪威的性格有三个特点：一是狂妄自大。他给所有的上级领导都取了带有嘲讽意味的绰号，比如他把罗斯福总统奚落为"橡皮脚"，而罗斯福的私人顾问霍普金斯被史迪威描述为"一个不可思议的、侏儒式的家伙"②。他来中国后，给蒋介石取绰号"花生米"，称宋美龄为"皇后夫人"③。二是情绪偏激，有时反复无常。如他对杜聿明等国民党高级将领大加赞誉，有时也因他们反对执行命令而破口大骂，言行举止粗暴异常。三是史迪威对中国人的文化性格太缺乏了解，用美国人的思维方式来对待中国人，如同打仗，他只讲进攻，不会退却，特别是对待像蒋介石这样性格倔强、权力欲望极强、不容丝毫动摇的人。单从性格方面讲，史迪威与

① 秦孝仪主编：《中华民国重要史料初编——对日抗战时期》第三编，"中央"文物供应社1981年版，第109—110页。
② 《史迪威日记》，世界知识出版社1992年版，第36页。
③ 张祖冀：《蒋介石与战时外交研究（1931—1945）》，浙江大学出版社2013年版，第314页。

蒋介石的矛盾也必然会发生，况且还涉及国家利益层面上的问题。

与美国陆军部授予史迪威在中国的权限有很大区别，蒋介石将史迪威在中国的职权拟定为：

一、拟定联合参谋部工作实施计划。二、随时向统帅呈报敌情及联合作战部队之配置、装备、军纪、补给等一般事项。三、随时判断本战区暨全般情况之演变，以备咨询。四、在统帅其他决定后，应即提出实施方案，制成计划命令，呈由统帅核署后，下达之。五、检查下达各部分之命令是否适时到达与执行。六、构成并维持与所属联合作战部队、友军，以及有关机关之联络。七、每一会战结局，对参战部队实行命令之程度及其所得之战果如何，负考核厘定功过之责。八、其他琐细事务，得自行依照统帅之企图而处理之。[①]

从上可见，蒋介石给史迪威规定的职权只是一个参谋的权力，一切都得"依照统帅之企图"而行动，与美国政府给他的职权相去甚远。本来，蒋介石要求美国派一名高级将领做自己的参谋长，真实的目的就是希望获得更多的美援，装备自己的军队，一是有利于抗击日军，减少自身伤亡；二是有利于巩固自己的统治地位，军队实乃是蒋介石的命根子。

对于权力欲极强而又说一不二的蒋介石来说，史迪威对他的称呼如有不满，也有可能引起蒋介石生气，甚至愤怒。比如，史迪威在写给蒋介石的报告、备忘录时所署职衔或语气，通常均署"美国陆军中将"，引起中国将领的不满。1943年9月21日，史迪威在给蒋介石的意见书末改署"中国战区参谋长"，蒋介石看后心中甚为不快，当天日记云："书中仍有不逊之

---

① 秦孝仪主编：《中华民国重要史料初编——对日抗战时期》第三编，"中央"文物供应社1981年版，第575—576页。

言，此种恣睢态度，殊令人难受，隐痛已极！"①蒋介石要求史迪威像国民党军那些高级将领那样对他吹捧恭维，那是绝对不可能的，这应属中美两种文化观念的不同。

二、入缅援英作战的失利与史迪威和蒋介石在职权上的分歧

史迪威来中国之初，蒋介石对史迪威来华持欢迎态度。1942年3月6日，蒋介石夫妇接见了初抵重庆的史迪威。蒋介石对美国派遣人员显得非常重视，接见当天二人相谈甚欢。而史迪威对蒋介石也并未心生厌恶，相反，他对中国的抗战表示了赞赏。他在给蒋介石的电报中热情洋溢地称赞说："中国英勇抗战已达5年，兹代表美国政府、人民及军队敬致钦仰之忱。美国及其政府历来努力，皆以加强及持续美国之传统亲华政策为目的。吾两国彼此互赖，尤以今日为最。今日中美两国人民共同为全世界人民抵抗暴力与侵略……中国之五年抗战，为一切自由人类历史上最可宝贵之一页。"②熟知汉语、了解中国情况，而且对中国抗战充满同情又有丰富的军事才干的史迪威，成为美国派遣驻华的高级将领，也就成为必然了。

但是，随着史迪威来华时间的延长，在史迪威的指挥权限和统率中国军队问题上，随即与蒋介石发生了严重的冲突与矛盾。

1942年1月20日，日本第15军越过泰缅边境线，侵入缅甸。日本发动侵缅战争，其战略企图有二，一是打击英军，二是切断中国的国际交通线以封锁中国，从西线方向对中国施加军事压力。早在1941年冬，国民政府军事委员会已组建中国远征军，随时准备入缅作战。蒋介石自太平洋战争爆发后就把缅甸战场看成是中国抗日战争与整个太平洋战争的一个枢纽，并向英国表示愿意派遣2个军的兵力赴缅作战。但是，英国代表魏菲尔却打

①《蒋中正日记（1937—1945）》（光盘），1943年9月21日，台湾"国史馆"2015年版。
② 张祖羲：《蒋介石与战时外交研究（1931—1945）》，浙江大学出版社2013年版，第301页。

肿脸来充胖子，说："如由贵国军队解放缅甸，实在是英国人的耻辱，我们只要请贵国能惠拨借美援物资就可以了。英国在中国的威信已经够低的了。……如果承认没有中国的援助就守不住缅甸，那么英国的威信将进一步下降。"①英国人仍用老殖民地思维来看待中国在抗日战争中地位的上升，英国担心中国大国地位的上升会威胁英国在远东的殖民利益。但在日军凌厉的攻势下，英国缅甸军总司令胡敦深感形势严峻，终于1月23日直接向中国求援。2月16日，仰光告急。此时，英方才同意中国远征军入缅援助英方作战。蒋介石任命杜聿明任代理中国远征军司令长官率部入缅作战。中国远征军第一路军（司令卫立煌未到任，后改派罗卓英，副司令杜聿明代行司令职权），下辖杜聿明的第5军（辖第200师、第96师、新编第22师）、甘丽初的第6军（辖第49师、第93师、暂编第55师）和张轸的第66军（辖新编第28、第29、第38师），总兵力10万余人。

3月2日，蒋介石偕军令部部长林蔚等飞抵缅甸腊戌，指导缅甸军事部署问题。蒋介石先后会见了西南太平洋盟军总司令马歇尔、英军指挥官魏菲尔、史迪威和缅甸总督等人。当时，蒋介石渴望与英军协同在缅甸南部与日军决战，争取打垮日军保卫仰光。魏菲尔还请求蒋介石派第5军进入缅甸东瓜地区，商讨英军坚守仰光。3月3日，蒋介石在腊戌召集杜聿明、甘丽初等高级将领商讨缅甸作战方针问题，并特别强调第一次出国作战的重要意义。他指出："我军此次在国外作战，可胜不可败。故在未战之前，应十分谨慎。"3月6日，史迪威在与蒋介石谈话后认为，蒋介石"看来他渴望战斗，对英军不断后撤、半死不活的状态感到厌倦"。中国远征军总预备队第66军新编第28、第29师，正由国内分批向腊戌运送中。同日，英方通知中方已将英缅军第1师、英印军第17师、英装甲第7旅合编为英缅第

---

① 何虎生：《蒋介石大传》上，华文出版社2007年版，第444页。

一军，由斯利姆中将任军长，负责伊洛瓦底江方面的作战。

然而，由于"弃缅保印"战略使然，英方根本无意在缅甸与日军决战，加上英缅军的消极悲观，就在中国远征军出动途中，英军不堪一击，仰光已于3月8日陷入敌手，缅甸出海口事实上已被封闭。同时，英国军队在东南亚战场，处于全面溃败，日军控制了南太平洋，其海军可以顺利出入缅甸南部海域。从1941年12月18日日军侵占香港，25日英军及总督向日军投降。1942年1月31日，马来西亚沦陷。2月5日，日军向新加坡、荷印、缅甸发起总攻。15日，新加坡英军6万人停止抵抗，向日军投降。

日军在东南亚风卷残云的凌厉进攻，给中国抗战带来巨大的压力，但英美盟军的一败涂地，又突现出中国人民的抗日战争蕴藏着无与伦比的潜力和荣耀，已苦苦支撑了5年的岁月，却还派出精锐之师与盟军对日作战，这使美英盟国刮目相看。

英军在缅甸的不堪一击，使蒋介石立即调整中国远征军在缅甸的作战计划。史迪威抵达腊戍后，对中国远征军设防的东吁、东枝、曼德勒和腊戍等地进行了视察，随后于3月18日飞返重庆，向蒋介石建议远征军主力应该尽量南下，集结于南线的东吁，以便乘日军兵力分散之机，举行反攻，收复仰光。史迪威认为，仰光是中美的生命线，因为它是美国援华物资的转运站，一旦仰光失陷，供应线即被切断。所以，他在入缅之后，随即迅速拟订收复仰光的计划。

但是，蒋介石不同意，他认为东吁一线已经有第200师设防，主力应集中在中部城市曼德勒，称"我在缅甸作战，应切记两大纲要，第一，应选择与敌最后决战之场所，此场所应在曼德勒以南之近郊。第二，应固守曼德勒。此次在异邦作战，余至感关切，盖危机有二：第一，当地民众倾向敌人，对我并无好感。第二，缺少统一指挥。历史上之联军，因指挥不统一而失败者数见不鲜。……故彼等绝对不能有挫折，苟有挫折，其影响将为整个中国不可挽救之损失。……我入缅部队作战时，不应信赖英方的援助，此余所以主张将第5军之两个师驻守曼德勒"①。蒋介石根本不同意史迪威将中国军队集结缅南的做法。史迪威对蒋介石坚持自己的意见也十分不满，他在当天的日记里写道，他与蒋的谈话为"激烈的争论"②。只要蒋介石提出一个论点，史迪威便加以反驳，反复纠缠于指挥权的问题。蒋介石在日记中批评史迪威"无作战经验，徒尚情感，不顾基本与原则"。经反复商议后，蒋介石同意了史迪威的建议。3月19日，蒋介石再次与史迪威商讨缅甸战场形势，基本立场还是反对史迪威迅速进攻的主张，并提出，如果再过一个月防线平安无事的话，可以考虑进攻的问题，还要求史迪威保证不能让中国远征军第5、第6军吃败仗，而史迪威则表示他无法做到。史迪威对这次谈话大为不满，他在日记中称蒋介石是一个"固执的家伙"③。

最后，蒋介石碍于盟国的关系，唯有"不得已而求其次"才"可由英方司令指挥缅甸战局"。蒋介石还特别交代史迪威返缅后与英方详商后再作决定。3月25日，英军司令亚历山大飞抵重庆，晋见蒋介石表示感谢中国对保卫缅甸所给予英国军事上的援助，并告之英缅军已经集中卑谬地区，④并表示英军在"阵线稳定后，随即准备反攻，以克复仰光为目标"⑤。而蒋介石则一再要求亚历山大要信守承诺。

对史迪威而言，他把蒋介石对他的让步"视为一场重大胜利"，因为蒋介石同意了建立以他为指挥官的第5、第6军联合参谋部——这两支部队都是蒋介石的精锐部队。他感觉非常得意："中国人接受了我的地位……一个

① 秦孝仪主编：《中华民国重要史料初编——对日抗战时期》第二编，"中央"文物供应社1981年版，第255页。
② 《史迪威日记》，世界知识出版社1992年版，第61页。
③ 《史迪威日记》，世界知识出版社1992年版，第60页。
④ 《蒋中正日记（1937—1945）》（光盘），1942年3月18日，台湾"国史馆"2015年版。
⑤ 秦孝仪主编：《中华民国重要史料初编——对日抗战时期》第二编，"中央"文物供应社1981年版，第262—263页。

外国人指挥中国的正规军，这在近代历史上还是第一次！"①然而，蒋介石把缅甸的两个军归史迪威指挥"不过是一种安慰性的姿态"②。急于建功立业的史迪威，不顾蒋介石提出的中英协同、缅甸地形、后方联络和缅甸人民痛恨英军等诸多困难。从3月10日起，中国远征军第5军第200师在缅南东吁与日军第55师团激战，掩护英军撤退。18日，日军向第200师发起全面进攻，第22师、第96师等部先后加入战斗，第5军全体官兵不畏强敌，英勇奋战，与日军血战12天，共歼灭日军5000余人，然后于29日奉命主动安全转移。日军战史认为："当面之敌是重庆第200师，其战斗意志始终旺盛，尤其是担任撤退收容任务的部队直至最后仍固守阵地拼命抵抗，虽说是敌人也确实十分英勇。"③其间，史迪威主张继续进攻，杜聿明则认为兵力不足，且英军惧战只管撤退不配合，故反对进攻，在请示蒋介石后迅速命令第200师转移。4月1日，英军司令亚历山大驱车来到中国远征军第5军司令部所在地漂贝，会见杜聿明，赞扬东吁中国军队英勇善战，对中国军队在东吁掩护英缅军第1师安全撤退表示感谢。然而，由于东吁会战计划未能实现，又放弃了该战略要地，失去了对东吁至莫契公路的控制，致使日军可以分兵从东路长驱直入，威胁中国远征军的后方战略基地腊戍。

因此，史迪威对杜聿明和蒋介石都十分不满，痛斥杜聿明及新编第22师师长廖耀湘"不服从命令"，是"卑怯的杂种"和"十足的懦夫"，并认为由于"愚蠢、恐惧和态度消极，我们失去了一个在东吁打退敌人的绝好机会。……根本原因在于蒋介石的插手，他身处距前线1600英里的地方，写下一道又一道的指令，要我们去做这做那，其根据是零散不全的情报和一种荒谬的战术概念。他自认为懂得心理，事实上，他自认懂得一切，他

①《史迪威日记》，世界知识出版社1992年版，第61—62页。
② 芭芭拉·塔奇曼：《逆风沙——史迪威与美国在华经验》，重庆出版社1997年版，第334页。
③ 日本防卫厅防卫研修所战史室：《缅甸攻略作战》，朝云出版社1967年版，第297页。

反复无常，随着行动中的每一个微小变化而不断改变主意。其结果是使我本来就很小的权威消失得无影无踪。我没有军队，没有警卫，没有枪毙任何人的权力"[1]。而蒋介石则与杜聿明的看法完全一致，认为第200师戴安澜部放弃同古（即东吁）完全正确，"我第二百师已放弃同古，自动转进至叶莲西之苏南地区，与新二师取得联系，心窃自慰。敌军遭此重大打击，而我军并无多大损失自动撤退，更足寒敌军之胆，彼倭寇必不敢向缅北轻进"，并批评史迪威："……以为应在同古全力决战，此不知敌军心理与战地实情之谈也。故此次放弃同古，乃达成余一贯之意图也。"[2]

3月31日，史迪威满腹愤慨由缅甸返回重庆。4月1日，蒋介石再次接见史迪威听取在缅甸战况的报告及改编美国空军志愿队等问题。一开始，史迪威就火气冲天，公开在蒋介石的面前说杜聿明的坏话，说自己对指挥中国远征军第5、第6军"深感权限不足，未能令出必行，致有三次可以发动反攻之机会，皆蹉跎坐失"[3]，并以辞职相威胁来表示对蒋介石的不满。为了中美关系的大局，蒋介石还是以极大的忍耐好言相劝史迪威，重申以对等支持，一方面批评杜聿明"少年气盛"，以让史迪威消消怒气；另一方面则决定派遣资格较老、为人圆通的罗卓英出任中国远征军司令长官，以缓解史迪威与远征军各将领之间的矛盾，并决定亲自陪同史迪威回缅甸。蒋介石在日记中写道："一、对缅战事，思虑异甚。既忧部下在国外过于牺牲，补充为难，又忧失败时丧失国威与军誉。二、史迪威乃动气请辞，此乃于中美邦交有关。故决定约之同回缅甸，予以全权，表示对彼诚意，使之勿加怀疑也。"[4]这次，蒋介石在指挥权问题上作出了最大限度的让步，

---

① 《史迪威日记》，1942年4月1日，世界知识出版社1992年版，第72—73页。

② 《蒋中正日记（1937—1945）》（光盘），1942年3月31日，台湾"国史馆"2015年版。

③ 秦孝仪主编：《中华民国重要史料初编——对日抗战时期》第二编，"中央"文物供应社1981年版，第271页。

④ 《蒋中正日记（1937—1945）》（光盘），1942年4月4日，台湾"国史馆"2015年版。

使史迪威在1942年4—5月的缅甸战事中享有充分的指挥权。

4月5日，蒋介石与史迪威、罗卓英同机飞赴缅北重镇腊戍，再乘车至眉苗，主持召开了中国远征军第5、第6军高级将领会议，要求集中兵力在彬文那与敌决战，同时要求英军固守亚兰谬，并要史迪威转告亚历山大，必须不惜一切代价，据守约定地区。7日，蒋介石与罗卓英、杜聿明、戴安澜各将领谈话，宣称史迪威是"老板"，"有提升、撤职惩罚中国远征军中任何一名军官的权力"①。应该说，蒋介石这次给足了史迪威的面子。9日，中国远征军制定了彬文那附近会战计划。

正当中国远征军主力第5军彬文那会战准备就绪，即将向进至预定地区日军转取攻势作战的关键时刻，两翼相继告急。在西路，英军已经决定放弃缅甸，退守印度，全然不顾与中国远征军协调的作战计划和配合作战，先后于4月1—5日放弃眉苗、亚兰谬，反而要求中国远征军速派一个师掩护其撤退。14日，英缅军又放弃马圭。17日，仁安羌油田沦入敌手，英缅军第1师和装甲第7旅在仁安羌以北被日军包围。在东路，中国远征军仅有第6军新编第55师分兵防守莫契、东枝等广大地区。在中国远征军两翼受到威胁的情况下，史迪威、罗卓英只得于4月18日放弃彬文那会战计划而北撤，向敏铁拉、敏建之线转移，以准备曼德勒会战。

英缅军惊恐万状，不断向中国远征军求救。为解英军危急，中国远征军长官部即令第66军新编第38师第113团，由副师长齐学启指挥赶赴支援。经反复冲杀，19日拂晓，第113团逼近日军阵地，发起攻击，并迅速攻占日军部分阵地。至4月19日下午2时许，第38师部队终将501高地攻克，击溃日军，将油田全部收复，救出被围英军7000余人、汽车100余辆、战马1000余匹，以及被俘的英军、美国传教士、新闻记者等500余人，随

---

① 《史迪威日记》，世界知识出版社1992年版，第81—82页。

后又掩护英缅军第1师向宾河北岸陆续撤出。"三天的苦熬，已使他们狼狈不堪。"他们"个个竖起大拇指高呼中国万岁，眼眶中竟都含有感激的泪水"①。

仁安羌援英作战，中国远征军第38师一部以少胜多、英勇作战，击溃兵力优势日军，解救出被围困数日的英缅军第1师，轰动了英伦三岛。后来，英国政府向新编第38师师长孙立人、第113团团长刘放吾等多人颁发勋章。

英缅军由中国远征军掩护撤至敏建后，亚历山大认为确保曼德勒已经毫无希望，故决意放弃缅甸，退守印度，致使日军重新占领仁安羌，中国远征军浴血奋战的结果付诸东流。孙立人只好于4月21日奉命向曼德勒方向转进。

4月24日，蒋介石就缅甸战局电示远征军："腊戍应有紧急处置，万一腊戍不守，则第5军、第66军应以密地支那、八莫为后方。"②但是，史迪威、罗卓英执意坚持在曼德勒会战。28日，蒋介石又电令："如可能应抽调瓦城（曼德勒）有力部队增援腊戍，先击破其袭腊一侧背，则以后皆易为力。如此瓦城不守亦可，盖此时保腊戍为第一，而瓦城无甚关系也。"③而驻腊戍的参谋团已经匆匆撤离，5天跑了1000余公里，退到滇西保山，未能及时收到并向部队传达此电。29日，缅北重镇陷落，滇缅公路被日军切断，囤积在该地区的大批战略物资也落入敌手。

从4月18日起，第5军第96师利用原来准备彬文那会战的阵地，阻击了中路日军向曼德勒的进攻达8天之久。而曼德勒地区的英军却以中国远征军的英勇作战为掩护，于4月26日向印度英帕尔撤退，一路丢弃装备，

---

① 孙克刚：《缅甸荡寇志》，时代图书公司1946年版，第8—9页。
② 秦孝仪主编：《中华民国重要史料初编——对日抗战时期》第二编，"中央"文物供应社1981年版，第299页。
③《林蔚报告书》。

包括全部坦克，才赶在雨季来到之前逃至印度边境。而在此时不利的情况下，史迪威又于27日下达进行曼德勒会战的命令。28日，日军威逼曼德勒，以攻占腊戌。无奈，史迪威和罗卓英只好急忙下令放弃曼德勒会战。远征军各部先后西渡伊洛瓦底江，沿曼德勒至密支那铁路线向密支那方面转进。5月1日，曼德勒失陷。

5月5日，史迪威、罗卓英率长官部徒步西行，于7日到达苗西。史迪威率中美少数人员徒步西行，拒绝美方派来接他的飞机，于24日到达印度的丁苏基。罗卓英率长官部人员断后，收容散兵，继续西行，于23日抵达印度英帕尔。

蒋介石对史迪威未经请示就下令中国远征军向印度撤退大为不满，他在日记中写道："史迪威擅令我第五军赴印度边境之庞炳，而彼且离开队伍，先自赴印，并无一电请示。此种军人，殊非预想所及，岂彼或为战事失败，神经不安之故乎！可叹！"①平心而论，蒋介石在这个问题上还是有自我批评精神的。

4月30日，在中国远征军长官部西行前夕，史迪威、罗卓英鉴于畹町、八莫失陷，遂下令全军向印度境内撤退，并电告杜聿明，要求第5军（含新编第38师）也随之撤往印度。但杜聿明于5月6日电复罗卓英，希望率部返回国内，不愿进入印度。同时，杜聿明又发电请示蒋介石。7日，蒋介石则不顾已经变化的情况仍电示："我军应即向密支那、片马转移，勿再犹豫停顿。"②杜聿明随即率部经密支那向片马、腾冲方面撤退。5—7月，第5军各部均在撤退途中。新编第38师于5月13日摆脱日军向曼西转进，孙立人根据实际情况，决定脱离第5军，而奉史迪威命令向西折往印度，未受重大损失，保持完整的建制，安全抵达印度英帕尔。杜聿明率第5军军部直属

---

① 《蒋中正日记（1937—1945）》（光盘），1942年5月9日，台湾"国史馆"2015年版。
② 蒋纬国：《抗日御侮》第8卷，台北黎明文化事业股份有限公司1978年版，第228页。

部队及新编第22师，冒雨徒步在森林中艰难地向胡康河谷的大洛和新背洋退却。因时值雨季，山洪暴发，部队弹尽粮绝，官兵饥病交加，死亡累累，仅新编第22师就因饥、病死亡达2000余人。5月31日，第5军军部直属部队及新编第22师奉命改道进入印度，在美空军空投粮药的支持下，至7月25日才抵达印度利多。

第5军炮兵、工兵各一部和第96师奉命经孟拱、孟关、葡萄返回滇西。副师长胡义宾在全师后卫行进，途中遭日军埋伏，在督战中阵亡。余部历经千辛万苦，翻过高黎贡山，于8月17日陆续抵达滇西剑川。

第200师自4月下旬在东枝地区战斗后，奉命向北转进，沿八莫、南坎间撤退，于5月10日与第5军补给处、第66军新编第28师等余部会合。5月18日，在穿越西保、摩谷公路封锁线时，遭遇日军伏击。曾在台儿庄、昆仑关立下战功，被周恩来誉为"黄埔之英，民族之雄"的师长戴安澜在率部奋战中，身负重伤。26日晚，戴安澜因伤势过重，在缅北茅邦村殉国。第200师官兵由师步兵指挥官郑庭笈率领，扶棺向云南继续前进，于6月17日抵达腾冲附近，29日转到云龙，全师所剩官兵仅2600余人。

缅甸战役，中国远征军遭受重大损失，动员入缅时总兵力约10万人，到8月初先后撤到印度和滇西的仅有4万余人[1]。中国远征军的失败和缅甸的陷落，其原因是多方面的。

第一，中国与英、美之间有关全球战略目标的分歧和中英之间有关具体战略目标的分歧，是导致中国远征军失败的根本原因。英美的全球战略是"先欧后亚"，它们要求中国在对日作战中承担主要责任。而国民政府蒋介石在抗战之初就曾确定"运用英美之力解决对日问题"[2]的战略目标，希

---

① 杜聿明：《中国远征军入缅对日作战述略》，见《中华文史资料文库》第4卷，文史资料出版社1996年版，第882页。
② 张其昀：《党史概要》第3册，"中央"文物供应社1979年版，第973页。

望英美首先集中力量对付日本。这必然造成了中、美、英三国对缅甸战事的不同态度。日军进攻缅甸后，英国虽然已经将远东的战略重点由新加坡转向缅甸，但其着眼点却是印度，其基本立场是"弃缅保印，保存实力"。因而，英军在缅甸始终未能进行有效的抵抗，也始终未能有力地配合中国远征军的作战。

第二，盟国方面军事指挥系统的混乱是招致缅甸作战失利的主要原因。起初，中国因缅甸未划入中国战区，缅甸属东南亚战区范围，不得不遵从英方的指挥。中国远征军入缅后，实际上成为缅甸对日作战的主力。蒋介石在名义上是中国战区最高统帅，但联军统帅部并未赋予他在缅甸作战的全盘指挥权，中英双方也没有就此达成协议。蒋介石出于对美国的信赖，任命史迪威以中国战区参谋长身份全权指挥中国远征军入缅作战部队，并于1942年4月5日向中国远征军将领宣布史迪威有指挥中国远征军的全权。但是，实际上史迪威的指挥权是有名无实。蒋介石对史迪威并不非常信任，不情愿将自己的军队交给一个外国人。史迪威下达的所有命令一律都须通过林蔚参谋团转给蒋介石批准执行。有时，蒋介石直接同林蔚和杜聿明联系，进行指挥，甚至支配团一级单位的调动。在缅甸作战中，中国远征军有林蔚的参谋团、史迪威和罗卓英的长官司令部和杜聿明的前敌指挥部三个指挥机关，而中国远征军的一切作战方针、计划、部署和调动，都要等待远在数千公里以外的重庆、不了解战场变化情况的蒋介石亲自决定，下达指令。这就使得中国远征军不能独立自主地抓住战机，进行有效的作战。

蒋介石对此十分痛心，但他认为缅甸作战失败完全是史迪威的过错。他在5月3日所作《国军入缅作战和决心与我全军对世界演变应有之认识和准备》的演讲中称："缅甸战役失败之主因，是在作战方针为人转移，不能自主，而为情势所趋，不得不对美国有所迁就，然牺牲价值亦颇大矣。……如果照我们原定方针，入缅国军全部集结在瓦城附近地区，待机决战，我相信一定可以打很大的胜利。"①宋子文也附和认为，是蒋介石"对一般客卿待遇过厚，往往失其戒惧之心"。宋子文的看法，可以说是无的放矢，牛头不对马嘴，完全是外行人说的话。杜聿明认为，缅甸战役失败的主要原因是英军作战不力，有些甚至不战而逃，而拥有指挥权的史迪威在战役指导中，一味过多地强调进攻，没有注意到缅甸战场的实际情况，造成中国军队分割使用，疲于奔命，处处为英军堵漏洞的恶果，但"就中国而言，蒋介石过分迁就英美，应负最大的责任"。

总之，缅甸战役的失败，在史迪威与蒋介石之间埋下了难以弥补的裂痕。

6月4日，史迪威自印度回到重庆。5日，史迪威向蒋介石报告缅甸战事，严厉批评中国远征军的高级将领："殊令人失望……或缺能力，或缺胆略。彼等居处前线太远，且无意亲上前线。因循迁延为各高级将领之通病。"②在经过缅甸战役失败之后，蒋介石与史迪威的关系发展到针锋相对、丝毫不留情面的地步。史迪威是"开门见山，指名道姓"，而蒋介石则对史迪威目无上级甚为"反感"，称史迪威为"诚不知耻者……不知自反，专事毁人利己。我军在缅如此重大牺牲，其责任全在史氏指挥无方，而彼乃毫不自承过失，反诋毁我高级将领。当失败之初，彼乃手足无措，只顾向印度逃命，而置我军于不顾，以致我第五军至今尚未脱险"③。这次谈话后，蒋介石对史迪威连表面上的信任也几近无法做到。④由此，蒋介石更是怒火中烧，则进一步斥责美国军事代表团为"大部皆自私自大之流"。

6月16日，蒋介石收到了宋子文从美国发回来的与史汀生谈对史迪威

---

① 台北"国防部"史政编译局：《抗战史料丛编初辑》(第二册)，1974年，第305—306页。

②《史迪威日记》，世界知识出版社1992年版，第104页。

③《蒋中正日记(1937—1945)》(光盘)，1942年6月5日，台湾"国史馆"2015年版。

④ 秦孝仪主编：《中华民国重要史料初编——对日抗战时期》第三编，"中央"文物供应社1981年版，第598—601页。

"不信任"看法的电文。宋子文告诉蒋介石说，史汀生已经察觉到蒋介石夫妇对史迪威的"无十分信任。……不能以对史迪威个人感情为比例，如蒋以为史不适当，务请直言无隐，俾得更换其他将领"①。得悉此信息后，蒋介石更是火冒三丈，竟提出要对史迪威进行"军法审判"的念头。同日，他在日记中写道："史迪威推诿责任，掩埋罪过，故不得不毁坏他人名誉，诬蔑我国将领。此应提议开军法审判，使美国政府能知史之不法与无礼也！"②这当然是蒋介石说的气话而已，但却可以看出他对史迪威的看法已经恶劣至极了。同样，史迪威对蒋介石的看法也十分负面，他在6月19日的日记中写道："中国政府是一个建立在威恩兼施基础上的机构，掌握在一个无知、专横、顽固的人手中。"③可见，史蒋关系的破裂势在必然。

三、史迪威控制援华物资分配权与蒋介石的不满与分歧的加深

缅甸战役失败后，史迪威要求蒋介石立即改组中国军队，要建立"新军"，认为缅甸战事的失败主要不是武器问题，而是军队纪律问题。蒋介石当然反对史迪威插手中国军政，反对他的改革方案。他关心的是希望通过史迪威能争取更多的军援。对史迪威有控制援华物资的分配权，蒋介石一直耿耿于怀，最后发展到对美国的对华政策不满。还在1941年3月间，美国国会通过"租借法案"，授权美国总统以出售、转让、交换或租借等方法，向美国国防至关重要的国家提供国防物资，先后受援的国家有英国、苏联、中国、法国等，但其中的条件并不平等，给英国、苏联的援助物资可以直接拨交，而对中国的援助物资，则必须通过监理人史迪威来分配。这种不平等的待遇使蒋介石十分不满。

---

① 《宋子文驻美时期电报选（1940—1943）》，复旦大学出版社2008年版，第165—166页，转引自张祖 鏊：《蒋介石与战时外交研究（1931—1945）》，浙江大学出版社2013年版，第320—321页。
② 《蒋中正日记（1937—1945）》（光盘），1942年6月16日，台湾"国史馆"2015年版。
③ 《史迪威日记》，世界知识出版社1992年版，第105页。

这个问题的矛盾首先在美国空军调运问题上暴露出来。1942年5月下旬，缅甸失守后，德国法西斯加强了对非洲的攻势。为解救危机，美英联合参谋委员会"不经预告"就把原来准备支援中国战区的全部重型轰炸机和所需运输机调入埃及助英作战，其中包括驻扎在印度的第10航空队，从而削弱了对中国战区的空运吨数和作战力量。当史迪威把这一"坏消息"告诉蒋介石后，蒋介石非常不满，认为这是"无视中国利益"，并质问英美："是否尚以中国战区为同盟国之战区！罗斯福总统来电明言已令将美国空军第10军由印度调来中国作战，想令出必行，岂容擅改！"①

蒋介石把对美国援华物资的不满，怪罪到史迪威头上。史迪威也意识到，他很有可能已经成为美国陆军部的替罪羊，重演缅甸战场上于中、于英都得罪的戏中角色，"遇到麻烦，就找史迪威算账"②。不幸被他言中，事态的发展也确实朝着这一方向发展。6月18日，蒋介石致电宋子文详细地描述了史迪威的种种恶行：（1）中国战区至今并未有何组织与筹备进行，而对维持中国战区至少之限度与其可能的方案均未着手。（2）空军建立与补充以及空运按月之总量，陆、空军作战与反攻时期整个方案，彼等皆视为无足轻重，似乎认为中国战区成败存亡无关其痛痒，不重视组织与具体方案及整个计划。而史本人甚至仍以"十五年以前之目光"看待中国以及中国军人，为人处世格格不入。（3）缅战"其咎全在战略之失败"。史迪威曾先报告罗卓英先行逃跑，但实际情况是他自己"自缅甸退却之先"③。

首先，蒋介石把缅甸作战的失败完全归咎于史迪威的战略失策。其次，蒋介石考虑的重心是史迪威到中国来后，能争取更多的美国援助，而不要

---

① 秦孝仪主编：《中华民国重要史料初编——对日抗战时期》第三编，"中央"文物供应社1981年版，第168页。

②《史迪威日记》，世界知识出版社1992年版，第109页。

③ 秦孝仪主编：《中华民国重要史料初编——对日抗战时期》第三编，"中央"文物供应社1981年版，第603—604页。

他干预更多的军事指挥问题。对此，史迪威已经充分看到了蒋介石心里想要什么。他在6月19日的日记中这样写道：

……蒋介石是怎样看待我的呢？我认为他意识到我告诉他的是真实情况，但到目前为止他对此不屑一顾。他认为给我下一道命令他就能够利用美国的每一件物资和每一支部队。他知道我对中国怀有友情，并希望我在所有问题上都站在中国人一边；我是美国援助的可见标志。……他不肯对中国军队进行整顿。现在的问题是，我下一步怎么办？是袖手旁观，还是辞职而去？[①]

1942年6月29日，蒋介石召见史迪威，向史迪威面交了写给罗斯福总统的一封信，其主要内容有三点[②]：（1）8月底美国调遣3个师的兵力去印度，与中国军队协同作战，恢复中缅交通线，重开援华物资运输大道。（2）自8月底起应经常保持第一线战斗机500架以上。（3）每月经过"驼峰"运送的援华物资需5000吨以上。

蒋介石还鉴于史迪威不尊重自己和要"改组"中国军队，十分不满，他批评史迪威说：你的职责只是中国战区的一个参谋长，应全心全意地根据美国"租借法案"，为中国争取更多的美援，不要花精力于中国的军事方面，并批评自美国军事代表团抵华以来，在建设中国空军方面，还没有什么特殊成就，而罗斯福总统对中国战区也重视不够。

7月1日，史迪威应邀出席了由宋美龄、周至柔、毛邦初、陈纳德等人发起的会议，议题是如何落实美国对华的航空援助问题。整个会议的气氛

---

① 《史迪威日记》，世界知识出版社1992年版，第106页。
② 秦孝仪主编：《中华民国重要史料初编——对日抗战时期》第三编，"中央"文物供应社1981年版，第173—175页。

十分不融洽，最后发展到史迪威与宋美龄的"激烈地争吵"。中方认为，宋子文可以在美国施加压力，但要史迪威配合中方的行动。宋美龄要求史迪威把蒋介石写给罗斯福的信转交给罗斯福，并附上她本人的推荐信。史迪威当即拒绝了宋美龄的要求，说这些是超出了他的职权范围的事情。史迪威对宋美龄阐明自己的身份说：

这是大元帅（即蒋介石）给总统的最后通牒，超出了我的职权范围。我借此机会阐明自己的身份，一是大元帅的参谋长，二是中缅印战区美军总司令，其职权超出中国之外，三是战争委员会的美方代表，代表和维护美国的政策，四是总统负责租借事务的代表，五是一名宣誓要维护美国利益的美国军官。

最后，史迪威没有答应宋美龄的要求，并表示拒绝做"在一切事情上向美国进行游说的傀儡"①。对此，宋美龄则回应说："怎么办到那是你的事！"史迪威则在当天的日记中写道："如果她不懂得这一点，那她就比我想象的还要愚蠢。"

7月2日，史迪威因蒋介石想从美国已经拨给中国航空公司的飞机中转拨2架运输机给中国空军，遭到美方拒绝一事，向蒋介石送交《备忘录》，内称：一方面同意此2架飞机可由蒋介石支配使用，另一方面又说他自己是"美国总统的代表，有负责监督及管理租借器材，并决定转移其所有权之地点与时间。俟所有权转移之后，处委座即具此项器材管理之权"②。史迪威的《备忘录》非常明显地告诉蒋介石，他史迪威虽然是中国战区的参谋

---

① 《史迪威日记》，世界知识出版社1992年版，第110—111页。
② 秦孝仪主编：《中华民国重要史料初编——对日抗战时期》第三编，"中央"文物供应社1981年版，第608页。

长，但更是"美国总统代表"，可以不接受蒋介石的命令；美国的租借物资只有经过他的同意之后蒋介石才能使用。这在蒋介石的一生中还是第一次有人如此大胆挑战他的说一不二的领导权，使蒋介石十分恼火。①

7月3日，宋美龄打电话找史迪威（可能受蒋介石之命），宋美龄在电话里"大发脾气，开始责骂我（即史迪威）。于是我说我愿意去见她。让我一直等到董显光到来；她把陈珍珠（宋美龄的秘书）叫来，记录下来我说的每一句话，简直像疯狂的魔鬼。她抽了一个响鞭，但小丑（指蒋介石）没有应声跑出来。她要把我的所作所为向蒋介石报告。我的立场是：整个事情是个圈套，这不过是澄清三项最低要求中第二项的问题，因此作出评论超出了我的职权范围，除非我的政府要我这样做。我被召来接受蒋介石就此发布的命令。……于是我向她解释怎样才能把计划与运输线协调起来，经驼峰运输5000吨物资的必备条件是：304架飞机、275名机组人员、3400名地勤人员、空运线两端各有5座机场，每个机场能够容纳50架运输机。这样，她才开了一点窍。但我告诉她，我认为大元帅需要的是一名战士，而不是一枚橡皮图章或传声筒。我还告诉她，一旦出现缺乏信任的征兆，我想回国去。她要我为大元帅口述我在给陆军部的信中所要说的话，我照办了。我还告诉她提出三项要求实在出人意料，我来不及研究和提出建议。这简直是蒋介石的直接订货"②。同日，蒋介石致电在美国的宋子文，认为美国对中国的租借物资"形同乞怜求施"，指责史迪威"以总统代表资格胁制统帅，愚拙，其言行之虚妄，可谓无人格已极"③。

7月6日，宋子文复电蒋介石，同意并支持蒋介石对史迪威《备忘录》的态度，并提出撤换史迪威的问题，认为："史迪威态度殊属离奇。阅其原

---

① 《史迪威日记》，世界知识出版社1992年版，第110—111页。
② 《史迪威日记》，世界知识出版社1992年版，第111—112页，转引自张祖麑：《蒋介石与战时研究（1931—1945）》，浙江大学出版社2013年版，第326页。
③ 《蒋中正日记（1937—1945）》（光盘），1942年7月3日，台湾"国史馆"2015年版。

函，强词夺理，谬解职权，非神经错乱，不能狂妄至此。……钧座是否仍拟在华供职，抑或乘机更换，另选他员？"①蒋介石回电宋子文说，暂不表态，要观察美国政府的态度再定。

史迪威和美国驻华大使高斯，坚决要求美国政府不要理睬蒋介石的三项要求。史迪威在写给史汀生的长信中，竭力阐明蒋介石的要求美援，不是为了共同对日作战，而是为了巩固个人地位和排挤其他派系。史迪威还说，蒋介石这个人自视清高，刚愎自用而又缺乏教养，因此蒋介石"不曾有过朋友，只有毫不例外的在他面前踟蹰不安的奴才"②。

7月14日，马歇尔会见了宋子文，他愤怒地告诉宋子文，美国政府不会召回史迪威，即使换人，也会与史迪威一样工作。罗斯福对史迪威的支持变得不再低调，而是越发强硬起来：

7月18日，罗斯福回敬了他（指蒋介石），告诉他根据法律，我是总统的代表，有着与参谋长不同的身份。蒋（介石）指责我宣称："作为总统代表，我有权监督和控制已经交付中国的租借物资，另一方面我却拒绝采购用于打击敌人的弹药。"

7月25日，罗斯福的回答是庄严有力的，他支持我在每件事上都采取明确的立场。因此显而易见，史迪威将军的全部职责，我重复一遍，不是接受你（即蒋介石）的命令。③

为了使中国国民政府理解美国的援华政策，实现战后出现一个"强大

---

① 秦孝仪主编：《中华民国重要史料初编——对日抗战时期》第三编，"中央"文物供应社1981年版，第611页。
② 迈克尔·沙勒：《美国十字军在中国（1938—1945）》，商务印书馆1982年版，第110页。
③《史迪威日记》，世界知识出版社1992年版，第115、117页。

而亲美的国家"①，"有五亿中国人站在我们一边，这在紧接着战争结束以后的时期是非常有用的"②。此时的美国正面临两难的选择，一方面不愿意因为史迪威或军援问题失去中国，另一方面又不愿意同意蒋介石政府狮子大开口的军援要求。1942年7月下旬，罗斯福派助理居里访华。7月25日，蒋介石会见了居里，并就史迪威及其《备忘录》问题，向居里提出四点严正声明：

甲、史（迪威）以听命与不能听命，由其自便之意，此为侮辱统帅。乙、租借法案（物资）之发与不发，由史自便，非由我求其不可，此为欺凌。丙、我认为史（迪威）过去之态度、行动，一人而利用其两种职权，实以殖民地总督自居，以参谋长为名而实行太上统帅权。此必于美国助华平等政策有碍。丁、史（迪威）此函太不认识中国，侮辱余革命人格，故不能忍受。③

蒋介石还对居里明确宣称，西方世界至今仍歧视中国，美国与英国没有太大的差别。次日，蒋介石又与居里长谈三个半小时，大借史迪威之事而发泄对美国援华政策的不满，甚至摆出与美国决裂的姿态。他致电宋子文，声称如果罗斯福来电肯定史迪威的《备忘录》，宋子文则可代表他向罗斯福表明：干脆取消中国战区，蒋介石可辞去中国战区总司令职务。④

与此同时，蒋介石还提出史迪威的双重身份（即中国战区参谋长和美国总统代表）是史、蒋矛盾的重要原因。他对居里说："史迪威将军地位责任与态度之含糊，实使余感到不快。此实使余茫然不知以何等人物待遇之。

---

① 邹谠：《美国在中国的失败》，上海人民出版社1997年版。

② 迈克尔·沙勒：《美国十字军在中国（1938—1945）》，商务印书馆1982年版，第148页。

③《蒋中正日记（1937—1945）》（光盘），1942年7月25日，台湾"国史馆"2015年版。

④ 秦孝仪主编：《中华民国重要史料初编——对日抗战时期》第三编，"中央"文物供应社1981年版，第614页。

如为余之参谋长，自应以部属视之，然为罗总统代表，则应以上宾遇之，于此种错综问题未得明了解决以前，余实不知应如何接待史将军……惟史将军于其所得双重任务未能知其应取之态度。"[1]蒋介石是话里有话，虽说他高调宣称是史迪威的双重身份与蒋介石的职权发生抵触而导致两人不和，但也在暗示，史迪威胆敢如此不完全听命于蒋，其背后的主要原因是罗斯福的授权。居里完全明白蒋介石的用意，蒋介石实在难以与史迪威共事共处了，撤换史迪威只是一个时间问题，是迟早的事。

7月30日，居里与蒋介石进行第5次会谈。居里提出了一个"过渡办法"，即暂时不要让史迪威马上回美国，以免他回美后反华——可以让史迪威先去印度，帮助训练中国军队，过一段时间后，美国再派一个人来代替史迪威。蒋介石同意了这一体面的办法。

8月4日，史迪威受命赴印度，出任中国驻印军总指挥，罗卓英为副总指挥，波特诺为参谋长，温剑鸣为副参谋长，以蓝姆伽为营地，担任训练中国军队的任务。蓝姆伽训练营以训练步兵和炮兵为主，学习使用美械装备和若干专门的训练课目。随后又训练了以适应缅甸北部山区丛林作战和丛林沼泽地作战的课目。

史迪威对国民党军官的印象特别差。因此，他提出训练中国军队的要求是"要中国士兵，不要中国军官，尤其不要中国将领"。随后，他从美国调来300多名军官，拟将驻印军营长以上军官改由美国军官担任，史迪威的这一做法受到中国将士的强烈反对。无奈，史迪威遂将这300多名美国军官改为联络官，派往各部，但这部分担任联络官的美国军官的权力特别大，他们可以直接调动营以下部队，而无须报告并通知中国部队长官。[2]9月，史迪威下令将孙立人的第38师改为10个炮兵营，将孙立人及廖耀湘等

---

① 张祖冀：《蒋介石与战时外交研究（1931—1945）》，浙江大学出版社2013年版，第331—332页。
②《我的戎马生涯：郑洞国回忆录》，东方出版社1992年版，第295—296页。

将领改任炮兵指挥或步兵指挥。9月12日，杜聿明致电蒋介石，控告史迪威对训练中国军队的种种不满："……国家军制系我政府法定之建制，史将军擅权改制，实属毁辱国体，损害主权。"[1]

杜聿明是言过其实了，这只是训练军队的暂时的改组，毕竟不是按此编制上战场。所以，蒋介石也没有把这看得如此严重，"尚能忍耐"。到9月底，美国的援华物资虽然没有完全满足蒋介石的要求，但三项要求按比例压低了一些，只有265架战斗机、100架运输机，物资吨位达5000吨。美国虽然没有派地面部队到印度与中国军队协同作战，但毕竟兑现了大部分承诺。美国的做法用意明显，以减少军事援助来促使蒋介石被迫接受史迪威关于整编、整顿和训练国民党军的方案。12月，美国政府决定向中国拨发30个步兵师的军械装备，蒋介石自然高兴不已。虽然后来史迪威与罗卓英在印度训练中国军队时发生严重冲突，史迪威曾向蒋介石告罗卓英有"十大罪状"，但此时的蒋介石还是不以为然，只是改为处世圆通的郑洞国与史迪威相处，共同在印度蓝姆伽营地训练中国军队。1943年2月，国民政府军事委员会决定重建中国远征军，以陈诚为司令长官。3月上旬，陈诚与史迪威商定，决定在昆明设立训练基地，调集部分军官分批轮训后空运到印度蓝姆伽营地实习。至1944年初，蓝姆伽营地共训练中国军官2626人，士兵29667人。中国驻印军每师由3个步兵团和榴弹炮营、山炮营、工兵营、通信营、辎重营、教导营等组成，每师1.5万余人，武器装备大为改善，通信能力、机动性能、火力大为增强。经过训练的这些部队在后来的缅北滇西反攻作战中，战斗力明显提高，打出了国威军威，为中国军人争得了荣誉。

史迪威赴印度蓝姆伽帮助中国训练远征军，从而一时缓解了与蒋介石的矛盾。

---

[1] 秦孝仪主编：《中华民国重要史料初编——对日抗战时期》第二编，"中央"文物供应社1981年版，第515页。

四、史迪威的亲共（共产党）主张，加剧了与蒋介石的矛盾冲突

随着中国抗日战争的发展，史迪威对中国正面战场和敌后战场、国民党和共产党有了进一步的了解。史迪威早在20年代就在中国工作过，算是美国人中的"中国通"了。1935—1939年，史迪威曾任美国驻华使馆武官。通过长期的在华观察，史迪威对国民党政府的看法极其负面。他认为，国民党政府"是个腐败残暴的政权"，政治上不民主，军事上消极抗日，经济上贪污腐败成风，囤积美国援华物资。他在观看了苏联电影《战争一日》后，立即产生联想，对中苏两国对比。史迪威对苏联抵抗法西斯德国的侵略大加赞赏，而对蒋介石领导下的国民党政府则大肆批判。他称蒋介石领导的国民党政权是"污秽之地"，而蒋介石及国民政府则是"对他们自己和他们国家干坏事的一群恶棍，金钱、影响和职位是领导人唯一考虑的事情，到处是阴谋诡计，欺骗出卖，虚假报道。他们索要他们能得到的任何东西；他们独一无二的念头是让别人打仗，对他们的'英勇斗争'做假宣传。而诸如蒋介石等'领袖们'，则对人民漠不关心。懦弱蔓延，勒索至上，走私漏税，全然是愚蠢无知的参谋机构，无力控制派系争斗，继续压迫民众。拯救他们的唯一因素是老百姓的麻木服从。……'知识分子'和富人把他们宝贵的崽子送去美国，农家子弟离家去死——没有关怀、训练或领导。……而美国呢？只能支持这个腐败的政权并赞美其挂名首脑，那个英明的爱国者和战士——'花生米'"①。这些常常大发国民党政权昏腐、骂蒋介石的感慨，时常可在史迪威的日记中看到。

而史迪威对中国共产党及其领导的人民军队的看法则非常正面。他认为，共产党军队虽然装备落后，但坚决抗日，成绩显著。所以，史迪威及

---

① 《史迪威日记》，世界知识出版社1992年版，第170—171页。

美军观察组等人，从世界反法西斯战争大局出发，主张采取联共抗日的方针。1942年6—10月，史迪威的政治顾问戴维斯多次在重庆访问周恩来。1943年3月，戴维斯再次访问周恩来，周恩来提议美国派代表常驻延安。6月24日，戴维斯正式提出报告，主张接受周恩来的建议，向延安派驻观察员。

1943年9月6日，史迪威正式向蒋介石提交《备忘录》，首次提出划拨20%的美国援华物资装备中共领导的军队，同时建议调动中国共产党领导的第十八集团军以及胡宗南、傅作义、邓宝珊等国民党军部队，向山西出击，对日反攻作战。史迪威在这个《备忘录》中的建议，无疑是在蒋介石的心脏上面插了一刀，触犯了蒋介石最忌讳的痛处。因此，蒋介石大骂史迪威是"最卑劣、糊涂之小人"。他在日记中愤慨地写道："此其必受共匪所主使，而且其语义有威胁之意。且名为备忘录，是将来制裁中共时，证明曲在于我之意。此史（迪威）实一最卑劣、糊涂之小人！余不屑驳复，乃置之不理，表示拒绝其干涉之意。"①9月10日，蒋介石致电宋子文，指责史迪威："徒听共党之煽惑，助长共党之气焰，殊为可叹！"②

为了更多地了解中国共产党及其领导的抗日武装并与中国共产党建立联系，1944年1月15日，史迪威的政治顾问戴维斯拟定了派遣美军观察团赴延安的计划。2月4日，史迪威向美国陆军参谋长马歇尔报告说，国民党政府拟用50万军队在华北围堵中共军队，这将对中国抗日战争有大损害。罗斯福获悉后颇感忧虑。2月9日，罗斯福致电蒋介石，正式提出派遣美国军事代表团到延安的要求，但遭到蒋介石的拒绝。3月22日，罗斯福再次致电催促蒋介石，让他答应美国派遣军事代表团赴延安的要求。显然，史

① 《蒋中正日记（1937—1945）》（光盘），1943年9月12日，台湾"国史馆"2015年版。
② 秦孝仪主编：《中华民国重要史料初编——对日抗战时期》第三编，"中央"文物供应社1981年版，第632页。

迪威的亲共主张得到罗斯福的支持。在罗斯福的压力下，蒋介石被迫于4月22日表示同意，但在具体实施时，却又以种种借口、理由进行拖延。

1944年6月20日，美国副总统华莱士奉罗斯福之命，偕随员范宣德、拉铁摩尔、哈查德等一行，经西伯利亚飞抵重庆，其使命是促使国民党政府改善国共两党之间的关系，同时了解苏联对国民党和共产党的态度，以便与蒋介石商谈有关中苏及中共的问题。华莱士取道莫斯科时与莫洛托夫外长会谈，获悉苏联支持蒋介石在中国的统治和战后美国在远东的领导地位。至24日，华莱士与蒋介石先后共进行5次会谈。华莱士转达了罗斯福总统对国共关系的基本立场，即国共两党的党员都是中国人，基本上是朋友，朋友之间总有商量的余地；如果双方不能达成一致，他们可以"找一个朋友"来调解，他可能充当那个朋友。①罗斯福还进而指出，国民党的出路在于实行民主改革，接受中国共产党的合理建议，允许中共代表参加政府。但是，蒋介石不同意罗斯福的建议，声称："中国人民并没有把共产党看作中国人，而把他们看作服从第三国际命令的'国际主义者'。"②

所以，蒋介石坚持对中共的方针只能是："（1）中共军队必须接受国民政府指挥，归政府管辖，不准另有其他名目之军队。（2）陕北区域，不得擅自设置违背中央之特种制度。否则，不予中共及其军队的合法地位。"③蒋介石这种态度令华莱士非常失望。最后，华莱士又提出派遣美军观察组访问延安，以"考察共产党对战争所能作出的贡献"。蒋介石只好勉强同意了。

7月2日，华莱士离华返美，随即向罗斯福总统汇报了他的中国之行情况。华莱士主张美国应支持国共两党建立的统一战线，建议美国政府在支

---

① 《中美关系资料汇编》第1辑，世界知识出版社1957年版，第573页。

② 《中美关系资料汇编》第1辑，世界知识出版社1957年版，第576页。

③ 古屋奎二：《蒋总统秘录——中日关系八十年之证言》第13册，台北"中央"日报社1974年版，第146页。

持蒋介石的同时，通过各种可能的途径对其施加影响，使其在中国进步人士的指导下，采取能唤起民众支持、能使中国在作战方面有新的起色的政策，而美国对华政策应当具有灵活性，以便能在更有希望的中国领导人或集团出现时利用他们。华莱士对国民党政府的评价是："一个由地主、军阀和银行家支持的落后的无知的政府。"但目前"除支持蒋介石外，好像没有别的办法。现今中国的任何领导人或集团显然都没有足够力量去接管这个政府"①。他还估计，战后蒋介石难以控制中国政局，他没有治理战后中国的才能和政治力量。战后中国的领导人要么从演进中产生，要么从革命中产生。现在看来，更可能是从革命中产生。②因此，华莱士认为并提出，现在美国对蒋介石的投资只是暂时的或临时性计划。他说："对蒋介石充其量不过是一项短期的投资。我们认为，他并没有治理战后中国的智慧或政治力量。战后中国的领袖将在政治变革或革命中涌现出来，而现在看来更是出于后者。"③

然而，罗斯福政府援助中国继续进行积极抗日的政策，同国民党政府在抗战后期消极抗日、保存实力、准备反共内战的方针必然发生很大矛盾，不仅华莱士访华未能达到目的，而且与史迪威的亲共主张也将发生严重冲突。

7月22日和8月7日，美军观察组在团长包瑞德上校率领下分两批飞抵延安，对中共及其领导的军队、敌后抗日根据地进行实地考察。其间，中国共产党对美军观察组的到来极为重视，把它当作外交工作，促进国际统一战线来对待。8月15日，《解放日报》发表了经毛泽东亲自修改审定的题为《欢迎美军观察组的战友们》的社论。8月18日，中共中央专门发出《关

---

① 华莱士给罗斯福的报告（1944年7月10日）。
② 伊·卡恩：《毛泽东的胜利与美国外交官的悲剧》，群众出版社1990年版，第97页。
③ 华莱士致罗斯福函（1944年6月28日）。

于外交工作的指示》，指出："这次外国记者美军人员来我边区及敌后根据地，便是对我新民主中国有初步认识后的实际接触的开始，因此，我们不应把他们的访问和观察当作普通行动，而应把这当作是我们在国际统一战线的开展，是我们外交工作的开始。"[1]8—9月，毛泽东还向解放区领导人发出10次电报，要求各解放区在军事情报、修建机场、沿海登陆等方面配合美军。其中9月9日的电报，在谈到中国共产党的外交方针时明确指出：

……放手与美军合作，处处表示诚恳欢迎，是我党既定方针。中国共产党的政策不过是主张民主和社会改革，甚至最保守的实业家在我们的纲领中也找不到任何值得反对的东西，中国必须工业化，这只有通过自由经营和借助外国资本帮助才能做到。因此，中国与美国能够而且必须合作。[2]

在中共中央领导人和各解放区的精心安排下，美军观察组通过在延安、山西等敌后抗日根据地的实地考察、访问和采访，亲眼看到了一个充满生机、廉政、高效，坚决抗日的中共政权及其领导的人民军队。同时，他们也相信中国共产党与美国合作的现实可能性。8—10月，美军观察组先后给美国政府、美军陆军部等发出50余份报告，对中国共产党及其领导的军队和抗日民主政权作了客观的分析。戴维斯在他的报告中说：

共产党已经经历了十年的内战和七年的抗日战争。他们经历了不只是比中国中央政府军队所曾受的更大的压力，并且也经历了蒋的严密封锁。他们生存下来，并且壮大了。……具有这种显著的生气和力量的原因，是简单而又基本的，即是群众的支持和群众的参加。共产党的政府和军队，

---

① 中央档案馆编：《中共中央文件选集》第14册，中共中央党校出版社1992年版，第314页。
② 约·斯·谢伟思：《美国对华政策》，中国社会科学出版社1989年版，第228页。

是中国近代史上第一次受有积极的广大人民支持的政府和军队。他们得了这种支持，是因为这个政府和军队是属于人民的。[①]

戴维斯还预言，中国的"内战是不可避免的，共产党的胜利几乎是必然的"，因此"美国必须放弃它对蒋介石公开承担的义务……应在即将到来的争取中国的斗争中倾向共产党人。支持共产党人是使我们自己同中国最团结、最进步、最强大的势力站在一起的最好办法"[②]。戴维斯在给罗斯福总统特别助理霍普金斯的信中说，美国应该接近中共，支持中共亲美人物，对中共和国民党不偏不倚，如此可以遏止中国内战。否则，中国将出现一个亲俄反美的共产党政权。他还建议，必须强制蒋介石进行军事改革，假使蒋介石不接受，就必须考虑和中国共产党合作。不应死心塌地支持蒋介石。[③]

美军观察组还将毛泽东、周恩来、朱德会见他们，以及与他们进行过多次谈话的情况和内容报告美国政府，这对美国的对华政策产生了一定的影响。

由此带来的结果是，美国观察组在延安及山西敌后抗日根据地的活动，使蒋介石感到巨大的压力和不安。他特别担心史迪威会把美国援助中国的军事物资拨出一部分给中共及其领导的军队，从而使蒋介石与史迪威的矛盾更加激化。

五、实施《反攻缅甸计划》，再度激化史迪威与蒋介石、罗斯福与蒋介石的矛盾冲突

日军侵占缅甸后，史迪威先后于1942年7月18日和7月29日制定了反

---

① 中国现代史资料编辑委员会：《美国与中国关系》下，第509—510页。
② 迈克尔·沙勒：《美国十字军在中国（1938—1945）》，商务印书馆1982年版，第192、195页。
③ 王俯民：《蒋介石详传》下册，中国广播电视出版社1993年版，第922页。

攻缅甸的计划。其战略计划是：以印度东部重镇英帕尔为前进基地，中、美、英联军由霍马林、加里瓦等渡钦敦江，进攻曼德勒，现由滇西反攻的中国远征军会师后呈扇形展开，取道南下，与在仰光登陆及由实兑东进的英军会合，收复全缅甸，并挥师东进，攻占泰国及印度支那，达于沿海。这条由英帕尔进攻曼德勒的作战路线，既占地形、交通的便利，又便于后勤补给、空中支援，可以充分发挥盟军的空中优势和火力优势，并可一举切断日军的交通线，收到分割包围、各个歼敌的效果。但只以夺取缅北密支那、八莫为作战目标，把中国驻印军反攻缅甸的作战限于缅北一隅，并中国驻印军和中国远征军为主，英军为助攻。

其战役要点是：中国陆军以15～20个师准备由滇西攻击日军；英、美陆军以5～7个师及中国驻印部队联合向缅甸方向进攻；英国海军确保孟加拉湾制海权，从仰光登陆攻击日军；英美联合空军以能击破日军一个师为对象而准备之；美国应设法加强中印空中运输力量，尽快输送中国出击商队所要之装备及其他必要物资。这一计划后来被称为"安纳吉姆"计划。

经过中、英、美三国的磋商，三方同意在1943年春季发动代号为"安纳吉姆"的作战行动，但由于英国方面的拖延且对反攻缅甸又没作任何承诺，因而只有延期实施。最后，在美国的压力下，英国才被迫同意"安纳吉姆"作战计划，暂定以1943年11月15日左右为目标，后又因英方中间的变卦反对或迟滞，直至开罗会议期间改变为在1944年2月中旬后发起缅甸反攻作战，以夺取密支那、实兑为目标，并成立以蒙巴顿为统帅、史迪威为副统帅的东南亚战区统帅部以指挥之。

蒋介石鉴于第一次入缅作战失败的教训，对缅甸反攻作战持十分谨慎的态度。因此，当他接到史迪威反攻缅甸作战计划后，即告诫史迪威："此次缅甸战役之中心问题，实在是英方是否能拨调足量海空两军力量，俾得夺取孟加拉湾及缅甸全境海陆双方制海权与制空权，并阻止敌人由马来西亚、新加坡等处增派援军由仰光入缅接济。倘英方能为之，则缅甸战役甚简单，胜利自可操券，倘英方不能为，则失败亦可预卜。惟此次不反攻则已，一旦反攻，非胜不可，绝不能再受第二次之挫败。"①

史迪威对反攻缅甸持非常积极的态度，他于1942年12月2日致电马歇尔，请美国履行援华诺言，速调驱逐机两队、中型轰炸机一队来华，并将中印空运量由每月的3500吨增加到1万吨。

其间，蒋介石还因缅甸反攻计划问题与史迪威产生争吵。1943年2月4日，美国陆军航空军司令阿诺尔、英国联合参谋代表团团长迪尔飞抵重庆，向蒋介石报告美英1943年战略计划。7日，双方举行会谈，蒋介石原则同意美英方案，但要求美英方面增加空运和空军力量，切实支援中国，其最低标准为：空运物资每月1万吨，飞机500架。

史迪威听后表示不满，当场质问蒋介石：是否不达标准，就不对日作战？

蒋介石对此十分反感，认为史迪威作为中国战区的参谋长对最高统帅如此轻蔑，"可恶不敬已极"！但他还是冷静地回答："中国抗战已经六年，即使太平洋战争不起，英美不来援助，中国亦可独立抗战。"

史迪威再问："所谓标准是否为条件？"

蒋介石答："此非条件，乃余负责作战者最低限度之要求！"随后，蒋介石以温和的口气要求阿诺尔转告罗斯福与丘吉尔："余当尽其所能，不惜牺牲一切，以期不辜负友邦之期望。"②

史迪威曾计划暗杀蒋介石，以实现掌握中国军权。1943年11月22日，史迪威随蒋介石一同参加开罗会议。此前，史迪威准备了一份与罗斯福谈

① 秦孝仪主编：《中华民国重要史料初编——对日抗战时期》第二编，"中央"文物供应社1981年版，第355页。
② 《蒋中正日记（1937—1945）》（光盘），1943年2月7日，台湾"国史馆"2015年版。

话的材料，内云："无论蒋介石作何承诺，我们如不掌握中国军队之权，早获明文规定，所有努力均将成为废纸。"①12月6日，史迪威、戴维斯和罗斯福进行了轻松和谐的谈话。罗斯福问："你以为蒋能维持多长时间？"史迪威回答："局势很严重，日本人再来一次5月份那种进攻就会把他推翻。"罗斯福称："好吧，那我们就该找另外一个人或一群人继续干下去。谁接替他的职位，就支持谁。"②

12月12日，史迪威自开罗返回重庆，途经昆明，向其助手多恩交代了一个密令，即要多恩制订一个暗杀蒋介石的计划。史迪威对多恩说："（罗斯福）总统已经对蒋介石和他屡发脾气的情况腻烦透了，而且他确实这样说的，事实上，他以他那种惯常的高傲语气告诉我，'你如果无法和蒋相处，又不能把他撤换，那就一劳永逸地把他干掉算了，你明白我指的是什么，选派一个对你言听计从的人去执行吧'。"③然而，虽然多恩制定了在乘坐飞机时制造惨案杀蒋介石的计划（弄坏蒋介石、宋子文的降落伞），但多恩却认为，罗斯福一直没有最后授权史迪威暗杀蒋介石。当时，也许是罗斯福的一时之念而已，更大的可能则是后来美国副总统华莱士所说，当时的中国还没有哪一个领导人或集团能够代替蒋介石，美国也只能支持这样一个腐败的政权而共同对付日本。

1943年12月30日，蒋介石自开罗会议结束返国途中，经过中国驻印军营地蓝姆伽，视察史迪威指挥部和郑洞国军部。郑洞国借机向蒋介石告史迪威的状，声称：史迪威及其美国同事不愿中国将领过问军事，不允许中国师级将领行使前线指挥权，事事由美国说了算。加之，此前的8月14日总指挥部的副参谋长温剑铭因事与国内军政部通电，被史迪威批为"有违

---

① 梁敬錞：《史迪威事件》，台湾商务印书馆1972年版，第194页。
②《史迪威日记》，世界知识出版社1992年版，第220页。
③ 王俯民：《蒋介石详传》下册，中国广播电视出版社1993年版，第972页。

军纪"，并下令把温剑铭降为高级参谋，委任美国人博金为副参谋长，引起中国驻印军上下的一片大哗。新编第1军军长郑洞国劝史迪威收回成命，为史拒绝。史迪威的助手参谋长波德诺还轻蔑地声称："驻印军是由美国装备训练的，因此军中事务，包括人事必须听命于总指挥部，即使中国政府也不得干预过问。"①郑洞国及参谋长舒适存、师长孙立人等均对史迪威等美军人员不满，愤而致电蒋介石："今竟有此不幸事件，则人无保障，势必媚外图存，军队纪纲如何维持，国家体制其何以堪！"②蒋介石对史迪威没有请示他就擅自撤换中国军官一事当然义愤填膺，怒称："为何史（迪威）于人事，不先请准本委员长，而擅自撤委？"③

上述事件都加剧了史迪威与蒋介石的矛盾，但蒋介石从争取抗日战争最后胜利和中美关系大局出发，希望得到更多的美国军援，还是同意中、美、英联军自印度东北的力多向缅北进攻日军的作战计划，并由蒙巴顿指挥全部在缅作战的中国部队，史迪威为副手。12月21日，罗斯福致电蒋介石，要求中国驻云南的部队同时向缅北发动进攻，以支援英、美部队和中国驻印军由印度向缅甸北部的进攻。对此，蒋介石仍然坚持他一贯的想法：反攻缅甸必须有英国海军从缅甸南部登陆配合，否则，将毫无取胜可能。23日，蒋介石复电罗斯福，重申在开罗会议商定的南北陆海军同时发动进攻的计划，并批评："盟军战略置中国战区于不顾……中国驻印军已经交给蒙巴顿、史迪威指挥，中国驻滇远征军不宜再行出动。"④

1944年春，中国驻印军新编第1军击溃日军第18师团，突破缅北天险

---

① 《我的戎马生涯：郑洞国回忆录》，东方出版社2012年版，第301页。
② 秦孝仪主编：《中华民国重要史料初编——对日作战时期》第二编，"中央"文物供应社1981年版，第516页。
③ 秦孝仪主编：《中华民国重要史料初编——对日作战时期》第三编，"中央"文物供应社1981年版，第630页。
④ 秦孝仪主编：《中华民国重要史料初编——对日抗战时期》第三编，"中央"文物供应社1981年版，第291页。

杰布山，继而向孟拱河谷扫荡前进，直逼孟拱。然而，此时日军第5集团军于3月8日发动"乌号"作战计划，分别向科希马、英帕尔进攻。英军被包围在英帕尔，这让印度和伦敦都大为震惊，蒙巴顿向中国紧急求援。3月17日，罗斯福再电蒋介石，要求中国出动滇西部队向缅北进攻，以解英军之围。

3月20日，美国中印缅战区副司令霍恩少将奉罗斯福之命，由缅北飞往重庆，以第163号备忘录名义一件，呈交蒋介石，其主要内容为：（1）请求中国滇西方面远征军及时开始攻击，牵制当面日军第56师团，使驻印军作战容易。（2）远征军若能推进至腾冲或龙陵，则驻印军可乘机进至密支那。①

3月27日，蒋介石对于罗斯福关于实施滇西反攻的请求，明确予以拒绝，只同意先后派遣第50师、第14师增援缅北战场；并重申他在开罗会议期间对罗斯福的承诺，即一旦英军发动对缅甸的海陆两栖作战，中国主力必以全力反攻缅甸。同日，史迪威火速飞抵重庆，请求蒋介石立即向印度增兵，以解英军之危。蒋介石当即命令第54军第14师、第50师于4月初紧急空运至印度阿萨姆东部待命，并令远征军于5月中旬开始进攻。

4月4日，罗斯福又致电蒋介石，指出英帕尔方面日军之攻势，实即打击通华物资路线之战事，如其目的达到，则日军即可对付利多方面之部队，而转击远征军，强烈要求中国远征军开始反攻。罗斯福在电报中暗含严厉批评之意："去年吾人装备并训练阁下之远征军，现在当利用机会。如彼等不能用之于共同作战，则吾人尽其最大之努力，空运武器与供给教官，为无意义矣。"②蒋介石对罗斯福的责难与批评甚为不满，他在第二天的日记中写道："其措辞甚傲慢，为其自直接通电以来之第一次。"③6日，宋美龄

① 蒋纬国：《抗日御侮》第9卷，台北黎明文化事业股份有限公司1978年版，第171页。
② 秦孝仪主编：《中华民国重要史料初编——对日抗战时期》第三编，"中央"文物供应社1981年版，第299页。
③ 《蒋中正日记（1937—1945）》（光盘），1944年4月5日，台湾"国史馆"2015年版。

还奉命约谈史迪威的助手霍恩，表示对罗斯福4日的来电不满，谓"此种压迫的行动，实非中国所能忍受"，云云。

4月10日，马歇尔电令史迪威的助手霍恩将拨给中国远征军4月应得之物资734吨，转拨给美国第14航空队使用，并提出俟等中国远征军出动后再给予恢复援华物资的供应。蒋介石认为美国此举孰不可忍，嘱告何应钦答复美方："中国抗战与出击，自有一定计划，决不为美国武器之接济与否所转移。"①蒋介石是用阿Q精神来安慰自己而已，死要面子。

在美国的压力下，蒋介石被迫按照美国的要求，于4月13日下令组织滇西反攻部署，决定先以远征军一部攻击腾冲，策应驻印军的作战，而后依情况而将远征军主力投入，协力围歼缅北日军。

正当中国远征军准备实施缅北滇西反攻之际，日本向中国派遣军于1944年1月下达了"一号作战"命令，要其占领并确保湘桂、粤汉铁路及平汉铁路南部沿线要地，摧毁铁路沿线地区的中美空军主要基地，以打通从中国到越南的大陆交通线。为此，中国派遣军调集50余万兵力实施打通大陆交通线作战。4月中旬，日军华北方面军开始实施平汉线作战，中国第一战区除洛阳守军进行了较为顽强的抵抗外，多数守军一触即溃，平汉线很快打通。5月下旬，日军第11军向湖南发动进攻，实施第一期湘桂作战，中国守军防线迅速被突破，6月18日长沙陷落，6月下旬衡阳陷入日军包围之中。衡阳守军进行了顽强的守城作战，给日军予很大杀伤，但第9战区始终没有能够给衡阳守军解围，8月8日衡阳失陷，守城官兵英勇奋战40多天的成果被断送。9月，日军第11、第23军分别从湖南、广东向广西桂柳地区发起进攻，中国第4战区未能组织有效防御。11月10日，桂林、柳州沦陷。11月24日，日军进占南宁。至1945年2月，日军又打通了粤汉线南

---

①《蒋中正日记（1937—1945）》（光盘），1944年4月5日，台湾"国史馆"2015年版。

段，占领并炸毁了江西遂川、赣州等地的中美空军机场，其"一号作战"至此结束。

豫湘桂作战，以国民党军的惨败而告终。国民党军损失近60万人，丢失大小城市146座，空军基地7个、飞机场36个，丧失国土20多万平方公里，又使6000万同胞陷于日军的铁蹄之下。在世界反法西斯战争节节胜利的大好形势下，中国正面战场却出现了大溃败，这极大地损害了中国抗日战场在世界反法西斯战争中的形象。蒋介石、国民党当局的腐败无能及其错误政策的危害性，引发了普遍的不满和愤慨。

史迪威早就对蒋介石过于依赖陈纳德的空军力量，不愿加强陆军训练持不同看法，因此，他对国民党军在豫湘等地的失败并不以为然。他在6月2日的日记中写道："中国的局势相当糟糕。我相信'花生米'将要为他的愚蠢迟钝付出重大代价。这个傻瓜蛋，救世军主动来拯救他，而他却不接受。现在一切都太晚了，他却大叫起来。"6月5日，蒋介石在重庆会见史迪威，要求他为陈纳德的第14航空队增加汽油供应量，以增强粤汉铁路沿线空战之用，遭到史迪威的拒绝。6月18日，长沙失陷，日军向粤汉、湘桂两路交叉的枢纽衡阳进逼。7月4日，史迪威致电马歇尔，报告中国战场军事形势，并要求罗斯福致电蒋介石，"以剧变形势应采取剧烈手段"为理由，迫使蒋介石把指挥权交给他。他在电报中称："出兵晋豫以攻汉口，就是扭转中国局势之方法，此须使用中共部队。两年以前彼等愿听我指挥，今或仍能听命。"①

马歇尔同意史迪威对中国时局的判断，拟好电文稿呈罗斯福审批。7月7日，罗斯福按马歇尔所拟电文稿致电蒋介石，提出目前中国局势严重，"应责任一人，授以调节盟国在华资力之全权，并包括共产军在内。……

---

① 梁敬錞：《史迪威事件》，台湾商务印书馆1972年版，第265页。

史迪威已晋升为上将，请阁下速将其从缅甸战场召回，置于阁下直属之下，以统率全部华军及美军，并予以全部责任与权利，以调节指挥作战"①。这一电报虽然说把史迪威置于蒋介石的"直属之下"，但却有指挥全部中国军队及美军的"全部责任与权力"。蒋介石心里当然明白罗斯福实际上是在架空自己。

7月8日，蒋介石致电在美国的孔祥熙，要他转告罗斯福，原则上赞成关于史迪威的建议，但中国军队及政治情况复杂，不宜马上实行，"须有一准备时期"，建议罗斯福派私人代表来华，商谈调整蒋介石与史迪威之间的关系，以增进中美之间合作。②罗斯福一看就知道蒋介石是在寻找借口而故意拖延时间。于是，罗斯福在7月15日复电蒋介石，希望他尽早落实史迪威的指挥权。7月16日，蒋介石愤慨异常，在日记中大骂美国：

抗战局势，至今受美国如此之威胁，实为梦想所不及。而美帝国主义之凶横，竟有如此之甚者，更为意料所不及。彼既不允我有一犹豫之时间，必欲强派史迪威为中国战区之统帅，以编制我国。此等何事，如余不从其意，则将断绝我接济，或撤退其空军与驻华之总部，不惟使我孤立，而且诱敌深入，以图中国之速亡，其计甚毒。③

8月8日，衡阳失陷，正面战场形势进一步恶化。此时，美军已经攻占马里亚纳群岛，可以直接从该岛起飞轰炸日本本土，中国空军基地的战略价值也随之下降。但是，罗斯福和美国军方仍担心美军攻占日本本土后，

---

① 秦孝仪主编：《中华民国重要史料初编——对日抗战时期》第三编，"中央"文物供应社1981年版，第634—635页。
② 秦孝仪主编：《中华民国重要史料初编——对日抗战时期》第三编，"中央"文物供应社1981年版，第637页。
③《蒋中正日记（1937—1945）》（光盘），1944年7月16日，台湾"国史馆"2015年版。

日本还可能会利用中国大陆继续作战。所以，罗斯福仍然一再敦促蒋介石积极对日作战。8月10日，罗斯福又致电蒋介石，声称中国战场形势危急，授予史迪威全部指挥权一事"必须立即行动"，同时提出，将派曾任陆军部部长、中东特使的赫尔利为私人代表来华调解蒋、史关系。为了拖延时间并应付罗斯福，蒋介石于14日复电罗斯福，表示拟任命史迪威为"中国战区统帅部参谋长兼中美联军前敌总司令"，并说已经在作积极准备，可以在短期内顺利实现云云——表面上作出了一点让步，不跟罗斯福硬对着干。

8月21日，罗斯福对蒋介石只说不动的行为非常不满，又明确而带严厉批评地致电蒋介石，提出了涉及中国主权的不适当要求："我强烈要求你采取必要的措施，尽早地委以史迪威将军指挥你领导下的中国军队。我要求对此事付诸行动……进一步拖延就可能为时太晚，从而中国和盟国早日打败日本的计划在军事上不可避免地遭到灾难性的悲剧。"[1]

9月6日，赫尔利及纳尔逊抵达重庆，8日与蒋介石进行会谈，蒋介石拒绝了罗斯福关于全权授予史迪威的要求。9—11日，宋子文、何应钦与赫尔利、史迪威、纳尔逊会谈，宋子文提出美国的援华物资必须交由中国政府分配，但遭到美方的强烈反对，赫尔利甚至指责说："记住，宋先生，那是我们的财产，我们生产的，我们拥有它们，我们愿意给谁就给谁。"[2]史迪威在日记中写道："如果大元帅（指蒋介石）控制了分配权，我就完了，我的部队（远征军）将只能去舔别人的屁股。"[3]12日，当蒋介石获悉赫尔利、史迪威不愿交出租借物资支配权后，明确告诉宋子文"此事非坚持不可"，表示在这个问题上寸步不让。

9月18日，罗斯福再次致电蒋介石，严厉批评蒋介石延搁委任史迪威

---

① 罗伯特·达莱克：《罗斯福与美国对外政策（1932—1945）》下册，商务印书馆1984年版，第704页。
②《史迪威日记》，世界知识出版社1992年版，第287页。
③《史迪威日记》，世界知识出版社1992年版，第287页。

指挥中国所有军队，以致损失中国东部的重要土地，并以威胁的口吻说："务希立采行动，方能保存阁下数年英勇抗战所得之成果及吾人援助中国之计划。不然，则在政治上及军事上种种之计划，将因军事之崩溃而完全消失。"①罗斯福这个电报如同一道命令，也是最后的通牒。史迪威获悉这封电报后幸灾乐祸，以为罗斯福给他出了一口气。他在日记中写道："这一枪打中了这个小东西的太阳神经丛，然后穿透了他。这是彻底的一击。"②19日，这封电报由史迪威递交蒋介石，蒋介石只说了三个字"知道了"，心里却十分恼怒，当天日记云：

> 此乃引为平生耻辱，亦为最近之国耻。……今年七七接美罗侮辱我国之电后，余再三忍辱茹痛，至今已有三四次之多，然而尚可忍也。今日接其九一八来电，其态度与精神之恶劣及措辞之荒谬，可谓极矣。③

但是，史迪威万万没有想到，他得意忘形高兴之时，竟是他倒霉离开中国之日。9月25日，蒋介石把宋子文起草的一份备忘录送请赫尔利并电转罗斯福，说明不能委派史迪威统率全部中国军队的重大责任，因为"史将军非但无意与余合作，且以为受任新职后，余将反为彼所指挥"，指责史迪威漠视"互相谅解、互相尊重的合作基础，不适合承担新的指挥职务会加在他身上的重大而复杂的责任，如对他委以重任将会给中美军事合作造成无法弥补的损害"④。9月26日，蒋介石致电在美国的孔祥熙和宋美龄，内称：罗斯福来电"其措辞实不堪忍受，余对其来电决置之不复。……吾人

① 秦孝仪主编：《中华民国重要史料初编——对日抗战时期》第三编，"中央"文物供应社1981年版，第658页。
②《史迪威日记》，世界知识出版社1992年版，第289页。
③ 古屋奎二：《蒋总统秘录》第13册，台北"中央"日报社1977年版，第157页。
④ 巴巴拉·塔奇曼：《史迪威与美国在华经验》下册，商务印书馆1984年版，第719页。

如再恢复独立抗战之态势，则对内政与军事情势，决不能比现在更坏。只要内容简单，无外力牵制，则国内一切措施方能自如，决不如今日皆受人束缚之苦也。史决难再留，如有人来说情，应严正拒绝，并请从速撤换，以免阻碍今后之合作也"①。

史迪威与蒋介石矛盾的白热化，最后发展成为影响中美两国关系的一个重大问题，这使罗斯福在对华政策上面临一个新的选择：是否继续支持国民党政府。

六、赫尔利使华与美国对华政策的改变：由联共抗日转变为扶蒋反共

而作为罗斯福总统特使的赫尔利赴华则对美国的对华政策起着举足轻重的作用。本来罗斯福交给赫尔利的任务是：(1)促进蒋介石与史迪威之间的和谐关系，便利史迪威指挥中国军队行使指挥权。(2)在执行任务中，要同驻重庆的高思大使保持密切联系，并随时把自己的活动通知他。但赫尔利对他的任务有自己的理解，认为必须使中国保持在抗日战场上，将一切中国军队统一起来对日作战，必须使蒋介石政权控制中国政府。②他把支持蒋介石政府当作自己的主要使命，并将解决国共两党的矛盾寄希望于苏联。为此，他在来华之前，特意绕道苏联，会晤斯大林和莫洛托夫获悉不支持中国共产党的承诺后，非常轻易地相信国共两党的政治解决不难实现。所以，当他于1944年9月6日抵达重庆后，把注意力集中于调解史蒋矛盾。同时，当他得到蒋介石承诺为了同共产党达成一项政治办法可以作某些让步的时候，随即向蒋介石提交了一份以全力支持国民党政府的提议书：

---

① 秦孝仪主编：《中华民国重要史料初编——对日抗战时期》第三编，"中央"文物供应社1981年版，第675页。
② 菲斯：《中国的纠葛》，北京大学出版社1989年版，第201页。

一、中美合作之最高目标，为促成所有在华军队之统一，以立即击溃日本解放中国。

二、与中国合作，使其对苏及对英之关系更臻密切协商借以支持中国之目标。

三、在蒋介石指挥下，统一一切军队。

四、集中中国所有物质，以供作战之需要。

五、拥护蒋介石统一政治之努力。

六、提出现时及战后中国经济之计划。

七、确定史迪威前线指挥之权限。

八、确定史迪威为蒋介石之参谋长之权限。

九、准备提出指挥系统表。

十、讨论将来对华租借之管制。[①]

显然，赫尔利来华的主要使命已经完全不同于史迪威，抗日已降为次要事项，帮助国民党政府"统一军事"，稳定其政治和经济，成了他的主要任务。因此，赫尔利就向罗斯福建议以解除史迪威的职务来维持美中关系。9月19日晚，蒋介石与赫尔利共进晚餐，并明确告诉赫尔利，已经命令宋子文请罗斯福更换史迪威。20日，蒋介石又接见赫尔利，声称："中国军民恐不能长此忍受史迪威等等侮辱，此殊为中美两国合作之障碍物也。"[②]24日，蒋介石会见赫尔利长谈，着重强调："第一，三民主义不能有所动摇，故不能任共产主义之赤化中国。第二，国家主权与尊严不能有所损失。第三，中美合作必须是友好、和善的，故国家与个人人格不能侮辱，即不能

---

① 张祖䴙：《蒋介石与战时外交（1931—1945）》，浙江大学出版社2013年版，第351页。

② 古屋奎二：《蒋总统秘录》第13册，台北"中央"日报社1977年版，第157页。

接受强制式合作。"①此时，史迪威还给赫尔利送上一份建议函，打算给中共抗日部队武装5个美械师，而赫尔利却给史迪威的建议书批上"太晚"两个字。赫尔利已决心支持蒋介石而抛弃史迪威了。

10月10日，赫尔利致电罗斯福信说："除史迪威外，在你和蒋之间并不存在分歧……我的意思是，如果你在这场争议中支持史迪威，你就会失去蒋介石，也就很可能失去中国。"②罗斯福最后还是听从了赫尔利的话，丢史（迪威）保蒋（介石），以维护美国的国家利益为重，不能因纠缠史迪威个人的问题而搅乱了美国反法西斯战争的大局。

在世界反法西斯战争中，中国虽然是一个弱国，但毕竟又是一个大国，是抗击日本法西斯的主要力量，是抗击和牵制日本陆军的东方主战场，美国从全球战略出发，自然非常需要中国这个战略伙伴。蒋介石也正是看到了经过七年抗战的中国已经上升为世界"四强"这一点，所以才不让步。

10月19日，罗斯福致电蒋介石，同意召回史迪威，并任命魏德迈接任中国战区参谋长和驻华美军司令的职务，魏德迈于10月31日抵达重庆。10月28日，美国正式发布调史迪威回国命令。11月初，执行史迪威对华政策的美国驻华大使高思辞职，赫尔利接替高思为美国驻华大使。1945年6月23日，史迪威出任美国第10集团军司令，指挥该部与日军在冲绳岛作战。8月2日，蒋介石得知，马歇尔决定由史迪威率领第10集团军由琉球来华登陆，史迪威闻讯后则称："必先倒蒋以报去年之恨。"当晚，蒋介石将《史迪威事备忘录》交赫尔利，嘱其转交杜鲁门总统，拒绝史迪威此次来华。③史迪威与蒋介石、与中国的关系，自此彻底结束。

---

① 秦孝仪主编：《中华民国重要史料初编——对日抗战时期》第三编，"中央"文物供应社1981年版，第667—668页。

②《美国外交文件》（1944年）第6卷，第726页，转引自军事科学院军事历史研究部：《中国抗日战争史》下卷，解放军出版社2005年版，第534页。

③《蒋中正日记（1937—1945）》（光盘），1945年8月2日，台湾"国史馆"2015年版。

1944年11月7日，在史迪威离职后不久，赫尔利担任美国驻华大使后，便立即介入国共关系的"调停"。他携带一份经王世杰、张治中修改后的与中共谈判的草案文件飞抵延安，向毛泽东、周恩来表示愿意调解国共两党关系。中国共产党出于希望与美国建立抗日统一战线的考虑，并将开展对美国外交的需要。因此，愿意同美国进行军事和政治合作。毛泽东在同美军观察组组长包瑞德的谈话中表示，不管同国民党人的政治决斗结果如何，共产党人和美国人也许仍旧能够通过军事合作来挽救双方的关系，共产党人都愿意与美军并肩战斗①。所以，赫尔利的延安之行受到了中国共产党的热烈欢迎，经过两天两夜的会谈，赫尔利对共产党产生了十分正面的看法，他在给罗斯福的报告中写道："我们以最紧张热烈、最友好的方式，争辩，一致，不一致，否定，承认，对我的五点方案来回讨论，直到最后加以修正……"②经过4次协商，双方于11月10日在延安王家坪签署了关于建立民主联合政府、联合军事统帅部和承认中共合法地位的五项协议：

一、中国政府、中国国民党与中国共产党共同工作，统一中国一切军事力量，以便迅速击溃日本与重建中国。

二、现在的国民政府应改组为包含所有抗日党派和无党派政治人物的代表的联合国民政府，并颁布及实行用以改革军事政治经济文化的新民主政策。同时，军事委员会应改组为由所有抗日军队代表所组成的联合军事委员会。

三、联合国民政府应拥护孙中山先生在中国建立民有、民享、民治之政府原则，并确立正义、思想自由、出版自由、言论自由、集会结社自由、向政府请求平反冤狱的权利，人身自由与居住自由，联合国民政府亦应实

① 包瑞德：《美军观察组在延安》，解放军出版社1984年版，第98页。
② 菲斯：《中国的纠葛》，北京大学出版社1989年版，第240页。

行以实现下列两项权利即免除威胁的自由和免除贫困的自由之各项政策。

四、所有抗日军队应遵守与执行联合国民政府及联合军事委员会的命令，并应为这个政府及其军事委员会所承认。由联合国得来的物资应被公平分配。

五、中国联合国民政府承认中国国民党、中国共产党及所有抗日党派的合法地位。

中国国民政府　　　　　　　　主席蒋中正

中国共产党中央委员会　　　　主席毛泽东（签字）

北美合众国大总统代表　　　　赫尔利（见证人）（签字）

（一九四四年十一月十日十二时四十五分毛、赫双方在延安王家坪签字）①

赫尔利在得到毛泽东的签字后，颇感兴奋，感到自己的使命成功在望，他在同日致毛泽东的信中声称："我感谢你的光辉的合作与领导。这种合作与领导表现在你率领你的政党提出协定上，这一协定你已授权于我带给蒋介石主席，我同样感谢你要我转交美国总统的卓绝的信件。……你的工作，是对于统一中国的福利及联合国家的胜利的贡献。"②

但是，国民党政府却坚决反对五项协议。蒋介石认为，如果同意成立联合政府，就等于"承认他的党被共产党彻底打败了"，等于"把对政府的控制交给共产党"③。因此，蒋介石在11月22日，提出三点"反建议"，其主要内容是：

---

① 中央档案馆编：《中共中央文件选集》第14册，中共中央党校出版社1992年版，第393—394页。
② 中央档案馆编：《中共中央文件选集》第14册，中共中央党校出版社1992年版，第394—395页。
③《美国外交文件》（1944年）第6卷，第699页。

（一）国民政府，因欲有效完成所有国内武力之统一与集中，俾能从速战胜日本，且对中国之战后复兴，寄其厚望，故愿将中国共产党之武力，于改编后收为国军之一部分，此后该共产党武力，在薪饷、津贴、军火及其他配备方面，即取得与其他部队之同样待遇，并承认中国共产党之合法地位。

（二）中国共产党应在抗战建国方面竭诚拥护国民政府，并经由军事委员会将其所有部队，交由国民政府统一指挥。国民政府愿就中国共产党之高级军官中，遴员参加军事委员会。

（三）国民政府愿尊孙中山先生所倡导并经中国共产党表示拥护之三民主义，创设一民治、民享、民有之中国政府。国民政府并愿采取政策，以策应进步而促进政府之民主程序。①

蒋介石上述三点"反建议"只字不提国共两党建立联合政府和联合军事委员会，一看就非常清楚，蒋介石的所谓三点"反建议"，第一步是要借"改编"为名消灭中国共产党领导的抗日武装力量，随后达到消灭中国共产党的目的。正如毛泽东所说："蒋介石竟说：中共必须先将军队交给他，然后他才赏赐中共以'合法'地位。所有这一切，赫尔利老爷的撑腰起了决定的作用。"②

11月22日，赫尔利将国民党的三点"反建议"交给周恩来，并说蒋介石的三点建议有积极因素，劝说中共接受。赫尔利竟然背叛他在延安签字时说过的话，置五点协议于不顾，其翻手为云、覆手为雨的恶劣行径，当即遭到中国共产党的坚决抵制，被周恩来严词拒绝。12月7日，周恩来、董必武等返回延安。

①《中美关系资料汇编》第1辑，世界知识出版社1957年版，第143页。
②《毛泽东选集》第3卷，人民出版社1991年版，第1111页。

随后，赫尔利多次发电报邀请中共代表赴重庆谈判。12月12日，毛泽东、周恩来电示留在重庆的王若飞："我们毫无与美方决裂之意，但牺牲联合政府，牺牲民主原则，去几个人到重庆做官，这种廉价出卖人民的勾当，我们决不能干。"①12月28日，周恩来复信赫尔利：在联合政府问题上中共不愿"继续进行抽象的探讨"，请他转告国民党政府先要解决4个具体问题，即释放一切政治犯，撤退包括包围解放区的国民党军队，废止一切限制人民自由的法令，停止一切特务活动。但上述几点简单的民主要求，也都遭到蒋介石的拒绝。

进入1945年后，德、日法西斯日暮途穷，世界反法西斯战争胜利在望。美、苏、英等盟国先后召开雅尔塔会议和波茨坦会议，协调战略计划，以加速德、日法西斯的灭亡，但同时也明争暗斗地开始转向争夺势力范围。美国为在战后取得对苏联的战略优势，便在中国公开实行扶蒋反共的政策。虽然中国共产党一而再，再而三地希望与国民政府建立联合政府，并发展与美国的友好关系，但多次遭到赫尔利的拒绝。同时，赫尔利还于1945年2月清洗对中国共产党持友好政策，主张不要无条件对蒋介石承担义务的艾奇逊、戴维斯等5位美国驻华官员，换上一批主张扶蒋反共政策的美国官员。

1945年4月2日，赫尔利从重庆回到美国后，在华盛顿举行的美国国务院记者招待会上，公开宣称，美国只同国民党政府合作，声称美国的政策是"承认中国的国民政府，而不是任何武装的军阀和政党"，攻击中国共产党是封建军阀，阻止中国统一，等等。赫尔利的谈话，是中国抗战以来美国第一次带有官方性质的反共声明，它表明美国的对华政策已经完全转向扶蒋反共。4月12日，罗斯福总统病逝，新任总统杜鲁门不但继承了扶蒋

①《毛泽东年谱》中卷，人民出版社、中央文献出版社1993年版，第564页。

反共政策，而且有过之而无不及，从军事、经济等各方面加快扶植国民党政府，从而直接促使了中国在抗战胜利后的政局动乱，促使了蒋介石在抗战胜利后敢于发动反人民的三年内战。这正如毛泽东在同年7月12日撰写的《评赫尔利政策的危险》一文中所指出的："以美国驻华大使赫尔利为代表的美国对华政策，越来越明显地造成了中国内战的危机。坚持反动政策的国民党政府，从它在十八年前成立之日起，就是以内战为生活的；仅在一九三六年西安事变和一九三七年日本侵入中国本部这样的危机，才被迫暂时地放弃全国规模的内战。但从一九三九年起，局部的内战又在发动，并且没有停止过。国民党政府在其内部的动员口号是'反共第一'，抗日被放在次要的地位。……这个以赫尔利为代表的美国对华政策的危险性，就在于它助长了国民党政府的反动，增大了中国内战的危机。……在目前，妨碍抗日战争，在将来，妨碍世界和平。"①

①《毛泽东选集》第3卷，人民出版社1991年版，第1114—1115页。

毛泽东与蒋介石在重庆谈判前后的交锋

重庆谈判，是国共两党围绕抗战胜利后建设一个什么样的国家——"是建立一个无产阶级领导的人民大众的新民主主义的国家，还是建立一个大地主大资产阶级专政的半殖民地半封建的国家"——而展开的政治军事斗争。蒋介石"演民主的假戏"，三次电邀毛泽东到重庆商谈国是。毛泽东"弥天大勇"赴重庆谈判，迫使蒋介石国民党承认了和平团结的方针，签订了《双十协定》。从而使蒋介石在重庆谈判后发动的内战，在全国和全世界面前输了理。蒋介石因发动内战而失败，败退台湾。最终，在中国建立一个多党合作执政的新型民主政治制度国家的希望归于流产。

蒋介石及国民党在重庆谈判前后的兴衰史告诉世人：联共则兴，反共则败，因为中国共产党代表了中国最大多数人的根本利益。

重庆谈判，开始于1945年8月29日，结束于10月10日。国共两党代表在10月10日签订《政府与中共代表会谈纪要》（即《双十协定》），其中8月3天、9月30天、10月10天，共计43天。从广义上讲，则应从蒋介石发出第一份邀请函的8月14日算起，经过10月10日重庆谈判告一段落之后的边打边谈的继续谈判的三个月，直至1946年1月10日周恩来和张群正式签署《国共双方关于停止冲突、恢复交通的命令和声明》，前后合计135天。至此，内战的确在全国范围内停止了一段时期。

重庆谈判，是国共两党围绕"建什么国的斗争。是建立一个无产阶级领导的人民大众的新民主主义的国家呢，还是建立一个大地主大资产阶级专政的半殖民地半封建的国家？这将是一场很复杂的斗争。目前这个斗争表现为蒋介石要篡夺抗战胜利果实和我们反对他的篡夺的斗争"[①]。

一、摆鸿门宴，"演民主的假戏"——蒋介石三次电邀毛泽东赴重庆"共商国是"

重庆谈判是国共两党一场复杂而艰苦的政治斗争，也是毛泽东与蒋介石这两个宿敌之间的智慧、胆略和谋略的较量。

1945年8月30日，即毛泽东到达重庆的第三天，毛泽东在周恩来的陪同下拜访了中国民主同盟主席张澜。毛泽东向张澜详细地介绍了中共中央8月25日提出的六项紧急要求。张澜连声说了几声"很公道"，并且说，蒋介石要是良知未泯，就应当采纳实施。张澜还担心地对毛泽东说："蒋介石在演鸿门宴，他哪里会顾得上一点信义！前几年我告诉他：'只有实行民主，中国才有希望。'他竟威胁我说：'只有共产党，才讲实行民主。'现在国内外形势一变，他也喊起'民主''民主'来了！"毛泽东笑而答道："民主也成了蒋介石的时髦货！他要演民主的假戏，我们就来他一个假戏真做，让全国人民当观众，看出真假，分出是非，这场戏也就大有价值了。"张澜说："蒋介石要是真的心回意转，弄假成真，化干戈为玉帛，那就是全国人民之福呀！"[②]

张澜说蒋介石是在"演鸿门宴"，毛泽东说蒋介石是"演民主的假戏"，可谓一针见血地指出了蒋介石三次电邀毛泽东来重庆谈判的真实想法。

8月14日，蒋介石向毛泽东发出第一封邀请他来重庆"共同商讨"的

---

① 《毛泽东选集》第4卷，人民出版社1991年版，第1130页。
② 吕光光：《毛主席同张澜的会见》，见中共重庆市委党史研究室、重庆市政协文史资料委员会、红岩革命纪念馆编：《重庆谈判纪实：1945年8月—10月》，重庆出版社1983年版，第441页。

电报，电文称：

倭寇投降，世界永久和平局面，可期实现，举凡国际国内各种问题，亟待解决，特请先生克日惠临陪都，共同商讨，事关国家大计，幸勿吝驾，临电不胜迫切悬盼之至。[①]

蒋介石的电文中充满了对毛泽东的尊重、恳切之意，而对此前因对日受降问题引起的严重对立和中共对他的批评则只字未提，仿佛没有发生过似的。

1945年7月26日，苏、美、英三国首脑举行的波茨坦会议以宣言的形式发表了《中美英促令日本投降之波茨坦公告》，敦促日本法西斯立即投降。8月8日，苏联对日宣战，发起远东战役。8月9日，毛泽东以中国共产党中央委员会主席名义发表《对日寇的最后一战》声明，号召"中国人民的一切抗日力量应举行全国规模的反攻，密切而有效地配合苏联及其他盟国作战。八路军、新四军及其他人民军队，应在一切可能条件下，对于一切不愿意投降的侵略者及其走狗实行广泛的进攻，歼灭这些敌人的力量，夺取其武器和资材，猛烈地扩大解放区，缩小沦陷区"[②]。

8月10日，朱德总司令向各解放区发出第一号命令：

各解放区任何抗日武装均得依据《波茨坦公告》宣言规定，向其附近各城镇交通要道之敌人军队及其指挥机关，送出通牒，限期于一定时间向我作战部队投降，在缴械后，我军当依优待俘虏条例给以生命安全之保

---

① 中共重庆市委党史研究室、重庆市政协文史资料委员会、红岩革命纪念馆编：《重庆谈判纪实：1945年8月—10月》，重庆出版社1983年版，第22—37页。

② 《毛泽东选集》第3卷，人民出版社1991年版，第1119页。

护。……如遇敌伪武装拒绝投降缴械，即应予以坚决消灭。①

11日8时、9时、10时半、11时、12时和下午6时，朱德总司令又连续发出第二、第三、第四、第五、第六和第七号命令：令晋察冀、晋绥和山东军区及在华北之朝鲜义勇队，各以一部兵力向察哈尔、热河、辽宁、吉林等地进发，配合苏军作战，消灭抗拒的日伪军；令各解放区部队向本区一切敌占交通要道城镇展开进攻，迫使日伪军无条件投降。

正当八路军、新四军和华南抗日游击纵队向日伪军展开大反攻之际，蒋介石国民党在美国的支持下，迫不及待地与中国共产党抢夺抗战胜利果实。苏联参战后，日本投降已经指日可待，但此时的国民党军主力却远在西南大后方，别说参加反攻作战，就连派兵接受日伪军投降也来不及。时任美国总统杜鲁门说出了真话，当时"蒋介石的政权只及于西南一隅，华南和华东仍被日本占领着。长江以北则连任何一种中央政府的影子也没有。假如我们让日本人立即放下武器，并且向海边开去，那么整个中国就将会被共产党人拿过去。因此，我们就必须采取异乎寻常的步骤，利用敌人（日军）来做守备队，直到我们能够将国民党军队运到华南，并将海军调去保卫海港为止"②。为此，杜鲁门指示远东盟军最高统帅麦克阿瑟，要其指令在华日军只能向蒋介石国民党军投降，还要求日军守住所占地区，阻止日军向中共领导的抗日武装受降。

8月10—11日，蒋介石连续发布三道命令："令第十八集团军所属部队，应就原地驻防待命，勿再擅自移动。""令各地伪军，应就现驻地点负责维持地方治安。""令各战区（即国民党军各战区）以主力挺进解除敌军

① 中央档案馆：《中共中央文件选集》第15册，中央党校出版社1991年版，第217—218页。
② 哈里·杜鲁门：《杜鲁门回忆录》第2卷，生活·读书·新知三联书店1974年版，第72页。

武装。"①13日，朱德总司令电告蒋介石："坚决地拒绝这个命令。"

8月15日，日本宣布投降，杜鲁门在当日发布的第一号通令中，竟指定唯有国民党政府才享有中国受降权。据此，蒋介石则电告日本中国派遣军总司令冈村宁次，要他命令在华日军"停止一切军事行动，可暂保有其武器及装备，保持现有态势，并维持所在地之秩序及交通"。8月18日，冈村宁次下令所属各部，只向蒋介石国民党军队投降，不向其他军队缴械。由于美国和蒋介石的纵容，在华日军公然违背《波茨坦公告》，拒不接受朱德总司令的命令，继续同中共领导的军队作战。

国民党军队在蒋介石"以主力挺进"的指令下，在前往华北、华中和华南等地各大城市受降的同时，向中共领导的各解放区进逼。胡宗南部以其主力3个军由陕西向山西推进，其一部已过黄河；阎锡山在晋中集中8个师准备进入太原，另一部拟东进争夺晋东南地区；傅作义部进入包头，2个步兵军及1个骑兵军由绥远沿平汉路东进，与晋绥军区部队争夺归绥；李品仙、何柱国等部向徐州、蚌埠进犯，争占津浦路；王仲廉、高树勋等部已向郑州、洛阳、许昌一线推进。此时的中国战场，出现了美、蒋、日、伪加紧勾结，与中共领导的抗日武装争夺抗战胜利果实的复杂而严峻的局势。

对此，中国共产党进行了针锋相对的斗争。8月13日，毛泽东为新华社起草的题为《蒋介石在挑动内战》的评论中，严厉地批驳了蒋介石是非颠倒、敌我不分的行径。他指出：

国民党中央宣传部发言人发表谈话说，第十八集团军朱德总司令于八月十日在延安总部所发表的限令敌伪投降的命令，是一种"唐突和非法之

---

① 《总统蒋公思想言论总集》第37卷，台北国民党中央党史委员会1984年版，第309页。

行动"。这种评论，荒谬绝伦。根据这种意见，可以逻辑地解释为朱德总司令根据波茨坦公告和敌人投降的意向，下令给所属部队促使敌伪投降，倒反错了，应该劝使敌伪拒绝投降，才是对的，才算合法。无怪乎中国法西斯头子独夫民贼蒋介石，在敌人尚未真正接受投降之前，敢于"命令"解放区抗日军队"应就原地驻防待命"，束手让敌人来打。……这样的敌我倒置，真是由蒋介石自己招供，活画出他一贯勾结敌伪、消除异己的全部心理了。可是中国解放区的人民军队，绝不会中此毒计。

……国民党中央宣传部发言人的评论和蒋介石的"命令"，从头到尾都是在挑拨内战，其目的是在当着国内外集中注意力于日本无条件投降之际，找一个借口，好在抗战结束时，马上转入内战。[①]

与此同时，毛泽东在8月13日和8月16日，还分别为第十八集团军总司令起草了给蒋介石的两个电报，揭露了蒋介石8月11日给第十八集团军"原地驻防待命"和给国民党军各战区"加紧作战，一切依照既定军事计划与命令积极推进，勿稍松懈"这两个命令的错误。他明确指出："这两个命令是互相矛盾的。……现在日本侵略者尚未实行投降，而且每时每刻都在杀中国人，都在同中国军队作战，都在同苏联、美国、英国的军队作战，苏美英的军队也在每时每刻同日本侵略者作战，为什么你叫我们不要打了呢？……而把'加紧作战，积极推进，勿稍松懈'这个命令发给你的嫡系军队，不是发给我们。"[②]

在8月16日的电报中，毛泽东进一步揭露了蒋介石集团准备内战的阴谋，并向蒋介石提出了中国共产党关于制止内战的六项主张：

---

① 《毛泽东选集》第4卷，人民出版社1991年版，第1137—1138页。
② 《毛泽东选集》第4卷，人民出版社1991年版，第1141—1142页。

一、你和你的政府及其统帅部，在接受日伪投降、缔结受降后的一切协定和条约的时候，必须与中国共产党商量，取得一致意见。因为你和你的政府不能代表中国解放区、中国沦陷区的广大人民和一切抗日的人民武装力量。如果协定和条约中，有涉及中国解放区、中国沦陷区一切抗日的人民武装之处，必须事先取得中共的同意。否则，中共将保留自己的发言权。

二、中国解放区、沦陷区的一切抗日的人民武装力量，有权根据波茨坦公告和同盟国的规定的受降办法，接受我们所包围的日伪军队的投降，收缴其武器资材等。

三、中国解放区、沦陷区的广大人民和一切抗日武装力量，应有权派遣自己的代表参加同盟国接受敌人的投降，和处理敌国投降后的工作。

四、中国解放区和一切抗日武装力量，应有权选出自己的代表团，参加将来关于处理日本的和平会议和联合国会议。

五、请你制止内战。其办法是：凡被解放区军队所包围的敌伪军由解放区军队接受其投降，你的军队则接受被你的军队所包围的敌伪军的投降。这不但是一切战争的通例，尤其是为了避免内战，必须如此。如果你不这样做，势必引起不良后果。

六、请你立即废止一党专政，召开各党派会议，成立民主的联合政府，罢免贪官污吏和一切反动分子，惩办汉奸，废止特务机关，承认各党派的合法地位（中国共产党和一切民主党派至今被你和你的政府认为是非法的），取消一切镇压人民自由的反动法令，承认中国解放区的民选政府和抗日军队，撤退包围解放区的军队，释放政治犯，实行经济改革和其他各项民主改革。①

---

①《毛泽东选集》第4卷，人民出版社1991年版，第1144—1145页。

正是由于以毛泽东为代表的中国共产党采取了决不被蒋介石的8月10—11日命令气焰所吓倒的坚定果断立场，加上美、苏等大国都反对中国内战的强大压力，蒋介石才不得不改变策略，装出和平姿态，邀请毛泽东到重庆举行和平谈判。

8月16日，即毛泽东在接到蒋介石的第一封电报后的第三天，毛泽东发出了给蒋介石的第一封复电：

未寒（8月14日）电悉。朱德总司令日午有一电给你，陈述敝方意见，待你表示意见后，我将考虑和你会见的问题。①

对于蒋介石的邀请，毛泽东没有明确表态，既没有表示接受，也没有表示拒绝，但毛泽东提出了一个会见的前提条件，即要求蒋介石首先对朱德8月16日的电报作出答复，然后再酌情而定。同日，毛泽东接见了国民党政府驻延安的联络参谋周励武、罗伯伦，明确告诉他们：自己目前不准备离开延安，希望他们转告重庆。

其实，对于蒋介石的阴谋企图，毛泽东早就看透了。毛泽东在8月16日除了代朱德总司令起草给蒋介石的电报外，还为新华社写了《评蒋介石发言人谈话》的评论，指出：

蒋介石的发言人，于十五日下午在重庆记者招待会上讲关于所谓共产党违反蒋介石委员长对朱德总司令的命令时说："委员长之命令，必须服从。违反者即为人民公敌。"新华社记者说：这是蒋介石公开发出的全面内战的信号。蒋介石于十一日发出一个背叛民族的命令，在最后消灭日

---

① 《毛泽东年谱》下卷，中央文献出版社1993年版，第7页。

寇的关头，禁止八路军、新四军和一切人民军队打日本打伪军。这个命令，当然是绝对不能接受和绝对不应接受的。随后，蒋介石经过他的发言人，就把中国人民的军队宣布为"人民公敌"。这样就表示：蒋介石向中国人民宣布了内战。蒋介石的内战阴谋，当然不是从十一日的命令开始的，这是他在抗战八年中的一贯计划。在这八年中，蒋介石曾于一九四〇年、一九四一年、一九四三年发动过三次大规模的反共高潮，每一次都准备将其发展为全国范围的内战，仅由于中国人民和盟邦人士的反对，才未实现，使蒋介石引为恨事。因此，蒋介石不得不把全国内战改期到抗战结束的时候，这样就来了本月十一日的命令和十五日的谈话。①

为什么蒋介石会在1945年8月14日这一天向毛泽东发出第一封邀请电？既不是之前，也不是在这之后？其中一个重要的历史背景是，8月14日国民党政府同苏联政府签订了《中苏友好同盟条约》，并就外蒙古独立问题等进行了换文。苏联恢复了沙皇俄国时期曾在中长路等方面所强占的权益，并在中国东北取得租期30年的不冻军事港口、贸易港口的优越权益，这严重损害了中国的主权和民族利益。为此，苏联领导人明确表示"有意支持中国国民政府"。在当时的历史条件下，苏联政府在外交上只能承认国民党政府。但是，苏联领导人又过高地估计国民党的力量，过低地估计中国共产党的力量，曾多次向美国和国民党的代表表示，中共没有能力领导统一中国；他们只承认并支持国民党政府这个"唯一合法政府"，希望中国能在蒋介石处于"领袖地位"的前提下实现统一；等等。所以，有利的国际环境（美国的扶蒋反共，加上苏联的表态支持），让此时的蒋介石觉得可以放心大胆地解决国内"政令军令统一"问题，即曾早就提出过的要共产

①《毛泽东选集》第4卷，人民出版社1991年版，第1148页。

党"放弃其地盘，交出其军队"的问题了。

蒋介石在获悉毛泽东暂不想来重庆的情报后，于8月20日又向毛泽东发出第二封邀请电。他在电文中对朱德8月16日所提出的批评作了辩解，还倒打一耙，并且在电文的后半部分一反常态，佯装高姿态，邀请得更加热烈、真诚和急切：

朱总司令电称一节，似于现在受降程序未尽明了。查此次受降办法，系由盟军总部所规定，分行各战区，均予依照办理，中国战区亦然，自未便以朱总司令之一电破坏我对盟军共同之信守。朱总司令对于执行命令，往往未能贯彻，然事关对内妨碍犹小。今于盟军所已规定者亦倡异议，则对我国家与军人之人格将置于何地。朱总司令如为一爱国爱民之将领，只有严守纪律，恪遵军令，完成我抗战建国之使命。

抗战八年，全国同胞处在水深火热之中，一旦解放，必须有以安辑之而鼓舞之，未可蹉跎延误。大战方告终结，内争不可再有。深望足下体念国家之艰危，悯怀人民之疾苦，共同戮力，从事建设。如何以建国之功收抗战之果，甚有赖于先生之惠然一行，共定大计，则受益拜惠，岂仅个人而已哉！特再驰电奉邀，务恳惠诺为感。①

蒋介石在第二封电报中，力图把不准中共领导的抗日武装受降的责任推到以美国为首的盟军身上，以堵共产党的嘴，似乎与他或国民党无关。其实，杜鲁门政府发布的关于"不准把日本人的武器交给中国的共产党武装部队"，是根据蒋介石的请求和赫尔利、魏德迈的报告发布的。日本刚一乞降，赫尔利就向美国政府报告说："共产党乘日本崩溃在即，也在尽可能

---

① 中共重庆市委党史研究室、重庆市政协文史资料委员会、红岩革命纪念馆编：《重庆谈判纪实：1945年8月—10月》，第31—33页。

寻求最大利益。……如果美国政府和联合国允许中国的一个拥有武装的敌对政党接受日本投降，并缴获日本人的武器，那么中国的内战便会因而不可避免。"①

按照《波茨坦公告》的规定，任何人或任何国家都无权剥夺任何一支抗日武装的受降权利，蒋介石企图以盟国的命令来压中共，是完全无理的，更何况美国是在明显地干涉中国的内政。再者，蒋介石在第二封电报中还以"体念国家之艰危，悯怀人民之疾苦"的大救星标榜而自居，弦外之音是在责备毛泽东不体谅他的苦心，不考虑人民疾苦，给人以不容拒绝之逼迫感。

8月22日，毛泽东第二次复电蒋介石："兹为团结大计，特派周恩来同志前来晋谒，到后希予接洽为恳！"②对毛泽东本人是否接受邀请，仍不作正面回答。事实上，毛泽东决定先让周恩来作一番战略侦察，看看蒋介石到底开的是什么盘子，然后再就他本人是否去重庆再作最后决定。③

蒋介石见毛泽东还不想来重庆，于是在8月23日又发出第三封邀请电：

未养电诵悉，承派周恩来先生来渝洽商，至为欣慰。惟目前各种重要问题，均待与先生面商，时机迫切，仍盼先生能与恩来先生惠然偕临，则重要问题，方得迅速解决，国家前途实利赖之，兹已准备飞机迎迓，特再驰电速驾。④

蒋介石一而再，再而三地邀请毛泽东赴渝"面商各种重要问题"，并且

---

① 《杜鲁门回忆录》第1卷，生活·读书·新知三联书店1974年版，第373—374页。
② 《毛泽东年谱》下卷，中央文献出版社1993年版，第9页。
③ 《周恩来传》上，中央文献出版社1998年版，第728页。
④ 中共重庆市委党史研究室、重庆市政协文史资料委员会、红岩革命纪念馆编：《重庆谈判纪实：1945年8月—10月》，第35页。

已经都准备好了飞机，话已说到这个份上，显然蒋介石的挑战意味甚浓。

8月24日，毛泽东复电蒋介石，准备接受蒋介石的挑战，打算随即赴重庆谈判：

梗电诵悉。甚感盛意。鄙人亟愿与先生会见，共商和平建国之大计，俟飞机到，恩来同志立即赴渝进谒，弟也准备随即赴渝。晤教有期，特此奉复。①

第三封复电表明，毛泽东虽然答应赴渝，但仍计划让周恩来先行一步，他本人赴渝的日期仍未最后确定。8月23日，毛泽东主持召开了中共中央政治局扩大会议，会议主要讨论了抗日战争胜利后的国内外局势，以及我党采取的斗争方针策略等。会议期间已经收到蒋介石的第三封邀请电。会议决定，毛泽东还是要去重庆谈判，但去的时间要酌情而定。毛泽东在发言中说："我是否出去？我们今天还是决定出去而不是不出去。但出去的时机由政治局书记处决定。我出去，决定由少奇同志代理我的职务，书记处另推陈云、彭真同志为候补书记，以便我和恩来出去后，书记处还有五人开会。"②周恩来在发言中也说："中央决定我出去，我个人想是一个侦察战，最重要的是看蒋开的什么盘子。我们是诚意要求和平的，当然不能失掉我们的立场。大家关心的是毛亲自出去的问题。这个今天还不能十分肯定，因为总要谈得拢才能出去，今天也不能作不出去的决定，看我出去谈判如何再决定，蒋的阴谋也必须考虑。"③

由上可见，8月24日毛泽东对蒋介石的复电与毛泽东、周恩来在中央

---

① 中共重庆市委党史研究室、重庆市政协文史资料委员会、红岩革命纪念馆编：《重庆谈判纪实：1945年8月—10月》，第37页。
② 毛泽东在中共中央政治局扩大会议上的发言记录（1945年8月23日），见《毛泽东传（1893—1949）》，中央文献出版社1996年版，第729页。
③ 周恩来在中共中央政治局扩大会议上的发言记录（1945年8月23日），见《周恩来传》上，中央文献出版社1998年版，第728页。

政治局扩大会议上的发言精神是一致的。

最后决定毛泽东与周恩来、王若飞一起赴重庆谈判，是在8月25日晚中共中央政治局7名委员，同当天刚从重庆回来的王若飞一起连夜再次研究决定的。8月26日，举行政治局会议，毛泽东报告了昨夜讨论的意见。毛泽东明确表示："可以去，必须去，这样可以取得全部主动权。由于有我们的力量、全国的人心、蒋介石自己的困难、外国的干涉四个条件，这次去是可以解决一些问题的。出去谈判会不会造成'城下之盟'的局势？签字之手在我。自然必须作一定的让步，在不伤害双方根本利益的条件下才能得到妥协。"[①]毛泽东还设想了我党作出让步的方案及限度：第一步是广东至河南的解放区；第二步是江南解放区；第三步是江北某些地区。但是"陇海路以北迄外蒙古一定要我们占优势。如果这样还不行，那么城下就不盟，准备坐班房。我们党的历史上除何鸣事件外，还没有随便缴枪的事"[②]。

中共中央政治局同意了毛泽东的意见，于当日向全党发出《中共中央关于同国民党进行和平谈判的通知》，以统一党内的思想。通知说：

现在苏美英三国均不赞成中国内战，我党又提出和平、民主、团结三大口号，并派毛泽东、周恩来、王若飞三同志赴渝和蒋介石商量团结建国大计，中国反动派的内战阴谋可能被挫折下去。……在谈判中，国民党必定要求我方大大缩小解放区的土地和解放军的数量，并不发行纸币，我方亦准备以必要的不伤害人民根本利益的让步。无此让步，不能击破国民党的内战阴谋，不能取得政治上的主动地位，不能取得国际舆论和国内中间

① 毛泽东在中共中央政治局扩大会议上的发言记录（1945年8月26日），见《毛泽东传（1893—1949）》，中央文献出版社1996年版，第730页。

② 毛泽东在中共中央政治局扩大会议上的发言记录（1945年8月26日），见《毛泽东传（1893—1949）》，中央文献出版社1996年版，第730页。

派的同情，不能换得我党的合法地位和和平局面。

在我党采取上述步骤后，如果国民党还要发动内战，它就在全国全世界面前输了理，我党就有理由采取自卫战争，击破其进攻。^①

由上可知，毛泽东从8月14日接到蒋介石第一封邀请电，到8月23日接到蒋介石的第三封邀请电，其间前后11天时间，没有明确告诉蒋介石是否去重庆谈判。直至8月25日晚，政治局开会才最后确定下来，显然经过了反复的研究、判断。其中，斯大林的态度，也是促使他赴重庆的一个推动力。所以，他和中央政治局全面分析国内形势后，对去重庆同国民党谈判的前景抱有光明坚定的自信。

第二次世界大战结束后，苏、美是对中国影响最大的两个大国，它们的态度对国共两党都会发生影响。苏联共产党从20世纪20年代以来一直支持中国共产党。时任中共中央书记处办公室主任师哲回忆，在蒋介石三次邀请电期间，斯大林通过驻延安情报组转来一份电报，其主要内容是："中国不能再打内战，要再打内战，就可能把民族引向灭亡的危险地步。"

这个电文引起了毛主席的极大不快，甚至很生气。他这样说："我就不信，人民为了翻身搞斗争，民族就会灭亡?!"

过了两三天，斯大林又来了第二封电报，主要内容是说"世界要和平，中国也要和平，尽管蒋介石挑衅想打内战消灭你们，但是蒋介石已再三邀请你去重庆协商国事，在此情况下，如果一味拒绝，国内、国际各方面就不能理解了。如果打起内战，战争的责任由谁承担? 你到重庆去同蒋会谈，你的安全由美、苏两家负责"等等。

---

① 《毛泽东选集》第4卷，人民出版社1991年版，第1153—1154页。

开始时，毛主席本来想派周恩来代表他去谈判，已经于8月22日电告蒋介石了。后综合考虑斯大林的意见，加之考虑到蒋介石不会满意，而且又不足以充分表示中共的诚意，最后于是决定他本人去重庆同蒋介石见面。8月27日，美国驻华大使赫尔利和张治中还专程从重庆来延安接毛泽东。①

虽然毛泽东看了斯大林的电报不高兴，很生气，也不相信斯大林关于国共内战中华民族就有毁灭可能的说法，但他对斯大林要他去重庆的意见一定会认真考虑。8月26日毛泽东在政治局会议上说"必须去"的四个条件（有我们的力量、全国的人心、蒋介石自己的困难、外国的干涉）就把"外国的干涉"作为重要条件之一。

美国杜鲁门政府虽然全力实行扶蒋反共政策，但他们清楚，国民党不可能在短期内用武力解决国内统一问题，抗战胜利后长江以北的大半个中国都是共产党控制的解放区，国民党军尚在远偏于大西南一隅，并认为，如中国陷入内战，对美国、蒋介石政府都不利，赫尔利及美国政府也赞成国共两党和谈。所以，赫尔利愿意亲自飞往延安来接毛泽东赴重庆。

总之，国内外的局势，主要是苏、美两国的不同介入，国共两党从自身利益出发的考量，四方交叉而合力地促使了毛泽东和蒋介石两个宿敌在重庆的握手。

二、"假戏真做"——毛泽东"弥天大勇"赴渝州

（一）"你们在前方打得越好，我就安全一些，打得不好，我就危险一些"

毛泽东不顾个人安危亲赴重庆谈判，有力地向世人宣告：中国共产党

---

① 《在历史巨人身边：师哲回忆录》，中央文献出版社1991年版，第308页。

是真诚地谋求和平的，是真正代表全中国最广大人民群众利益和愿望的。毛泽东等中共代表团抵达重庆后，受到各界民众的热烈欢迎，在国内外引起了巨大反响。

毛泽东于重庆谈判期间的9月6日，在周恩来、王若飞的陪同下一起拜访了第一次国共合作时期的老朋友、著名诗人柳亚子。当毛泽东把手书的旧作《沁园春·雪》赠给柳亚子后，柳亚子即席赋诗作答：

> 阔别羊城十九秋，重逢握手喜渝州。
> 弥天大勇诚能格，遍地劳民乱尚休。
> 霖雨苍生新建国，云雷青史旧同舟。
> 中山卡尔双源合，一笑昆仑顶上头。[①]

柳亚子在诗中对毛泽东来重庆谈判的大智大勇给予高度赞誉，别说共产党内的许多干部不赞成毛泽东去重庆，认为蒋介石不会有诚意，毛泽东的安全没有保障，就连许多民主党派的友好人士也对毛泽东来重庆的安全表示担忧，如张澜、柳亚子等。因此，当毛泽东来到重庆同蒋介石谈判时，柳亚子称之为"弥天大勇"。蒋介石这个人历来善于玩弄阴谋诡计，历史上曾采用各种卑鄙的手段，来对付他在国民党内外的政敌，毫无诚信可言。

毛泽东处理重大问题历来从战略上考量且慎之又慎，主张凡事都做好最坏的打算。因此，在他离开延安赴重庆谈判期间，经他提议，中央政治局决议：由刘少奇代理中共中央主席职务，主持中央工作，并增补陈云、彭真为中央书记处候补书记。这一决定一方面可以保证中央领导机构的正常运转，另一方面也可以确保万一出现不测事故后，中共党内不致发生混

---

①《柳亚子选集》下册，人民出版社1989年版，第911页。

乱。在接到蒋介石的第一、第二封电报后，8月23日毛泽东主持召开政治局扩大会议。第二天就要出发到前线去的刘伯承、邓小平、陈毅、林彪、陈赓、薄一波、萧劲光等也参加了这次会议。周恩来在发言中说道："大家关心的是毛亲自出去的问题。这个今天还不能十分肯定……蒋的阴谋也必须考虑。"①另据萧劲光的回忆："（毛主席）对我们这些即将奔赴前线的同志说，同志们担心我去谈判的安全。蒋介石这个人我们是了解的。你们在前方打得越好，我就安全一些，打得不好，我就危险一些。你们打了胜仗，我谈判就容易些，否则就困难一些。他风趣地说，目前的情况是有三种果子，我们可能得一批小的，失一批大的，另外，还要力争一批不大不小的。"②这充分反映了毛泽东有胆有识，不畏艰险的胆略。后来的事实证明，毛泽东的判断十分正确。在整个重庆谈判期间，蒋介石对毛泽东的安全保卫工作非常重视，他害怕国民党的部下擅自行动，胡作非为，造成严重后果。为此，他精心挑选了忠实可靠的宪兵，组成"警卫班"，负责保卫毛泽东，还特别吩咐："不管哪一派，哪一统（指军统、中统）的特字号人物，都不许接近毛泽东。如果发现有借故捣乱的人，就是开枪打死了，也不要紧。"③蒋介石还专门找了戴笠等特务头目，要他约束部下，千万不能乱来造次。

1945年8月27日，美国驻华大使赫尔利、国民政府军事委员会政治部部长张治中来延安迎接毛泽东、周恩来、王若飞去重庆。28日上午，飞机从延安东门外机场起飞，下午3时半许，毛泽东同周恩来、王若飞，与赫尔利、张治中，同机抵达重庆九龙坡机场。这是一个万众瞩目的时刻，到

---

① 周恩来在中共中央政治局扩大会议上的发言记录（1945年8月23日），见《周恩来传》上，中央文献出版社1998年版，第728页。
②《萧劲光回忆录》，解放军出版社1987年版，第325页。
③ 孙其明：《和谈内战交响曲——毛泽东和蒋介石在抗战胜利初期》，上海人民出版社1992年版，第28页。

机场迎接的有蒋介石的代表周至柔，还有邵力子、张澜、沈钧儒、左舜生、章伯钧、陈铭枢、黄炎培、郭沫若等。据《大公报》记者子冈报道："第一个出现在飞机门口的是周恩来，他的在渝朋友们鼓起掌来。他还是穿那一套浅蓝的布制服。到毛泽东、赫尔利、张治中一齐出现的时候，掌声与欢笑声齐作。延安来了九个人。"[①]

大约半小时的欢迎场面结束后，毛泽东、周恩来、王若飞等三位客人，被赫尔利、张治中送往曾家岩桂园小憩。位于重庆市区中四路的桂园，原是张治中的私人住宅，在得知毛泽东要来重庆后，张治中一家便暂时搬迁出去，将桂园腾出来给毛泽东使用。在渝期间，毛泽东大多住在化龙桥红岩村13号第十八集团军办事处。因红岩村离市区较远，所以，桂园后来则成为毛泽东在市内的办公地点，他每天早上8时左右从红岩乘车到桂园办公或会客，下午6时许再从桂园乘车返回红岩休息。

当晚，毛泽东等出席了蒋介石在山洞住处举行的欢迎宴会，并留住在山洞林园。8月29日，毛泽东同蒋介石进行了第一次商谈，并确定双方的谈判代表：中共方面是周恩来、王若飞，国民党政府方面是王世杰、张群、张治中、邵力子。

在首次商谈时，蒋介石表现出一副宽宏大度的姿态。他对毛泽东、周恩来说："政府方面之所以不先提出具体方案，是为了表明政府对谈判并无一定的成见，愿意听取中共方面的一切意见。希望中共方面本着精诚坦白之精神，知无不言，言无不尽。"

毛泽东笑而回答之："中共希望通过这次谈判，使内战真正结束，永久的和平能够实现。……"

毛泽东的话还未说完，蒋介石脸上的笑容便消失了，不耐烦地说道：

[①]《大公报》1945年8月29日。

"中国没有内战！"蒋介石的话音未落，与会者均皆愕然。这位蒋委员长真是睁着眼睛说瞎话，既然中国没有内战，那么，这次专为避免内战、实现和平的重庆谈判，不就是多余了吗？其实，这是蒋介石的一贯逻辑，他把十年的"剿共"内战、抗战时期的三次反共高潮，统统说成是"剿匪"，而不是内战。对此，曾遭到中共的批驳。

毛泽东立即意识到蒋介石反共的顽固立场丝毫没有改变，他毫不客气地反驳说："要说中国没有内战，这是彻头彻尾的欺骗，根本不符合事实，即使三岁的娃娃也不会相信。"[1]接着，毛泽东就以十年内战和八年抗战时期的三次反共高潮的历史事实，证明内战不但在中国存在，而且从未停止过。[2]蒋介石无话可说，只好另找话题。第一次交锋，毛泽东证明了自己此前的判断，蒋介石连起码的历史都不承认，他对谈判还能有什么诚意？同时，蒋介石心里也明白，企图用高压的手段来使毛泽东屈服、妥协，只能适得其反，困难重重。

（二）难产的《双十协定》及"审治"毛泽东

重庆谈判是一场复杂而艰苦的斗争。由于国民党对这次谈判并没有诚意，也没有估计到毛泽东真的会这样快应邀到重庆来，因此他们根本没有准备好谈判方案，他们原先只是想做做"官样文章"而已。8月21日，国民党《中央日报》刊出蒋介石给毛泽东的第二封电报，标题是"蒋主席再电毛泽东，盼速来渝共商大计"。当晚，《中央日报》编辑部召开会议分析形势。总编辑陈训悆说："双方距离这样远，共产党的态度这样坚决，怎么会来谈判嘛！"

社长胡健中说："陈立夫不赞成这种搞法，他认为与共产党谈判只会助

---

[1] 中共重庆市委党史研究室、重庆市政协文史资料委员会、红岩革命纪念馆编：《重庆谈判纪实：1945年8月—10月》，第189页。

[2] 中共重庆市委党史研究室、重庆市政协文史资料委员会、红岩革命纪念馆编：《重庆谈判纪实：1945年8月—10月》，第428页。

长共产党的声势。他说对共产党的问题只有动大手术才行。"

总主笔陶希圣说："现在动大手术也不是时候，国内有厌战情绪，国际形势也不允许打内战，一打起来我们更被动，利用谈判拖一拖也好。共产党拒绝谈判，我们更有文章好做。"①8月24日，国民党中央通讯社的新闻稿报道了蒋介石给延安的第三封电报："特再驰电速驾。"陈训悆说："这是官样文章。"毛泽东明知蒋介石是在做"官样文章"，但他还是决定"假戏真做就要做到底"②。蒋介石三次致电毛泽东来重庆谈判，其真实的意图如毛泽东所说是在"演民主的假戏"，或者如国民党自己所说"做官样文章"：如果毛泽东不来，就可以大肆宣传共产党拒绝和平谈判，把内战的帽子扣到共产党的头上；如果来了，便可以利用"和平谈判"来麻痹共产党，以争取时间，调兵遣将，部署内战。

所以，国民党方面根本就没有准备好什么谈判方案，这只能由共产党方面首先提出。9月2日，毛泽东约王世杰到桂园商谈。毛泽东对这次谈判提出了八点原则性意见：

在国共两党谈判有结果时，就召开各党各派和无党派人士代表参加的政治会议。

在国民大会问题上，如国民党坚持旧代表有效，中共代表将不能与国民党成立协议。

应给人民以一般民主国家人民在平时所享有之自由，现行法令当依此原则予以废止或修正。

应予各党派以合法地位。

---

① 中共重庆市委党史研究室、重庆市政协文史资料委员会、红岩革命纪念馆编：《重庆谈判纪实：1945年8月—10月》，第419—420页。

② 毛泽东在中共中央政治局扩大会议上的发言记录（1945年8月23日），见《周恩来传》上，中央文献出版社1998年版，第727页。

应释放一切政治犯，并列入声明中。

应承认解放区及一切收复区内的民选政权。

中共军队须改编为48个师，并在北平成立行营和政治委员会，由中共将领主持，负责指挥鲁、苏、冀、察、热、绥等地方之军队。

中共应参加分区受降。[①]

9月3日，周恩来、王若飞将中共方面拟订的两党谈判方案11项交给国民党代表转送给蒋介石，其主要内容为：

一、确定和平建国方针，以和平、团结、民主为统一的基础，实行三民主义（以民国十三年国民党第一次代表大会之宣言为标准）。

二、拥护蒋主席之领导地位。

三、承认各党派合法地位并长期合作和平建国。

四、承认解放区政权及抗日部队。

五、严惩汉奸，解散伪军。

六、重划受降区，参加受降工作。

七、停止一切武装冲突，令各部队暂留原地待命。

八、结束党治过程中，迅速采取各项必要措施，实行政治民主化、军队国家化、党派平等合作。

九、政治民主化之必要办法：由国民政府召集政治会议（即党派协商会议）；确定省县自治，实行普选；解放区解决办法为：1. 山西、山东、河北、热河、察哈尔五省主席及委员由中共推荐。2. 绥远、河南、安徽、江苏、湖北、广东六省由中共推荐副主席。3. 北平、天津、青岛、上海四

①《毛泽东传（1893—1949）》，中央文献出版社1996年版，第734页。

直辖市由中共推荐副市长。4. 参加东北行政组织。

十、军队国家化之必要办法：1. 公平合理整编全国军队，分期实施，中共部队改编为16个军48个师；2. 重划军区，实施征补制度，中共军队集中淮河流域（苏北、皖北）及陇海路以北地区（即中共现驻地区）；3. 设北平行营及北平政治委员会，由中共推荐人员分任；4. 参加军事委员会及其所属各部工作等。

十一、党派平等合作之必要办法：1. 释放政治犯；2. 保障各项自由，取消一切不合理禁令，取消特务机关。①

上述11项提案内容，是中共从和平、民主、团结的愿望出发，以国共两党现有政治军事力量的实际情况为基础提出来的，并且是中共方面作出了重大让步：第一，中共不但放弃了抗战以来坚持了多年的要求建立民主联合政府的主张，而且明确表示愿意实行1924年国民党一大宣言中阐述的三民主义，并表示"拥护蒋介石的领导地位"。第二，军队的大批裁减和撤出南方解放区。

但是，蒋介石却连把这11项内容作为谈判的基础也不愿意。9月3日，当蒋介石看到中共方面11项提案内容后，颇为生气，还在骂"共匪不可理喻"，充满敌意。他在日记中写道：

余以极诚对彼，而彼竟利用余精诚之言，反要求华北五省主席与北平行营主任皆要委任其人，并要编组其共军48万人，以为余所提之12师之3倍，最后将欲24师为其准数乎？共匪诚不可理喻也。②

①《周恩来传》上，中央文献出版社1998年版，第731—732页。
②《蒋中正日记（1937—1945）》（光盘），1945年9月3日，台湾"国史馆"2015年版。

9月4日上午，蒋介石召集张群、王世杰、邵力子、张治中4人开会，他将自己拟定的《对中共谈判要点》交给张群等人。他一开始便横蛮地指责中共说："中共代表昨（三）日提出之方案，实无一驳之价值。倘该方案之第一、二条具有诚意，则其以下各条在内容上与精神上完全相矛盾者即不应提出。我方可根据日前余与毛泽东谈话之要点，作成方案，对中共提出。"①具体内容为：

一、中共军队之编组，以12个师为最高限度。

二、承认解放区，为事实绝对行不通。

三、拟改组原国防最高委员会为政治会议，由各党派人士参加。在国民大会产生新政府后，各党派与无党派人士均可依法参加中央政府。

四、原当选之国民大会代表，仍然有效，可酌量增加名额。

如前所述，蒋介石虽然邀请毛泽东来重庆谈判，但他并没有想到毛泽东真的会来，而且还来得这么快，更没有打算在这次谈判中要解决什么实际问题。王若飞在谈判结束后向政治局汇报时说："前六天，看他们毫无准备。左舜生刻薄他们，说只见中共意见，不见政府意见。"②实际情况确实如此，国民党谈判代表张群在会谈时也承认过：你们（指中共）所提的办法是事先经过你们党内决定，并在你们来重庆之前就已经公布；而我方事前党内并未有任何讨论，也未准备任何方案与中共谈判。当毛泽东到重庆时，蒋介石只给了国民党谈判代表三条原则：

① 《周恩来传》，中央文献出版社1998年版，第732—733页。
② 王若飞在中共中央政治局会议上的发言记录（1945年10月11日），见《毛泽东传（1893—1949）》，中央文献出版社1996年版，第734页。

不得于现在政府法统之外来谈改组政府问题。

不得分期或局部解决，必须现时整个解决一切问题。

归结于政令、军令之统一，一切问题必须以此为中心。

至于怎样解决具体问题，根本没有什么切实的方案，于是谈判只好中断3天。从9月4日起，蒋介石将谈判的任务交给张群、邵力子、张治中，他自己则退居到幕后掌控。

有关国共两党关系的重大问题，从9月2日晚、4日、12日、17日和10月9日、10日，毛泽东或单独，或在周恩来、王若飞的陪同下，或在赫尔利的参加下，同蒋介石进行了多次商谈。

有关国内和平问题的具体谈判，则在周恩来、王若飞同王世杰、张群、张治中、邵力子之间进行，9月4日、8日、10日、11日、12日、15日、19日、21日、27日分别进行会谈和10月2—8日又会谈了4次，前后共13次。10月10日，国共双方代表终于在曾家岩桂园客厅签订《政府与中共代表会谈纪要》(《双十协定》)，并公开发表。

（三）重庆谈判是在艰难曲折的道路上缓慢前行，会谈的成果来之不易，且斗争十分激烈：蒋介石企图扣留"审治"毛泽东

虽然中共方面相忍为国，一再让步。比如，关于军队裁编数目，毛泽东提出，中共仅要求达到全国军队总数的七分之一即可，如国民党军队现为263个师，中共军队可缩编为43个师。以后国民党军队缩编，中共军队亦可以上比例递减，如前者编为120个师，后者可为20个师；前者编60个师，后者可减至10个师。又如，关于解放区问题，中共提出，可将黄河以南之海南岛、广东、浙江、苏南、皖南等8个解放区的军队撤至苏北、皖北及陇海路以北地区。

但由于蒋介石目光短浅、心胸狭窄，他在封建独裁的泥坑中陷入太深，无法自拔，对中共提出的修正案，总是加以拒绝。如9月4日，当他看到中共方面提出的11项提案后，便在当天的日记中写道："脑筋深受刺激。何天生此等恶劣根性，徒苦人类乃尔！"①9月中旬，谈判实际上陷入停顿状态。12日正午，蒋介石约毛泽东、周恩来共进午餐，蒋介石亲自出面，向毛泽东施压。蒋介石对周恩来说："盼告润之，要和，就照这个条约和。不然，就请他回延安带兵来打好了。"这时的蒋介石自恃兵力雄厚，趾高气扬，态度蛮横。

毛泽东天生一副硬骨头，敢于迎接任何挑战，从不向任何威胁低头。9月17日，毛泽东与蒋介石会商时当面答复了蒋介石的挑衅："现在打，我实在打不过你。但我可以用对付日本人的办法来对付你，你占点线，我占面，以乡村包围城市，你看如何？"②毛泽东的话软中带硬，不卑不亢。

9月21日晚，赫尔利向毛泽东提出，中共应该交出军队，交出解放区，否则谈判就要破裂。赫尔利的话显然是代表了蒋介石的意思，并以最后通牒的方式向中共施压。毛泽东从容不迫地回答道："问题复杂，还要讨论。"并且非常淡定地说："军队国家化，国家要统一，我们是完全赞成的，但前提是国家民主化，军队和解放区不能交给一党控制的政府。如何民主化，还要讨论。虽然目前有很多困难，但总会想出克服的办法。我们不主张破裂。"③同一天，蒋介石在日记中愤恨地写道：

考虑共党问题祸福利害甚久，此时主动尚在于我，不患其作恶卖国，吾仍以理导之。晚与赫尔利谈共党问题，示以军额最大为20师，如其仍要

---

① 《蒋中正日记（1937—1945）》（光盘），1945年9月4日，台湾"国史馆"2015年版。
② 中共重庆市委党史研究室、重庆市政协文史资料委员会、红岩革命纪念馆编：《重庆谈判纪实：1945年8月—10月》，第448页。
③ 《毛泽东传（1893—1949）》，中央文献出版社1996年版，第735页。

求华北各省主席，则不再谈矣。①

9月27日，当蒋介石获悉毛泽东答路透社记者谈话时所讲解放区拥有120万人民军队和220多万以上的民兵，并在19个省区建立了19个解放区的抗日民主政权时，更是按捺不住内心的愤慨，把中共骂成"汉奸""叛逆"，把毛泽东骂成"罪魁祸首"，并企图扣留"审治"。他在日记中写道：

如此罪大恶极之祸首，犹不后悔，反而要求编组120万军队，割据陇海路以北七省市之地区，皆为其势力范围所有，政府一再劝导退让，总不能餍其无穷之欲壑，如不加审治，何以对我为抗战而死军民在天之灵耶！②

到了9月29日，蒋介石对中共和毛泽东的愤怒达到极点，他在日记中罗列了"中共之罪恶"计11条之多，什么"资抗战之名义，而行破坏抗战之实；借民主之美名而施阶级独裁之阴谋；借民选之名义以行其拥兵自卫，割据地盘，破坏统一，颠覆政府"，什么"企图割据华北各省，盘踞热察，隔绝中苏联络，破坏中苏同盟，以期扰乱世界和平之建立……"，不一而足，真是欲加之罪，何患无辞。

蒋介石在日记中对毛泽东恨归恨，想归想，但是真要扣留并"审治"毛泽东，并不是一件简单的事情。此前，赫尔利已公开发表声明要保证毛泽东来重庆谈判的安全。所以，由于蒋介石担心赫尔利和美国政府的态度，以及苏联政府的反应，最终还是放弃了扣留毛泽东的想法："对共问题，郑重考虑，不敢稍有孟浪。总不使内外有所借口，或因此再起纷扰，最后惟

---

① 《蒋中正日记（1937—1945）》（光盘），1945年9月4日，台湾"国史馆"2015年版。
② 《蒋中正日记（1937—1945）》（光盘），1945年9月27日，台湾"国史馆"2015年版。

有天命是从也。"①总算蒋介石在这个问题上还没有失去理智，否则，内战马上就要骤起。

然而，可笑的是，在国共两党代表于10月10日签字之日，蒋介石突发奇想，他在国民政府颁发"胜利勋章"授勋令时，在授勋人员名单中加进了朱德、彭德怀、叶剑英、毛泽东、董必武、邓颖超。事后，他在日记中写道：

> 双十节授勋，特将共朱毛等姓名加入，使之安心，以彼等自知破坏抗战，危害国家为有罪，惟恐政府发其罪状，故亟欲抗战有功表白于世，以掩盖其滔天罪行。余乃将顺其意以慰之，使其能有所感悟而为之悔改乎？然而难矣哉！②

就这件事而言，说明蒋介石此时的大脑确实进水了，自作聪明，自作多情，把毛泽东等中共领导人当三岁孩童，以为给一块糖，就能换来高兴。如从另一个角度来说，毛泽东来重庆谈判的一个多月里，始终软中带硬，绵里藏针，中共提出的谈判方案招招都有理、有利、有节，而蒋介石国民党方面始终处于被动应付状态，蒋介石的高压手段一点也不奏效，使蒋介石的大脑变得如一桶糨糊，不然，怎么会想起要给毛泽东等中共领导人"授勋"呢，真可谓是国共关系史上的一则政治笑话，十分有趣。

最终，国共会谈还是取得重要成果：双方协议"必须共同努力，以和平、民主、团结、统一为基础，长期合作，坚决避免内战，建设独立、自由和富强的新中国"；双方确定召开各党派代表及无党派人士参加的政治协商会议，共商和平建国大计；迅速结束国民党的"训政"，实现政治民

---

① 《蒋中正日记（1937—1945）》（光盘），1945年10月6日，2015年版。
② 《蒋中正日记（1937—1945）》（光盘），1945年10月6日，2015年版。

主化，承认人民享有一切民主国家人民应享有的民主自由权利；所有党派平等合法；取消特务机关，释放政治犯；积极推行自治，实行自下而上的普选。

谈判中未能达成协议的主要是解放区问题、军队整编问题和国民大会问题。

关于解放区问题。中共所提要求遭到拒绝后，中共方面又提议：在解放区重新进行县级选举，选出县长与县参议；凡一省或一行政区有过半数县已实行民选者，由县参议产生省参议，省参议会选举省长与委员，呈请中央加委。国民党方面仍不同意。9月27日，周恩来同毛泽东商议后又提出一个新的方案，即"暂维持现状，即现在各省政府所能治理之地，由省府治理之，省府不能治理者，由解放区治理之"。对此，双方仍未达成协议。最后，中共方面表示同意继续商谈。

关于军队整编问题。中共方面表示愿意在公平合理的基础上，将它所领导的抗日军队缩编至24个师，至少20个师的数目。国民党方面表示，同意将中共军队缩编为20个师的数目，至于驻地问题，则再讨论。双方商定：为具体解决军队整编问题，组成由叶剑英（第十八集团军参谋长）、林蔚（军政部次长）、刘斐（军令部次长）三人小组。

关于国民大会问题。中共方面原来提出三项主张：重新选举国大代表；延缓国大召开日期；修改国民大会组织法、选举法和《五五宪法草案》。国民党表示，国大已选代表应为有效，但名额可增加。双方未达成协议。中共方面声明："不愿见因此项问题之争论而破裂团结。"①双方同意将此项问题提交政治会议解决。

《双十协定》签字后的第二天，即10月11日，毛泽东由张治中陪同，飞

①《张治中回忆录》（下），文史资料出版社1985年出版，第725页。

返延安。周恩来留在重庆，就悬而未决的问题继续同国民党方面进行谈判。

重庆谈判及《双十协定》的签订，有着重要意义。毛泽东指出："这个会谈纪要，第一个好处是采取平等的方式，双方正式签订，这是历史上没有过的。第二，有成议的六条，都是有益于中国人民的。解放区问题，还要经过斗争。"①"谈判的结果，国民党承认了和平团结的方针。这样很好。国民党再发动内战，他们就在全国和全世界面前输了理，我们就更有理由采取自卫战争，粉碎他们的进攻。"②

三、重庆谈判后的继续谈判——蒋介石的假和谈，真内战

蒋介石虽然迫于形势，承认了"和平建国"的方针，签订了《双十协定》，但他仍然念念不忘通过武力手段来消灭中国共产党及其领导的人民武装力量。国民党陆军总司令何应钦和蒋介石，还分别于1945年8月29日、9月17日密令各战区印发蒋介石在1933年"围剿"红军时编纂的反共手册《剿匪手本》，要求"督励所属，努力进剿，迅速完成任务"。9月20日，正是重庆谈判陷入僵局之时，蒋介石就曾给国民党军各战区司令长官发出一份密电：

目前与奸党谈判，乃系窥测其要求与目的，以拖延时间，缓和国际视线，俾国军抓紧时机，迅速收复沦陷区中心城市。待国军控制所有战略要点、交通线，将寇军完全受降后，再以有利之优越军事形势与奸党作具体谈判。彼如不能在军令政令统一原则下屈服，即以土匪清剿之。③

---

① 毛泽东在中共中央政治局会议上的发言记录（1945年10月11日），转引自《毛泽东传（1893—1949）》，中央文献出版社1996年版，第739页。

② 毛泽东：《关于重庆谈判》（1945年10月17日），《毛泽东选集》第4卷，人民出版社1991年版，第1159页。

③ 军事科学院军事历史研究部编：《中国人民解放军战史》第3卷，军事科学出版社1987年版，第3页。

蒋介石的"反革命两手"暴露无遗。国民党的战略企图是：完全占领长江以南地区；同时以重兵夺取苏皖北部及华北战略要地和交通线，以分割、压缩各解放区，并打开进入东北的通道，并迅速出兵占领东北。从日本在1945年8月中旬宣布投降后，国民党军即奉蒋介石之令，沿平绥、同蒲、平汉、津浦四大铁路干线，由西向东，由南向北，逐步向苏皖边区及华北各解放区推进。

在西路，傅作义部4个军从绥西出动，在占领归绥、集宁等城市后，沿平汉路东进，逼近张家口；胡宗南部8个军由关中出潼关，主力沿陇海路东进，占领郑州至潼关段并进至豫西地区，其中一部沿同蒲路北犯，然后再沿正太路东进，夺取石家庄；阎锡山部7个军，以主力占据同蒲路沿线，一部侵入晋冀鲁豫解放区人民军队所控制的晋东南长治地区。

在中路，孙连仲部3个军，由豫西出郑州沿平汉路北进，准备打通平汉路，与胡宗南部会合于石家庄，然后向北推进，夺取北平、天津等大城市。

在东路，李品仙部2个军占据浦口、蚌埠，沿津浦路北进，准备与李延年部4个军在徐州会合，而后沿津浦路北进济南、天津。

与此同时，美国以军舰、飞机将国民党5个军陆续从大西南运到天津、青岛、北平、秦皇岛等地，其中，由美国军舰运送的美械装备的国民党军7万余人，于10—11月到达秦皇岛，在攻占山海关后进入辽西，企图在苏军撤离东北后全部接管东北，在战略上对关内解放区形成南北夹击之势。另外，美国还出动美军海军陆战队5万多人，在塘沽、秦皇岛、青岛等地登陆，控制战略要地，以接应沿铁路线向华北推进的国民党军队。

蒋介石企图在谈判桌上得不到的东西，通过在战场上用武力来压迫中共方面让步或屈服。对此，毛泽东早就看透了。如前所说，他在离开延安赴重庆谈判前的8月23日中央政治局扩大会议上，曾对刘伯承等高级将领说："你们在前方打得好，我就安全一些，打得不好，我就危险一些。你们打了胜仗，我谈判就容易些，否则就困难一些。"后来历史证明，毛泽东的判断完全准确。

（一）阎锡山是重庆谈判期间进攻解放区的急先锋

8月中旬，国民党军第二战区司令长官阎锡山部在日伪军接应下进占太原和同蒲铁路沿线（大同—风陵渡）沿线城镇后，以第8集团军副总司令兼第19军军长史泽波指挥第19军第68师、暂编第37师和第61军第69师，以及挺进第2、第6纵队（相当于师）及伪军1.7万余人，准备向晋冀鲁豫军区部队发起进攻。

为保卫抗战胜利果实，并加强中国共产党在重庆和平谈判中的有利地位，中共中央军委于8月下旬指示晋冀鲁豫军区进行自卫反击，首先歼灭进入长治地区的国民党军，收复失地，以便而后将主力转于平汉线，阻止国民党军北进。晋冀鲁豫军区司令员刘伯承、政委邓小平，针对第二战区部队孤军深入和分散守备的特点，决心以所属太行、太岳、冀南军区各一个纵队及地方武装3.1万余人，在5万多民兵的配合下，对阎军予以反击。从9月10日起正式发起上党战役，晋冀鲁豫军区部队经夺取长治外围各城、诱敌打援等，于10月12日胜利结束，击毙第7集团军副总司令彭毓斌，俘史泽波，共歼国民党军3.5万余人，缴获机枪2000余挺、长短枪1.6万余支，[①]从而巩固了晋冀鲁豫解放区后方，加强了中共方面在重庆谈判中的地位。

10月13日，即《双十协定》签字后的第三天，蒋介石又向各战区司令长官发出了一份杀气腾腾的密令：

---

① 军事科学院军事历史研究部：《中国军事百科全书·中国人民解放军战史分册》下，军事科学出版社1995年版，第109页。

此次"剿共"为人民幸福之所系，务本以往抗战之精神，遵照中正所订《剿匪手本》，督励所属，努力进剿，迅速完成任务。其功于国家者必膺赐，其迟滞贻误者当必执法以罪。希转饬属"剿共"部队官兵一体悉遵为要！①

11月9日和11日，国民党政府军事委员会分别召开由各战区高级将领参加的军事作战会议和复员整军会议，最后决定确定了进攻解放区的作战计划。会议决定，要在6个月内击溃八路军和新四军主力，然后分区进行清剿，以期"根绝匪患"。该计划分三步实施：第一步，控制苏北、皖北和山东，打通津浦路、平汉路；第二步，集中重兵于平、津地区，"扫荡"华北；第三步，打通平绥路，占领察、绥。

面对国民党军的大肆进攻，毛泽东为中共制定的方针就是："针锋相对，寸土必争。"具体原则是：第一是自卫的原则，即"人不犯我，我不犯人""蒋反我亦反，蒋停我亦停"；第二是胜利的原则，即"不要浪打，打则必胜"。

（二）邯郸战役（亦称平汉路战役）给国民党军以大震动，被迫同意签订停战协定

10月中旬，国民党军孙连仲部第30、第40军和新编第8军，在第11战区副司令长官马法五、高树勋等指挥下，由新乡地区北进，经汤阴、安阳，先头部队于10月21日北渡漳河，同晋冀鲁豫军区的阻击部队接战。晋冀鲁豫军区司令员刘伯承、政委邓小平根据毛泽东"以逸待劳，诱敌深入"的作战原则和"应待敌进至于我有利之地区时，一面在正面坚决阻击扼制，

①《中国人民解放战争军事文集》第1集，中国人民解放军总部1951年版，第174页。

迫敌展开，我主力再从敌暴露的侧翼或后方进行坚决的猛烈的突击，加以围歼"①的战法，决心集中所部第1、第2、第3纵队和冀南、冀鲁豫、太行军区部队共6万余人，并动员10万民兵配合作战，将平汉铁路北进的国民党军先头3个军诱至漳河以北、邯郸以南的漳阳河河套多沙地带，逐次歼灭。同时，鉴于新编第8军是西北军，高树勋等人对蒋介石歧视、吞并和驱使他们充当内战急先锋十分不满，曾派人与人民解放军联络，准备保持中立，酌情争取他们起义。

10月24日，马法五部3个军全部渡过漳河后，遭到冀鲁豫军区部队的节节抗击，经合围、逐步削弱敌人、总攻、诱敌围歼等作战阶段，于11月2日胜利结束，共歼敌3万余人，俘战区副司令长官马法五以下1.7万余人，争取高树勋率新编第8军及河北民军1万余人起义。此役，对迟滞国民党军沿平汉铁路北进，掩护解放区部队向东北进军及争取国内和平的斗争，起了重要作用。

其间，毛泽东还组织指挥了平绥路作战、津浦路作战以及其他一些重要战役，取得了重大胜利。在绥东，解放军收复了丰镇、集宁、卓资山、凉城、和林等地，使傅作义部进犯张家口的计划受阻。津浦路阻击战，新四军主力和八路军山东军区部队一部，1945年10月—1946年1月，在津浦路徐州至济南段对北犯的国民党军第12军、骑兵第2军、第5路军（由伪军吴化文部改编）、第6路军（由伪军郝鹏举部改编）实行阻击。战役于10月18日开始，至12月16日，全歼国民党军第19集团军2个师又一个旅。1946年1月，又歼北犯鲁南解放区的国民党军第51、第59、第77军大部，郝鹏举部在政治攻势和军事压力下，率部起义。是役，共歼国民党军2.8万余

---

①《毛泽东军事文集》第3卷，军事科学出版社、中央文献出版社1993年版，第60、84页。

人①，控制津浦铁路200余公里，迟滞了国民党军北进。

《双十协定》签订后的三个月局部性内战，证明蒋介石国民党还没有做好全面内战的部署准备。尽管美国帮助蒋介石运送了5个军到山海关、2个军到华北、2个军到山东，但他的绝大部分军队还在云南、广西等西南地区，华北、东北的兵力明显不足；全国广大人民群众反对内战，要求和平的呼声日益高涨；加上1945年12月27日苏、美、英三国外长在莫斯科会议发表关于中国的公报称："在国民政府下，有一统一民主之中国，国民政府各级机构中民主党派之广泛参与以及内部冲突之停止，均属必要。"并重申"不干涉中国内部事务之政策"②。这使蒋介石不得不暂时停战，被迫接受中共代表团提出的无条件停战的建议，在1946年1月10日，周恩来和张群正式签署了《国共双方关于停止冲突、恢复交通的命令和声明》。同日，双方下达了于1月13日午夜生效的停战令。

根据停战协定，在北平设立由国民党、共产党和美国三方各一名代表所组成的军事调处执行部，负责监督执行停战协定。执行部下设若干军事调处执行小组，分赴各冲突地点进行调处。应该说，停战协定的签订和实施，在一定程度上限制了国民党军队急速向解放区的进攻。但是，国民党方面在美国的授意下，坚持在停战协定中将东北地区排除在外，表明国民党蒋介石蓄意要在东北放手大打。

（三）关外大打，关内小打

在停战协定签订的当天，1月10日，政治协商会议在重庆召开。会议由国民党政府主持，参加政治协商会议的代表共38名，其中国民党代表8名、共产党代表7名、中国民主同盟代表9名、无党派代表9名、中国青年

---

① 军事科学院军事历史研究部：《中国军事百科全书·中国人民解放军战史分册》下，军事科学出版社1995年版，第176页。

②《国际条约集》（1945—1947），世界知识出版社1959年版，第125页。

党代表5名。政治协商会议的中心议题，是关于政治民主化和军队国家化的问题。

关于政治民主化。首要的问题是改组国民党一党专政的政府。经过艰苦谈判，通过了《和平建国纲领》作为政府的施政纲领，确定建设一个统一、自由、民主的新中国；政府委员会为最高国务机关；规定政府委员名额的一半由国民党以外的人士充任等。改组后的政府是从结束国民党的"训政"到实施宪政的过渡时期的政府，这实际上参照了欧美资本主义国家实行的议会制和内阁制，从而否定了国民党一党专政和蒋介石的个人独裁，是迈向政治民主化方向的一大进步。

关于军队问题。国民党主张必须先军队国家化才能政治民主化，即必须由共产党首先交出军队，然后才能开放民主。中共方面认为：离开政治民主化来谈军队国家化，只能是军队的军阀化、党阀化；把作为政治民主化事业支柱的人民军队交给国民党一党专政的国家，将从根本上断送政治民主化的事业。

政治协商会议于1月31日闭幕，最后通过了政府组织案、国民大会案、和平建国纲领、军事问题案、宪法草案案等五项协议。应该说，政治协议虽然不同于中国共产党所主张的新民主主义纲领，但对国民党的一党专政、蒋介石个人独裁的政治制度和反人民的内战政策，具有明显的限制作用，它基本上符合全国人民的和平民主愿望。

然而，由于国民党在政协协议通过后，不但不打算按照协议在政治民主化方面有所前进，反而从多方面破坏各项协议。1946年3月1—17日，国民党召开六届二中全会，通过一系列推翻政治协议的决议，并急速调集7个军约25万人进入东北，其中包括曾在缅甸作战的精锐新1军和新6军，开始对中共领导的人民武装发起大规模进攻；在关内也频繁地侵占解放区的城镇，并在1946年6月底开始向解放区发动全面进攻。因此，政治协商会议通过的有关草案被蒋介石国民党撕毁。

蒋介石把抢占东北作为发动全面内战的重要步骤。从1946年1月签订停战协定到同年4月，蒋介石利用关内休战的机会，先后调入东北的兵力近30万人。1946年3月12日，苏联红军从沈阳北撤回国，次日国民党军便进占沈阳。3月27日，军事3人小组达成关于派遣执行小组调处东北内战的协议。但国民党却违反协议，集中5个军11个师的兵力，南向本溪、北向四平发动猛烈进攻，企图控制哈尔滨、长春、四平等中长铁路，而后消灭我东北民主联军。3月下旬，由沈阳北进的国民党军即遭到东北民主联军的顽强抗击，并在四平西南被歼一个师的大部后，于4月中旬逼近四平市区。这时，返国述职的美国特使马歇尔已经返华，并提出东北停战方案。毛泽东为争取在有利态势下实行停战，曾于4月26—30日，多次致电林彪："望加强四平守备兵力，鼓励坚守，挫敌锐气，争取时间""死守四平，寸土必争"。

东北民主联军在四平鏖战一个多月，毙、伤、俘国民党军1万多人，自身伤亡0.8万余人，虽然东北民主联军防守四平的部队顽强抗击，但仍难以挡住由美械装备的国民党军精锐部队的猛烈攻势，遂于5月18日夜撤出四平，分向南满、东满、西满转移。四平保卫战给国民党军沉重打击，使东北出现了从1946年6—10月共4个月的实际停战局面，这为中共中央东北局和东北民主联军争取了宝贵的时间，使他们能够在此阶段通过发动群众，在东北建立起巩固的根据地。

蒋介石放手在关外大打的同时，对关内各解放区的进攻日渐升级，小打不断，从停战令生效到1946年6月，先后进犯解放区4300多次，共使用兵力270万人次，占领我城市40座和村庄2500余处，其中包括在抗日战争时期就已建立的淮南、淮北解放区的津浦路以西地区，给解放区人民造成了严重损失。蒋介石和国民党的高级将领白崇禧、陈诚等人，不断飞往各地加紧内战部署。

1946年6月下旬，蒋介石以围攻中原解放区为起点，发动对解放区的全面进攻。解放区军民在以毛泽东为首的中共中央领导下奋起抗击，揭开了全国解放战争的帷幕。蒋介石首先采取全面进攻的方针，其兵力部署是：以8个整编师又2个旅约22万人围攻中原解放区，而后抽兵会同陇海路及豫北国民党军队进攻晋冀鲁豫的鲁西南、豫北解放区；以胡宗南部6个旅在阎锡山部配合下进攻晋冀鲁豫的晋南解放区；以31个旅约27万人进攻苏皖解放区；以27个旅约19万人进攻山东解放区；以38个师（旅）约26万人，进攻晋察冀、晋绥解放区；以7个军23个师（旅）约25万人，监视东北的人民解放军；以19个旅约15.5万人，继续包围并准备进攻陕甘宁解放区；以9个旅7.5万人，进攻广东各游击区及海南岛的解放区。[①]蒋介石的战略企图是，以主要的铁路干线为轴线，主力由南向北进攻，首先夺取和控制各解放区的城市和交通线，迅速歼灭人民军队主力；或将黄河以南人民解放军逐步压迫至黄河以北，然后聚歼人民军队于华北地区。

蒋介石之所以胆敢冒天下之大不韪发动全面内战，主要是由于他自恃拥有远比共产党强大的军事力量和经济力量，其中包括美国给予的大量军事援助。在全国内战爆发时，国民党的军事力量占有很大优势。在兵力方面，国民党军总兵力430万人，其中正规军86个整编师（军）248个旅约200万人，特种兵、海空军及后方机关、军事学校等156万人，非正规军74万人。在兵器方面，由于接受了日本侵华军队120多万人的全部装备，并得到美国的大量军援，国民党军的装备有了很大加强。86个整编师中，有22个师为美械、半美械装备。[②]此外，还拥有大量的炮兵和一定数量的飞

---

① 军事科学院军事历史研究部编：《中国人民解放军战史》第3卷，军事科学出版社1987年版，第46页。

② 军事科学院军事历史研究部编：《中国人民解放军战史》第3卷，军事科学出版社1987年版，第39页。

机、军舰和坦克，火力和机动力都强于人民解放军。蒋介石在1946年6月各绥靖区政工主任和特种兵营以上军官会议上狂妄地宣称："我们有空军，有海军，而且有重武器和特种兵，如果配合得法，运用灵活……就一定能速战速决，把奸匪消灭。"①

国民党统治区的面积为730万平方公里，约占全国土地面积的76％；人口为3.39亿，约占全国人口的71％，人力物力资源比较雄厚。此外，国民党还得到美国政府在军事上、经济上的大量援助。仅1946年上半年，美国就对国民党政府提供了价值13.3亿美元的物资。美国总统杜鲁门承认，美国在中国抗战胜利后给予蒋介石政府的物资援助，为抗战胜利前的两倍。②

人民解放军在全国内战爆发时的总兵力约127万人，其中野战军61万人，地方部队及后方机关共66万人。与国民党军对比，解放军的数量处于1：3.4的劣势。人民解放军的装备主要是抗日战争时期自日伪军手中缴获的步兵武器和为数很少的火炮。解放区的人口为1.36亿，土地面积约230万平方公里。③

然而，战争胜负的决定因素是人，虽然武器是决定战争胜负的重要因素。蒋介石国民党过高地估计了自己的力量，过低地估计了共产党的力量。内战爆发之初，毛泽东在1946年7月20日就向全党全军发出《以自卫战争粉碎蒋介石的进攻》的指示，坚定地指出："蒋介石虽有美国援助，但是人心不顺，士气不高，经济困难。我们虽无外国援助，但是人心归向，士气高涨，经济亦有办法。因此，我们是能够战胜蒋介石的。全党对此应当有

---

① 张其昀主编：《蒋总统集》第2册，台湾"国防研究院"1968年版，第1558页。
② 杜鲁门1946年6月14日《关于执行租借法案的第22次报告》，转引自军事科学院军事历史研究部编：《中国人民解放军战史》第3卷，军事科学出版社1987年版，第40页。
③ 军事科学院军事历史研究部编：《中国人民解放军战史》第3卷，军事科学出版社1987年版，第41页。

充分的信心。"①8月，毛泽东在《和美国记者安娜·路易斯·斯特朗的谈话》中，特别强调"一切反动派都是纸老虎"，"蒋介石和他的支持者美国反动派也都是纸老虎"②。毛泽东的这种面对强敌敢于斗争、敢于胜利的大无畏胆略和气魄，极大地鼓舞了中国共产党人及其领导的人民军队。

历史证明，毛泽东的论断完全正确，历时4年的解放战争，经过过渡阶段和战略防御、战略进攻、战略决战、战略追击等阶段，中国人民解放军共歼灭国民党军807万余人，其中俘虏458万人，毙伤171万余人，争取投诚63万余人，争取起义和接受改编114万余人③，从而取得了解放战争的伟大胜利。

蒋介石及国民党在重庆谈判前后的兴衰史告诉后人：联共则兴，反共则败，因为中国共产党代表了中国人民最大多数人的根本利益。如果蒋介石能同在抗战初期那样，在重庆谈判中接受采纳中国共产党的意见，一改过去的错误政策，顺应历史潮流，不仅中国的和平统一可以实现，他个人也可能成为各党派共同拥戴的领袖。遗憾的是，蒋介石心胸狭窄、目光短浅，毫无自知之明，在封建独裁的思想泥潭中陷入太深而不能自拔，最后，竟无视人心所向，违背大多数人的意愿而发动内战，导致自己及其残余势力被迫逃到台湾海峡彼岸。历史一再证明，得人心者得天下。

①《毛泽东选集》第4卷，人民出版社1991年版，第1187页。
②《毛泽东选集》第4卷，人民出版社1991年版，第1195页。
③ 军事科学院军事历史研究部：《中国军事百科全书·中国人民解放军战史分册》下，军事科学出版社1995年版，第21页。

蒋介石的"以德报怨"与"无罪"释放冈村宁次及放弃战争赔偿

以德报怨，是蒋介石国民党在抗战胜利后对日的一项基本政策。出于反共内战的需要，蒋介石"无罪"释放日本战犯冈村宁次；败逃台湾后，又放弃对日战争赔偿，其主要原因是当时"冷战"世界格局矛盾激化造成的。具体而言，则是美、日、台三方利益博弈的结果。日本则利用"冷战"世界格局和中国内战分治不统一、蒋介石国民党政权的微弱之势，逃避战争责任和战争赔偿；蒋介石为了改变败逃台湾后摇摇欲坠的不利局面，不惜牺牲民族利益，以保国民党蒋家王朝的苟延残喘。按照国际法原则，对日本侵华战争给中国人民造成的灾难之责任，采取放弃战争赔偿的做法，使日本国民错过了自我反省的机会。换言之，这也是对侵略者的某种变相纵容。近代战争史表明，把政党利益放在民族利益之上，只能给整个民族带来不断的内斗与纷争。这是一个深刻的历史教训。

一、"以德报怨"："无罪"释放日本战犯

以德报怨，是蒋介石国民党在抗战胜利后对日的一项基本政策。1945年8月15日，蒋介石发表了《抗战胜利后告全国军民及世界人士书》，声称："……引起这次大战的是日本军阀，不是日本国民。我们只认日本黩武的军阀为敌，不以日本的人民为敌，我们并不要报复，要以人为善，不念

旧恶，要以德报怨。"①

以德报怨，出自《道德经》第六十三章："为无为，事无事，味无味。大小多少，报怨以德。图难于其易，为大于其细。"意为：无为即是为，无事即是事，无味即是味。他人对我的恩德，小则视为大，少则视为多，即使是怨恨，也要用德去报答感化他。对待困难要在容易时着手，干大事须从细小处做起。②孔子在《论语》中对以德报怨的观点提出过疑问。他说："以德报怨，那么用什么去报德呢？"老子的本意是针对家族或家庭内部成员、朋友之间而讲的，不要等到有了大的矛盾或怨恨才去解决，必须要在矛盾或怨恨细小的时候，去解决。老子还提醒千万别在小事上冤冤相报，否则何时能了？等大的矛盾或怨恨出现时才去解决，就会增加相当的难度。

应当指出，以德报怨是中华传统文化的一个重要历史遗产。中华民族数千年来一直热爱和平，以邻为伴，以邻为友，对周边国家和民族均以和为贵，取包容宽容态度，并同情弱者。但是，国民党政府对于一而再，再而三地疯狂侵略过自己国家的日本采取"以德报怨"的政策，一是违背了老子思想的本意，二是失去了伸张正义、惩恶扬善的作用，其结果是适得其反，造成正义与邪恶不分。蒋介石国民党对日本侵略者与日本战犯"以德报怨"，其背后的真正政治目的是"在于牵制苏联和中共，所谓施惠于日本，其实是另有深远的战略打算。所谓'以德报怨'其实只是一种政治判断罢了"③。下面，让我们看看蒋介石国民党是如何对日本侵略者和日本战犯"以德报怨"的。

（一）何应钦向受降日军官微笑还礼

何应钦是日本投降时中国战区受降主官，他在受降过程中深切体察蒋

---

① 秦孝仪主编：《中华民国重要史料初编——对日抗战时期》第二编，"中央"文物供应社1981年版，第612页。

② 刘庭华：《老子之道——为人处世的智慧与方法》，红旗出版社2012年版，第260—262页。

③ 本泽二郎：《日本政界的"台湾"帮》，上海译文出版社2000年版，第99页。

介石"以德报怨"的思想，他在中国战区最高统帅第一号命令里，仍称呼日本中国派遣军总司令冈村宁次为"贵官"。按照事先拟定的受降程序，日方投降代表在投降仪式上前后要向何应钦行三次礼，何应钦不应作答。但是，在1945年9月9日9时南京受降时，日方代表中国派遣军总参谋长小林浅三郎向何应钦递交投降书后，何应钦微笑起立向小林浅三郎还礼。这使中国作为战胜国的大国地位与民族尊严受到损害。为此，盟军顾问团提出抗议。战后1956年冈村宁次在日本期刊《文艺春秋》4月号上发表回忆文章，仍对何应钦的举动表示感谢。冈村宁次写道："……我不能忘怀的，是你的宽容敦厚。本来预先排定我们进场的时候，应向全体敬礼，何先生等不必还礼。可是，最后我在投降文件上盖章，而由林参谋总长呈给你的时候，你却站起来给他还礼。"①何应钦的"以德报怨"实为对投降者的奴颜婢膝，完全失去了战胜国的正义之气和中华民族的尊严。

（二）蒋介石国民党垄断受降权，指使日军拒降并继续向共产党抗日武装进攻

1945年8月15日，日本投降当日，美国总统杜鲁门发布第一号通令，竟指定只有国民党政府才享有中国战区受降权。与此同时，蒋介石电告中国派遣军总司令冈村宁次，要他命令在华日军"停止一切军事行动，可暂保有其武器装备，保持现有态势，并维持所在地之秩序及交通。听候中国陆军总司令何应钦的指挥"。18日，冈村宁次通令其所部，只向蒋介石的军队投降，不向其他军队缴械，"除蒋介石有命令外，对中国其他方面的要求，不仅应坚决拒绝，而且应根据情况，毫不踌躇地行使自卫的武力"②。冈村宁次完全迎合了蒋介石反共内战的政治需要。

面对美、日、蒋三方勾结，与中共抗日武装争夺抗战胜利果实的严重

---

① 傅启学：《中国外交史》下册，台湾商务印书馆1983年版，第654页。
② 《冈村宁次回忆录》，中共中央对外联络部1971年版，第15页。

而复杂形势，8月10—11日，朱德总司令向各解放区抗日武装，连续发出7道命令，要求所属部队向本区一切敌占交通要道城镇展开进攻，迫使日伪军投降，"如遇敌伪武装部队拒绝投降缴械，即应予以坚决消灭"。8月15日，朱德向苏、美、英等国的驻华大使发出说帖，表明中国共产党和解放区、沦陷区人民对受降问题的严正立场，申明：

（一）中国国民党及其统帅部，在接受日伪投降与缔结受降后的一切协定和条约时，不能代表中国解放区、中国沦陷区广大人民及一切真正抗日的人民武装力量。……（二）中国解放区、中国沦陷区一切抗日的人民武装力量，在延安总部指挥之下，有权根据波茨顿宣言条款及同盟国所规定之受降办法，接受被我军所包围之日伪军队的投降，收缴武器资材，并负责实施同盟国在受降后之一切规定。……①

由于冈村宁次密切配合蒋介石、何应钦关于日军不准向共产党领导的军队投降的指示，所以即使在日本宣布投降后，在人民军队接受时仍不时与日军发生严重冲突。据《冈村宁次回忆录》中提及在受降问题上与中共军队发生武装冲突的情况，在华北和苏北地区，由于日军拒绝缴械投降，而被共军消灭和击伤的达7000余人；从1945年8月下旬至9月底，中共领导的人民军队与日伪军之间发生的武装冲突不下百起。

（三）"无罪"释放冈村宁次

冈村宁次是日本投降时中国派遣军总司令，是侵略中国历时最久、罪恶最大的日本战犯之一。1945年8月，中国共产党领导下的陕甘宁边区政府公布日本战犯名单，冈村宁次被列为首要战犯。冈村宁次于1928年任侵

---

① 中央档案馆：《中共中央文件选集》第15册，中共中央党校出版社1991年版，第240页。

华日军步兵团长，是济南惨案的主凶。冈村宁次是一个"中国通"，他的一生中大部分时间都是在侵华战争中度过的。1932年1月任日本上海派遣军副参谋长，参加了日军侵占上海的战争。1933年5月，代表日本政府同中国国民党政府签订《塘沽协定》。1937年7月—1945年8月，历任侵华日军第11军司令官、华北方面军司令官、第6方面军司令官、中国派遣军总司令官。冈村宁次在侵华战争期间，指挥所属部队实施过细菌战、化学战和惨无人道的烧光、杀光、抢光的"三光"政策，犯下了重大的反人道的战争罪行。但是，出于反共内战的需要，蒋介石对何应钦作出两项重要指示："第一，对冈村宁次之投降，予以礼遇。第二，对日方俘侨之遣送，应予以宽大周到。"①据此，何应钦秉承蒋介石的意旨，竟一再庇护冈村宁次，并认贼作父，让他担任国民党秘密军事顾问，策划向解放区的进攻。1945年8月15日，当冈村宁次收到蒋介石关于侵华日军"听候中国陆军何应钦的指挥"等六项命令后，立即心领神会，很快作出反应。8月18日，冈村宁次起草了《和平后对华处理纲要》并交国民党，特别强调："帝国此时更应贯彻宿愿，一扫日华间的旧怨，极力支持、加强中国，促进重庆中央政权的统一，以此协助中国的复兴建设。至于渝（重庆）、延（安）之间的关系，本来须由中国本身处理，但延安方面如有抗日侮日之行为，则应断然予以讨伐。"②这一纲要迎合了蒋介石反共需要，受到蒋介石的欢迎。

冈村宁次起草的这一纲要，完全是投蒋介石所好，名义上是打着"反共"的旗号，其实质是为了自己求生。作为中国派遣军总司令官，他深知自己罪孽深重，战后必然要受到中国的严厉审判，因此他利用自己的有利身份向蒋介石国民党示好，而打"反共"的旗号恰恰迎合了蒋介石的需要，

---

① 秦孝仪主编：《中华民国重要史料初编——对日抗战时期》第二编，"中央"文物供应社1981年版，第762页。
② 稻叶正夫：《冈村宁次回忆录》，中华书局1981年版，第45页。

希望在受降、反共问题上与蒋介石达成默契，以免除一死。冈村宁次对中国抗战胜利后的政局十分清楚。他说："国共两党本来冰火不相容，战争期间，暂时在表面上采取了一致行动。"①据当时负责受降事宜的冷欣讲，在1945年9月8日夜，即受降签字仪式的前一天，何应钦已先给了冈村宁次秘密阅读投降书的机会，第二天（即9月9日）冈村宁次俯首签字时，其毫无犹豫踌躇之状，与典礼前夕秘密协调有关。②在受降仪式结束后，何应钦即与冈村宁次进行2个小时的密谈，主要内容是中日战争已经结束，国共内战就要开始，希望日本协助国民党军队对中共军队作战。何应钦与冈村宁次是"老同学"的关系，他们曾经是日本陆军士官学校的校友，自然有许多同学之情的亲近感，加上1933年5月北平谈判《塘沽停战协定》时又进一步加深了认识。

从1945年9月10日起，原"中国派遣军司令部"改称为"中国战区日本官兵善后总联络部"，其首长仍是冈村宁次。由于苏联于8月9日出兵中国东北，迅速歼灭了日本关东军，这大大出乎日本的意料。此时，国民党军主力还远在中国西南，因此在日军投降后的东北、华北、华中等大片地区，均在共产党领导的抗日武装的控制之下，或是权力的真空地区。所以，冈村宁次立即向何应钦、蒋介石表示：战后国民党最紧要的问题是反共，日本在华军队有100多万人，他们愿意留在中国协同国民党反对共产党。③只是出于中国民意的考虑和国内外舆论的谴责，蒋介石最后才不敢冒天下之大不韪，留下这么多日军与共产党军队作战，他只能偷偷摸摸地、小打小闹地或秘密地留下少数日本军官当顾问，策划向解放区的进攻，冈村宁次就是最具代表性的一个。

---

① 稻叶正夫：《冈村宁次回忆录》，中华书局1981年版，第37页。
② 冷欣：《从参加抗战到目睹日军投降》，台北传记文学出版社1967年版，第205页。
③ 杨树标：《蒋介石传》，团结出版社1991年版，第410页。

由于中国共产党把冈村宁次列为首要日本战犯，在全国人民的舆论压力下，直到1948年8月23日，蒋介石才对冈村宁次进行第一次"审判"，于1949年1月26日又进行第二次公审，其结果呢？国民政府国防部军事法庭竟宣判冈村宁次"无罪"，其理由为："所有长沙徐州各大会战日军之暴行，以及酒井隆在港粤，松井石根、谷寿夫等在南京之大屠杀，均系发生于被告任期之前，原与被告无涉。……迨日本政府正式宣告投降，该被告乃息戈就范，率百万大军，听命纳降。迹其所为，既无上述之屠杀、强奸、抢劫，或计划、阴谋发动或支持侵略战争等罪行，自不能仅因其身份系敌军总司令官，遽以战罪相绳。……综上论述，被告既无触犯战规，或其他违反国际公法之行为，依法应予论知无罪，以期平允。"[①]从判决词不难看出，蒋介石、何应钦对冈村宁次在日本投降后积极配合国民党军抢占地盘，与共产党打内战的"贡献"给予了回报，即"无罪"，因为抗战结束后，冈村宁次仍然握有100多万军队的指挥权，利用好他是蒋介石的政治考量。不仅如此，当蒋介石败逃到台湾后的第二年，即1950年，冈村宁次就成了蒋介石的座上宾，被聘请为"台湾革命实践研究院"的高级教官，为蒋介石"反攻大陆"出谋划策，培养人才。

判决消息一出，全国舆论大哗。对此，中国共产党曾提出严正抗议，要求引渡冈村宁次，并作为维持国内和平的条件之一。但是，蒋介石不顾全国人民的反对，让冈村宁次等259名日本战犯于1949年1月30日从上海搭乘美轮返回日本。这样，冈村宁次等人的战争罪行就被一笔抹掉了。连自己都认为死刑在所难免的冈村宁次本人也觉得"太失体统"。总之，受到蒋介石国民党庇护的并非冈村宁次一人，许多在中国战场犯下严重侵略罪行的战犯或轻判，或不予判刑。国民政府判处日本战犯死刑的只有141名，

---

① 王秀鑫、郭德宏主编：《中华民族抗日战争史（1931—1945）》，中央党史出版社1995年版，第736页。

在国民政府扣押的2000多名战犯中，判刑的只有400余人，后来又有许多战犯被"无罪"释放回国。

（四）战后对日俘、日侨遣返的无原则宽容

在人类战争史上，战胜国对战败国施以割地、赔款、占领等惩罚不胜枚举。1907年海牙国际公约规定，交战国可以利用战俘劳动力，根据其能力进行生产恢复。出于反共内战的需要，无原则地宽容，并过早地将日本战俘遣送回国，这是国民党政府对日本侵略者的又一项"以德报怨"。

根据《中国战区中国陆军总司令部受降报告书》记载，日本投降后在中国境内的战俘和侨民计2138353人，加上东北地区的侨民约160万人，总计360余万人。东北地区主要是以侨民为主，因为苏联在日本投降后把日本战俘60万左右运往远东、西伯利亚地区进行劳动改造。中国把日本战俘和侨民遣送回国的工作安排紧张有序，部署周密到位。中国政府负责在日军投降后，将日本战俘和日侨集中在海港地区，美国第七舰队负责运输工作，中国陆军总司令部、第七舰队、盟军总部以及日本船舶管理处之间的联络则由美军总部负责。从1945年11月17日第一艘载有数千名日本侨民和300余名日本伤兵员的遣送船舶由天津塘沽港开出，至1946年底，中国境内的360多万日俘、日侨全部遣送完毕。国民政府对日本投降后的战俘，改称为"徒手官兵"，允许返回日本的战俘每人可以带1件洗具、1条毛毯、1个手提包、3套冬季衣服、1件大衣、3双皮靴、3条短裤、3件衬衫，军官可以携带500日元、士兵200日元、一般侨民1000日元。

特别要指出的是，国民党政府允许日本战俘携带自卫武器到乘船港口，意在防止在途中遭到共军部队的袭击，而指挥官则可以携带配刀回国。在遣送日本战俘的过程中，国民政府也没有执行缉捕战犯的规定，没有经过缉捕、改造的军官就被遣送回国。

对战俘奉行国际人道主义原则是对的，但是宽大过头了，则是事与愿违，走向反面。按照国际惯例，战败的军队必须缴械，打破原有的建制，由战胜国军队看管，拘留在集中营里生活，接受战俘待遇。国民党政府并没有这样做，而是匆忙地、过早地将他们遣送回国。这实际上是严重违背了国际公约与人类的正义原则，也就失去了伸张正义与惩罚邪恶的权利与机会。其背后的深刻原因，则是蒋介石国民党企图把遣返战俘当作一种战略筹码，应用于战后与共产党的国内政治斗争，说明蒋介石在抗战胜利后初期的对日政策有着深刻的政治内涵。

二、放弃战争赔款与签订《中华民国与日本国间和平条约》

战后，蒋介石打着所谓防止"受共产主义侵略之威胁"的旗号，对日本放弃战争赔款要求，是蒋介石对日本侵略者"以德报怨"的又一重大举措。

（一）《中华民国与日本国间和平条约》的签订及其主要内容

1952年4月28日下午3时，台湾蒋介石国民党当局全权代表"外交部部长"叶公超等，与日本吉田茂政府全权代表原藏相河田烈等，在台北宾馆签订《中华民国与日本国间和平条约》。此时，距《旧金山和约》生效还有7个半小时。同年8月5日"和约"正式生效。在签字仪式上，叶公超首先致辞："在受共产主义侵略严重威胁的世界中，我们将会发现：仅仅忠实履行这一和平条约的条款，是不够确保我们两国的和平合作的。希望这一个文件将为中日进一步的合作辟一坦途。"接着，河田烈发表讲话称："此项签署之全权，乃日本国政府所赋予，而经天皇认证者。"[①]

《中华民国与日本国间和平条约》（以下简称"日台条约"）正文共14条，并附有"议定书""照会""同意记录"三部分内容。"日台条约"的

---

① 陈奉林：《战后日台关系史（1945—1972）》，香港社会科学出版社有限公司2004年版，第102页。

主要内容是：

第一条，中华民国与日本间的战争状态，自本条约生效之日起，即告终止。

第二条，日本承认旧金山和约之第二条，业已放弃对于台湾及澎湖群岛以及南沙群岛及西沙群岛的一切权利、名义与要求。

第三条，对于双方财产之处理，由双方另商特别处理方法。

第四条，日本承认在1941年12月9日前与中华民国缔结的一切条约、专约及协议，均因战争结束而无效。

第五条，承认旧金山和约第十条之规定，日本放弃在中国的一切特殊权利与利益。

第六条，在联合国宪章的基础上，彼此合作，促进两国共同福利。

第七条，第八条和第九条为发展贸易、渔业与商务关系。

······

第十条，"中华民国"国民，应认为包括台湾及澎湖地区的一切居民及其后裔。

第十一条，因中日战争引起的一切问题，均依照《旧金山和约》的规定加以解释。

第十二条，对本条约的解释或适用发生的争执，应以磋商和平解决。

第十三条，本条约在批准文件互换之日发生效力。

第十四条，遇有不同解释，以英文本为准。①

"日台条约"的正式文本，与原先台湾外事部门提交的《中华民国与日

---

① 秦孝仪主编：《中华民国重要史料初编——对日抗战时期》第七编，转引自陈奉林：《战后日台关系史（1945—1972）》，香港社会科学出版社有限公司2004年版，第102—103页。

本间和平条约初稿》22条相比，不仅条约内容大为减少，就连全中国人民最为关注的战争赔款问题也只字不提，完全放弃了。

台日双方开始谈判时，台湾外事部门曾经提交了《中华民国与日本国间和平条约初稿》，作为台日和谈的基础。条约"初稿"提出的有关日本战争赔偿的文字表述，几乎完全照搬《旧金山和约》的内容，其中规定：

甲，兹承认日本对其在战争中所引起之损害及痛苦，应向中华民国及其他盟国给付赔偿。但也承认日本如欲维持足以自存之经济，则其资源现尚不足对一切该损害及痛苦作完全之赔偿，并于同时对其所负其他义务仍予履行。因之，日本将迅速与中华民国进行谈判，以求利用日本人民在生产、打捞沉船及其他工作方面对中华民国所作之服务，作为协助补偿或以其他方式处分在本约生效时即受其管辖之左列一切财产、权利和利益（指日本及其国民之财产——作者注）。

乙，除本约另有规定外，中华民国放弃一切赔偿要求，并放弃其国家其国民对由日本及其国民在战争过程中所采行动而生之其他要求。①

简而言之，台湾当局在"初稿"中已经放弃战争赔偿，只提出要求日本给予劳务赔偿，以及有权处置日本侵华战争中遗留在中国的财产这两项，但是，却是这两项要求，日方谈判代表也否认。日方称：台湾当局提出的有关战争赔偿的责任问题几乎全部与中国大陆有关，而该条约难以即时适用于中国大陆，且《旧金山和约》已经对赔偿问题作了明确规定，故有关赔偿问题之规定，不宜列入和约之内。

日方当然明白台湾当局无权代表整个中国与之签订和约，即使签订和

---

① 曾景忠：《1952年台北议和中日本利用中国不统一逃脱战争赔偿》，《抗日战争研究》2000年第2期。

约，在实际操作中也无法适用于中国大陆，何况日本从心里就根本不打算给中国赔偿。当时日本首相吉田茂在"日台和约"签订前在众议院宣称："日本与国民政府订约，将以之为一个地方性政权，一个在若干地方行使政权之政府建立睦邻关系。"日方在谈判中还诡辩称："我国遗留在贵国大陆之财产，为数甚巨，以美金计，当值数百亿元，以此项巨额财产充作赔偿之用，应属足矣。"①据中日一些学者的不完全计算，截至1936年底，日本在华投资总额相当于15亿美元②，即使从1895年算起，直至1945年日本战败投降为止的50年间，日本在华投资总额也只有80多亿美元。即使与国民政府在战时调查而得的残缺不全的350亿美元的财产损失一项相比，连零头都不足。可见，日本从一开始就没有打算就战争赔偿和战争责任问题，与台湾当局进行谈判。

最后，台湾当局完全彻底地放弃对日战争赔偿的要求，连"初稿"中的赔偿字眼也被删除了。同时，"日台和约"也未对日本侵华战争的性质作出任何说明，只是轻描淡写地表述为："中华民国与日本国之战争状态，自本约发生效力之日起，即告终止。""日台和约"的日本政府全权谈判代表和田烈在和约签字后颇为得意地说："它不带一点战胜与战败国家间条约的痕迹。"主编《蒋介石总统秘录》的日本学者古屋奎二也称："在中日和约中未见有一个赔偿的字样，乃是未见前例的条约。"③难怪当时许多台湾学者就批评指出："中日和约总算也签订了。但是，中华民国方面的收获是什么呢？除了领土权是不明不白的以外，政府认为舍此恐为中国人民感情所不容的赔偿要求也放弃了。"④痛定思痛，只要有一点良知的中国人都自然而然地会回想起从甲午战争以来，日本对中国侵略之恨，日本对中国人

---

① 何理主编：《日本右翼的历史发展演变及影响》，湖南人民出版社2009年版，第263页。
② 袁成毅：《中日间的战争赔偿问题》，陕西人民出版社1999年版，第175页。
③ 孟国祥、喻德文：《中国抗战损失与战后索赔始末》，安徽人民出版社1995年版，第283页。
④ 司马桑敦：《中日关系二十五年》"自序"，联合报社1978年版，第6页。

民伤害之深。"日本之富国强兵，资金来自中国付给之二亿三千万两白银赔款。日本战败求和，孰决定不需分文赔偿？当政者之责任，人民得追诉否？中国战败赔款，战胜'以德报怨'一笔勾销，此事慷人民之慨也。人民哭诉无门，岂不悲哉！"①

（二）台湾当局放弃对日战争赔偿的主要原因

蒋介石国民党台湾当局放弃对日战争赔偿要求，从宏观上说，其主要原因是当时"冷战"世界格局矛盾激化造成的。具体而言，则是美、日、台三方利益博弈的结果，美国起着主导作用；日本则利用"冷战"的有利国际环境，利用中国不统一、蒋介石国民党政权的微弱之势，压迫台湾当局放弃战争赔偿要求；而蒋介石国民党当局为了改变败逃台湾后的摇摇欲坠的政权，不惜牺牲民族利益，打着"反共"的旗号，以日本承认台湾"中华民国政府是中国唯一合法的政府"这一自欺欺人的虚构代价，而完全放弃了日本侵华的战争赔偿。

1. "冷战"格局中的美国因素：扶植日本成为反苏、反共和反华的东方堡垒

第二次世界大战结束后，美、英、苏等同盟国随即转向争夺世界利益的矛盾冲突中，以美、苏争霸的"冷战"格局遂以形成。美国的对外政策明显地转向反苏、反共、反对中国革命。在亚洲，美国企图把日本变成反共的前哨阵地。1948年3月，美国国务院政策计划委员会主席乔治·凯南与麦克阿瑟共同提出，并得到美国国家安全委员会同意的对日本的"新方针"：美国政府保护日本不受共产主义的"威胁"，因此，美国必须在日本留驻军队；缔结对日本和约应是简单的、一般性的，而不是惩罚性的；等等。1949年10月1日，中国共产党领导的人民革命取得伟大胜利，从而又

---

① 许介麟：《战后台湾史记》，台北文英堂出版社1996年版，第194页。

促使了美国政府决定加速扶植日本成为东方的反共堡垒，并以所谓"共产主义威胁"为借口，急于把苏联和中国排除在外，早日缔结美、日单独媾和条约。1949年12月23日，美国国家安全委员会又提出，美国在亚洲的战略防线是"阿留申—日本—冲绳—菲律宾一线"，这样可以"阻击共产主义不越出中国境外"。1950年6月25日，朝鲜内战爆发，27日，杜鲁门发表声明，声称首先要"夺取朝鲜，掩护和支持韩国军队"，其次表示将出动第7舰队以"保卫太平洋地区的安全"。此后，美国先后与菲律宾签订《美菲共同防御条约》（1951年8月30日），与澳大利亚和新西兰签订《美澳新安全条约》（1951年9月1日），与日本签订《日美安全保障条约》（1951年9月8日），日本成为美国在亚太地区反共包围圈上的第一重要堡垒。这样，实现了美国建立阿留申群岛—日本—韩国—琉球群岛—台湾—菲律宾—澳大利亚和新西兰的军事防线的企图。

此时，美国亟须利用日本作为朝鲜战争的后勤供应地之军事、经济和技术，为朝鲜战争服务，所以，违反波茨坦会议关于对日讲和应该首先由美、苏、中、英四大国受降签字国外长讨论一致的原则，擅自采取与远东委员会各成员国分别进行单独讨论对日媾和的手段，拒绝苏联和中国提出的实行全面对日和约的建议，与日本吉田茂政府于1951年9月18日在旧金山签订了《旧金山和约》与《日美安全条约》，结果致使《旧金山和约》成了把苏联、中国等排除在外，只有美英等国签字的片面媾和条约。

《旧金山和约》没有使日本结束和苏联、中国的战争状态，没有恢复和平，只是使日本决定性地从属于以美国为首的帝国主义体系；没有解决战争赔偿、领土等通常签字和约必须解决的问题；条约第3条允许美国以托管的名义半永久性地对冲绳实行军事占领；等等。

关于战争赔偿问题，《旧金山和约》第十四条规定：

甲，兹承认日本应对其在战争中所引起的损害及痛苦给盟国以赔偿，但同时承认，如欲维持可以生存的经济，则日本的资源目前不足以全部赔偿此种损害及痛苦，并同时履行其他义务。因此：

（一）日本愿尽速与那些愿意谈判而其现有领土曾被日军占领并曾遭受日本损害的盟国进行谈判，以求将日本人民在创造上、打捞上及其他工作上的服务，代各该盟国利用，作为协助赔偿各该国修复其所受损害的费用。此项办法应避免以增加的负担加诸其他盟国。当需要制造原料时，应由各该盟国供给，借免以任何外汇上的负担加诸日本。……

乙，除本约另有规定者外，各盟国兹放弃其一切赔偿要求，盟国及其国民对由日本及其国民在作战过程中所采行动而产生的其他要求，以及盟国对于占领的直接军事费用的要求。①

很明显，《旧金山和约》在对待日本的战争赔偿问题上，不仅一切从复兴日本经济的目标出发，并将国际法中一向坚持的实物赔偿原则改变为劳役赔偿，不仅没有限制日本战争赔偿的数额和期限，还将所有赔偿作了巨幅压缩，处处顾及所谓"负担加诸日本"。可见，被日本侵略的受害国要求战争赔偿的权利，已经被《旧金山和约》削弱殆尽，如果仍然要求赔偿的话，还必须与日本协商后才能解决，这就把战争赔偿的主动权放在日本的手上。

对中国的赔偿问题，虽然在该和约第二十一条中规定"中国享有第十条及第十四条甲款二项所规定的利益"，但中国不仅不是签字国，甚至连参加旧金山和会的资格都被美国剥夺了。②总之，《旧金山和约》完全服从了美

---

① 刘同舜、高文凡：《战后世界历史长编·第一编·第六分册（1950—1951）》，上海人民出版社1985年版，第410—412页。

② 中华人民共和国及台湾当局均没有参加，还有越南、柬埔寨、老挝被排除在外，印度、缅甸拒绝参加，苏联、捷克斯洛伐克、波兰未在和约上签字。共52个国家参加，有包括日本在内的49个国家签字。——作者注

国的世界"冷战"政策和遏制中国、孤立中国的战略需要，违背了绝大多数对日作战国家的愿望。

结果，由于美国操纵了日本的战争赔偿，导致将日本的战争赔偿与日本的经济复兴紧密挂钩，完全改变了战争赔偿意在通过惩罚发动侵略战争的国家，消灭其战争潜力，防止其重新武装崛起的国际准则。这也使日本军国主义丧失了反省侵略战争，认识战争罪行的时机。

为了尽快能让日本从战争废墟上壮大以对抗苏联、中国等共产主义国家，美国并不希望日本对受到战争损害的国家进行认真的赔偿，所做的也只是安抚性质的，虽然《旧金山和约》第十四条规定了日本的赔偿义务，但是，日本对亚洲国家的赔偿非常少。据不完全统计，日本对菲律宾赔偿5.5亿美元（20年支付），对印度尼西亚赔偿2.2308亿美元（12年支付），对缅甸赔偿2亿美元（10年支付），对越南共和国（即南越）赔偿0.39亿美元（5年支付）。另外，对上述四国提供用于经济开发等用途的贷款分别是2.5亿美元、4亿美元、0.5亿美元和0.166亿美元。[①]需要指出的是，日本对东南亚国家的赔偿都是采用资本输出或商品输出的形式，以开拓国外市场为主，名义上是赔款，实际上则是解决日本当时的经济困难。

2. 日本挟美自重，利用"冷战"格局和中国的不统一为由减轻或逃避赔偿

1951年9月旧金山和会后，日本已经返回国际社会，成为主权国家，它已经不再是受制于人的战败国地位了，特别是吉田茂政府十分清楚，美国正一心一意要把它扶植壮大，成为对抗苏联、中国等共产主义国家的前哨，反共堡垒国家。因此，此时的日本趾高气扬，有《旧金山和约》撑腰，日本在与所有要求赔偿国家的谈判中，都是采取挟美自重而对之。

---

① 陈奉林：《战后日台关系史（1945—1972）》，香港社会科学出版社有限公司2004年版，第100页。

在"日台条约"第一次谈判时,台湾当局曾向日本方面提出"和约"初稿7章22条,内容涉及和平、领土、安全、政治与经济、要求与财产处理、争议之解决等,其中有"日本对其在战争中给中国及其他盟国造成的损害与痛苦应予赔偿"等条款内容。

但是,以日本原藏相河田烈为代表的日本代表团在谈判中玩弄文字技巧,时而诡辩,或避开实质性问题,极力压迫台湾当局谈判代表。1952年2月20日台日第一次谈判就发生较大分歧的争论。比如,台湾当局认为中国是在抗日战争中牺牲最大的国家,如果放弃赔偿的话,为中国国民在感情上所不容,主张保留赔偿的条款,而日本则主张,中国在大陆的损失是本约适用范围以外的事情,应该消除。台湾当局认为自己是联合国的重要一员,主张在对日和约问题上享有同其他成员国一样的权利,而日本则主张取消这项权利。日本主张"和约"只适用于"现在国府(即国民党现台湾当局)统治下或今后可能统治下的领域",而台湾当局则主张在条文中附加"无妨碍于国府在大陆的主权"[①]。

1952年3月1日,日台双方举行第二次会谈。河田烈发言时声称,台湾当局所提的草案"与敝方所预想以至所期望者,大不相同"。他认为:"中日两国政府应先将国交恢复,并从新奠定安定东亚之基础。否则欲有效对抗苏联与中共,维持美国之信赖,以及获得西欧之信心,恐怕均有困难。以此为出发点,希望从速缔结一极为简洁之双边条约,其内容当以上述各项考虑为主。"[②]显然,日方有意转移视线,避开签约最核心的赔偿问题。这当即遭到叶公超的反对。

第二次正式会谈后,日方提出一份非常简单的和约草案,举凡6条,

---

① 陈奉林:《战后日台关系史(1945—1972)》,香港社会科学出版社有限公司2004年版,第97页。
②《中华民国对日和约》,见《中日外交史料丛编》(九),"中华民国"外交问题研究会1966年版,第33页。

所列内容都是一般性的规定，不具有和约的性质，为叶公超不能接受。主要争论的有三个问题：

关于赔偿条款。台湾当局代表主张，对日战争的最大受害者是中国，放弃赔款则为国民所不容，必须保留这项条款；日本代表则认为，在中国大陆的战争损害是此条约以外的事项，应予取消。

关于联合国资格条款。台湾当局代表主张，在条约中保留"国府（即中华民国政府）"是联合国的一员条款，而日本则主张取消这个条款。

关于条约适用范围。日本主张设"国府现在支配下或将来支配下的所有领土"这一项，而台湾当局代表则强调加上一个"不能无视国府在大陆的主权"的一个"但书"。

日本针对风雨飘摇的台湾当局的软肋，讨价还价时处处表现出一副强势姿态。此时的日本并不急于签约，相比之下，台湾当局倒是相当着急。因为，日本已经成为联合国的一员，有美的庇护，当务之急是如何逃避对盟国，特别是对中国的巨额战争赔款。日本外务省政务次官石原在回答自由党议员佐佐木盛雄有关台湾当局是否有赔偿请求权的提问时，回答说："本人认为台湾之国民政府无权请求赔偿。"[1]日本政府对于台湾当局无权代表全中国人民利益的现实当然非常清楚，因此，日本谈判代表则利用蒋介石政权追求正统名分的心理，在条约的名称、适用范围问题上诡辩、拖延，来回大做文章，迫使台湾当局步步退让，最后完全放弃一切要求日本承担战争责任和战争赔偿的权利。

3. 蒋介石国民党台湾当局为挽救风雨飘摇的统治，而牺牲民族利益放弃战争赔偿

首先，"日台条约"是蒋介石国民党台湾当局为挽救风雨飘摇统治，求

---

[1] 曾景忠：《1952年台北议和中日本利用中国不统一逃避战争赔偿》，《抗日战争研究》2000年第2期，第181—202页。

生存，找活路的产物。自从蒋介石率国民党军的残兵败将败逃台湾后，整个台湾岛人心处于惊魂未定的动荡之中。当时台湾是物质贫乏、物价飞涨、内外交困、危机四伏的困境，加上国民党军60万军队及家属的到来，无疑是雪上加霜，经济处于崩溃的边缘。

1949年8月5日，美国国务院发表《美中关系白皮书》，美国由抗战后期的扶蒋反共，变为对蒋介石国民党的观望待变，指责其腐败无能，明确宣布美国在亚太地区的防线并不包括台湾。美国在抗战后期实行扶蒋反共政策，是指望国民党政府在中国内战中获胜，成为反苏反共亲美的一个东方大国，出人意料的是蒋介石在1949年垮台和共产党在大陆胜利，使美国感到恼怒、震惊和失望。蒋介石国民党的处境，如当时驻美大使顾维钧所说："在那个时候，国民党政府想要得到美国的任何支持已经没有多少希望。美国政府已经拒绝对台湾国民党中国提供进一步的军事援助，并且正在犹豫：是继续承认国民党政府还是改而承认共产党政府，或者虽不承认，但在国际机构中默认红色中国的代表权。"①直到1950年初美国仍然对台湾非常失望，杜鲁门总统在白宫举行记者招待会上仍声称："美国此时不想在台湾获得特别权利或建立军事基地。美国也不利用其武力以干涉台湾现在的局势。美国并不采取足以涉及中国内战的途径。同样地，美国政府也不供给军援与军事顾问于台湾的中国军队。"②杜鲁门的声明无疑是对蒋介石的当头一棒。此前的1949年7月，蒋介石以国民党总裁的身份访问菲律宾，曾与菲律宾总统季里诺私下沟通，准备在共产党军队打到台湾时，在菲律宾建立临时流亡政府。蒋介石清楚地意识到国民党政权在大陆已经是风雨飘摇、油尽灯枯，他已做好了最坏的打算。他与菲律宾总统季里诺会谈后发表联合声明称："远东国家之自由与独立，现在正遭受共产势力之严重威

① 《顾维钧回忆录》第9册，中华书局1989年版，第5页。
② 陈奉林：《战后日台关系史（1945—1972）》，香港社会科学出版社有限公司2004年版，第108页。

胁。余等认为远东国家应即成立联盟，加强其合作与互助，以反抗并消除此种威胁。余等并认为凡准备参加远东联盟之国家，应即遣派有全权之代表，组成筹备会议以制定本联盟之具体组织。"①只是由于1950年6月25日朝鲜战争爆发，美国才重新认识台湾的军事价值，由原来的坐视蒋介石政权自生自灭转向扶蒋反共。应该说，朝鲜战争的爆发成为挽救蒋介石国民党的一个转折点。

其次，放弃战争赔偿，签订"日台和约"，是蒋介石拉拢日本，争取美国支持的一个手段，以改变自身不利的处境。蒋介石残余政权败逃台湾后，其影响力与在大陆时相比，不可同日而语，台湾人口、面积及经济力急剧下降，尽管在联合国中还占有一席位置，但随时都处于岌岌可危的形势中。所以，蒋介石打着反共的旗号以寻求日本、美国的同情或援助。"日台和约"签订后，日本裕仁天皇即对蒋介石表示感谢，他对来访的蒋介石特使张群说："蒋总统在终战时声明以德报怨，此种宽大精神至今令人感激，由于蒋总统的这样精神，本次和平条约才赖以完成。"②而很多日本人认为，蒋介石放弃对日战争赔偿，是日本经济能在战后复兴的"救星"："由于中国这种秉承人道的处置，不仅日本遇到了救星，也使其他对日参战各国为之震惊！对他们想从日本索取赔偿，使日本变成瘫痪无能的态度，发生了很大的制动作用，直接或间接地影响了其他国家，而获致了放弃或减轻赔偿的结果。因此，日本才能在战后迅速地复兴与繁荣起来。"③

其实，从抗战胜利后蒋介石对日本战犯冈村宁次"无罪"释放，到蒋介石败退到台湾签订"日台条约"的放弃战争赔偿，蒋介石对日本的"以德报怨"是一以贯之的。1949年夏，菲律宾总统季里诺的特使来到台湾高

---

① 《总统蒋公思想言论总集》第37卷别录，台北国民党中央党史委员会1984年版，第383页。
② 陈鹏仁编译：《近百年来中日关系》，台北水牛图书出版事业有限公司1988年版，第85页。
③ 大久保传藏：《一页珍贵的历史——毋忘蒋总统对日宽大政策的恩惠》，台北海外出版社1969年版，第94页。

雄会见蒋介石，表示菲律宾打算要求日本赔偿80亿美元。蒋介石听后说："引起这次大战的是日本军阀，不是日本国民。让日本国民背负赔偿的责任决不是公平的。……80亿美元的赔款加诸战后日本国民，如同削夺日本全体国民的生命，在赤色帝国主义虎视眈眈的时候削弱日本，决不是为了亚洲安定与和平的上策，必须在亚洲形成未来强有力的防共国家。现在创造历史的钥匙掌握在我们手里。我们一定要好好地充分利用这个机会。"① 说得多么冠冕堂皇，从来没有听见蒋介石关心过中国老百姓的生活，现在却如此关心日本人民，岂不怪哉！实质上，蒋介石是打着"反共"的旗号，放弃战争赔偿以拉拢日本，求取救命稻草一根。受蒋介石谈话及台湾当局放弃战争赔偿的影响，菲律宾最后只要求日本赔偿5.5亿美元。

1950年6月8日，台湾"外交部"在给远东委员会的中国代表李惟果的电报中明确指示："我政府鉴于中日两国关系重要，曾于三十八年（1949）对于此事行政院会议决议，对日政策，酌量放宽。授权本部，照此原则酌办。目前国际情势，演变甚剧，我为表示与盟国充分合作，从速恢复中日两国和平关系及防止中共企图取得我政府应有地位起见，对于召开和会程序，拟于原则上尽量接纳美方意见。……关于和约内容，我原定政策，在政治上不取报复精神。而尽量宽大。"②

1951年10月15日，台湾"行政院"新闻局宣布放弃对日本索取战争赔偿，同时还通过中国游说团促请美国56位参议员致函杜鲁门，要求日本与台湾签订和约。可见，当时台湾当局是何等焦急的心情。蒋介石直言不讳地讲："当今赤色帝国主义正以日本为目标，必须避免采取由巨额赔偿而弱化日本的措施。为了亚洲的安定，必须使日本成为强有力的反共国家。"③

---

① 林金茎：《战后日华关系与国际法》，有斐阁1987年版，第11页，转引自陈奉林：《战后日台关系史（1945—1972）》，香港社会科学出版社有限公司2004年版，第103页。

②《顾维钧回忆录》第9册，中华书局1989年版，第12页。

③ 古屋奎二：《蒋介石总统秘录——日中关系八十年证言》（下），产经新闻社1971年版，第411页。

1952年2月25日，时任台湾"总统府"国策顾问并参与"日台和约"谈判代表团的邵毓麟，在向国民党中央改造委员会提出对日议和文件——《缔约方针及对策》的说明中阐明立场："国际形势，瞬息万变，今后发展，终必有利于我，在反共抗俄收复失土国策下，我对日缔约交涉之大方针，应着重于主权不受拘束，在平等坚固之基础上，开拓中日两国反共抗俄政治经济乃至军事合作之前途，宁愿过去旧账不算，今后祸根应堵塞，政治主权第一，经济利益为次。"①可见台湾当局在"日台条约"上的政治考量。此时，残存的蒋介石国民党政权为了能在台湾这个小岛活下来，完全抛去抗战时期的联苏抗日政策，立即投入到美国的"冷战"格局中，与美国杜鲁门政府所持所谓"防止共产主义扩张"的意识形态观点，沆瀣一气，成为美国全球战略的一个小棋子。因为，这一时期的蒋介石最迫切需要解决的问题是如何保全在台湾的地位，所以，特别希望早日与日本和美国结盟来改变台湾当局的不利地位——"日台和约"的签订，在蒋介石心里无疑是挽救了台湾的颓局，"在这自由世界面临共产侵略的威胁的时候，这一举措，尤其有特殊意义"②。1954年12月2日，台湾蒋介石集团与美国在华盛顿签订《共同防御条约》，声称："以抵抗武装攻击及由国外指挥之危害其领土完整政治安定之共产颠覆活动。"台湾当局加入以美国为首、以日本为侧翼的西方国家反苏反共体系这一行动，极大地加剧了亚太地区的紧张局势。

综上所述，蒋介石国民党政权放弃对日战争赔偿及签订"日台条约"，其实质是蒋介石试图建立"亚洲反共联盟"的重要组成部分，是为其反苏反共的目的服务的。1952年5月5日，即"日台和约"签订后一个星期，中华人民共和国外交部部长周恩来对日台勾结破坏中国主权的行径，发表声

---

① 邵毓麟：《使韩回忆录》，台北传记文学出版社1980年版，第315页。

② 秦孝仪主编：《中华民国重要史料初编——对日抗战时期》第七编，"中央"文物供应社1981年版，第1072页。

明予以严厉抨击，指出："日本吉田茂政府于接受了敌视中苏、出卖日本民族利益的美制单独对日和约之后，竟敢公开进一步依照美国主子的命令，与早为全中国人民所一致弃绝的台湾蒋介石残余集团勾搭在一起，甚至猖狂无耻地说他们所订的'条约'应适用于现在中华民国政府控制下或将来在其控制下之全部领土，并在订'约'之后，立即释放双手沾满了中国人民的鲜血的罪大恶极的日本战犯88人，包括臭名昭著的冈村宁次在内，这就证明日本的军国主义统治从1945年第二次世界大战结束以来，为期将近7年，仍毫无悔过之心，现在它更决心追随美国帝国主义，妄图继续其甲午战争以来武装侵略中国的阴谋，准备重新进犯大陆，复活它对中国和亚洲人民的帝国主义统治。"①

地球轮转，时势变迁，20年后，日本与中华人民共和国建立外交关系，承认中华人民共和国是中国唯一合法政府，台湾是中华人民共和国不可分割的一部分，"日台和约"被日本政府自己所废弃。

---

① 田桓主编：《战后中日关系文献集（1945—1970）》，中国社会科学出版社1996年版，第124页。

联共则兴旺，反共则衰败

——十四年抗战中国民党政府历史功过的基本认识

中国抗日战争以1931年九一八事变为起点，到1945年9月2日日本签订投降书结束，前后经历了整整14年艰难曲折的斗争历程。14年抗日战争分为局部抗战和全国性抗战两个时期，1937年七七事变前的6年局部抗战主要发生在东北、上海及华北一部分地区；1937年七七事变后的全国抗战是局部抗战的继续和发展。中国抗日战争，是中国人民反抗日本军国主义的正义战争，是世界反法西斯战争的重要组成部分和东方主战场，也是中国近代以来抗击外敌入侵第一次取得完全胜利的伟大的民族解放战争。抗日战争，是中华民族由衰败走向复兴的一个重大转折点，它改变了国家的历史命运，极大地促进了民族觉醒和团结，推动了新民主主义革命的历史进程。

蒋介石作为当时中国最大党且处于执政党地位的国民党的最高领导人，也是抗日战争时期合法政府国民政府的最高领导人。因此，研究抗日战争的历史，就不能不研究蒋介石。

蒋介石自1926年1月被推举为国民党军事委员会主席，5月提出"整理党务案"，打击和排斥共产党人。此后，相继任国民党中央组织部部长、中央党部军人部部长、国民党中央执行委员会常务委员会主席等要职。蒋介石于1927年4月12日在上海发动反革命政变，残酷屠杀共产党人和革命群众，随即在全国各地"清党"，镇压工农运动，公开背叛孙中山所制定的联俄、联共、扶助农工的三大政策。1927年8月—1928年春，在国民党各派系的争权夺利斗争中，蒋介石采取"以退为进"的策略，通电下野，后不久又出任国民党中央政治会议主席、军事委员会主席和国民军总司令，1928年4—9月统率4个集团军进行第二期北伐。此前的1926年7月国共合作进行北伐战争，蒋介石就任国民革命军总司令，在苏联顾问的帮助下，采取集中兵力，各个击破的战略方针，不到一年的时间，相继占领了湖南、湖北、江西、福建、浙江、安徽、江苏等省市，基本消灭了军阀吴佩孚、孙传芳的军队，打败奉系军阀张作霖，10月出任国民政府主席。12月，东北军阀张学良"易帜"后，在名义上实现了全国的统一。1929—1930年，因企图削减冯玉祥、阎锡山、李宗仁等地方实力派军队而扩充自己的实力，遂先后爆发蒋桂（李宗仁、白崇禧）战争、蒋冯（玉祥）战争和蒋冯（玉祥）阎（锡山）战争，史称新军阀战争，从而建立起国民党一党专政的独裁统治。

从1937年7月全国性抗战开始到1945年9月日本投降的8年时间中，蒋介石一直任国民政府军事委员会委员长、行政院院长和国民党总裁，始终处于掌握国民党党政军大权一把手的地位，他的言行是国民党、政府和军队的方针政策的集中代表和体现，作为当时中国第一大政党且处于执政党地位的国民党一把手蒋介石，则成为中国八年抗战期间的最高领导者。

一、从九一八事变至西安事变的5年多时间里，蒋介石顽固坚持"攘外必先安内"的内战政策，对日实行"不抵抗"妥协政策

日本侵略中国的野心由来已久。远的不说，仅就1927年7月25日日本首相田中义一向日本天皇条陈的"满蒙积极政策"中提出"……第一期征服台湾，第二期征服朝鲜，第三期灭亡满蒙，以征服全中国全土。……欲征服中国，必先征服满蒙，欲征服世界，必先征服中国"的《田中奏折》

已经于1929年12月在当时南京出版的中国杂志《时事月报》刊登，轰动了当时的舆论界，在中国和世界广泛传播，全中国的有识之士无人不晓，蒋介石当然心知肚明。但自从蒋介石建立起独裁统治后，他思想和工作的重心是集中主要力量进行反共反人民的内战，对日本侵华则采取不抵抗的妥协政策。

1930年10月和1931年5月，蒋介石先后调集重兵对共产党领导的鄂豫皖、洪湖、中央革命根据地发动第一、第二次"围剿"，均被粉碎。1931年7月，蒋介石又调集30万国民党军，亲任"围剿"军总司令，对中央革命根据地发动第三次"围剿"，也以失败而告终。

1931年6月6日蒋介石发表《告全国将士书》，称"赤祸是中国的最大祸患"。6月13日中国国民党第三届第五次中央全会认为："确定这一时期之中心工作是戡定祸乱。……吾国家、吾民族以赤匪（指共产党及其领导下的中国工农红军）频年之扰乱。"[①]1931年7月初"万宝山事件"发生后，中日关系日趋紧张，蒋介石担心万宝山事件会导致全国性抗日运动的高涨，于7月23日发表《告全国同胞一致安内攘外电》说："惟攘外应先安内，去腐乃能防蠹。……故不先消灭共匪，则不能御侮。"[②]由于蒋介石在九一八事变至西安事变的5年多时间里，顽固坚持"攘外必先安内"的内战政策，不管日本如何扩大侵华军事行动，蒋介石始终把"安内"作为他优先考虑的头等大事，而只把"攘外"停留在口头上，没有什么实质上的具体行动。

九一八事变的爆发及东北三省的迅速沦陷，可以说，是蒋介石"攘外必先安内"内战政策的必然结果。九一八事变前，主要是国民党蒋介石的对日妥协政策招致了日本帝国主义的侵略；九一八事变后，是国民党蒋介

① 荣孟源、孙彩霞编：《中国国民党历次代表大会及中央全会资料》（上），光明日报出版社1985年版，第987页。
② 古屋奎二：《蒋总统秘录》第7册，台北"中央"日报社1976年版，第185页。

石对日实行"隐忍不抵抗"政策，而断送了东北三省的大好河山。

九一八事变的第二天，张学良在接受《大公报》专访时表示："我军（指东北军）本未武装，自无抵抗。日本此次，既未下最后通牒，又未宣告开战，而实际采取军事行动，令人不解，仍望国民冷静隐忍，勿生枝节。"①国民党政府的反应与张学良的态度一样，国民党政府除了三次抗议以外，就是"希望民众能力持镇静，忍痛含愤，暂取逆来顺受态度，听候政府正当解决，以免使日军有扩大的借口"。另外，则将日军侵占中国东北的事实寄希望"等待国际公理判断"，通过外交渠道"诉诸国际联盟与签订非战公约诸国，以争取外援"②。对东北张学良当局和国民党政府的"不抵抗主义"，全国舆论进行了猛烈的批评。《生活》周刊直言"不抵抗主义是极端无耻的主义，而国际间只有利害关系，绝无公理可言"，认为除"自救"外，别无他法，主张"应毅然与敌国断绝国交，全国以死相拒"③。

辽宁、吉林沦陷后，《大公报》一反原先开始时"共助政府，镇静应付"的态度，怒言："中国年费一两百万，养兵百余万，一旦祸作，数日而失两省，而称之曰'不抵抗'，曰'镇静'，而诉诸国际联盟与不战公约国为惟一之表现，实在是顽钝无聊，无以复加！"④一·二八事变爆发后，《大公报》明确表示，中国除了下定决心"死里求生"的抵抗以外，别无他途，并指出"不抵抗主义"的后果，则是"内政不修，国防不固"。《益世报》社论的主笔罗隆基发表《可以战矣》的社论指出："……从九一八起到如今，所谓'一致对外'，所谓'同赴国难'，都是骗人的口号。事实摆在我们目前，不合作的领袖依然不合作，半独立的省份，依然半独立。……战，或者是一个强心针，或者是一味回生药。"他主张应通过"外战"来解

---

①《大公报》，1932年9月20日第3版。

②《国民政府通电》（马电），《申报》，1932年9月20日第9—10版。

③ 邹韬奋：《无可掩饰的极端无耻》，《生活》周刊1931年第6卷第31期，第653页。

④《大公报》，1932年9月24日第2版。

决"内乱"问题。他还提出，现在的根本之道"是改组现在的政府——以容纳全国各项人才、代表各种政见的政府来负担国事，这样才能消除国人政治上一切成见，举国一致，共赴国难"①。青年党机关报《民声周报》和王造时则公开提出"应取消一党专政，集中全中国人才，组织国防政府"，这样"对内才能团结全民，对外才能理直气壮，否则国民党在国内形成一特殊阶级，把持政权，以自己为刀俎，以人民为鱼肉，强权就是公理，武力就是法律，这种统治，又要国民如何与国民党合作万众一心，听从政府指挥呢？"②

应当指出，九一八事变爆发后，张学良完全彻底执行蒋介石对日的"不抵抗主义"政策，除马占山部违反蒋介石的旨意，在黑龙江嫩江桥一役中给日军以沉重打击外，东北军特别是张学良部及吉林省辖区内军队绝大部不战而退，或不战而逃，致使仅仅105天的时间（九一八事变至1932年1月2日锦州失陷），辽宁、吉林、黑龙江等东北三省全部沦陷，这完全是国民党政府对日"不抵抗"政策的严重恶果。作为东北军的最高长官，张学良无疑负有不可推卸的直接历史责任。九一八事变爆发后的数年期间，张学良背负"卖国贼"的骂名，并没有冤枉他。因为在九一八事变前，日本在中国东北的兵力只有1.05万余人，而中国东北军有26.8万余人，除去调往驻守平津地区的11.5万余人外，在东北专区仍有15.3万余人。如果在九一八事变前做好充分的反侵略战争准备，对日军制造的九一八事变进行坚决反击，完全可以制止日军在东北的军事侵略扩大行动。令人痛心而遗憾的是，近20万东北军不战而陆续退入山海关内。1932年3月，日本扶植清朝废帝溥仪为执政，成立伪满洲国，东北三省沦为日本的殖民地。如果当时张学良能有像马占山一样的抗日抵抗精神，也决不会使东北沦陷。

---

① 吕芳上主编：《中国抗日战争史新编·和战抉择》，台湾"国史馆"2015年版，第314、323页。
② 王造时：《救亡两大政策》，新月书店1931年版，第28—30页。

对此，在九一八事变60年后的1990年，年已90高龄的张学良在回忆中也承认："我这个人是负责任的，该是我的责任，就是我的责任。我那天跟你讲，就像'九一八'这个事情，那不要紧，那是我的责任啊！我这个人就这样，那我应该负责任的。"[1]所以，自从九一八事变张学良东北军丢掉辽宁、吉林、黑龙江三省后，到1936年12月12日西安事变爆发这5年多时间里，张学良一直背负国人给他的"卖国贼"骂名，一点没有冤枉他，只不过他同时也替蒋介石背着"卖国贼"的黑锅而已。张学良后来回忆说：

老先生对我还是不错的了。我不是说过，他死了我写了副对联吗，我这是私人的对联，我吊他的，我说：关怀之殷，情同骨肉；政见之争，宛若仇雠。老先生对我，那该怎么说？对我，那是很关怀。我有病，差不多够呛了，他们旁人就想，我要死掉了。那他不但特别关切，还派了医生，派了中央医院的来看我。我到哪儿，就是到了台湾，老先生甚至都给我找最好的医生，他自己亲口告诉这个陈仪，要给我找好医生。那他对我真是关切得很，一直他关切我，到现在我也是这么说。[2]

1932年1月28日，日军发动对上海的军事进攻，第19路军将士英勇抗击，给日军以逾万死伤的沉重打击，但由于蒋介石继续执行"攘外必先安内"的内战政策，集中兵力忙于在江西"剿共"，不愿增兵上海支援第19路军，使第19路军孤立无援，被迫退守。5月5日中日双方签订《淞沪停战协定》，规定中国不得在交战区驻兵，日军可以留驻上海。这无疑是国民党政府对日妥协退让政策的产物。5月9日，汪精卫为了解释《淞沪停战协定》的"合理性"，正式提出了国民党政府所谓新的对日政策，即"一面抵

---

①《张学良口述历史》，山西人民出版社2013年版，第169页。
②《张学良口述历史》，山西人民出版社2013年版，第151、168页。

抗，一面交涉"的八字口号，以表示国民党政府比九一八事变后的"隐忍不抵抗"有了进步。

"一面抵抗，一面交涉"八字口号一出笼，就遭到许多著名学者的批评。清华大学、燕京大学教授陈寅恪等7人致电国民党政府，表示："敌兵在境，岂可作城下之盟，置东北三省失地、淞沪牺牲于不顾。政府对日，当有一贯主张，不主妥协，即主抗战，不用岳飞，即用秦桧，即请斩蔡廷锴以谢日本，万勿阳战阴和，以欺国人。"①罗隆基坚决反对国民党政府的"一面抵抗，一面交涉"的对日政策，他认为："'一面抵抗，一面交涉'是绝对不可能也不合时宜的策略，既不能全国一致实行抵抗，又不能上下同调放弃和议，不能进又不能退，最后'外交上举棋不定，军事上观望不前'，和战俱败。"②他呼吁争取国内和平，一致对外。

然而，国民党蒋介石根本听不进全国民众一致要求抗日的声音，还不断扼杀各种形式的抗日武装斗争，并公开声称："消灭共匪，方可言御侮。"③《申报》发表社论讥讽国民党政府说："今日举国之'匪'，皆黑暗政治所造成。政治上既一面'造匪'，政府复一面'剿匪'，在此矛盾之行为下，'匪'既绝不能以剿而绝，或且以剿而势日以张大。"④可谓一针见血。

国民党政府与日本签订《塘沽协定》等多个丧权辱国的协定后，蒋介石仍然顽固执行"先安内后攘外"的政策，集中全力进行"剿共"，不但遭到全国人民的反对，更遭到许多有识之士的尖锐批评，章乃器、王造时、罗隆基等著名专家学者公开主张"先攘外后安内"，王造时更是极力主张

① 陈觉：《九一八后国难痛史》，见吕芳上主编：《中国抗日战争史新编·和战抉择》，台湾"国史馆"2015年版，第319页。
② 吕芳上主编：《中国抗日战争史新编·和战抉择》，台湾"国史馆"2015年版，第321页。
③ 吕芳上主编：《中国抗日战争史新编·和战抉择》，台湾"国史馆"2015年版，第331页。
④《申报》，1932年6月30日第3版。

"安内必先攘外"，他在《安内必先攘外——为政府进一忠告》①一文中，一针见血地批评了蒋介石"隐忍不抵抗"的阴谋实质：

政府根据这个政策（指"攘外必先安内"），所以不派大军北上收复失地，而调动三十多万军队，去剿共党。上海之战，政府宁愿坐视十九路军的孤军奋战，而不愿移在江西的军队来增援淞沪。……所以对于国联，明知其不可依赖而依赖。因为政府的力量完全用在对内，为转移国人的眼光起见，对外不能不推给国联。……国联调解完全失败，还不失望。政府再根据这个政策，对于国内不满意或反政府的个人、团体，监视及压制得非常厉害，诚恐他们乘机阴谋颠覆政府。于是，检查新闻，查禁刊物，禁止集会结社，任意拘捕杀戮。②

因而，王造时呼吁："安内必先攘外，因为只有对日作战，是全国各党、各派、各个人、各阶级都赞成拥护的；哪个人哪个党能挺身而起，领导民众抗日，便会受到全国的拥戴；若政府能挺身而起，领导民众抗日，更容易得到全国的拥戴。"③

冯玉祥在1933年5月26日于张家口发表通电，公开反对国民党政府签订《塘沽协定》，并决定成立"察哈尔抗日同盟军"，亲任总司令，主张积极抗日：

握政府之大权者，以不抵抗而弃东三省，以假抵抗而失热河，以不彻

①《申报》，1933年1月20日。
② 王造时：《荒谬集》，自由言论出版社1935年版，第110—119页，见吕芳上主编：《中国抗日战争史新编·和战抉择》，台湾"国史馆"2015年版，第346页。
③ 王造时：《荒谬集》，自由言论出版社1935年版，第110—119页，见吕芳上主编：《中国抗日战争史新编·和战抉择》，台湾"国史馆"2015年版，第346页。

底局部抵抗，而受挫于淞沪平津。即就此次北方战事而言，全国陆军之于抗日者，不及十分之一。海空军则根本未出动。全国收入用于抗日者，不及二十分之一。且扣留民众之义捐，禁其使用。……敌军迫攻平津，公言将取张垣，不但冀察垂危，黄河以北悉将不保，当局不作整军反攻之图，转为妥协苟安之计，方以忍辱负重自欺，以安定民心欺人。①

冯玉祥的通电获得了全国各界的热烈欢迎，而蒋介石"攘外必先安内"的政策更加不得民心。

九一八事变后至西安事变，国共两党斗争的中心问题，是抵抗日本侵略，还是不抵抗日本侵略。共产党提出：停止内战，一致抗日。国民党蒋介石坚持"攘外必先安内"，实际上就是内战的方针。

九一八事变后的第三天，中国共产党就通电号召实行全国武装抗日。1933年1月17日，中华苏维埃共和国临时中央政府、工农红军革命军事委员会发表宣言，向一切进攻革命根据地和红军的国民党军队，提议在立即停止进攻、保证民众以民主权利和武装民众创立义勇军三个条件下，停战议和，一致抗日。1935年8月1日，中华苏维埃共和国中央政府和中国共产党中央委员会联名发表《为抗日救国告全体同胞书》，郑重要求国民党当局停止内战，集中一切国力抗日救国，提出建立"全国统一的国防政府，组织全中国统一的抗日联军"等主张。1935年12月，中共中央瓦窑堡会议正式确立了抗日民族统一战线政策，但均遭到国民党政府的拒绝，蒋介石仍继续调集重兵企图歼灭在陕北立足未稳的中国共产党和工农红军。

社会的主要矛盾决定社会发展的历史进程。蒋介石"攘外必先安内"

---

① 《北京档案》，1995年第4期，第13页。

的政策，违反了绝大多数人的民意，这就从内在逻辑和历史发展规律的必然性上，决定了蒋介石国民党把自己置于广大人民群众和一切主张抗日者的对立危机之中，1931年12月蒋介石的被迫下野和1936年12月12日张学良、杨虎城发动"兵谏"的西安事变的爆发，就是明证！如此等等，都是他顽固坚持"攘外必先安内"错误政策的必然结果。

张学良90岁在西安事变爆发50多年后的1990年回忆时认为，他跟蒋介石的冲突就是两句话：

他（指蒋介石）是要"安内攘外"，我是要"攘外安内"。我们两个冲突就是冲突这点，没有旁的冲突，一点冲突没有，旁的没有。……他一句话把我激怒了，就因为学生运动时候，他说用机关枪打，我说机关枪不去打日本人，怎么能打学生？我火了，我真火了，所以这句话把我激怒了。我真怒了，所以我才会有西安事变。我怒了什么呢？我的意思是这么一句话：你这个老头子，我要教训教训你！①

物极必反。蒋介石一再逼张学良"剿共"，最终逼出一个西安事变来了，他自己用"攘外必先安内"的酒曲酿造了西安事变这壶苦酒。蒋介石不顾民族危亡的加深而一再反共"剿共"，到头来连自己的性命也差一点被剿掉，好在张学良是完全彻底出于爱国之心而扣押蒋介石。

其间，察北同盟军、福建人民政府、第19路军和后来的东北军、第17路军都响应共产党号召，愿意合作抗日。但国民党蒋介石一方面更加疯狂"围剿"红军，另一方面则极力压迫全国的抗日救亡运动，如1933年7月蒋介石调集16个师15万兵力"围剿"冯玉祥、方振武、吉鸿昌的

①《张学良口述历史》，山西人民出版社2015年版，第152—153页。

察哈尔抗日同盟军，捕杀英勇抗日的吉鸿昌；肢解主张抗日的第19路军；逮捕沈钧儒、李公朴、史良等七君子入狱。此外，国民党当局先后与日本签订丧权辱国的《上海停战协定》（1932年5月5日）、《塘沽协定》（1933年5月31日）、《秦土协定》（1935年6月27日）、《何梅协定》（1935年7月6日）等。当时的中国可谓"爱国有罪，冤狱遍于国中；卖国有赏，汉奸弹冠相庆"。

西安事变爆发的历史告诉世人，只有"攘外"即抗日，才能消灭内战，才是当时中国社会的首要问题，"不攘外"（不抗日）根本无以安内，不抗日的个人和政府，必然遭到全国人民的反对。

二、从1936年12月的西安事变到1937年七七事变的半年多时间里，蒋介石虽然停止了内战，但采取拖延、阻碍手段，并不准备真正抗战

西安事变后，虽然停止了内战，但蒋介石并不想实行真正的抗战。当时国共两党争论的中心问题：是真正准备抗战，还是空谈准备抗战。共产党的中心口号是以民主来推动抗战。1937年2月10日，中共中央致电即将召开的五届三中全会，提出了五项要求和四项保证。五项要求：（1）停止内战，集中国力，一致对外；（2）保障言论集会、结社之自由，释放一切政治犯；（3）召开各党各派各界各军的代表会议，集中全国人才，共同救国；（4）迅速完成对日作战之一切准备工作；（5）改善人民生活。如果国民党能毅然确定此为国策，中国共产党愿意作出四项保证：（1）在全国范围内实行停止推翻国民党政府的武装暴动方针；（2）工农政府改名为中华民国特区政府，红军改名为国民革命军；（3）特区实行彻底的民主制度；（4）停止没收地主土地的政策，坚决执行抗日民族统一战线的共同纲领。

国民党五届三中全会仍然提出要"根绝赤祸"，实为要消灭共产党，拖

延抗战。其决议有四条：（1）取消红军；（2）取消苏维埃政权；（3）停止赤化宣传；（4）停止阶级斗争，就是不许共产党在国民党统治区有任何政治活动。一句话，蒋介石国民党根本没有放弃反共立场，仍然没有检讨过去的错误。但是，这次会议通过和确定了和平统一、修改宪法、扩大民主、开放言论自由、释放政治犯，重申了保卫领土主权的立场，反映出国民党在实际上慢慢接受了中国共产党关于两党合作抗日的正确主张。毛泽东指出，国民党五届三中全会标志着"国民党不能不开始转变它过去十年的错误政策，这即是由内战、独裁和对日不抵抗，向着和平、民主和抗日的方向转变，而开始接受抗日民族统一战线政策"①。

与此同时，国共两党派出全权代表就合作抗日问题进行正式谈判。从1937年2月中旬至七七事变爆发前，中共中央代表周恩来、叶剑英、林伯渠、博古等人同国民党方面先后在西安、杭州、庐山举行多次谈判，主要解决国共两党关系、红军改编和陕甘宁边区改制等问题。由于蒋介石设置种种障碍，多方延宕刁难，致使谈判无法取得实质性进展。比如，共产党提出，要承认共产党领导的红军、边区政府、各党派的合法地位、组织各党派的联盟（即统一战线）。但蒋介石同意共产党准编3个师4.5万人，又不同意允许建立八路军总指挥部和十八集团军总司令部的组织。八一三抗战打响后，蒋介石才同意发表八路军和十八集团军的番号。

共产党提出要建立各党派的合法地位，建立各党派联盟，但蒋介石在庐山谈话会上居然说："请毛先生、朱先生出洋。"蒋介石想用送杨虎城出洋的办法来对付共产党。蒋介石"一方面是承认我们，可是另一方面，还是说要取消红军，取消苏区。他说我们是一个派，不承认我们是一个党，

①《毛泽东选集》第1卷，人民出版社1991年版，第255页。

强调要集中在国民党领导之下，还是以阿Q的精神来对付我们"①。

共产党提出召开各党派会议，商讨抗战大计。而国民党却在1937年6、7月间的庐山谈话会，以国民党做主人，请大家谈话一番，而共产党却没有份，不让共产党代表周恩来、林伯渠、博古三人露面。

七七事变爆发后，蒋介石于7月17日在庐山发表谈话，提出了解决卢沟桥事变的四个条件：（1）任何解决不得侵害中国主权与领土之完整；（2）冀察行政组织不容任何不合法之改变；（3）中央所派地方官吏不能任人要求撤换；（4）第二十九军现在所驻地区不能受任何约束，并表示："如果战端一开，那就地无分南北，年无分老幼，无论何人，皆有守土抗战之责任。"蒋介石的这个谈话，受到了中国共产党和全国同胞的欢迎，因为它"确定了准备抗战的方针，为国民党多年以来在对外问题上的第一次正确的宣言"②。八一三淞沪抗战打响后，日本侵略军大举进攻上海，国民党统治的中心地区已经直接受到威胁，蒋介石指示国民政府外交部于8月14日发表《自卫抗战声明》。22日以军事委员会名义发表中国红军主力改编为国民革命军第八路军（9月12日改称第18集团军）的命令。9月22日，才由国民党中央通讯社发表了7月15日中共提交的《中共中央为公布国共合作宣言》。23日，蒋介石才发表实际上承认中国共产党的合法地位的谈话。至此，以国共合作为基础的抗日民族统一战线才正式建立。

由上可见，蒋介石的最后抗战决心是被逼出来的，是日本全面侵华、中国人民大众民心所向逼迫而成的。如毛泽东所说，一是共产党在前面拉，二是人民群众在后面推，三是日本不断扩大侵华战争在后面打，这三者的碰撞结合，才最后促成了蒋介石的真正抗日，但蒋介石的反共思想没有根本改变。

①《周恩来选集》上卷，人民出版社1980年版，第196页。
②《毛泽东选集》第2卷，人民出版社1991年版，第344—345页。

三、从七七事变全国抗战到1938年10月广州、武汉失守的一年半时间里，国民政府军事委员会和蒋介石组织指挥了正面战场淞沪、太原、徐州和武汉四大会战，对粉碎日本军国主义三个月灭亡中国的速战速决的战略图谋，起了决定性作用。正面战场是中国抗战的主战场，但由于在战役指导上采取消极的单纯防御方针，实行线式的防御阵地战，采取内线固守、分兵把口的作战方针，按照蒋介石的要求"多筑工事，层层布防，处处据守""固守阵地，坚忍不退"，作战样式呆板、硬拼，伤亡极大

1937年7月—1938年10月，中国战场的军事形势是日军展开战略进攻，中国军队进行战略防御。在此阶段，由于日军企图迅速击破国民党军主力，以迫使国民党政府投降，因而这一阶段国民党正面战场是中国抗战的主战场。

毛泽东曾指出，在"抗日战争的进行与抗日民族统一战线的组成中，国民党居于领导与基干的地位"[①]，"国民党在一九三七年和一九三八年内，抗战是比较努力的，同我党的关系也比较好。对于人民抗日运动虽有许多限制，但也允许有较多的自由"[②]。在战略防御阶段，国民党正面战场先后进行了淞沪、太原、徐州和武汉4次大规模会战，这对于打破日本帝国主义"三个月灭亡中国"的"速战速决"战略企图，消耗日军兵力和战争资财，迫使日军由战略进攻转为战略防御起了决定性的作用。从七七事变到武汉失守，历时一年零四个月，国民党军共毙、伤、俘日军25万余人，牵制日军70万人以上，付出了重大牺牲，其正规军损失达104.4万余人。应该看到，在战略防御阶段，正面战场作战的广大官兵不怕牺牲，英勇杀敌，涌现出许多可歌可泣的爱国主义事迹，为粉碎日本军国主义三个月内灭亡中

---

①《毛泽东军事文集》第2卷，军事科学出版社、中央文献出版社1993年版，第401页。
②《毛泽东选集》第3卷，人民出版社1991年版，第941页。

国的侵略计划，尽了最大的努力，作出了重大贡献；而且使侵华日军兵力分散，战线延长，为战略相持阶段的到来，起了决定性的作用。同时，这也为八路军、新四军等抗日武装挺进敌后，开辟抗日根据地创造了条件。可以想见，如果没有国民党正面战场广大爱国官兵与日军英勇作战，中国大好河山就可能会很快全部被敌占领。在第二次世界大战中，法国在开战不到40天的时间里就向德国投降，苏联在战争头5个月中失地千里，未能组织有效抵抗。而中国不仅没有投降，并有效地组织了淞沪、太原、徐州和武汉4次大会战，重创日军，粉碎了日本法西斯速战速决的战略企图，达到了以空间换时间的战略目的。战争历史表明，国民政府军事委员会和蒋介石在抗日战争战略防御阶段的战略指导方略基本方面是成功的，其主导方面是应该肯定的。

一分为二来看，我们也应该指出，由于蒋介石执行"持久消耗战略"，因而在战役指导上采取消极的单纯防御方针，主要实行线式的防御阵地战，采取内线固守，分兵把口的作战方针，按照蒋介石的要求"多筑工事，层层布防，处处据守""固守阵地，坚忍不退"，否定运动战和游击战，作战样式呆板，硬拼，伤亡极大；战前没有进行充分的战争准备，加之内部派系倾轧等各种利害关系的制约，从而使几次大的防御战役最后都被日军击破，尤其对于日军向河北、山东、晋南、豫北和南京、广州等地的进攻，未能组织有效抵抗，出现大溃败局面，国民党中央政府被迫迁都退守重庆，致使日军长驱直入，在15个月内侵占华北、华中大片国土和华南要地，占领中国大中小城市340余座、13个省的100多万平方公里土地。国民党军正面战场防线，由中国沿海向内地后退约700公里。国民党正面战场的极大失利，蒋介石战略指导的失误难辞其咎。

中国共产党提出的坚持持久战总方针，实行全面全民族的人民战争的抗战路线，主张八路军分批出兵，主要到华北开展独立自主的山地游击战，去创造华北战场，作持久战的准备，从而很快开辟了一个广大的敌后战场，形成了两面夹击日军的战略格局，有力策应配合了正面战场，功不可没，为打破日军速战速决的战略企图起了重要作用。战略防御阶段，在正面战场节节溃退之际，八路军第115师一部创建了以五台山脉为依托的晋察冀抗日根据地并成立晋察冀军区，另一部创建了以吕梁山脉为依托的晋西南抗日根据地；第120师创建了以管涔山脉为依托的晋西北抗日根据地；第129师及第115师一部创建了以太行、太岳山脉为依托的晋冀豫抗日根据地。从1938年4月下旬起，八路军各部陆续向平原发展，完成在华北的战略展开，协同当地人民抗日武装，广泛开展游击战争，又先后创建了冀南、豫北、冀鲁边、冀中等抗日根据地。新四军展开于皖南、皖中、苏南和豫东地区，开展游击战争，创建华中抗日根据地，均起了重要的战略支队的作用。

四、蒋介石国民政府在八年全国抗战时期为维护国家主权和领土完整尽了努力，适时提出废除帝国主义列强强加在中国人民头上的一系列不平等条约；坚持收复台湾、澎湖列岛和东北等中国领土的决心不动摇；采取恩威并重的策略手段，力阻英国染指西藏的阴谋，阻止了新疆的分裂

废除不平等条约。太平洋战争爆发后，中国抗日战场的战略地位迅速上升，作为独立抗击日本法西斯4年多的中国抗日战场，已成为世界反法西斯战争的重要组成部分，受到全世界人民的高度赞誉。1942年元旦，由美国、苏联、英国、中国领衔的26国在华盛顿签署并发表《联合国家宣言》，这标志着世界反法西斯统一战线的正式形成。中国自此进入"四强"的大国地位，以大国的身份出现在国际舞台上。与此同时，由罗斯福提名，蒋介石被"联合国家"正式推举为中国战区盟军最高统帅，蒋介石及时抓住近百年来中国这一难得的历史机遇，适时提出废除鸦片战争以来帝国主义列强强加在中国人民头上的一系列不平等条约；坚持收复台湾、澎湖列岛和东北等中国领土的决心不动摇；采取恩威并重的策略手段，力阻了英国染指西藏的阴谋，阻止了新疆的分裂，这是蒋介石在抗战时期的重要功绩。应该说，蒋介石在八年抗战中坚定地维护了国家的主权和领土完整，这是应该充分肯定的。

废除不平等条约，是近代以来中国各阶层爱国力量迫切希望解决的一个大问题。1924年1月孙中山主持召开的国民党第一次全国代表大会，就通过了"废除不平等条约"的条款。但帝国主义列强一直不愿意放弃在华特权。中国人民坚持独立抗击日本法西斯的10年浴血奋战，赢得了世界人民的尊重，特别是获得美国的战略需要，中国的国际地位极大提高，这就为废除对中国的不平等条约创造了前提条件，这也是维护国家主权与尊严的重要标志。曾经经历过"孤臣孽子"的蒋介石尤为珍视自强和平等，也是蒋介石执政后苦苦追求的一个重要目标。废除不平等条约，重订平等新约，经历了一个艰难的历程。1942年5月31日，中美首先以换文的形式达成协议，美方承诺"通过谈判迅速做到取消一切特殊性质的权利"。美国欲与中国签订新的平等新约的表态，在国际上引来连锁反应。7月4日，英国驻华大使卡尔奉英国外相之命，亦发表类似的声明，称英国政府将在恢复远东和平后，与中国政府商讨取消治外法权、交还租界，并根据平等互惠原则修改条约。

然而，真正要废除美、英等列强的不平等条约的谈判，并不是一帆风顺。起初，英、美两国只同意等到战后再进行协商，其目的是企图在战后换取在华更大的利益，而其内部也有不赞成马上废约。蒋介石对英、美允诺要在战后废除在华治外法权的表态，十分不满，他要求美、英率先放弃在华特权，废除历史上的不平等条约。当《联合国宣言》签署后，蒋介石就致电罗斯福，指出英国的殖民政策与盟国的共同作战目标相悖，亚洲各国民众"久受帝国之统治，统治者与被统治者之间，经济、社会与政治皆无平等可言"。在蒋介石的推动下，中国新闻界开始抨击英国殖民主义运动，要求立即废除平等条约。宋美龄奉蒋介石之命，于1942年4月23日在美国《纽约时报》发表《如是我观》的政论文章，明确提出取消外国在华的种种特权，并严厉批评英国在远东对日作战不力：

如英国控制的香港是它在远东的重要金融、经济和军事基地之一，不敌日军半个月的攻势就被迫投降；英军在马来亚、新加坡驻有10余万人、飞机150多架，包括新式战列舰"威尔斯亲王号"等组成的特混舰队12艘，太平洋战争爆发只一个半月的时间，舰队司令菲利普斯海军上将阵亡；英军在新加坡抵抗仅一周，就于1942年2月5日被迫投降，英军死伤9000余人，被俘10万余人。但是，已经成为日本阶下囚的英国却继续以帝国主义的态度对待中国……

宋美龄在文章中要求那些以抗战名义到中国的英国驻华大使馆的一些"大班"滚回英国。宋美龄的言论在美国引起巨大反响。

由于中国的坚定态度，美、英两国于1942年10月10日发表声明，同意废除对中国的不平等条约以及其他所有治外法权。接着，加拿大、荷兰等国，相继表示了同样的态度。后经艰苦谈判，中美两国代表终于在1943年1月11日在华盛顿签订了《中美关于取消美国在华治外法权及处理有关问题条约暨换文》，美国还废除排华法律。这表明，美国不仅视中国为反法西斯战争的盟友，而且还视中国为战后和平时期的伙伴。

中国与英国签订新约的谈判则"颇费心神，仍留遗恨"。由于英国借口九龙租借地不在新约谈判的范围，拒绝交还九龙，致使谈判几度陷入僵局、中断。蒋介石曾多次表示强硬的态度，中英改订的新约如果不载明中国收回九龙，他就不同意签字；甚至他做好"以后用中国的军队收复它"①的打算，进行了阻止英国霸占香港的外交斗争。由于丘吉尔的顽固殖民立场，丘吉尔曾表示，他将为香港斗争到底，"除非踩过我的尸体，否则休想把香港从大英帝国版图上除掉。大英帝国将不要求什么，也不放弃什么。我不能当清算大英帝国的英国首相。我们决不会放弃大英帝国旗帜下的一寸领土"②。蒋介石虽然为了维护香港、九龙的主权地位费尽心思，最后，还是因大而弱的国力情势下，不得已批准同意签订不能收回香港的新约。

此后，中国先后与比利时、挪威、加拿大、瑞典、荷兰、法国、瑞士、丹麦、葡萄牙等国签订了类似的条约。至此，一百多年来西方帝国主义列强强加在中国人民头上的一系列不平等条约，基本被废除，使中国在法理上以主权独立国家的身份与各国平等相处。

坚持收复台湾、澎湖列岛和东北等领土的决心不动摇。抗日战争时期，蒋介石和国民政府在收复台湾及澎湖列岛和东北的决心坚定，旗帜鲜明，态度积极，最后完全实现了这一目标。中国近代以来不知有多少爱国仁人志士一直铭记着甲午战争的奇耻大辱，渴望早日收复被日本侵占的宝岛台湾。在开罗会议期间，蒋介石率中国代表团与英国进行了针锋相对的外交斗争。1943年11月24日，由美方起草、经中方同意的《开罗宣言》原草案，明确无误地写明：

……中美英三国之宗旨在剥夺日本所窃取中国之领土，例如满洲、台湾与澎湖列岛等，归还中国。日本亦将被逐出于其武力或贪欲所获得之所有土地。

但英国对这个草案作了重要修改，将原来草案中的"剥夺日本所窃取

①《顾维钧回忆录》第5册，中华书局1985年版，第177页。
②《顾维钧回忆录》第5册，中华书局1985年版，第25页。

中国之领土，例如满洲、台湾与澎湖列岛等，归还中国"修改为"日本由中国攫取之土地，例如满洲、台湾与澎湖列岛等，当然必须由日本放弃"。

英方在文字上的偷换概念，表面上的意图是将中国领土主权模糊化，其实质的图谋是有意抹杀中国对自己领土的主权归属。当即遭到中国的坚决反对。最后，由于美国的支持，《开罗宣言》草案才得以维持修改前的原状而发表。

国民党政府对收回东北主权进行了艰苦外交努力，对斯大林坚持要蒙古独立，十分不满，但迫于需要苏联出兵东北消灭关东军；此前美、英两国特别是美国以牺牲中国权益做交易，以换取苏联出兵东北，参加对日作战，最终签订《雅尔塔秘密协定》。对于与斯大林做交易的罗斯福，蒋介石也指斥其"卖华""侮华"，"畏强欺弱，以中国为牺牲品之政策，实为其一生政治之污点"①，但最后还是被迫吞下而签订了《中苏友好同盟条约》这个苦果。因为，当时的中国还是一个大而弱的国家，虽然已跻身"四强"，但也是四强中的一个小兄弟，国力和军力等都无法与美、苏、英相比肩。国民政府自身无力歼灭日军，不得不借助盟国的力量，而结果必然要付出代价。历史一再告诉人们，在国际舞台上，从来就是实力说了算，犹如拿破仑所说，胜利总是偏向大炮这一边。真理、正义和一切法律条约，在大炮面前都显得苍白无力。

英国出于殖民主义利益的需要，在中国全面抗战爆发后加紧对西藏的侵略。针对丘吉尔公然宣称"西藏是独立国家"的错误言论，蒋介石和国民政府进行了针锋相对的斗争，采取恩威并重的手段，力阻英国染指西藏，使英国侵略西藏的图谋破产。

对于新疆，蒋介石采取军事威胁和政治安抚两手，严防盛世才的分裂

---

①《蒋中正日记（1937—1945）》（光盘），1945年4月5日，台湾"国史馆"2015年版。

活动，最后以调任盛世才赴重庆任国民政府农林部部长一职，而结束盛世才在新疆的军阀统治，国民政府实现了对新疆的政治统一管辖的目标。

五、从国民党五届五中全会（1939年1月）一国共两党公开谈判参政会（1944年9月），蒋介石坚持"一个政党、一个主义、一个领袖"的独裁政策，对抗日逐渐消极，反共活动日趋积极

从1939年1月的国民党五届五中全会到1944年9月国民参政会国共两党公开谈判，前后时间近6年之久，国民党由抗战初期的积极抗战，逐渐变为消极抗战，积极反共，采取妥协、分裂、倒退的政策，而共产党则坚持抗战、团结、进步的方针。蒋介石不愿看到共产党"坐大"，国民党五届五中全会制定了一个《限制异党活动办法》。随后，国民党提出除保留西安、重庆八路军办事处外，其他的八路军办事处一律取消，并相继发生了平江惨案、竹沟惨案，直至三次反共高潮。第一次反共高潮打华北八路军，第二次反共高潮在华中打新四军，第三次反共高潮准备在西北打延安。由于共产党对蒋介石国民党的充分揭露，加之国际舆论的压力，不管苏联，还是美国都反对蒋介石打内战，所以把第三次反共高潮压下去了。

武汉失守后，蒋介石"看到我们的游击战争有发展，人民力量有发展，建立了根据地，就害怕，所以紧跟着就派鹿钟麟、张荫梧带兵同我们摩擦"[1]。

从七七事变到武汉失守，"国民党蒋介石的速胜论失败了，依赖外国也落空了，投机不成，投降又不敢。他被八路军的力量、人民的力量逼得不能不走向持久战，不能不在政治上表示一点进步。但他的投机性、反动性还是继续保留的"。

---

[1]《周恩来选集》上卷，人民出版社1980年版，第198页。

共产党继续坚持各党派联盟，建立统一战线的主张，制订共同纲领，改革国民政府的政治机构。但蒋介石国民党提出"一个政党、一个主义、一个领袖的口号，想把我们吸收到国民党里头去，加以溶化。他们那时叫'溶共政策'，好像要拿水把我们化了。国民党是水做的林黛玉，但是我们没有做贾宝玉，化不了"①。共产党不同意，要坚持独立，但蒋介石不同意，他说："党外不能有党，你们共产党进到国民党里来，可以作为共产派，不要在外面。"②

这一时期国共两党斗争的中心问题，是坚持抗战、团结、进步，还是要妥协、分裂、倒退。

共产党主张积极抗战，求进步，靠自己，在敌后创造了19个解放区，发展了人民抗日武装，到党的七大时，正规军90多万，推动了全国的民主运动。

国民党是消极抗战，积极反共，表现为靠外国帮助，等待胜利，勾结敌人伪军来制造摩擦，出现三次反共高潮。国民党五届五中全会制定《限制异党活动办法》。蒋介石提出：

——抗战只有一个领导（即一个领袖、一个政党），军令政令必须统一。

——取消"特殊化"，对共产党建立的敌后抗日根据地扣上所谓"封建割据"的帽子，对边区实行包围封锁。

——不许再叫八路军，只能叫十八集团军。蒋介石的本意就是想取消八路军。

——不允许国民党区域有共产党的组织。

1939年12月，阎锡山在蒋介石的指使下，集中6个军的兵力，向驻在

①《周恩来选集》上卷，人民出版社1980年版，第197页。
②《周恩来选集》上卷，人民出版社1980年版，第198页。

山西西部的新军进攻，爆发了第一次反共高潮。1940年3月，第一次反共高潮被打退后，于1940年6月在重庆同国民党进行了第一次谈判，主要有4个问题，即党的合法、边区的承认、军队的增加和作战地区的划分，中心是第四条。蒋介石"想把我们赶到黄河以北，不要新四军在长江以南"。

1940年7月16日，国民党提出所谓《中央提示案》，主要内容是：取消陕甘宁边区，代以陕北行政区公署，归国民党陕西省政府领导；缩编八路军、新四军，并限制其防地。10月19日蒋介石以何应钦、白崇禧的名义，在"皓电"中将所谓《中央提示案》以最后决定的形式，向共产党提出"逐客令"。要新四军在一个月之内移到长江以北；八路军、新四军在1940年底之前移至黄河以北。八路军、新四军没有完全听他的，遂爆发第二次反共高潮，皖南事变导致新四军受到重大损失，但中国共产党从民族大义出发，坚持民族利益第一，仍坚持政治上取攻势、军事取守势的方针，采取有理、有利、有节的斗争方针，予以反击，新四军得以大发展。蒋介石国民党却大失民心，国际舆论上遭到苏、美的批评。

皖南事变后，蒋介石虽然表面在反共问题上有所收敛，内心却对共产党恨之入骨，1941年6月12日，他在日记中用回顾历史的方法写道："反共反苏为天职，无论中山舰事变或是西安事变，其转危为安，都是天父有意保佑。"蒋介石似乎有一种反共基督教使命的看法。所以，他接着说："如共产党不灭绝，唯物论不废弃，则人类均将降入于禽兽之域。吾信上帝必不使人类毁灭，亦必不使共产主义者横行于世也。然吾中华民族已饱受其祸害矣！"[1]

第二次谈判是在1942年下半年，蒋介石坚持共产党的军队只能编8个师。

---

[1]《蒋中正日记（1937—1945）》（光盘），1941年6月12日，台湾"国史馆"2015年版。

1943年5月，共产国际解散，蒋介石认为机会来了，中国共产党内一定有争论，于是他抛出一本《中国之命运》，提出要取消共产党，而且打算包围陕甘宁边区，消灭共产党中央机关。但共产党及时揭露了他的阴谋，全国人民，国际舆论、苏、英、美都反对中国打内战，怕减弱反法西斯战争的力量。所以，把蒋介石的第三次反共高潮压下去了。

第三次谈判在1944年春的宪政运动之期①，共产党提出实行民主和宪政12条。蒋介石提出第二次《中央提示案》，主要内容有三：第一，共产党军队10个师以外的队伍全部限期取消。第二，规定10个师集中到哪里就到哪里。第三，敌后解放区所有的政府一律都交给流亡重庆的省政府接收。

第三次谈判是公开的，不但有第三方面的民主人士参加，而且有外国人参加。蒋介石反对共产党提出成立联合政府的主张，坚持国民党一党专制的政府。

1944年9月，国民参政会参政员林伯渠代表中共在国民参政会上，提出废除一党专政，建立联合政府的主张。它出人意料地得到了中间势力的广泛支持和社会舆论的强烈反应。成立联合政府，一时成为国内政治舆论的最强音。可以说，国共两党力量在中国政治上的彼此消长，成为抗战后期转变中国历史命运的关键。

一个中心问题，共产党提出成立民主的联合政府，而国民党则坚持一党专制的政府。"国民党的方针是，不放弃一党专政，包办国民大会，继续一党专制。"②几千年的封建主义历史文化传统，导致从上到下，或民众的大多数人的心里都形成"一山不容二虎"的固化心态，要实行多党合作的民主制度何其难！非要走向暴力解决问题的方向才作罢。

1944年9月，赫尔利作为美国总统私人代表以调停史迪威同蒋介石的

①《周恩来选集》上卷，人民出版社1980年版，第419页。
②《周恩来选集》上卷，人民出版社1980年版，第204页。

矛盾名义来华。在经多次与蒋介石协调后,他建议罗斯福召回史迪威,从而把美国对华政策由太平洋战争初期的援蒋抗日变为扶蒋反共。11月,执行史迪威路线的美国驻华大使高思辞职,赫尔利被任命为驻华大使,其使命:一是防止国民政府的崩溃;二是支持蒋介石作为中华民国的主席与军队的委员长,统一中国境内的一切军事力量;三是调解蒋介石与美国司令官之间的关系;四是增进中国境内战争物资的生产并防止经济崩溃等。

赫尔利在史迪威离职后,马上介入国共关系的"调停"。11月7日,赫尔利携带一份经王世杰、张治中修改过的与中共谈判的草案飞往延安。周恩来表示愿意调解国共关系。经过四次协商,双方于11月10日在延安王家坪达成了关于建立民主联合政府、联合军事统帅部和承认中共之合法地位的五项协议,具体内容如下:

(1)中国政府、中国国民党与中国共产党应共同工作,统一中国一切军事力量,以便迅速击败日本与重建中国。

(2)现在的国民政府应改组为包括所有抗日党派和无党无派政治人物的代表的联合国民政府,并颁发及实行以改革军事政治经济文化的新民主政策。同时,军事委员会应改组为所有抗日军队代表所组成的联合军事委员会。

(3)联合国民政府应拥护孙中山先生在中国建立民有、民享、民治之政府原则。联合政府应实行用以促进进步与民主的政策,并确立正义、思想自由、出版自由、集会结社自由、向政府请求平反冤抑的权利、人身自由与居住自由,联合国民政府亦应实行以实现下列两项权利即免除威胁的自由和免除贫困的自由之各项政策。

(4)所有抗日军队应遵守与执行联合国民政府及联合军事委员会的命令,并应为这个政府及其军事委员会所承认。由联合国得来的物资应被公平分配。

（5）中国联合国民政府承认中国国民党、中国共产党及所有抗日党派的合法地位。①

最后，毛泽东代表中国共产党中央委员会签字，赫尔利作为见证人代表美国总统代表签字。

但是，开始时蒋介石承认，后来蒋介石却拒绝了这五项协议。蒋介石认为，如果同意成立联合政府，就等于"承认他的党被共产党彻底打败了，等于把政府的控制权交给共产党"。11月22日，蒋介石针对五项协定，提出三点"反建议"，主要内容是提出"愿将共产党武力，于改编后收为国军之一部分，并将共产党的所有部队交由国民政府统一指挥"②，等等。蒋介石"名义上要还政于民，实际上是要经过召开一党包办的国民大会，通过一党专制的宪法，来承认国民党专制的合法。假使谁出来反对，他就说你是分裂，他就要统一你，你不受他统一，他就要讨伐你，这就是他所准备的全国规模的内战"③。

随着1944年4—12月日军发动"一号作战"（即豫湘桂战役）打通大陆交通线，相继侵占了河南、湖南、广西等省的大片国土。当世界反法西斯战争都节节胜利之时，国民党军队却在豫湘桂战役中损失近60万军队，丢失大小城市146座，失去衡阳、零陵、宝庆、桂林、柳州、丹竹、南宁等7个空军基地和36个飞机场，总计丧失国土20多万平方公里，使6000多万人民陷于日军的铁蹄之下。数十万难民流离失所，成千上万的难民死于疾病冻饿。

---

① 中央档案馆编：《中共中央文件选集》第14册，中共中央党校出版社1992年版，第393—394页。
②《中美关系资料汇编》第1辑，世界知识出版社1957年版，第143页。
③《周恩来选集》上卷，人民出版社1980年版，第206页。

豫湘桂战役的大败退，是蒋介石国民党长期消极抗战和政治、经济、军事腐败的结果，遭到全国人民的一片唾骂，但蒋介石集团更多的是考虑自己的统治能否维系下去，担心中国共产党及其抗日力量的发展壮大，会危及蒋介石国民党的独裁统治。

因而，蒋介石在抗战胜利后不久，便发动全国性内战，决心彻底消灭中国共产党及其领导的抗日武装，但结果却与他的愿望恰恰相反。

六、从1945年9月抗日战争胜利到1946年6月蒋介石借谈判而发动全面内战

1945年8月15日，日本宣布无条件投降。美国的对华政策逐渐由原来的扶蒋联共抗日，明显转为扶蒋反共。美国总统杜鲁门在当天发布的第一号通令中，竟然指定只有国民党政府才享有中国受降权。蒋介石利用其执政党的地位，竟然剥夺中国共产党领导的八路军、新四军和华南抗日纵队等抗日武装的受降权，这当然遭到中国共产党的坚决反对，当时中国出现美、蒋、日相互勾结抢夺人民抗战胜利果实的严重局势。

久经战乱的中国人民渴望和平民主，重建家园。但以国民党总裁、国民政府主席蒋介石为首的国民党集团，违背人民意志，坚持独裁、内战、卖国方针，企图在全国范围内重建大地主、大资产阶级的统治。为此，蒋介石采取了与中国共产党进行和平谈判，在谈判的掩护下全力进行内战准备的策略，一面邀请毛泽东到重庆"商讨建国大计"，一面则调兵遣将，控制战略要点和主要交通线，准备发动全面内战。美国政府对于蒋介石的战争政策，在政治上、军事上、经济上给予了全面支持。

重庆谈判前后，国民党集团在美国政府的支持下，借口接受日伪军投降，陆续调集80万人以上的军队，在日伪军接应下，以打通津浦（天津—浦口）、平汉（北京—汉口）、同蒲（大同—风陵渡）、平绥（北京—包头）四

条铁路线为重点，向解放区发动进攻。国共和平谈判于1945年8月29日——10月10日举行，双方签署了《会谈纪要》。1946年1月10日，国共双方又签订并公布了《停止国内军事冲突的协议》，还据此分别发布了停战命令。然而，停战令下达后，国民党军一面蚕食、侵犯关内各解放区，一面调集重兵进攻刚建立的东北解放区。蒋介石国民党集团在战争准备就绪后，公然撕毁停战协定，调集重兵，于1946年6月26日向中原解放区发动大规模进攻，接着又将战火扩大到其他解放区，发动了全面内战。中国共产党领导人民解放军奋起自卫，解放战争全面展开。

蒋介石之所以胆敢冒天下之大不韪发动全面内战，主要是由于他自恃拥有远比共产党强大的军事力量和经济力量，其中包括美国给予的大量军事援助。蒋介石国民党集团在全国抗战期间，其军事力量得到了极大的发展，在抗战之初，国民党军只有190多万人，到全国内战爆发时，国民党的军事力量占有很大优势。在兵力兵器方面，国民党军总兵力430万人，其中正规军86个整编师（军）248个旅约200万人，特种兵、海空军及后方机关、军事学校等156万人，非正规军74万人。由于接收了日本侵华军队120多万人的全部装备，并得到美国的大量军援，其装备有了很大加强。86个整编师中，有22个师为美械、半美械装备。[①]此外，还拥有大量的炮兵和一定数量的飞机、军舰和坦克，火力和机动力都强于人民解放军。蒋介石在1946年6月各绥靖区政工主任和特种兵营以上军官会议上狂妄地宣称："我们有空军、有海军，而且有重武器和特种兵，如果配合得法，运用灵活，……就一定能速战速决，把奸匪消灭。"[②]

国民党统治区的面积为730万平方公里，约占全国土地面积的76%；

① 军事科学院军事历史研究部编：《中国人民解放军战史》第3卷，军事科学出版社1987年版，第39页。
② 张其昀主编：《蒋总统集》第2册，台湾"国防研究院"1968年版，第1558页。

人口为3.39亿，约占全国人口的71%。人力物力资源比较雄厚。此外，国民党还得到美国政府在军事上、经济上的大量援助。仅1946年上半年，美国就对国民党政府提供了价值13.3亿美元的物资，八年抗战期间国民党政府才接受美国军事援助7.8亿多美元。美国总统杜鲁门承认：美国在中国抗战胜利后给予蒋介石政府的物资援助，为抗战胜利前的2倍。[①]

人民解放军在全国内战爆发时的总兵力约127万人，其中野战军61万人，地方部队及后方机关共66万人。与国民党军对比，解放军的数量处于1∶3.4的劣势。人民解放军的装备主要是抗日战争时期缴自日伪军的步兵武器和为数很少的火炮。解放区的人口为1.36亿，土地面积约230万平方公里。[②]

然而，战争胜负的决定因素是人，而武器只是决定战争胜负的重要因素。蒋介石国民党过高地估计了自己的力量，过低地估计了共产党的力量。还在内战爆发之初，毛泽东在1946年7月20日就向全党全军发出《以自卫战争粉碎蒋介石的进攻》的指示，坚定地指出："蒋介石虽有美国援助，但是人心不顺，士气不高，经济困难。我们虽无外国援助，但是人心归向，士气高涨，经济亦有办法。因此，我们是能够战胜蒋介石的。全党对此应当有充分的信心。"[③]8月，毛泽东在《和美国记者安娜·路易斯·斯特朗的谈话》中，特别强调"一切反动派都是纸老虎"，"蒋介石和他的支持者美国反动派也都是纸老虎"[④]。毛泽东的这种面对强敌敢于斗争、敢于胜利的大无畏胆略和气魄，极大地鼓舞了中国共产党人及其领导的人民军队。

历史证明，毛泽东的论断完全正确，历时近4年的解放战争，经过过

---

① 杜鲁门1946年6月14日《关于执行租借法案的第22次报告》，转引自军事科学院军事历史研究部编：《中国人民解放军战史》第3卷，军事科学出版社1987年版，第40页。
② 军事科学院军事历史研究部编：《中国人民解放军战史》第3卷，军事科学出版社1987年版，第41页。
③《毛泽东选集》第4卷，人民出版社1991年版，第1187页。
④《毛泽东选集》第4卷，人民出版社1991年版，第1195页。

渡阶段和战略防御、战略进攻、战略决战、战略追击等阶段，中国人民解放军共歼灭国民党军807万余人，其中俘虏458万人，毙伤171万余人，争取投诚63万余人，争取起义和接收改编114万余人[①]，从而取得了全国解放战争的伟大胜利。

蒋介石国民党在14年抗日战争及4年全国解放战争的兴衰史告诉世人：得民心者得天下，联共则兴旺，反共则衰败；因为中国共产党代表了中国人民最大多数人的根本利益。如果蒋介石能同在抗战初期那样，在抗战后期及重庆谈判中接受采纳中国共产党的意见，一改过去的错误政策，顺应历史潮流，不仅中国的和平统一可以实现，而且可以建立一个实行多党合作执政的新型民主政治制度的国家，他个人也可能成为各党派共同拥戴的领袖。令人遗憾的是，蒋介石心胸狭窄，格局太小，目光短浅，毫无自知之明，在封建独裁的思想泥潭中陷入太深而不能自拔。最后，竟无视人心所向，违背大多数人的意愿而发动内战，导致自己及其残余势力被迫逃往台湾海峡彼岸。历史一再证明，得人心者得天下，失人心者失天下。

[①] 军事科学院军事历史研究部：《中国军事百科全书·中国人民解放军战史分册》（下），军事科学出版社1995年版，第21页。

后　记

　　2009年秋退休时我有感而发作七律诗一首，以表达自己一辈子致力于历史学研究的艰辛与"学而忘忧，不知老之将至"的心境：

　　　　六十甲子是非论，史坛劳力一牛翁。

　　　　卅载战史探龙穴，两鬓白发珠难寻。

　　　　司马迁贤作奇迹，侪辈继业愧望尘。

　　　　枉曲心事向谁诉，兰台斋中把田耕。

　　我从1975年9月南开大学经济学系毕业后，被分配到军事科学院从事抗日战争史和第二次世界大战史研究，前后达40多年时间，曾自喻是中国抗日战争史研究领域的一名壮劳力，不管是宏观方面，还是微观方面，我是下了一番功夫的。"冷对青霜剑，敢铸千古词。"我一直把司马迁作为自己学习的偶像榜样，像古代史学大家那样"彰善贬恶述往事，扬上善若水之道德；秉笔直书为良史，持抱朴守拙兮品格"。

　　《抗日年代》是在2014—2015年完稿的，它源于游道勤同志的信赖与压力，2013年秋我们在井冈山开学术研讨会时，他一再竭力邀我撰写一部以全民族抗战为主要线索内容的抗战史著作，盛情难却，咬紧牙关，经过近两年的苦战，于2015年秋完稿。在冷却的五六年时间中，或慢慢推敲打磨，或增添新的史料，使之渐臻完善。应该说，《抗日年代》一书是我撰写抗日战争史时间最长、下功夫最大、引文注释最多、写作最为艰辛的一部"折寿"的著作，自以为基本上达到了如清朝史学理论家章学诚所说的"德、才、学、识"四者兼备的"信史"程度，起码我努力向这个方向奋进。然而，人生旅途多坎坷，千古文章难尽才。长江后浪推前浪，世上今人胜古人。真正要百分百地做到如司马迁所说的"良史以实录直书为贵"，也的确甚难。一是史料的局限，二是作者生活时代的局限。我相信，后来的研究者必会写出更加完美的新作，修正前人的不足。

今年冬至时节，正送来《抗日年代》一书的排版一校清样稿，仔细读之深感时间的飞快流逝，高山为主人为客，人生一晃已古稀，可谓：

冬至今至年年至，古稀聊发少年情。

饥馑荒唐寒岁月，幸赖戎装伴笛行。

东海握枪北挖洞，南开读经忆华辰。

浮生兰台寻古词，一觉醒来已龙钟。

回想一生五六十年的研究工作，时间不短，成绩微小，只有在中国抗日战争史和《道德经》等道家思想研究的两个领域，取得了甚感自慰的成果。仅此可以说，实现了生我养我父母的"难为贤相，却做良医（良史）"的心愿，也对儿孙有了一个交代。这点我是问心无愧的。

北京出版集团北京人民出版社将《抗日年代》纳入"中国军事专家文库"出版，编委会领导和专家学者对这套书的出版，要求精益求精，严谨细致，为此付出了许多心血，在此表示衷心的感谢！